세상의 속도를
따라잡고 싶다면

Do it!

3만 명이
선택한

오라클로 배우는
SQL 입문

실무에서 인정받는 데이터베이스 기본기, 이 책으로 갖추자!
개념부터 실전 예제까지 실습 중심 SQL 입문서

이지훈 지음

KB191372

ORACLE

Do it!

Oracle
21c 버전

332개
실습

세상의 속도를 따라잡고 싶다면 **Do it!**
변화의 속도를 즐기게 됩니다.

Do it!
오라클로 배우는 **SQL** 입문

이 책은 2018년 10월에 출간된 《Do it! 오라클로 배우는 데이터베이스 입문》의 개정판입니다.

개정 1판 발행 • 2025년 3월 5일

초판 발행 • 2018년 10월 30일
초판 12쇄 • 2024년 7월 10일

지은이 • 이지훈
펴낸이 • 이지연
펴낸곳 • 이지스퍼블리싱(주)
출판사 등록번호 • 제313-2010-123호
주소 • 서울특별시 마포구 잔다리로 109 이지스빌딩 3층(우편번호 04003)
대표전화 • 02-325-1722 | **팩스** • 02-326-1723
홈페이지 • www.easyspub.co.kr | **인스타그램** • instagram.com/easyspub_it
Do it! 스터디룸 카페 • cafe.naver.com/doitstudyroom | **페이스북** • www.facebook.com/easyspub

총괄 • 최윤미 | **기획 및 책임편집** • 신지윤 | **편집** • 안동현 | **기획편집 2팀** • 신지윤, 박재연, 이소연
베타테스터 • 김승하, 남희경, 서아름, 석지인
교정교열 • 박명희 | **표지 디자인** • 김근혜 | **본문 디자인** • 트인글터, 김근혜 | **인쇄** • 보광문화사
마케팅 • 권정하 | **독자지원** • 박애림, 김수경 | **영업 및 교재 문의** • 이주동, 김요한(support@easyspub.co.kr)

ISBN 979-11-6303-678-4 13000
가격 28,000원

"막연한 데이터베이스와 SQL 지식을 실무 자신감으로 바꿀 수 있습니다!"

비전공자도 쉽게 배우는 SQL과 데이터베이스 입문서!

데이터 관리 및 분석 역량이 점점 더 중요해지는 AI 시대에 SQL을 익히는 것은 자신을 위해 꼭 필요한 '투자'입니다! SQL을 처음 배우는 입문자나 개념을 정리하고 싶은 실무자라면, 이 책이 최고의 선택이 될 것입니다. 쉽고 친절한 설명 덕분에 데이터베이스 학습의 문턱을 낮추고 실무에서도 자신감을 가질 수 있을 것입니다. 이제 더 이상 고민하지 말고 이 책을 선택하세요!

✦ 프런트엔드 개발자 ㅣ 김승하 님

이 한 권으로 SQL과 데이터베이스 기초부터 실무까지 배울 수 있어요!

이 책은 SQL 문법과 예제로 단계별 학습이 가능하며, 초보자도 쉽게 따라갈 수 있도록 설명이 친절합니다. 특히 실무에서 자주 사용하는 쿼리 작성법과 데이터베이스 관리 기술을 실습으로 익힐 수 있고, 실무 '꿀팁'까지 얻을 수 있어 SQL을 빠르게 배우고 싶은 분들에게 적합합니다. SQL을 배워 실무에 바로 적용하고 싶은 분들이라면 이 책을 선택하세요.

✦ 서울대학교 보건대학원 박사과정 ㅣ 남희경 님

비전공자도 쉽게 배우는 데이터베이스 입문서로 추천합니다!

저 같은 비전공 입문자도 쉽게 이해하고 따라 할 수 있는 입문서입니다. 기본 개념과 문법을 꼼꼼히 설명하며, 다양한 실습 예제로 배운 내용을 바로 익힐 수 있도록 구성되어 있습니다.

이 책을 통해 그동안 막연하게 알고 있던 개념들이 자연스럽게 연결되고, 배운 지식을 업무에 바로 활용할 수 있었습니다. SQL, 데이터베이스 등에 관심이 있다면 두려워 말고 이 책으로 시작하세요!

✦ IT 기업 통번역사 ㅣ 서아름 님

개념부터 고급 기능까지, 실무로 이어지는 완벽한 입문서!

이 책은 개념 설명을 위한 실습 예제로 구성되어 있는데, 이를 따라 하다 보면 어느새 트랜잭션, 인덱스, 권한과 같은 고급 개념까지 자연스럽게 학습할 수 있습니다.

프런트엔드 개발에서도 데이터베이스를 구조적으로 이해하고 처리하는 능력이 필수인지라, 이 책을 통해 데이터베이스 지식을 정리하고 개발자로서 역량을 키울 수 있었습니다. 데이터베이스를 공부할 필요성을 절실히 느낀다면 이 책을 통해 머릿속에 막연한 지식을 실무에서 활용할 수 있다는 자신감으로 바꿔 보길 바랍니다.

✦ 개발자 취업 준비생 ㅣ 석지인 님

기초가 탄탄해야 실무에서 인정받습니다!
실무에서 많이 쓰는 순서대로 기본기를 익히세요

🔷 현업 프로그래머이자 강사인 저자가 확실하게 잡아 주는 기본기!

이 책의 전신인 《Do it! 오라클로 배우는 데이터베이스 입문》이 첫 출간된 지 꽤 긴 시간이 흘렀습니다. 필자는 매일 SQL문을 사용하여 데이터베이스의 가장 가까운 곳에서 일하는 프로그래머로 활동하며, 틈틈이 강의를 나간 지 15년이 다 되어 갑니다. 이렇게 다시 한번 독자 여러분께 이 책으로 인사드릴 기회를 얻어 매우 기쁩니다.

첫째마당에서는 데이터부터 오라클 데이터베이스까지 기본 개념을 소개합니다. 어려운 표현은 최대한 줄이고, 전문 용어도 의미를 풀어서 설명해 학습에 흥미를 잃지 않도록 했습니다. 그리고 본문 곳곳에 실무 노하우를 실어 실용성도 높였습니다. 둘째마당과 셋째마당에서는 이 책의 핵심인 오라클 SQL의 기본 문법을 배울 수 있습니다. 꼼꼼하고 쉬운 코드 설명과 도해로 문법을 하나씩 차근차근 익힐 수 있도록 구성했습니다. 마지막 부록에서는 사용자, 권한, 롤 관리에 대한 문법을 다룹니다. 또한 본문에서는 버전 및 주요 활용 플랫폼 변화에 따른 주의 사항과 실무 사례를 중심으로 놓치면 안 되는 부분과 가볍게 이해하고 넘어가도 되는 부분을 구분하여 학습할 수 있도록 했습니다. 입문자라면 알아야 하는 핵심 내용을 상세한 설명과 함께 다루었습니다.

🔷 없는 시간 쪼개서 공부해야 한다면 무조건 실무 중심으로 배우자!

이 책은 오라클 데이터베이스를 처음 접하는 사람, 오라클 데이터베이스를 통해 SQL을 처음 배우는 사람, 소프트웨어 전공자 그리고 이미 IT 현업에서 일하지만 오라클 데이터베이스와 SQL의 기초를 다지고 싶은 실무자들에게 구체적인 도움을 주려고 기획했습니다. 현역 프로그래머로 일하면서 필자가 실무에서 얻은 수많은 경험과 더불어, 강의를 진행하면서 데이터베이스와 SQL을 처음 배우는 학생들의 어려움을 해결하기 위해 고민한 내용을 온전히 담아냈습니다.

상세하게 설명한 본문과 개념을 이해할 수 있도록 돕는 실습은 실무에서 자주 사용하는 순서대로 진행됩니다. 또한 본문 중간에 나오는 '실무 꿀팁' 코너에는 저자가 실무에서 직접 부딪힌 문제를 해결하며 얻은 '진짜' 팁을 담았습니다. 바쁜 하루 속에서 짧은 시간을 내어 이 책을 펼친다면, 단순한 데이터베이스와 SQL 공부가 아닌 현장에서 바로 사용할 수 있는 실속 지식까지 챙길 수 있습니다. 실무를 준비하는 독자를 위해 실습에 심혈을 기울였으니, 데이터베이스와 SQL을 배우려는 분들에게 강력 추천합니다.

🔷 본문 속 SQL문을 꼭 직접 작성하고, 내 것으로 만들자!

본문을 읽고 머리로 이해하는 것만으로는 적재적소에 알맞은 SQL문을 작성하기 어렵습니다. 한두 줄의 짧은 SQL문이라도 이 책의 실습을 모두 직접 작성하고 실행해 보시길 권합니다. 본문만 읽고 헷갈렸던 개념도 직접 실습해 보면 더욱 확실하게 이해할 수 있으며, SQL문의 동작 순서와 원리를 파악하는 데도 큰 도움이 됩니다.

실습 중간에 나오는 '1분 복습' 코너는 앞서 **학습한 개념을 간단한 문제로 확인**할 수 있도록 구성했습니다. 효율적인 학습을 위해 반드시 풀어 보고 넘어가 SQL문 작성에 자신감을 키울 수 있길 바랍니다. 본문의 개념과 실습을 충분히 이해한 독자라면, 장 마지막에 있는 '**되새김 문제**' 코너에도 도전해 보길 바랍니다. '되새김 문제'에서는 배운 내용을 다시 정리하고 마무리하면서 확실한 기본기를 다질 수 있습니다.

이 책은 SQL 학습을 따분하고 어렵게만 느꼈던 독자들에게 데이터베이스 학습 여정에 이정표가 될 것입니다. 이 책을 통해 프로그래밍과 데이터 분석을 넘어, 데이터베이스의 매력에 빠져 보세요!

◆ 출간에 도움을 주신 모든 분들께 감사드립니다!

개발을 포함한 다양한 직군에서 데이터 활용과 깊이에 관련해서 통찰력을 보태 주신 정수진 교수님, 정윤서 교수님, 이현숙 교수님, 양대경 교수님, 이윤모 교수님, 유병주 교수님, 백정민 교수님, 김연주 교수님을 비롯한 여러 교수님들께 깊이 감사드립니다. 또한 데이터사이언스와 컴퓨터사이언스의 융합을 이해하고, 인공지능으로 첫발을 내디딜수 있게 이끌어 주신 유찬우 교수님, 정세윤 교수님, 박성식 교수님, 박서영 교수님, 이긍희 교수님, 장영재 교수님, 정재화 교수님 등 여러 교수님들과 이가람 튜터님께도 감사드립니다.

직장 생활과 학업을 병행하며 바쁜 와중에도 책의 내용을 면밀히 검토해 주시고, 더 나은 방향을 함께 고민해 주신 이지은, 안효정, 문준영, 김지현을 포함한 고려대학교 데이터통계학과 원우님들께도 감사하는 마음을 표합니다. 책 내 콘텐츠의 적합성과 기술적 정확성을 끝까지 꼼꼼하게 살펴봐 주시고, 아낌없이 조언해 주신 김승하, 남희경, 서아름, 석지인 님께도 마음 깊이 감사를 전합니다.

마지막으로, 느린 작업 속도와 저의 고집에도 인내심을 갖고 기다려 주시며 훌륭한 책을 만들기 위해 모든 지원을 쏟아 주신 이지연 대표님과 신지윤 팀장님을 비롯한 이지스퍼블리싱 관계자 여러분께도 진심으로 감사드립니다. 많은 분들의 시간과 노력이 모여 이 책을 완성할 수 있었습니다. 책의 완성도를 최대한 높이기 위해 수없이 검토하고 수정했지만, 여전히 부족하거나 잘못된 부분이 있을 수 있습니다. 이는 오롯이 필자의 부족함에서 비롯된 것이므로, 책 내 오류나 개선할 점을 알려 주시면 적극적으로 수정해 나가겠습니다. 이 책을 선택해 주신 독자 여러분께 깊이 감사드리며, 이 책이 데이터베이스와 SQL를 배우는 여정에 든든한 이정표가 되기를 바랍니다.

이지훈 드림

기본기가 중요한 데이터베이스와 SQL!
그래서 어떤 입문서로 시작했는지가 중요합니다

데이터 분석가를 꿈꾼다면, 이 책으로 데이터베이스 기초부터 SQL 문법까지 꽉 잡아 보세요!

데이터 분석가는 데이터를 정리하고 시각화하는 것을 넘어, 데이터의 구조와 저장 방식까지 이해해야 합니다. 단순히 주어진 데이터를 분석하는 것만으로는 한계가 있으며, 데이터가 어떤 방식으로 수집되고 저장되는지, 효율적으로 가공할 수 있는지를 이해해야 더 깊이 있게 분석이 가능합니다.

데이터 분석가들은 데이터를 다룰 때 엑셀이나 파이썬, R과 같은 도구를 활용하지만, 결국 원천 데이터는 대부분 데이터베이스에서 관리합니다. 그리고 데이터를 추출하고 변형하는 과정에서 SQL을 활용하면 훨씬 빠르고 정교하게 분석할 수 있으며, 대용량 데이터 처리에도 유리합니다. 그러나 데이터베이스의 기본 개념을 익히지 않고 무작정 SQL만 배운다면, 성능 저하를 초래하는 비효율적인 쿼리를 작성할 위험이 있습니다.

그래서 이 책은 **관계형 데이터베이스의 개념부터 SQL 활용법까지 초보자도 쉽게 따라올 수 있도록 설명하며, 실무에서 흔히 마주치는 데이터 정제 및 가공 과정에서 SQL을 어떻게 활용해야 하는지 구체적인 예제와 함께 다룹니다.** 단순한 이론 설명을 넘어 실무에서 바로 적용할 수 있는 실습 중심의 구성이라, 예비 분석가들이 데이터베이스 환경에서 직접 실전 연습을 할 수 있도록 돕습니다.

또한 데이터 분석가가 데이터 엔지니어나 개발자와 협업할 때 데이터베이스 구조를 이해하고 있으면 데이터 모델 설계와 분석 파이프라인을 더욱 효율적으로 구축할 수 있습니다. 예를 들어 잘못된 데이터 모델링으로 중복 데이터가 발생하거나 비효율적인 인덱스 설정으로 쿼리 속도가 느려지는 문제를 사전에 방지할 수 있습니다. 이 책을 통해 **데이터가 저장되는 원리를 배우고, 분석을 위한 최적의 데이터 구조를 고민하는 역량을 갖춘다면,** 더 나은 데이터를 기반으로 의사결정을 내릴 수 있을 것입니다.

SQL을 활용하면 단순한 데이터 분석을 넘어 데이터 추출과 전처리, 최적화된 쿼리 설계까지 가능해집니다. 데이터베이스의 기본 개념을 익히고 싶거나, 데이터 엔지니어와 원활하게 협업하고 싶은 분석가라면, 이 책을 통해 탄탄한 기초를 쌓아 보세요.

 롯데 이노베이트 | 이지은 님

좋은 기획을 위한 필독서! 데이터베이스와 SQL을 어떻게 활용하는지를 알려 드립니다

서비스 기획자는 단순히 서비스의 기능을 나열하는 것이 아니라, 서비스의 흐름과 시스템 구조를 이해하고 이를 바탕으로 논리적인 기획을 해야 합니다. 하지만 데이터베이스의 기본 이해가 없다면 기획 과정에서 개발자와 소통하기 어렵고, 데이터 처리 과정에서 비효율적인 설계를 할 위험이 있습니다.

이 책은 오라클 데이터베이스의 개념과 SQL 문법을 쉽고 체계적으로 설명하며, 서비스 기획자가 데이터 모델링과 구조적인 접근 방식을 익힐 수 있도록 도와줍니다. 또한 실무에서 자주 활용하는 개념과 사례를 다루어 기획자가 서비스의 데이터 흐름을 보다 명확하게 파악할 수 있도록 구성되어 있습니다.

'데이터는 개발자의 영역'이라는 생각은 더 이상 하지 마세요! 데이터를 이해하는 기획자는 더 효율적인 서비스를 설계할 수 있으며, 개발 팀과의 협업도 한층 원활해집니다. 데이터 기반의 서비스 기획을 고민하는 분들께 이 책을 강력 추천합니다.

✦ SK 플래닛 | 문준영 님

데이터베이스 입문부터 실무까지! 입문자를 위한 최고의 길잡이!

《Do it! 오라클로 배우는 SQL 입문》은 데이터베이스를 처음 공부하는 사람들에게 좋은 입문서를 찾는 수고로움을 덜어줍니다. 이 책은 데이터베이스의 개념은 물론, 오라클 데이터베이스의 설치부터 결과 해석까지 친절한 설명과 체계적인 구성으로 처음 데이터베이스나 SQL을 처음 접하더라도 쉽게 따라갈 수 있도록 안내해 줍니다.

글과 그림을 깔끔하게 배치해서 가독성이 뛰어나 쉽게 읽혀집니다. 혼자 공부하는 학습자라면 중간중간 제시한 '복습 문제'와 '되새김 문제'를 활용해 보세요. 앞에서 학습한 내용을 다시 확인하고 부족한 부분을 복습할 수 있어, 스스로 학습하는 데 어려움이 없을 것입니다.

이 책은 또한 실무와 관련된 저자의 경험을 이해하기 쉽고 자세하게 풀어 써서 다양한 업무에 활용할 수 있는 좋은 아이디어를 얻을 수 있습니다. 초심자부터 실무자까지 모두에게 도움을 주는 책이라 자신 있게 추천합니다.

넘쳐나는 유튜브 강의와 자료 속에서 길을 잃었다면, 《Do it! 오라클로 배우는 SQL 입문》이라는 확실한 나침반을 잡고 데이터베이스의 세계로 첫걸음을 내딛어 보세요!

✦ 글로벌리서치 | 안효정 님

이 책을 공부하는 데 도움이 되도록
다양한 학습 자료를 제공합니다.

학습에 필요한 실습 파일을 활용하세요!

이 책은 실습 중심으로 학습을 진행합니다. 오라클 데이터베이스 내에 있는 기본 테이블과 계정으로 학습하므로 강의 효율과 학습 속도를 향상할 수 있습니다. 또한 이 책에서 사용한 실습 예제와 되새김 문제 파일은 이지스퍼블리싱 홈페이지와 저자 깃허브에서 내려받을 수 있습니다.

✦ 이지스퍼블리싱 홈페이지 | www.easyspub.co.kr → [자료실] → 도서명으로 검색
✦ 저자 깃허브 | github.com/GroovySunday/doit-oraclesql

저자의 강의 경험과 개발 노하우를 다양한 코너에 담았어요!

SW 개발, 데이터 등을 전공한 저자가 실무에서 겪은 문제를 해결하며 쌓은 경험과 학생들을 강의하며 얻은 노하우를 이 책에 담았습니다. 다음 4가지 코너를 통해 학습 이해도를 높이고 실무에서 제대로 써먹을 수 있도록 구성했습니다.

✦ 알아 두면 좋아요! | 본문과 관련해 더 알아 두면 좋은 내용을 정리
✦ 실무 꿀팁! | 실무에서 사용할 수 있는 유용한 팁 제공
✦ 1분 복습 | 본문에서 배운 내용을 간단하고 쉬운 문제로 복습
✦ 되새김문제 | 각 장의 개념을 최종 점검하며 마무리하는 문제 풀고 실력 쌓기

실무 개발 15년 차이자 전문 강사인 저자와 과외하듯 공부해 보세요!

15년 차 베테랑 강사인 저자의 다양한 채널에서 학습은 물론, 취업과 실무 역량까지 키울 수 있습니다. 그동안 쌓은 저자의 강의 경험과 실무 노하우를 바탕으로 실용적인 조언도 얻고, 최신 트렌드도 빠르게 익혀 보세요.

✦ 이메일 | groovysunday@naver.com
✦ 링크트리 | linktr.ee/seongnyang_unkind_coding

실천할 수 있는 목표를 세우세요.
이 목표를 달성하면 성취감도 큽니다!

SQL이 처음이라면
초보자 20일 코스

데이터베이스를 처음 배우는 분을 위한 20일 코스입니다. 공부하기 전에 목표를 세워 보세요. 자신이 정한 날짜대로 공부하다 보면 뿌듯함과 함께 날로 늘어가는 SQL문 작성 능력을 경험할 수 있습니다.

1일차 | 월 일	2일차 | 월 일	3일차 | 월 일	4일차 | 월 일	5일차 | 월 일
01장	02장	03~04-1	04-2~04-6	05-1~05-2
6일차 | 월 일	7일차 | 월 일	8일차 | 월 일	9일차 | 월 일	10일차 | 월 일
05-3~ 05장 되새김 문제	06-1~06-3	06-4~ 06장 되새김 문제	07-1~ 07장 되새김 문제	08-1~08-2
11일차 | 월 일	12일차 | 월 일	13일차 | 월 일	14일차 | 월 일	15일차 | 월 일
08-3~ 08장 되새김 문제	09장	10장	11장	12장
16일차 | 월 일	17일차 | 월 일	18일차 | 월 일	19일차 | 월 일	20일차 | 월 일
13-1~13-2	13-3~ 13장 되새김 문제	14-1~14-4	14-5~ 14장 되새김 문제	부록과 틀린 문제 복습

SQL 경험이 있다면
중급자 10일 코스

다른 데이터베이스를 공부했거나 IT 실무자를 위한 코스입니다. 개념을 이미 알고 있는 분은 바로 오라클 데이터베이스 설치(03장)부터 시작해도 좋습니다.

1일차 | 월 일	2일차 | 월 일	3일차 | 월 일	4일차 | 월 일	5일차 | 월 일
01~03장	04~05장	06장	07~08장	09장
6일차 | 월 일	7일차 | 월 일	8일차 | 월 일	9일차 | 월 일	10일차 | 월 일
10장	11장	12장	13장	14장

첫째마당

오라클과 데이터베이스

오라클 데이터베이스를 활용하여 SQL을 학습하기 전에 데이터베이스의 기본을 살펴봅니다. 먼저 데이터베이스와 SQL 관련 용어, 개념을 알아본 후 오라클 데이터베이스를 설치하고 실습 환경을 설정합니다. 오라클을 사용해 본 경험이 있거나 데이터베이스의 기본 개념을 이해한다면 03장의 오라클 데이터베이스 설치와 실습 환경 설정으로 바로 넘어가도 좋습니다.

01장 ▶ 데이터베이스와 SQL
02장 ▶ 관계형 데이터베이스와 오라클 데이터베이스
03장 ▶ 오라클 데이터베이스 설치와 실습 환경 설정

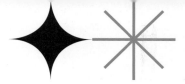
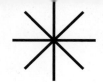

01장

데이터베이스와 SQL

일반적으로 데이터베이스는 관계형 데이터베이스 시스템을 가리키는 용어로 자리 잡았으며, 오라클 데이터베이스는 전 세계에서 점유율이 가장 높은 상용 관계형 데이터베이스 시스템입니다. SQL은 오라클을 포함한 여러 관계형 데이터베이스 시스템에서 데이터를 관리하고 제어하는 데 사용하는 공통 표준 프로그래밍 언어입니다. 01장에서는 데이터베이스, SQL과 관련된 기본 개념과 용어를 알아봅니다.

이 장에서 꼭 익혀야 할 것
- ☑ 데이터와 정보의 차이 살펴보기
- ☐ 데이터베이스와 DBMS 개념 살펴보기
- ☐ 관계형 데이터베이스 의미 알아보기

데이터와 데이터베이스, DBMS

데이터베이스는 데이터(data)와 베이스(base)의 합성어이며 DBMS는 Database Management System의 줄임말로 '데이터베이스 관리 시스템'을 뜻합니다. 그러면 이들 용어의 의미를 살펴봅니다.

데이터와 정보

사전에서 '데이터'를 찾아보면 '자료', '정보'라는 두 가지 의미가 있습니다. 그러나 데이터베이스 분야에서 데이터(data)와 정보(information)는 다른 의미로 해석합니다. 흔히 데이터를 원석, 정보를 보석으로 비유합니다. IT 업계에서 도시 전설처럼 전해지는 다음 글을 읽어 보고, 굵게 표시한 두 항목에서 데이터와 정보를 구별해 봅시다.

> A카드사는 최근 몇 년간 급증한 커피 소비 동향을 파악하기 위해 **A카드사에서 발급한 카드를 사용한 커피 전문점 결제 내역**을 성별과 나이대별로 분류했다.
>
> 이 분류 작업과 관련하여 A카드사는 커피 전문점 결제 분포에서 20대 또는 30대 여성이 압도적으로 우위에 있을 것으로 예상했다.
>
> 그러나 결과는 뜻밖이었다. **커피 전문점 결제 분포의 최상위 순위를 30~40대 남성이 차지했던 것이다.** 20~30대 여성의 결제 비율을 가볍게 넘어설 정도일 뿐 차이가 크게 벌어진 것은 아니지만 예상을 뒤집는 결과였다.

아직 다듬지 않은 원석과 그 원석을 가공하여 새로운 가치를 지닌 보석, 이 두 단어의 관계가 의미하는 바를 파악했다면 데이터와 정보를 그리 어렵지 않게 구별할 수 있습니다. 위 글에서 데이터는 A카드사에서 발급한 카드를 사용한 커피 전문점 결제 내역이고, 정보는 커피 전문점 결제 분포의 최상위 순위를 30~40대 남성이 차지했다는 결과라고 볼 수 있습니다.

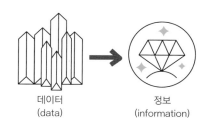

데이터
(data)

정보
(information)

즉 **데이터**는 어떤 필요 때문에 수집했지만 아직 특정 목적을 위해 평가하거나 정제하지 않은 값이나 사실 또는 자료 자체를 의미합니다. 그리고 **정보**는 수집한 데이터를 어떠한 목적을 위해 분석하거나 가공하여 가치를 추가하거나 새로운 의미를 이끌어 낼 수 있는 결과로 볼 수 있습니다. 다소 어렵게 느낄 수 있는 내용이지만 '잘 수집된 데이터를 분석하고 가공하면 새로운 가치를 만들어 낼 수 있는 정보를 얻을 수 있다' 정도로만 기억해 두세요.

❋ 데이터 개론처럼 이론을 깊이 다룰 때에는 정보의 의미를 더 높은 단계로 체계화하여 지식(knowledge) 또는 지혜(wisdom) 개념으로 발전시켜 사용하기도 합니다. 이 책에서는 데이터와 정보의 관계 그리고 이를 사용하는 데 필요한 기술에 집중하겠습니다.

🖊 **1분 복습** | 다음 빈칸을 채우면서 복습해 보세요.

¹ 데 [   ] 은/는 어떤 필요 때문에 수집했지만 아직 특정 목적을 위해 정제하지 않은 값, 사실 또는 자료를 의미합니다. ² 정 [   ] 은/는 수집한 ¹ 데 [   ] 을/를 어떤 목적을 위해 분석, 가공하여 가치를 추가하거나 새로운 의미를 부여한 결과입니다.

정답 1. 데이터 2. 정보

그러면 앞에서 이야기한 커피 결제 내역 데이터의 보관 방법을 살펴봅시다. 데이터 중 일부는 엑셀 같은 스프레드시트 파일에 나누어 저장하고, 일부는 특정 프로그램으로 관리하는 파일에 저장하고, 또 다른 일부는 실제 종이 문서에 기록하여 캐비닛에 보관한다고 가정해 보죠.

다양한 데이터 보관 방법

이처럼 여러 가지 방법으로 수집한 데이터는 분석을 위한 통합 작업만으로도 시간과 비용이 많이 듭니다. 데이터가 여기 저기 흩어져 있다면 최신 데이터를 정확하게 찾아내는 게 쉽지 않겠죠.

데이터가 빠지거나 중복이라면 정확한 분석을 기대할 수 없고, 결국 비싼 비용과 많은 시간을 투자한 분석은 실패합니다.

❋ 실제로 IT 업계에서는 새로운 전산화 작업을 시작하기 전에 이렇게 여러 방식으로 보관한 데이터의 일괄 정리 작업을 대대적으로 시행하기도 합니다.

따라서 가치 있는 정보를 얻으려면 다음 조건에 맞게 데이터를 효율적으로 수집·통합하고 체계적으로 관리·분석해야 합니다.

효율적인 데이터 관리 조건

- 데이터를 통합하여 관리
- 데이터 누락 확인과 중복 제거
- 일관된 방법으로 관리
- 여러 사용자(응용 프로그램 포함)가 공동으로 실시간 사용 가능

이 조건을 만족하면서 특정 목적을 위해 여러 사람이 공유하여 사용할 수 있으며 효율적인 관리와 검색을 위해 구조화한 데이터 집합을 '데이터베이스'라고 합니다.

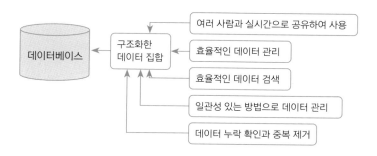

파일 시스템과 DBMS

데이터베이스 개념이 등장하기 전에는 주로 파일 시스템 방식을 사용하여 데이터를 관리했습니다. 그러면 지금부터 파일 시스템의 데이터 관리 방식을 먼저 살펴보고, 이어서 데이터베이스 개념을 활용한 DBMS 데이터 관리 방식을 비교하여 살펴봅니다.

파일 시스템을 사용한 데이터 관리

파일 시스템은 서로 다른 여러 응용 프로그램이 제공하는 기능에 맞게 필요한 데이터를 각각 저장하고 관리합니다. 따라서 각 파일에 저장한 데이터는 서로 연관이 없고 중복 또는 누락이 발생할 수 있습니다.

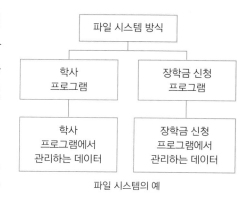

파일 시스템의 예

❋ 파일 시스템을 단층 파일 구조(flat file structure)라고 합니다.

다음 예에서 파일 시스템 방식으로 여러 응용 프로그램이 각자 데이터를 관리하면 어떤 문제점이 발생하는지 살펴봅니다. 어떤 대학에 학사 프로그램과 장학금 신청 프로그램이 있다고 가정해 보죠. 이 두 프로그램은 학생의 졸업 여부와 관련한 데이터를 각 파일에 저장합니다. 학사 프로그램에는 이수선 학생이 졸업생으로 등록되어 있지만 장학금 신청 프로그램에서는 졸업했다는 내용이 빠졌다면 실제로는 졸업생으로 분류된 학생도 장학금을 신청할 수 있는 상황이 발생할 수 있습니다.

학사 프로그램

학번	이름	학과	학년	학기	상태
2018-00001	홍길동	철학과	1	2	군휴학
2018-00002	이수선	컴퓨터공학과	4	2	졸업
2018-00003	이지수	경영학과	2	1	재학
2018-00004	김연아	사회체육학과	3	1	휴학

장학금 신청 프로그램

신청 장학금 종류	신청 일자	학번	재학 상태	장학금 신청 가능 여부
국가	20180409	2018-00001	군 휴학	신청 불가
성적	20180310	2018-00002	재학	신청 가능
동문	20180223	2018-00003	재학	신청 가능
근로	20180213	2018-00004	휴학	신청 불가

장학금 신청 프로그램에 졸업 정보가 빠짐

이러한 현상은 학생의 재학 상태를 관리하는 데이터가 응용 프로그램별로 흩어졌기 때문에 발생합니다. 따라서 오른쪽 그림과 같이 학생과 관련된 일련의 데이터를 한곳에 모아 관리하고, 이 데이터를 각각의 응용 프로그램에서 함께 사용하면 응용 프로그램별로 데이터를 직접 관리할 때 발생할 수 있는 데이터의 오류, 누락, 중복 등의 문제를 해결할 수 있습니다. 이렇게 여러 응용 프로그램에서 사용할 데이터를 한곳에서 관리하고자 데이터베이스를 활용합니다.

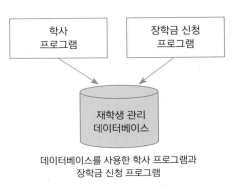

데이터베이스를 사용한 학사 프로그램과
장학금 신청 프로그램

📝 **알아 두면 좋아요! 서비스의 역할 분담**

앞에서 살펴본 학사 프로그램이나 장학금 신청 프로그램과 같은 응용 프로그램의 목적은 특정 서비스를 제공하는 것입니다. 그런데 시간이 흐르면서 점점 거대해지고 복잡해지는 데이터를 각각의 응용 프로그램이 직접 관리한다면 데이터 관리에 소모되는 시간과 자원 또한 점점 증가하게 됩니다. 또 데이터 간의 불일치 탓에 오류 발생 확률도 높아집니다. 이는 본래 의도한 기능, 즉 서비스 제공 효율과 질을 떨어뜨리는 원인이 됩니다.

이러한 문제를 방지하려면 하나의 서비스를 처리하는 데 역할 분담이 필요합니다. 역할 분담의 중요성은 주문과 배달 서비스를 생각해 보면 간단히 알 수 있습니다. 고객이 음식을 주문하면 주문받는 역할, 만드는 역할, 고객에게 배달하는 역할로 나뉘어 서비스가 진행됩니다. 주문이 그리 많지 않을 때에는 주문 처리, 음식 만들기, 음식 배달 과정을 한 사람이 맡을 수 있습니다. 하지만 많은 주문을 처리하려면 각각의 역할을 분리하여 담당하는 것이 효율적입니다. 즉 서비스 요청을 받는 영역, 서비스 처리에 필요한 데이터를 다루는 영역, 처리한 데이터를 제공하는 영역으로 나누는 것이죠.

앞에서 살펴본 학사 프로그램에서 역할을 나눠 본다면 학생의 재학 상태를 포함한 여러 정보를 저장하는 데이터 영역과 그 데이터를 활용하는 서비스 영역으로 나눌 수 있습니다. 이렇게 역할을 분담하면 데이터 누락이나 중복 등으로 생기는 오류를 방지할 수 있습니다.

DBMS를 사용한 데이터 관리

효율적인 데이터 관리 조건을 만족하며 서비스 제공의 효율성을 높이고자 데이터베이스 관리 시스템이 등장했습니다. 데이터베이스 관리 시스템은 데이터베이스의 데이터 조작과 관리를 극대화한 시스템 소프트웨어입니다.

데이터베이스 관리 시스템은 보통 '디비엠에스(DBMS: DataBase Management System)'라고 하며 실무에서는 데이터베이스와 데이터베이스 관리 시스템을 따로 구별하지 않고 '디비(DB)' 또는 '데이터베이스'라고 부릅니다.

✱ 이 책에서는 별다른 언급이 없다면 데이터베이스 관리 시스템을 DBMS 또는 데이터베이스로 표기하겠습니다.

데이터베이스를 통한 데이터 관리란 여러 목적으로 사용할 데이터의 접근·관리 등의 업무를 DBMS가 전담하는 방식을 말합니다. 다시 말해 응용 프로그램이 필요한 데이터 작업을 DBMS에 요청하면 DBMS는 자신이 관리하는 데이터베이스로 관련 작업을 수행하고 결과를 제공합니다.

DBMS의 역할

이러한 작업 영역의 분리는 응용 프로그램의 서비스 제공과 데이터 관련 작업 효율을 높입니다. 또한 여러 응용 프로그램이 하나의 통합된 데이터를 같은 방식으로 사용·관리할 수 있으므로 데이터 누락이나 중복을 방지할 수 있습니다.

✱ 포털 사이트에서 아이디 하나로 이메일, 블로그, 카페, SNS(소셜 네트워크 서비스) 등의 서비스를 모두 사용할 수 있는 것도 같은 맥락입니다.

DBMS는 다음 표와 같이 파일 시스템 기반 방식의 문제를 해결하면서 데이터 관리의 패러다임을 바꾸었습니다.

파일 시스템 방식의 문제		DBMS를 통한 데이터 관리
데이터 중복		하나의 소프트웨어에서 데이터를 관리하므로 데이터 중복을 피할 수 있음
응용 프로그램에서 개별 데이터를 직접 관리		여러 응용 프로그램에서 하나의 DBMS를 통해 데이터를 사용하므로 데이터를 공유할 수 있음
응용 프로그램에서 데이터를 쓰는 방식이 각각 다름		하나의 DBMS를 통해 데이터를 관리하므로 각각의 응용 프로그램에서 데이터를 관리하는 방식을 통합할 수 있음
데이터가 특정 응용 프로그램에 종속되므로 응용 프로그램을 변경하면 기존 데이터를 사용할 수 없음		응용 프로그램과는 별도로 DBMS가 데이터를 관리·보관하므로 응용 프로그램의 업데이트 또는 변경과 관계없이 데이터를 사용할 수 있음

📝 알아 두면 좋아요! 데이터베이스 용어 등장과 최초 DBMS

데이터베이스라는 용어는 1963년 SDC(System Development Corporation)에서 개최한 'Development and Management of Computer-Center DataBases' 심포지엄 제목에서 처음 사용했습니다. 최초의 DBMS는 제너럴 일렉트릭(GE: General Electric)의 찰스 바흐만(Charles Bachman)이 1963년에 만든 IDS(Integrated Data Store)로, 데이터베이스 개념을 확립한 소프트웨어라고 할 수 있습니다.

데이터 모델

데이터 모델의 개념과 종류를 알아본 후 앞으로 배울 관계형 데이터베이스와 관련된 기본 내용을 살펴봅니다.

데이터 모델이란 컴퓨터로 데이터를 저장하고 관리하는 방식을 정의한 개념입니다. 대표적인 데이터 모델로는 계층형, 네트워크형, 객체 지향형, 관계형 등이 있으며, 이들과 함께 현대에 이르러 독립된 데이터 모델은 아니지만 큰 영향력을 끼친 NoSQL 데이터베이스도 함께 알아봅니다.

❋ 이 책에서 공부할 오라클 데이터베이스는 관계형 데이터 모델을 기반으로 한 객체 관계형 DBMS입니다.

계층형 데이터 모델과 네트워크형 데이터 모델

계층형 데이터 모델(hierarchical data model)과 네트워크형 데이터 모델(network data model)은 1960년대 말부터 1980년대 말까지 상업용 데이터베이스 시장에서 널리 사용한 데이터 모델입니다.

계층형 데이터 모델

계층형 데이터 모델은 나뭇가지 형태의 트리(tree) 구조를 활용하여 데이터 관련성을 계층별로 나누어 부모 자식 관계로 정의하고 데이터를 관리합니다. 계층형 데이터 모델을 이해하려면 일대다(1:N) 관계의 데이터 구조를 파악해야 합니다.

이 모델에서 데이터가 저장된 파일은 다음 그림과 같이 상위 개념에 하위 개념이 포함된다는 특징이 있습니다. 기본적으로 하나의 부모 개체는 여러 자식을 가질 수 있지만 자식 개체는 여러 부모 개체를 가질 수 없다는 제약이 있습니다. 따라서 일대다 구조의 데이터를 표현하기에는 알맞지만 자식 개체가 여러 부모를 가진 관계는 표현할 수 없습니다.

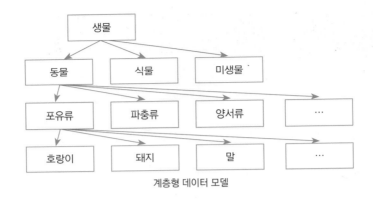

계층형 데이터 모델

네트워크형 데이터 모델

네트워크형 데이터 모델은 망형 데이터 모델이라고도 하며 그래프(graph) 구조를 기반으로
합니다. 다시 말해 개체 간 관계를 그래프 구조로 연결하므로 자식 개체가 여러 부모 개체를
가질 수 있다는 점에서 계층형 데이터 모델과 차이가 있습니다.

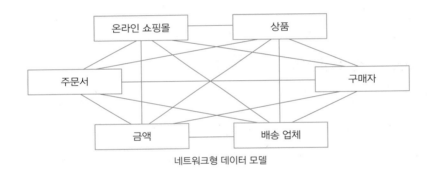

네트워크형 데이터 모델

🖊 **1분 복습** | 다음 빈칸을 채우면서 복습해 보세요.

[1] 계 _____ 데이터 모델은 나뭇가지 형태의 [2] 트 _____ 구조를 활용하여 데이터 관련성을 계층별로
나누어 [3] 부 _____ 와/과 [4] 자 _____ 관계로 정의하고 데이터를 관리합니다.

정답 1. 계층형 2. 트리 3. 부모 4. 자식

객체 지향형 데이터 모델

1980년대 후반에 등장한 객체 지향형 데이터 모델(object-oriented data model)은 객체 지향
프로그래밍에서 사용하는 객체 개념을 기반으로 한 데이터 모델입니다. 그리고 객체 지향 프
로그래밍처럼 데이터를 독립된 객체로 구성하고 관리하며 상속, 오버라이드 등 객체 지향 프
로그래밍에 사용하는 강력한 기능을 활용할 수 있습니다.

현대에 이르러 많은 데이터베이스는 여러 가지 데이터 모델의 특징과 장점을 융합·적용하여 제작하며, 객체 지향형 데이터 모델은 단독으로 데이터베이스에 사용하기보다 앞서 살펴본 계층형 데이터 모델이나 네트워크형 데이터 모델 그리고 다음에 살펴볼 관계형 데이터 모델이나 NoSQL 데이터베이스 등과 결합하여 강력한 기능을 제공합니다.

이 책에서 다룰 오라클 데이터베이스를 비롯한 다양한 DBMS 제품 역시 바로 뒤에 설명할 관계형 데이터 모델을 바탕으로 객체 개념을 도입하여 '객체 관계형(object-relational data model) DBMS'로 그 영역을 확장하고 있습니다.

✱ 객체 지향 프로그래밍은 컴퓨터 프로그램을 하나의 독립된 '객체'로 바라보는 기법입니다. C++, 자바, 파이썬, 자바스크립트 등 최근에 많이 사용하는 다양한 프로그래밍 언어가 객체 지향 프로그래밍을 지원합니다.

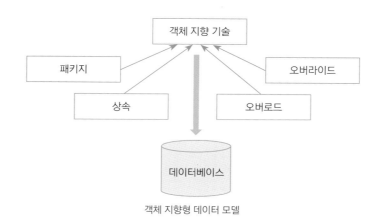

객체 지향형 데이터 모델

관계형 데이터 모델

1970년 에드거 프랭크 커드(E. F. Codd)가 제안한 관계형 데이터 모델(relational data model)은 현재 가장 널리 사용하는 관계형 데이터베이스의 바탕입니다. 관계형 데이터 모델은 다른 모델과 달리 데이터 간 관계(relationship)에 초점을 둡니다.

예를 들어 회사의 사원 정보와 사원이 소속된 부서 정보를 데이터로 관리할 때를 생각해 보죠. 사원 정보와 부서 정보를 하나의 묶음으로 관리하면 데이터 구조가 간단해집니다. 하지만 같은 부서 사원은 부서 정보가 중복되므로 효율적으로 관리하기 어렵습니다. 왜냐하면 부서 이름이 바뀌면 해당 부서 사원의 부서 정보를 일일이 찾아서 모두 변경해야 하기 때문이죠.

사원 정보	사원 번호	사원 이름	사원 직급	부서 이름	위치
사원 번호 사원 이름 사원 직급 부서 이름 위치	0001	홍길동	과장	회계	서울
	0002	성춘향	대리	연구	인천
	0003	박문수	사원	운영	분당
	0004	심청이	사원	회계	서울

데이터 중복 발생

사원 정보와 부서 정보를 하나의 데이터로 관리할 경우

따라서 관계형 데이터 모델에서는 각 데이터의 독립 특성만을 규정하여 데이터 묶음을 나눕니다. 그리고 다음 그림과 같이 중복이 발생할 수 있는 데이터(여기에서는 부서 정보)는 별개의 릴레이션(relation)으로 정의한 후 사원 정보에 소속된 부서를 식별하는 '부서 코드'를 이용하여 사원 정보 데이터와 부서 정보 데이터를 연결하는 것이죠.

❋ 데이터 묶음은 개체 집합(entity set)을 의미하며 관계형 데이터베이스에서는 테이블(table), 릴레이션(relation)으로 표기합니다. 데이터 묶음 사이에는 관계(relationship)가 있다고 표현합니다.

사원 정보	사원 번호	사원 이름	사원 직급	부서 코드
사원 번호 사원 이름 사원 직급 부서 코드	0001	홍길동	과장	10
	0002	성춘향	대리	20
	0003	박문수	사원	30
	0004	심청이	사원	10

부서 정보	부서 코드	부서 이름	위치
부서 코드 부서 이름 위치	10	회계	서울
	20	연구	인천
	30	운영	분당

부서 코드로 연결한 사원 정보 데이터와 부서 정보 데이터

관계형 데이터 모델에서는 이렇게 데이터를 일정 기준으로 나누어 관리합니다. 이 때문에 다양한 개념과 여러 구성 요소가 있습니다. 다음은 관계형 데이터 모델의 핵심 구성 요소를 간단히 표로 정리한 내용입니다.

이름	설명
개체 (entity)	데이터베이스에서 데이터화하려는 사물, 개념의 정보 단위입니다. 관계형 데이터베이스의 테이블(table) 개념과 대응하며 테이블은 릴레이션(relation)으로 표기하기도 합니다.
속성 (attribute)	개체를 구성하는 데이터의 가장 작은 논리적 단위로, 데이터의 종류·특성·상태 등을 정의합니다. 관계형 데이터베이스의 열(column) 개념과 대응합니다.
관계 (relationship)	개체와 개체 또는 속성 간의 연관성을 나타낼 때 사용합니다. 관계형 데이터베이스에서는 테이블 간의 관계를 외래키(foreign key) 등으로 구현하여 사용합니다.

이 핵심 구성 요소를 활용하여 데이터의 독립성(independency)과 무결성(integrity)처럼 데이터를 안전하게 관리하는 데 필요한 개념을 정의합니다.

지금까지 어려운 개념이 많이 나왔지만 여기에서는 오라클 데이터베이스를 포함한 여러 관계형 데이터베이스가 관계형 데이터 모델을 바탕으로 한다는 정도만 기억하면 됩니다.

NoSQL 데이터베이스

NoSQL은 엄밀히 말해 특정한 데이터 모델을 뜻하지는 않지만, 현대에 이르러 큰 영향력을 끼친 데이터베이스입니다. 이 책에서 학습할 오라클처럼 관계형 데이터 모델에 기반한 데이터베이스의 대척점에 있는 것으로 여길 때가 흔하므로 이 장에서 함께 간단히 살펴봅니다.

NoSQL은 단어 그대로 관계형 데이터 모델 개념에 기반한 관계형 데이터베이스에서 사용하는 SQL(structured query language)뿐만 아니라 다양한 데이터 제어 방식을 활용하는 데이터베이스 관리 시스템을 의미합니다. 1998년 카를로 스트로치(Carlo Strozzi)는 표준 SQL을 사용하지 않는 오픈 소스 관계형 데이터베이스를 NoSQL이라고 명명했으며, 2009년 밋업 행사에서 요한 오스카르손(Johan Oskarsson)은 오픈 소스 분산 데이터베이스를 NoSQL이라고 하여 대중화했습니다.

❋ SQL을 완전히 배제하는 개념이 아니고 SQL 계열의 쿼리 언어도 포함한 여러 가지 데이터 관리 방법을 사용한다는 뜻에서 NoSQL을 Not Only SQL이라고도 합니다.

NoSQL 데이터베이스 개념은 관계형 데이터베이스 방식만으로 처리하기 어려운 빅데이터와 웹 플랫폼을 기반으로 한 기하급수적인 트래픽 증가에 대응하고자 등장했으며, 이는 이후에 학습할 트랜잭션 처리와 앞서 언급한 데이터 무결성, 데이터 일관성 등과도 관련됩니다.

이를 종합하자면, 많은 사람이 오해하듯이 관계형 데이터베이스 또는 SQL의 '반대'가 NoSQL이 아니라는 것입니다. 즉, 기존 관계형 데이터베이스에서 처리하기 어려운 수준의 빅데이터와 트래픽의 증가에 대처하는 방법이 NoSQL로, 다양한 데이터 제어 방식과 데이터 분산 처리를 지원하고자 이를 제안했습니다. 요컨대 전통적인 관계형 데이터베이스 방식 외에 비교적 최근에 개발된 여러 가지 데이터베이스를 의미합니다.

❋ 데이터 분산 처리는 병렬 처리, 분산 컴퓨팅, 클러스터링 등의 다양한 개념과 밀접하게 관련됩니다.

📝 알아 두면 좋아요! 관계형 데이터베이스와 NoSQL 데이터베이스의 관계

입문자뿐만 아니라 실무 종사자도 흔히 관계형 데이터베이스와 NoSQL 데이터베이스의 관계를 오해하곤 하는데, 실무에서 활용하는 NoSQL 데이터베이스는 관계형 데이터베이스를 대체하는 기술이 아니라 '상호 보완'에 가깝습니다.

NoSQL 데이터베이스가 데이터를 관리하고 제어하는 방식은 여러 가지이고, 각 방식은 종류에 따라 기존 관계형 데이터베이스와 달리 데이터의 '엄밀함'을 보장하지 않기도 합니다. 이는 ACID 속성과도 관련됩니다. 또한 관계형 데이터베이스 제품 역시 시대의 요구와 기술 발전에 따라 기존의 장점을 유지하면서 분산 처리하는 방식을 도입하여 단점을 극복하려고 하므로 궁극적으로 지향하는 바는 둘 다 같다고 볼 수 있습니다.

❋ ACID는 Atomicity, Consistency, Isolation, Durability의 머리글자를 딴 줄임말로, 각각 원자성, 일관성, 고립성, 지속성을 뜻합니다.

그러므로 서비스나 애플리케이션을 개발할 때는 필요한 기능과 내용에 따라 각 기술의 장단점을 따져 적재적소에 도입하는 유연함을 갖춰야 합니다.

관계형 데이터베이스와 SQL

지금까지 데이터 개념과 여러 데이터 모델을 알아보았습니다. 이제 관계형 데이터베이스의 특징을 알아볼까요?.

관계형 데이터베이스란?

관계형 데이터베이스는 앞에서 살펴본 관계형 데이터 모델 개념을 바탕으로 데이터를 저장·관리하는 데이터베이스를 의미합니다. 01-1절에서 데이터베이스를 관리하는 시스템을 DBMS라고 했습니다. 관계형 데이터베이스를 관리하는 시스템은 DBMS에 데이터 간의 관계를 강조하는 'relational'을 앞에 붙여 RDBMS(Relational Database Management System), 즉 관계형 데이터베이스 관리 시스템이라고 부릅니다. RDBMS는 1980년 후반부터 지금까지 가장 널리 사용하는 데이터베이스입니다.

❋ 실무에서는 보통 오라클 데이터베이스와 같은 RDBMS를 가리켜 '디비' 또는 '데이터베이스'라고 합니다. 이 책에서도 별다른 언급 없이 RDBMS를 데이터베이스로 표기하겠습니다.

데이터 분야에 관심이 있는 분들은 한 번쯤 들어 보았을 엠에스에스큐엘(MS-SQL), 마이에스큐엘(MySQL), 마리아디비(MariaDB), 포스트그레스큐엘(PostgreSQL), 디비투(DB2) 그리고 이 책에서 학습할 오라클 등 유명한 DBMS 제품은 대부분 관계형 데이터베이스 관리 시스템이거나 최소한 부분적으로 관계형 데이터베이스를 사용합니다. 실무에서 이야기하는 DB 또는 데이터베이스는 보통 DBMS를 가리키는데 이 중 대부분이 RDBMS라고 보아도 무방합니다.

❋ 오라클 데이터베이스는 보통 관계형 데이터베이스라고 하지만 더 정확하게 표현한다면 관계형 데이터베이스에 객체 개념을 도입한 객체 관계형 데이터베이스라고 부르는 것이 맞습니다.

	Rank			DBMS	Database Model	Score		
	Jul 2024	Jun 2024	Jul 2023			Jul 2024	Jun 2024	2
1.	1.	1.	Oracle 🔧	Relational, Multi-model ℹ	1240.37	-3.72	-1
2.	2.	2.	MySQL 🔧	Relational, Multi-model ℹ	1039.46	-21.89	-110
3.	3.	3.	Microsoft SQL Server 🔧	Relational, Multi-model ℹ	807.65	-13.91	-113.95
4.	4.	4.	PostgreSQL 🔧	Relational, Multi-model ℹ	638.91	+2.66	+21.08
5.	5.	5.	MongoDB 🔧	Document, Multi-model ℹ	429.83	+8.75	-5.67
6.	6.	6.	Redis 🔧	Key-value, Multi-model ℹ	156.77	+0.82	-7.00
7.	⬆8.	⬆11.	Snowflake 🔧	Relational	136.53	+6.17	+18.84
8.	⬇7.	8.	Elasticsearch	Search engine, Multi-model ℹ	130.82	-2.01	-8.77
9.	9.	⬇7.	IBM Db2	Relational, Multi-model ℹ	124.40	-1.50	-15.41
10.	10.	10.	SQLite 🔧	Relational	109.95	-1.46	-20.25

421 systems in ranking, July 2024

> 전 세계 DBMS 시장 상위 10개 제품 가운데 7개가 관계형 데이터베이스이며 1위는 오라클, 2위는 MySQL(오라클의 무료 데이터베이스)

자료 출처: https://db-engines.com/en/ranking

SQL이란?

SQL은 Structured Query Language의 줄임말로, '에스큐엘' 또는 '시퀄'이라고 합니다. SQL은 RDBMS에서 데이터를 다루고 관리하는 데 사용하는 데이터베이스 질의 언어입니다. 지금은 SQL 정의를 'RDBMS에 데이터를 물어보고 결과를 얻는다' 정도로만 기억하면 됩니다.

✿ 학계에서는 주로 '시퀄'이라 하고 IT 업계에서는 '에스큐엘'이라 부르는 경향이 있습니다.

예를 들어 어떤 사용자가 응용 프로그램에 SQL을 사용하여 '우리 회사 부서별 사원이 몇 명인지 가르쳐 줘', '현재 접속한 사용자가 구매한 내역을 저장해 줘'와 같이 데이터 관련 내용을 데이터베이스에 물어보면 데이터베이스는 그 결과를 제공합니다. 즉 우리는 SQL을 통해(정확히 말하자면 SQL을 사용해야만) 데이터베이스에서 여러 데이터 관련 작업을 수행할 수 있습니다. SQL은 사용 목적에 따라서 다음과 같이 나뉩니다.

종류	설명	다루는 장
DQL(Data Query Language)	RDBMS에 저장한 데이터를 원하는 방식으로 조회하는 명령어	04~09장
DML(Data Manipulation Language)	RDBMS 내 테이블의 데이터를 저장·수정·삭제하는 명령어	10장
DDL(Data Definition Language)	RDBMS 내 데이터 관리를 위해 테이블을 포함한 여러 객체를 생성·수정·삭제하는 명령어	12~14장
TCL(Transaction Control Language)	트랜잭션 데이터의 영구 저장·취소 등과 관련된 명령어	11장
DCL(Data Control Language)	데이터 사용 권한과 관련된 명령어	부록

오라클 데이터베이스에서 SQL을 사용하는 방법은 둘째마당, 셋째마당에서 알아봅니다.

> 📝 **알아 두면 좋아요! SQL: 에스큐엘? 시퀄?**
>
> SQL은 1970년대 IBM에서 도널드 D. 체임벌린과 레이먼드 F. 보이스가 SEQUEL(Structured English Query Language)이라는 이름으로 개발한 DBMS 관리 언어입니다. System R이라는 준관계형 데이터베이스 프로젝트에서 데이터 관리 목적으로 만들었는데, SEQUEL이 그 당시 영국의 항공기 업체 호커 시들리에서 상표로 등록한 단어였기에 상표권 위반으로 지금의 SQL로 이름을 바꾸었습니다.

되새김 문제

이 장에서 배운 내용을 실습하며 정리하세요.

Q1. 효율적인 데이터 관리 조건에 해당하는 핵심 단어를 적어 보세요.

- 데이터를 ¹ 통   하여 관리
- ² 일   방법으로 데이터를 관리
- 데이터 ³ 누   확인과 ⁴ 중   제거
- 여러 사용자(응용 프로그램 포함)가 ⁵ 공   (으)로 ⁶ 실   사용 가능

정답 1. 통합 2. 일관된 3. 누락 4. 중복 5. 공동 6. 실시간

Q2. 데이터 관리를 위한 두 가지 방식에 해당하는 단어를 적어 보세요.

¹ 파   을/를 사용한 데이터 관리는 서로 다른 응용 프로그램에 필요한 데이터를 각자 독립적인 방법으로 저장·관리하는 방식입니다.

² 데   을/를 사용한 데이터 관리는 데이터의 접근 및 관리를 위한 유일한 프로그램인 DBMS가 데이터 관련 작업을 전담하는 방식입니다.

정답 1. 파일 시스템 2. 데이터베이스

Q3. 다음은 어떤 데이터 모델을 설명한 내용일까요?

- 1970년 에드거 프랭크 커드가 제안한 모델
- 현대에 가장 널리 사용하는 모델
- 데이터 간의 관계(relationship)에 주안점을 둠

정답 관계형 데이터 모델

02장

관계형 데이터베이스와 오라클 데이터베이스

관계형 데이터베이스는 데이터를 관리할 때 2차원 구조인 테이블(표)을 활용하며 그 외에도 다양한 구성 요소를 제공합니다. 이번 장에서는 관계형 데이터베이스와 오라클에서 데이터를 저장하고 관리하고자 제공하는 구성 요소를 간략히 알아봅니다. 각 구성 요소의 사용 방법은 둘째마당부터 자세하게 살펴봅니다.

이 장에서 꼭 익혀야 할 것
- ☑ 테이블과 행, 열 의미 알아보기
- ☐ 기본키, 외래키 의미 알아보기
- ☐ VARCHAR2, NUMBER, DATE 자료형 익히기

02-1

관계형 데이터베이스의 테이블과 키

먼저 오라클을 포함한 모든 관계형 데이터베이스에서 데이터 관리의 기본인 테이블과 키를 알아봅니다. 이번 장에서는 각 구성 요소의 개념을 간단히 살펴보고 나머지 장에서 자세한 내용과 사용법을 배워 봅니다.

테이블

관계형 데이터베이스는 기본적으로 데이터를 2차원 표 형태로 저장하고 관리합니다. 이 표 형태의 데이터 저장 공간을 테이블(table)이라고 합니다. 테이블은 2차원 형태이므로 가로줄과 세로줄로 구성되는데, 가로줄을 행(row, 로), 세로줄을 열(column, 칼럼)이라고 합니다.

학생 정보 테이블

학번	이름	생년월일	전화번호	집 주소	학년	학기	학과 코드	졸업 여부	…
16031055	홍길동	971210	010-1111-1111	서울시…	1	2	COM		
12071632	성춘향	940424	010-2222-2222	부산시…	4	2	BNS	졸업	
			…						
15022655	박문수	960605	010-3333-3333	광주시…	2	2	MTH		

테이블   열   행

행

행은 하나의 개체를 구성하는 여러 값을 가로로 늘어뜨린 형태입니다. 예를 들어 대학교에서 사용하는 학생 관리 프로그램에서 학생 데이터를 관리할 때 다음과 같이 학생을 구성하는 여러 값을 나열할 수 있습니다. 이때 테이블을 구성하는 하나의 행은 학번, 이름과 같은 여러 값으로 이루어진 학생 한 명의 데이터를 의미합니다. ✷실무에서는 행을 '로'라고 할 때가 흔합니다.

16031055	홍길동	971210	010-1111-1111	서울시…	1	2	COM		

테이블 행

열

열은 저장하려는 데이터를 대표하는 이름과 공통 특성을 정의합니다. 예를 들어 다음과 같이 각 학생의 데이터를 구성하는 학번과 이름, 그 외에 필요한 정보를 정의해 두면 이를 통일성 있게 저장할 수 있습니다. 그리고 열에는 저장 정보의 종류(자료형)와 저장할 수 있는 값의 최대 길이 그리고 값의 중복을 허용하지 않는 등 저장 조건과 범위 ✱ 실무에서는 흔히 열을 '칼럼'이라고 합니다. 를 지정합니다.

학번 열

학번
16031055
12071632
⋮
15022655

이름 열

이름
홍길동
성춘향
⋮
박문수

학과 코드 열

학과 코드
COM
BNS
⋮
MTH

학생 데이터 열

관계형 데이터베이스와 테이블

관계형 데이터베이스에서 릴레이션이란 행과 열의 특성에 맞추어 데이터를 저장한 테이블 하나하나를 의미합니다. 여러 테이블의 구성과 관계를 잘 규정하고 관리하는 것이 관계형 데이터베이스에서 데이터를 관리하는 핵심입니다.

📝 **알아 두면 좋아요! 테이블, 행, 열**

테이블, 행, 열은 앞으로 배울 관계형 데이터베이스의 SQL 구문에서 사용합니다. 관계형 데이터베이스에서 테이블은 릴레이션(relation), 행은 튜플(tuple) 또는 레코드(record), 열은 속성을 의미하는 애트리뷰트(attribute) 또는 필드(field)라고 합니다.

R 또는 파이썬을 활용하는 데이터 분석가가 볼 때 테이블이라는 용어는 표 형태의 데이터와 그 뜻이 다소 혼란스러울 수 있습니다. 관계형 데이터베이스에서는 데이터의 세로줄을 '칼럼'이라고 하지만, 데이터 분석 영역에서는 '변수'라고 하고, 이 변수를 다시 독립 변수(independent variable)와 종속 변수(dependent variable)로 나눕니다. 그리고 이러한 변수의 개수로 차원을 설정하고 수학이나 통계 모델을 만들고자 실험을 진행합니다.

이러한 용어와 데이터 접근의 차이는 데이터를 다루는 관점과 필요에 따라 발생합니다. 관계형 데이터베이스는 기본적으로 '데이터' 그 자체를 관리하고 저장하는 데 목적이 있습니다. 그렇기에 다양한 영역의 소프트웨어 개발자가 서비스나 애플리케이션을 구성하는 기능과 관련한 데이터, 사용자가 해당 제품을 사용하며 발생하는 데이터, 일련의 프로세스를 자동화하고자 활용하는 데이터 등을 저장하고 관리하려는 목적으로 테이블, 행, 열을 포함한 대부분의 데이터베이스를 설계하고 구축합니다.

따라서 데이터 과학을 비롯한 데이터 분석 영역에서 관계형 데이터베이스를 이용하여 저장·관리하는 데이터는 모델링이나 실험에 당장 활용할 수 있는 데이터라는 뜻보다는 소프트웨어 개발, 데이터 분석, 데이터 과학 등 모든 영역에서 활용할 수 있는 데이터를 저장한 '데이터 창고'라는 뜻이 강합니다.

즉, 수많은 데이터에서 모델링과 실험에 필요한 데이터를 얻고자 관계형 데이터베이스 내 데이터를 제어하는 방법으로 SQL 구문을 사용합니다. 앞으로 SQL 구문을 학습하며 관계형 데이터베이스에서 필요한 데이터만 조회하는 다양한 방법을 알아봅니다.

특별한 의미를 지닌 열, 키

키(key)는 단어 뜻 그대로 '열쇠'라는 의미에서 비롯한 용어입니다. 어떤 문에 꼭 맞는 열쇠가 하나씩 있듯이 수많은 데이터를 구별할 수 있는 유일한 값이라는 뜻이지요. 키는 테이블을 구성하는 여러 열 중에서 특별한 의미가 있는 하나 또는 여러 열의 조합을 의미합니다.

데이터를 종류별로 구별하거나 테이블 간의 연관 관계를 표현할 때 키로 지정한 열을 사용합니다. 키는 기본키(primary key), 후보키(candidate key), 외래키(foreign key), 복합키(composite key) 등으로 구분할 수 있습니다. 지금부터 각각의 키가 어떤 뜻인지 살펴봅시다.

기본키

기본키(PK: Primary Key)는 여러 키 중에서 가장 중요한 키로, 한 테이블 내에서 중복되지 않는 값만 가질 수 있는 키입니다. 기본키의 속성을 정리하면 다음과 같습니다.

기본키의 속성

1. 테이블에 저장된 행을 식별하는 유일한 값이어야 한다.
2. 값 중복이 없어야 한다.
3. NULL을 가질 수 없다.

기본키에는 중복하지 않는 유일한 값이라는 특성이 있으므로 하나 또는 여러 열의 조합으로 만들 수 있습니다.

예를 들어 다음과 같이 학생을 관리하는 학생 정보 테이블이 있다고 가정해 봅시다. 학생별로 특정 서비스를 제공하려면 학생을 구별하는 데이터가 반드시 필요합니다. 여기서는 학번, 아이디, 주민등록번호가 각 학생을 구별하는 데이터가 될 수 있습니다. 이들 중 한 열을 기본키로 지정합니다. 대부분은 개인 정보 노출이 가장 적은 데이터를 선정하므로 여기에서는 학번을 기본키로 지정했습니다.

✳ 널(NULL)은 특정 열에 값이 없다는 의미입니다. 지금은 '비어 있는 값' 정도로 생각해 주세요. NULL은 04장과 05장에서 자세히 알아봅니다.

학번	아이디	주민등록번호	이름	...
16031055	baby	971210-1XXXXXX	홍길동	
12071632	onemore	940424-2XXXXXX	성춘향	
	기본키	...		
15022655	time	960605-1XXXXXX	박문수	

학생 테이블의 기본키

 웹 서비스를 비롯한 프로그램 대부분은 가입 회원을 관리하고자 회원 번호 같은 특수한 데이터를 따로 정의합니다. 이러한 데이터는 내부 관리 목적으로만 사용하므로 일반적으로 사용자에게는 공개하지 않습니다.

✏️ **1분 복습** | 다음 내용이 참인지 거짓인지 판단해 보세요.

기본키의 속성

1. 테이블에 저장된 행을 식별할 수 있는 유일한 값이어야 한다.
2. 값 중복이 없어야 한다.
3. NULL을 가질 수 있다.

정답 1.참 2.참 3.거짓

보조키

보조키는 대체키(alternate key)라고도 하며 후보키(candidate key)에 속한 키입니다. 그리고 후보키 중에서 기본키로 지정되지 않은 열입니다.

 엄밀히 말하면 후보키는 기본키가 될 수 있는 모든 키를 의미합니다. 즉 기본키 역시 후보키에 속합니다. 이 후보키 중 기본키로 지정되지 않은 키를 보조키 또는 대체키라고 합니다. 그 밖에 이 책에서 다루지는 않지만, 행을 식별할 수 있는 모든 키 조합을 의미하는 슈퍼키(super key)라는 개념도 있습니다.

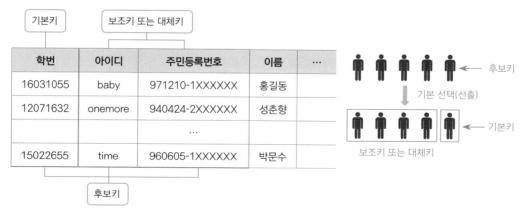

후보키, 기본키, 보조키의 관계

이 테이블을 살펴보면 유일한(중복하지 않은) 데이터가 있고 빈 값(NULL)이 없는 열(학번, 아이디, 주민등록번호)은 기본키가 될 수 있는 후보키입니다. 그리고 후보키 중에서 기본키로 선택한 학번을 제외한 아이디와 주민등록번호가 보조키가 됩니다.

외래키

외래키(FK: Foreign Key)는 특정 테이블에 포함되어 있으면서 다른 테이블의 기본키로 지정된 키를 의미합니다.

✽ 외래키는 외부키라고도 합니다. 하지만 실무에서는 외부키나 외래키보다 포린키(foreign key)라고 부를 때가 더 흔합니다. 이 책에서는 '외래키'로 통일합니다.

다음 학과 정보 테이블은 학과 코드, 학과 이름, 개설 날짜, 대학 구분, 대표 전화번호 등의 열로 구성됩니다. 그리고 각 학과를 구별하는 유일한 데이터인 학과 코드를 기본키로 지정했습니다.

학생 정보 테이블을 보면 열 중에 학과 정보 테이블의 기본키인 '학과 코드'가 있습니다. 이 학과 코드가 바로 학생 정보 테이블과 학과 정보 테이블을 잇는 '외래키' 역할을 합니다. 즉 학생 정보 테이블은 학과 코드로 학과 정보 테이블의 세부 정보를 찾아갈 수 있습니다. 이를 학생 정보 테이블이 학과 코드를 '참조'한다고 표현합니다. 학생 정보 테이블에서 학과 코드를 참조하여 학과 정보를 얻을 수 있다는 의미죠.

학생 정보 테이블

학번	이름	…	학과 코드	졸업 여부	…
16031055	홍길동	…	COM		
12071632	성춘향	…	BNS	졸업	
		…			
15022655	박문수	…	MTH		

학과 정보 테이블

학과 코드	학과 이름	개설 날짜	대학 구분	대표 전화번호	…
COM	컴퓨터공학과	19861021	공과대학	070-0000-0000	
BNS	경영학과	19730201	경상대학	070-1111-1111	
		…			
MTH	수학과	19730201	과학대학	070-2222-2222	

예를 들어 성춘향 학생이 학과 대표 전화번호를 알아내려고 학사 정보 프로그램에 접속한다고 가정해 봅시다. 학사 정보 프로그램은 입력된 학번(학생 정보 테이블의 기본키)으로 학생 정보 테이블에서 성춘향 학생을 찾아냅니다. 그리고 성춘향 학생 행에 저장된 학과 코드(학과 정보 테이블의 기본키, 학생 정보 테이블의 외래키)를 활용해서 '학과 정보 테이블'을 찾아갑니다. 그러면 성춘향 학생이 속한 해당 학과의 '대표 전화번호' 정보에 접근할 수 있습니다.

언뜻 보면 테이블을 두 개로 따로 나누어 데이터를 관리하므로 번거로워 보일 수 있습니다. 이와 달리 학과 코드를 외래키로 쓰지 않고 모든 정보를 하나의 학생 정보 테이블(기본키는 학번)에 저장한다고 생각해 봅시다. 다음 그림을 보면 학생 정보 테이블 옆에 학과 정보 테이블을 붙인 듯한 느낌이 듭니다.

학과 정보를 포함한 학생 정보 테이블

학번	이름	…	졸업 여부	…	학과 이름	개설 날짜	대학 구분	…
16031055	홍길동				컴퓨터공학과	19861021	공과대학	
12071632	성춘향		졸업		경영학과	19730201	경상대학	
				…				
15022655	박문수				수학과	19730201	과학대학	

학생 정보   학과 정보

외래키 없이 학생 정보 테이블과 학과 정보 테이블을 합쳐 놓았을 때

'이 정도는 별로 문제 될 것이 없어 보이는데?'라고 생각할 수도 있지만 다음 테이블의 학생이 모두 같은 학과라면 이야기가 조금 달라집니다. 학생 정보 테이블에는 당연히 같은 학과 학생이 있으므로 같은 학과의 데이터를 학생 정보 테이블에 저장하면 다음과 같은 형태일 것입니다.

데이터 중복이 일어난 학생 정보 테이블

학번	이름	…	졸업 여부	…	학과 이름	개설 날짜	대학 구분	…
16031055	홍길동				컴퓨터공학과	19861021	공과대학	
12071632	성춘향		졸업		컴퓨터공학과	19861021	공과대학	
				…				
15022655	박문수				컴퓨터공학과	19861021	공과대학	

데이터 중복

이 테이블에서 확인할 수 있듯이 학생 한 명의 데이터에 학과 데이터(학과 이름, 개설 날짜, 대학 구분 등)를 저장하면 같은 학과 학생일 때 똑같은 내용의 학과 데이터가 저장되므로 엄청난 양의 데이터가 중복되는 현상이 벌어집니다.

데이터 중복에 왜 주의해야 하는지 학생 정보 테이블을 예로 설명하겠습니다. 학과 데이터 종류가 100개 정도 있고 매년 몇천 명씩 입학한다고 가정할 때 졸업생 데이터까지 고려한다면 해마다 중복 데이터가 빠른 속도로 늘어날 것입니다.

또한 학과 정보를 변경해야 한다면 해당 학과에 소속된 학생 데이터 수만큼 데이터를 바꿔야 하므로 시간이 지날수록 데이터 중복에 따른 처리 비용이 증가하게 됩니다. 저장 공간 크기와 관리는 비용과 밀접하게 관련되므로 어쩔 수 없는 상황이 아니라면 데이터 중복은 반드시 피해야 합니다.

> 💡 **실무 꿀팁! 실무에서 사용하는 테이블 규모**
>
> 실무에서 데이터베이스를 활용하여 프로그램이나 서비스를 구축할 때 테이블 개수는 많게는 몇백, 몇천 개에 이릅니다. 테이블 하나의 열 개수 또한 몇백 개를 넘나드는 일도 종종 있습니다. 그리고 행 개수는 규모가 있다 싶으면 억 단위를 웃도는 게 흔한 일입니다.

엑셀에 익숙하다면 중복 데이터를 해결하고자 다음과 같이 학과 정보와 관련된 내용을 병합하는 방법을 생각할 수도 있습니다.

학번	이름	...	졸업 여부	...	학과 이름	개설 날짜	대학 구분	...
16031055	홍길동							
12071632	성춘향		졸업		컴퓨터공학과	19861021	공과대학	
				...				
15022655	박문수							

중복되는 열의 데이터를 세로로 변환

관계형 데이터베이스에서는 엑셀처럼 여러 행에 걸쳐 특정 열을 병합하는 것이 기본적으로 불가능합니다. 하지만 외래키를 사용하면 이러한 병합과 비슷한 효과를 얻을 수 있어 데이터 중복을 최소화할 수 있습니다.

학번	이름	...	학과 코드	...
16031055	홍길동		COM	
12071632	성춘향		COM	
		...		
15022655	박문수		COM	

학과 코드	학과 이름	개설 날짜	대학 구분	...
COM	컴퓨터공학과	19861021	공과대학	

외래키의 사용

 알아 두면 좋아요! 애플리케이션, 서비스 개발과 외래키

외래키는 데이터 중복을 피하고자 테이블 사이의 관계를 규명하는 데 꼭 필요한 요소입니다. 하지만 실무에서 데이터베이스를 활용하여 애플리케이션이나 서비스를 개발하며 데이터 구조를 설계할 때 외래키를 너무 엄격하게 정의해서 사용하면 오히려 응용 프로그램의 제작과 테스트 진행에 걸림돌이 되기도 합니다.

따라서 개념상으로는 각 테이블 사이의 관계에서 외래키가 필수인 상황일지라도 애플리케이션이나 서비스 개발의 효율과 편의를 위해 외래키를 따로 정의하지 않고 테이블 사이의 관계를 '느슨하게' 설계하는 대신 이를 다양한 프로그래밍 언어, 즉 코딩 영역에서 처리할 때도 흔합니다.

복합키

복합키(composite key)는 여러 열을 조합하여 기본키 역할을 할 수 있게 만든 키를 뜻합니다. 복합키를 만들 때 적게는 두세 개, 많게는 열 개가 넘는 열을 조합하기도 합니다. 하나의 열만으로 행을 식별할 수 없으므로 두 개 이상의 열을 함께 사용해야 각 행이 유일한 데이터로서 가치를 지니기 때문이죠.

예를 들어 학생의 수강 과목 데이터를 생각해 봅시다. 수강 과목 데이터는 앞에서 살펴본 학과 코드와 마찬가지로 과목 코드 열이 있는 과목 정보 테이블로 표현할 수 있습니다. 과목 정보 테이블을 다음처럼 과목 코드, 담당 교수, 전공 여부, 과목 이름 등의 열로 구성한다고 가정해 봅시다.

과목 정보 테이블

과목 코드	담당 교수	전공 여부	과목 이름	...
C3655	이순신	교양	논리와 비판적 사고	
C3655	김유신	교양	논리와 비판적 사고	
E0134	이몽룡	전공	모바일 프로그래밍	...
		...		
E0021	이몽룡	전공	네트워크 프로그래밍	

복합키

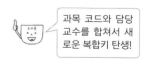
과목 코드와 담당 교수를 합쳐서 새로운 복합키 탄생!

같은 과목을 여러 교수가 가르친다면 어떤 열을 기본키로 지정해야 할까요?

과목 정보 테이블에서 과목 코드를 기본키로 정한다면 같은 과목 코드(C3655)에 담당 교수가 다른 경우(이순신, 김유신)가 생깁니다. 그렇다고 담당 교수를 기본키로 정한다면 한 교수(이몽룡)가 서로 다른 과목(E0134, E0021)을 가르칠 때 테이블 행을 정확히 구분할 수 없습니다. 바로 이때 과목 코드와 담당 교수 열을 조합하여 하나의 키로 지정한다면 과목 정보 테이블의 행을 정확히 구분할 수 있습니다. 즉 '과목 코드 + 담당 교수'가 기본키 역할을 합니다.

또 다른 예로 한 과목을 한 교수님이 가르치는데 강의 시간이 '화요일 3교시 반', '목요일 1교시 반'으로 나뉜다면 어떻게 해야 할까요? 기존 복합키에 '강의 시간'까지 포함하면 테이블의 각 행을 구분할 수 있습니다.

이렇듯 다양한 키는 결국 관계형 데이터베이스에서 테이블 행을 구분하고자 그리고 여러 테이블 간의 관계를 정의하고자 사용한다는 점을 꼭 기억하세요.

❄ 열에 키를 지정하는 방법은 14장에서 명령어와 함께 알아봅니다.

📝 **알아 두면 좋아요! 개인정보보호법과 주민등록번호 보관**

개인 정보 유출 피해를 최소화하고자 2014년 8월 7일에 개인정보보호법이 개정되어 모든 공공 기관과 민간 사업자의 주민등록번호 수집이 원칙적으로 금지되었습니다. 이와 함께 이 책을 읽고 있는 여러분이 IT 업계에 발을 들여 개발할 때는 암호화된 개인 정보 데이터를 다루어야 할 겁니다.

02-2

오라클 데이터베이스

오라클 데이터베이스는 전 세계 데이터베이스 시장 점유율 1위인 대표적인 상용 관계형 데이터베이스 제품입니다. 여기서는 오라클 데이터베이스를 소개하고 그 특징을 간단히 살펴봅니다.

오라클 데이터베이스와 버전

오라클 데이터베이스는 오라클에서 만든 DBMS 제품입니다. 대중에게 널리 알려지지 않았지만, 오라클은 전 세계 소프트웨어 시장에서 윈도우와 오피스로 유명한 마이크로소프트를 포함해 세 손가락 안에 꼽을 정도로 큰 기업입니다.

오라클 데이터베이스는 1977년 래리 엘리슨(Larry Ellison), 밥 마이너(Bob Miner), 에드 오츠(Ed Oates)가 자본금 2,000달러로 창업한 SDL(Software Development Lab)에서 시작했습니다. 이후 IBM의 System R 프로젝트와 에드거 프랭크 커드(Edgar Frank Codd)의 관계형 데이터베이스 이론에 착안하여 SQL에 기반한 RDBMS 오라클 2.0을 선보였습니다.

오라클 데이터베이스는 1980년대에 이르러 데이터베이스 시장에서 본격적으로 입지를 다집니다. 오라클 데이터베이스는 이후에도 끊임없이 버전을 업그레이드하고 있습니다. 버전별 특징은 다음 그림을 참고하세요. ❋ 오라클 1 버전은 공식 발표되지 않았습니다.

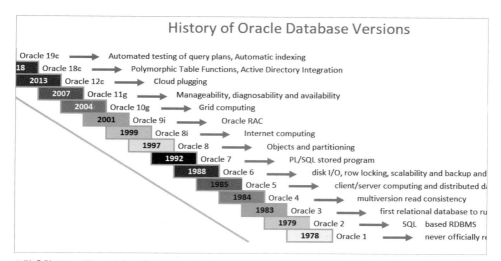

그림 출처: https://ittutorial.org/oracle-version-history-oracle-database-release-versions/

이 책에서는 오라클 데이터베이스 최신 버전 중에서 안정화 버전인 21c를 설치하고 이를 기준으로 학습을 진행합니다. 일반적으로 실무에서 데이터베이스를 한 번 구축하면 업그레이드하기가 쉽지 않아 다룰 버전보다 이전 버전을 사용하는 기업도 많습니다. 하지만 이 책은 이전 버전과의 호환성을 고려하여 SQL 구문 학습을 진행하므로 사용하는 오라클 버전에 크게 구애받지 않아도 됩니다.

> 📝 **알아 두면 좋아요!** 데이터베이스 버전 업그레이드가 쉽지 않은 이유
>
> 여러분은 혹시 스마트폰 운영체제인 iOS나 안드로이드 버전을 업데이트한 후 잘 사용하던 모바일 앱이 제대로 동작하지 않는 경험을 해본 적 있나요? 마찬가지로 서비스의 바탕인 데이터베이스를 최신 버전으로 바꿨을 때도 데이터 관리에 문제가 생길 수 있습니다. 심지어 전체 서비스가 마비될 수도 있습니다. 이런 까닭에 현업에서는 데이터베이스 최신 버전이 나와도 현재 사용하는 버전에 큰 문제가 없다면 기존 데이터베이스 버전을 그대로 유지할 때가 흔합니다.

자료형

데이터베이스에 저장하는 데이터는 형태가 다양합니다. 숫자만으로 표현할 수 있는 데이터도 있고 여러 가지 문자를 포함한 데이터도 있습니다. 이렇게 데이터가 어떤 형태인지를 말할 때 IT 분야에서는 보통 '자료형(data type)'이라는 용어를 사용합니다. 오라클 데이터베이스는 여러 자료형을 제공하며 이 중 대표적인 자료형은 다음과 같습니다.

자료형	설명
VARCHAR2(길이) ★	가변 길이의 문자열 데이터를 4,000바이트만큼 저장할 수 있습니다. 최소 크기는 1바이트입니다.
NVARCHAR2(길이)	가변 길이의 문자열 데이터를 32,767바이트만큼 저장할 수 있습니다. VARCHAR2 자료형의 확장 버전입니다.
NUMBER(전체 자릿수, 소수점 이하 자릿수) ★	±38 자릿수의 숫자를 저장할 수 있습니다. NUMBER(p, s)와 같이 표기하면 소수점 이하 자릿수를 s 자리만큼 표현하고, 숫자 데이터를 이 소수 자리를 포함한 전체 p 자리만큼 저장합니다.
DATE ★	날짜 형식을 저장할 때 사용하는 자료형으로 세기, 연, 월, 일, 시, 분, 초를 저장할 수 있습니다.
CHAR(길이)	고정 길이의 문자열 데이터를 2,000바이트만큼 저장할 수 있습니다. 최소 크기는 1바이트입니다.
BLOB	대용량 바이너리 데이터를 최대 128TB 크기로 저장할 수 있습니다.
CLOB	대용량 텍스트 데이터를 최대 128TB 크기로 저장할 수 있습니다.
JSON	JSON 데이터 파일을 최대 32MB 크기로 저장할 수 있습니다.

✺ ★는 가장 자주 사용하는 자료형입니다.

자료형은 테이블을 구성하는 열에 지정합니다. 예를 들어 NUMBER(4)로 지정한 열이 있다면 네 자리 숫자까지 저장할 수 있습니다. 이 열에는 문자열을 저장할 수 없고 다섯 자리 숫자를 저장할 수도 없습니다. 이렇게 하나의 자료형에 맞춰 한 종류의 데이터를 저장할 수 있는 자료형을 스칼라(scalar)형이라고 합니다.

자료형은 여러 종류가 있으며 한 번에 여러 데이터를 저장할 수 있는 VARRAY, NESTED TABLE 같은 컬렉션(collection)형도 있습니다. 8 버전 이후의 오라클 데이터베이스는 객체 관계형 데이터베이스를 지원하고자 여러 자료형을 추가했습니다. 하지만 여전히 가장 자주 사용하는 자료형은 VARCHAR2, NUMBER, DATE입니다.

필자 역시 업무를 진행하며 이 세 가지 자료형을 가장 자주 사용했고 특수한 경우를 제외하고는 그 밖의 다른 자료형을 다룬 적이 별로 없습니다. 그러므로 자료형 종류가 너무 많다고 부담스러워하지 않아도 됩니다. 물론 복잡하고 다양한 데이터를 다루어야 하는 경우라면 좀 더 많은 자료형을 이해하고 활용해야 할 상황이 있을 수 있습니다. 하지만 지금 우리 목표는 오라클 데이터베이스에 익숙해지고 SQL 구문을 익히는 것임을 명심하세요. 지금은 자료형 중에서 VARCHAR2, NUMBER, DATE 정도만 기억해도 충분합니다.

✏️ **1분 복습** | 다음 빈칸을 채우면서 복습해 보세요.

오라클 데이터베이스에서 가장 자주 사용하는 자료형은 숫자, 문자열, 날짜입니다.
숫자 데이터는 ¹ N [   ], 문자열 데이터는 ² V [   ], 날짜 데이터는 ³ D [   ] 자료형을 사용합니다.

정답 1. NUMBER 2. VARCHAR2 3. DATE

객체

객체는 오라클 데이터베이스 내에서 데이터를 저장하고 관리하는 논리 구조로 이루어진 구성 요소입니다. 오라클 객체의 종류는 다음 표를 참고하세요.

객체	설명	다루는 부분
테이블(table)	데이터를 저장하는 장소입니다.	전체
인덱스(index)	테이블의 검색 효율을 높이고자 사용합니다.	13장
뷰(view)	선별한 하나 또는 여러 개의 데이터를 논리적으로 연결하여 하나의 테이블처럼 사용하도록 합니다.	
시퀀스(sequence)	일련번호를 생성합니다.	
시노님(synonym)	오라클 객체의 별칭(다른 이름)을 지정합니다.	
프로시저(procedure)	프로그래밍 연산과 기능을 수행할 수 있습니다(반환값 없음).	PL/SQL 영역 (이 책에서는 다루지 않음)
함수(function)	프로그래밍 연산과 기능을 수행할 있습니다(반환값 있음).	
패키지(package)	관련한 프로시저와 함수를 보관합니다.	
트리거(trigger)	데이터와 관련한 작업의 연결이나 방지와 관련한 기능을 제공합니다.	

이 외에도 오라클에서 제공하는 객체는 다양하지만 이 책에서는 일반적으로 가장 자주 사용하는 객체를 중심으로 다룹니다.

PL/SQL

오라클 데이터베이스는 데이터 관리와 복잡한 비즈니스의 기능 구현을 지원하고자 프로그래밍 언어를 별도로 제공하는데, 이를 PL/SQL(Procedural Language extension to SQL)이라고 합니다. 보통 오라클 데이터베이스 프로그래밍이라고 하면 SQL 구문과 PL/SQL을 사용한 프로그래밍 모두를 일컫습니다. PL/SQL을 사용하면 변수, 조건문, 반복문 등 다른 프로그래밍 언어에서도 제공하는 요소를 사용하여 데이터를 관리할 수 있고 SQL 구문만 사용하는 것보다 수준 높은 데이터 관리 기능을 추가로 구현할 수 있습니다.

하지만 최근 PL/SQL 활용도는 다소 감소하는 추세입니다. 이는 시대적으로 데이터양이 급격히 늘어나면서 오라클 데이터베이스와 같은 관계형 데이터베이스는 데이터 저장과 관리만으로도 많은 자원을 소모하기 때문입니다. 이에 PL/SQL을 활용하여 구현했던 비즈니스 로직, 즉 기능은 C 계열 언어와 자바, 파이썬, 자바스크립트 등의 프로그래밍 언어로 구현하여 데이터베이스 서버의 부하를 줄이는 형태로 작업할 때가 흔합니다.

이런 이유로 이 책에서는 PL/SQL을 다루지 않는다는 점, 참고해 주세요.

📝 **알아 두면 좋아요! 변수, 조건문, 반복문이란?**

- **변수**

  변수는 특정 값을 저장하는 메모리 공간입니다. 예를 들어 로그인하려고 사용자가 아이디와 비밀번호를 입력
  하면 이 값이 정확한지 확인하기 전까지 일시로 저장하는 공간이 있는데, 이것이 바로 변수입니다.

- **조건문**

  특정 조건에 따라 다른 기능을 수행하는 코드를 작성할 때 사용합니다. 예를 들어 '로그인하지 않은 사용자는
  이메일을 열람할 수 없다'라는 기능을 만들 때 사용자의 '로그인 여부'가 바로 조건문이 됩니다.

- **반복문**

  특정 기능을 반복하여 수행할 때 사용합니다. '문서를 10번 인쇄하라'라고 명령할 때 문서 출력을 10번 반복
  하는 것이 바로 반복문입니다.

되새김 문제

이 장에서 배운 내용을 실습하며 정리하세요.

Q1. 다음 문장의 빈칸을 채워 보세요.

관계형 데이터베이스는 데이터를 2차원 표 형태로 저장·관리하는데 이를 **¹ 테   ** (이)라고 합니다. **¹ 테   ** 은/는 하나의 개체를 구성하는 여러 값을 가로로 늘어뜨린 **²   ** 와/과 저장할 데이터를 이루는 각 값의 공통 특성을 정의하기 위해 세로줄 **³   ** (으)로 구성됩니다.

정답 1. 테이블 2. 행 3. 열

Q2. 다음 문장의 빈칸을 채워 보세요.

**¹ 기   ** 은/는 테이블의 행을 구분하는 유일한 값으로 사용하는 키이며 테이블에 단 하나만 지정할 수 있습니다. **¹ 기   ** 을/를 포함한 데이터를 식별할 수 있는 모든 키의 집합을 **² 후   ** (이)라고 합니다. **² 후   ** 중에서 **¹ 기   ** (으)로 선정되지 못한 나머지 키는 **³ 보   / 대   ** (이)라고 합니다. 또 특정 테이블에 포함되면서 다른 테이블의 **¹ 기   ** (으)로 지정된 키를 **⁴ 외   ** (이)라고 합니다.

정답 1. 기본키 2. 후보키 3. 보조키 / 대체키 4. 외래키

03장

오라클 데이터베이스 설치와 실습 환경 설정

이 장에서는 오라클 데이터베이스를 설치하고 실습 환경을 설정합니다. 이에 실습에 필요한 도구 프로그램을 추가로 설치하고 처음으로 오라클에 접속해 봅니다. 이와 함께 실습에 활용할 계정과 테이블도 살펴봅니다.

03-1 ▶ 오라클 데이터베이스 설치하고 계정 설정하기
03-2 ▶ SQL Developer 설치하고 실행하기

이 장에서 꼭 익혀야 할 것
☑ 오라클 데이터베이스 설치하기
☐ SQL*Plus로 오라클 데이터베이스 접속하기
☐ SYSTEM 계정으로 SCOTT 계정 생성하기
☐ SQL Developer 설치하기

오라클 데이터베이스 설치하고 계정 설정하기

오라클 데이터베이스를 사용하려면 먼저 오라클 홈페이지에 접속하여 계정을 만들고 관련 파일을 내려받아야 합니다. 오라클 데이터베이스를 모두 설치했다면 그다음으로 실습에 활용할 계정을 설정합니다.

오라클 데이터베이스를 설치하기 전 준비 사항

오라클 데이터베이스는 오라클 홈페이지(https://www.oracle.com/kr/)에서 설치 파일을 내려받아 개인용 PC에 설치할 수 있습니다. 오라클 데이터베이스는 용도에 따라 스탠더드 (Standard), 엔터프라이즈(Enterprise), 익스프레스(Express) 등 다양한 버전을 제공하며 비상 업용으로 사용한다면 개인도 내려받아 설치하고 사용할 수 있습니다. 이 책에서는 Oracle 21c Express Edition을 설치하고 실습에 활용합니다.

✳ 오라클 데이터베이스는 서버 설치가 기본으로, macOS용 버전은 없으므로 이 책에서는 다루지 않습니다. 맥(Mac) 계열 컴퓨터에 설치하는 방법은 도커(Docker)나 유닉스 버전 활용을 참고하세요.

오라클 데이터베이스를 설치하려면 하드웨어, 소프트웨어, 운영체제의 최소 사양을 맞추어야 합니다. 다음은 오라클에서 제공하는 21c 버전 설치 안내(Oracle Database Installation Guide)의 일부를 발췌한 것입니다. 이 책에서는 윈도우 11 버전을 기준으로 설치를 진행합니다.

✳ 다음은 공식 설치 안내 문서 링크입니다.
• Database Installation Guide
https://docs.oracle.com/en/database/oracle/oracle-database/21/ntdbi/database-installation-guide-microsoft-windows.pdf

오라클을 설치하려면 램(RAM)이 최소 1GB 필요하지만 일반적으로 2GB 이상을 권장합니다.

Table 1-1 Server Hardware Checklist for Oracle Database Installation

Check	Task
Server Make and Architecture	Confirm that server make, model, core architecture, and host bus adaptors (HBA) or network interface controllers (NIC) are supported to run with Oracle Database and Oracle Grid Infrastructure.
Minimum RAM	At least 1 GB RAM for Oracle Database installations. 2 GB RAM recommended.
Minimum network connectivity	Server is connected to a network
Video Adapter	256 colors
Server Display Cards	At least 1024 x 768 display resolution, which Oracle Universal Installer requires.

오라클 데이터베이스 설치 사양

하드디스크의 크기는 기본적으로 6~7GB 필요하다고 안내하는데 여유 공간으로 1~2GB 더
고려하는 것이 좋습니다.

Table 1-5 Storage Checklist for Oracle Database

Check	Task
Minimum local disk storage space for Oracle software	At least 6.5 GB for Oracle Database Enterprise Edition At least 6.0 GB for Oracle Database Standard Edition 2 At least 7.0 GB for an Oracle Restart installation
Recommended file system	Ensure that you have one of the following storage options available: • Oracle Automatic Storage Management (Oracle ASM) • NTFS File System or Resilient File System (ReFS)

오라클 데이터베이스의 하드디스크 사양

설치할 수 있는 운영체제는 윈도우 10, 윈도우 11, 윈도우 서버 2016부터 2022까지며, 이후
새로운 윈도우가 출시된다면 지원하는 운영체제도 달라질 수 있습니다.

Table 1-2 Operating System General Checklist for Oracle Database on Microsoft Windows

Item	Task
Operating system general requirements	Oracle Database for Windows x64 is supported on the following operating system versions: • Windows 10 x64 - Pro, Pro for Workstations, Enterprise, and Education editions • Windows 11 x64 - Pro, Enterprise, and Education editions • Windows Server 2012 R2 x64 - Standard, Datacenter, Essentials, and Foundation editions • Windows Server 2016 x64 - Standard, Datacenter, and Essentials editions • Windows Server 2019 x64 - Standard, Datacenter, and Essentials editions • Windows Server 2022 x64 - Standard, Datacenter, and Essentials editions

오라클 데이터베이스의 윈도우 사양

오라클 데이터베이스 설치

1. 계정 생성하고 로그인하기

오라클 데이터베이스를 내려받으려면 오라클 홈페이지 계정이 있어야 합니다. 오라클 홈페이지 오른쪽 위 [계정 보기] 메뉴에서 [계정 만들기] 버튼을 클릭합니다.

오라클 홈페이지(https://www.oracle.com/kr)에 접속하여 계정 생성하기

학생이라면 학교나 교육 기관 등의 내용을 적절하게 입력하고 계정 생성을 진행합니다.

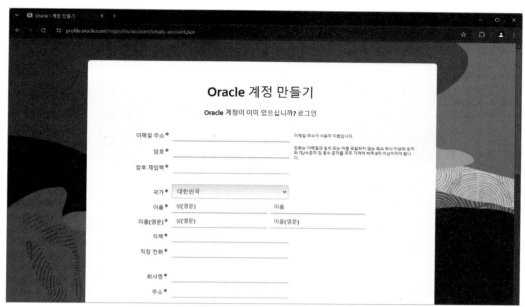

오라클 계정 만들기

✳️ 서버 제품군을 사용할 수 있는 계정 생성이므로 비밀번호 기준이 까다로울 수 있습니다.

2. 내려받기

계정 만들기가 끝났다면 다음과 같이 'oracle express edition download'로 검색해 설치할 Oracle Database Express Edition (XE) Downloads 페이지 링크를 찾아 들어가서 파일을 내려받습니다.

Oracle Database Express Edition 내려받기 페이지 링크

✳️ 오라클은 웹사이트의 변동이 잦고 정책에 따라 새로운 버전이 출시되면 이전 버전의 내려받기 페이지를 찾기 어려울 수 있으므로 인터넷에서 'Express Edition'을 검색해 내려받기 페이지 링크를 찾아 들어가는 것이 더 편할 수 있습니다.

Oracle Database Express Edition (XE) Downloads 페이지에 들어왔다면 자신의 운영체제에 맞는 제품을 내려받습니다. 윈도우 운영체제를 기준으로 설치를 진행하므로 Windows x64 버전을 선택합니다. 이 책에서는 Oracle Database 21c Express Edition을 활용할 것이므로 버전을 반드시 확인하세요.

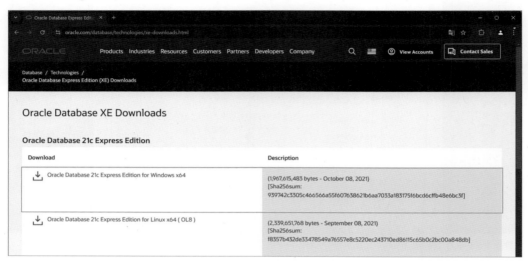

Oracle Database XE Downloads 페이지

새로운 버전이 출시되어 'oracle express edition download'로 검색한 링크 페이지 내 오라클 버전이 달라지더라도 다음과 같이 페이지 아래로 스크롤 하면 이전 버전의 오라클 데이터베이스를 내려받을 수 있습니다.

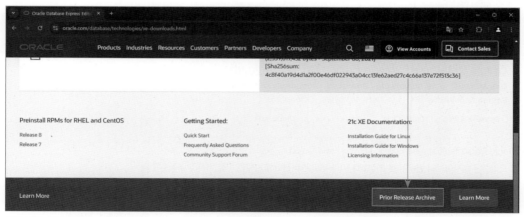

이전 버전 내려받기

✳ 오라클 공식 홈페이지나 버전이 변경되어 이 책에서 학습할 때 사용할 Oracle Database 21c Express Edition for Windows x64 버전을 찾기 어렵다면 Do it! 스터디룸 카페(https://cafe.naver.com/doitstudyroom)를 확인하거나 이지스퍼블리싱 자료실(https://www.easyspub.co.kr/30_Menu/DataList/PUB)을 참고하세요.

3. 파일 압축 풀기

적당한 폴더에 오라클 데이터베이스 파일을 내려받고 압축을 풉니다.

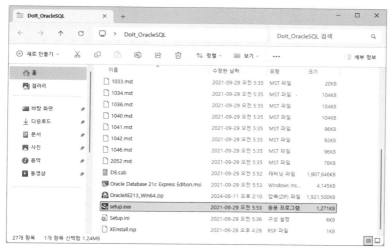

오라클 데이터베이스 설치 파일의 압축 풀기

⚙ 이 책을 집필할 시점의 파일 이름은 OracleXE213_Win64.zip입니다. 이후 버전이 달라지면 압축 파일 이름도 달라질 수 있으니 참고하세요.

4. 설치 프로그램 실행하기

압축을 푼 폴더에서 실행 파일인 setup.exe를 더블클릭합니다. 윈도우 11이라면 실행 권한 확인과 경고 창이 뜰 수 있습니다. 준비가 끝나면 오라클 데이터베이스를 설치하기 시작합니다. 설치 창이 나타나면 [다음(N)]을 클릭해서 설치를 진행합니다.

오라클 데이터베이스 설치하기

라이선스 계약에서는 [동의함(A)]을 선택하고 [다음(N)]을 클릭합니다.

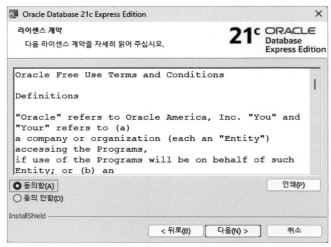

라이선스 계약 동의

5. 설치 경로 설정하기

설치할 폴더를 새로 만들거나 원하는 폴더로 변경합니다. 이 책에서는 C:₩doitoracle₩
product₩21c₩로 지정했습니다. [다음(N)]을 클릭해 설치를 계속 진행합니다.

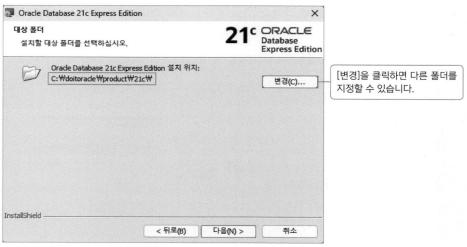

오라클 데이터베이스의 설치 경로 지정

❇ 데이터베이스나 프로그래밍, 코딩 경로에는 한글을 포함하지 않는 것이 안전합니
다. 그러므로 오라클 데이터베이스 설치 경로 역시 한글을 포함하지 않는 경로로 지정
하세요.

6. 관리자 계정 비밀번호 설정하기

오라클에는 SYS, SYSTEM, PDBADMIN처럼 데이터베이스 관리자 권한 계정이 있는데, 이에 필요한 비밀번호를 지정합니다. 여기에서는 소문자 'oracle'로 입력하고 [다음(N)]을 클릭합니다.

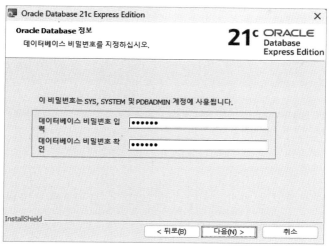

데이터베이스 관리자 비밀번호 설정

✿ 실무 서버 환경에서는 암호를 더 복잡하게 사용해야 할 뿐만 아니라 일정한 주기로 변경하여 보안 문제가 발생하지 않도록 해야 합니다.

7. 설치 시작하기

기본 설정이 끝났다면 설치할 폴더 위치를 확인한 후 [설치(I)]를 클릭해 설치를 시작합니다.

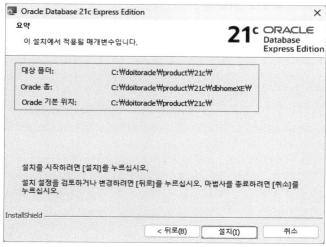

설치 확인

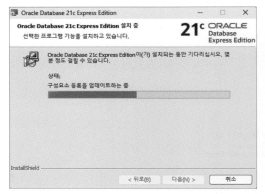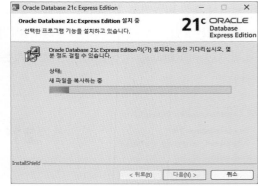

설치 진행

✳ 사용하는 운영체제나 정책에 따라 네트워크와 자바 허용 여부와 관련한 확인 창이 나타날 수 있습니다. 네트워크나 프로그램 실행을
확인하고 허용한 후 설치를 계속 진행합니다. 설치하는 데 몇 분 정도 걸릴 수 있습니다.

8. 설치 완료하기

설치를 올바르게 완료하면 다음처럼 설치 완료 창이 나타납니다. [완료(F)]를 클릭해서 오라
클 데이터베이스 설치를 끝냅니다.

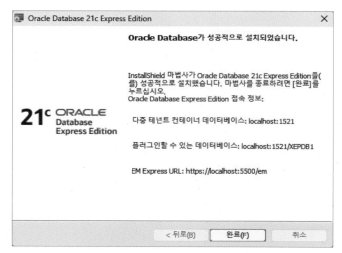

오라클 데이터베이스 설치 완료

9. SCOTT 계정과 실습 데이터 생성 스크립트 파일 내려받기

오라클 데이터베이스 설치가 정상으로 끝났다면 실습에 활용할 계정과 데이터를 생성해야 합니
다. 이를 위해 깃허브 https://github.com/GroovySunday/doit-oraclesql에서 doitoracle_
scott.sql 파일을 미리 내려받습니다. 이 주소로 접속한 다음 [Code] 메뉴에서 [Download ZIP] 버
튼을 클릭하면 장별 실습 코드와 실습 데이터 생성 스크립트 파일(.sql)을 내려받을 수 있습니다.

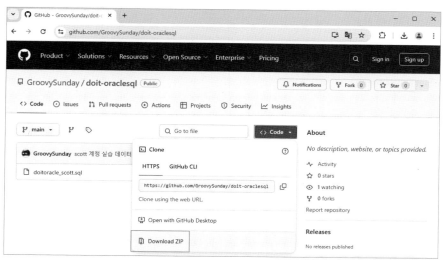

실습 코드와 데이터 생성 파일 내려받기

✱ 깃허브에 익숙하지 않다면 이지스퍼블리싱 자료실(https://www.easyspub.co.kr/30_Menu/DataList/PUB)에서도 내려받을 수 있습니다.

오라클 데이터베이스에 접속하여 SCOTT 계정 설정하기

오라클 11g 이전 버전의 SCOTT 계정 설정과 이 책에서 활용할 21c의 SCOTT 계정 설정은 조금 다르므로 오라클 데이터베이스 버전에 맞도록 다음과 같이 실습 계정 SCOTT과 데이터를 생성합니다.

1. 접속하기

설치한 오라클에 접속하려면 먼저 윈도우 시작 버튼 내 검색 기능을 사용하여 '명령 프롬프트'를 검색하고 실행합니다.

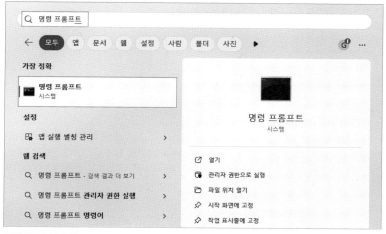

명령 프롬프트 실행

명령 프롬프트 화면이 나타나면 다음 명령어를 입력하여 오라클 데이터베이스 관리 계정인 SYS로 접속합니다.

```
sqlplus sys/oracle as sysdba
```

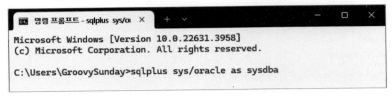

sys로 데이터베이스 접속하기

sqlplus는 오라클 데이터베이스 접속용 프로그램으로, 오라클 데이터베이스를 설치할 때 함께 설치됩니다. 그리고 sys 계정은 앞서 설치한 오라클 데이터베이스에 접속할 계정(아이디)입니다. oracle은 오라클 데이터베이스를 설치하면서 설정한 비밀번호입니다. 설치할 때 관리자 계정 비밀번호를 설정했던 것 기억하나요?

sys 계정은 오라클 데이터베이스에서 최고 권한을 가진 관리용 계정입니다. 사실 데이터베이스 관리자(DBA: DataBase Administrator)를 제외하면 사용할 일이 거의 없는 계정입니다. 이번에는 학습용 SCOTT 계정을 생성하고 사용할 수 있는 상태로 만들고자 sys 계정으로 접속했습니다.

접속 명령어를 입력한 후 [Enter]를 누릅니다. 별다른 오류 없이 다음과 같이 출력하면 오라클 데이터베이스 접속에 성공한 것입니다.

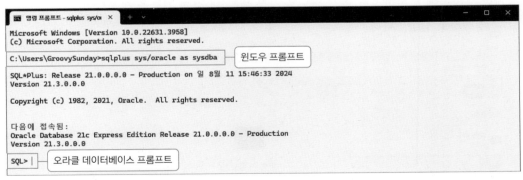

오라클 데이터베이스에 접속한 모습

❀ 이 상태가 오라클 데이터베이스에 진입한 상태입니다. 프롬프트 창에서 오라클 데이터베이스 접속을 해제하기 전까지 윈도우나 도스 명령어는 사용할 수 없습니다. 각 명령 단계에 윈도우 프롬프트인 C:₩...>와 오라클 데이터베이스 프롬프트인 SQL>의 출력 여부와 함께 결과나 오류를 잘 확인하며 진행합니다.

2. SCOTT 계정 생성하기

Oracle 21c Express Edition에는 이전에 기본 학습용으로 제공했던 SCOTT 계정과 데이터가 없으므로 계정과 실습에 활용할 데이터를 따로 생성해야 합니다. 이번 내용은 실행할 명령어가 많으므로 조심해서 진행합니다. 진행하다가 막히거나 문제가 발생하여 SCOTT 계정을 초기화해야 한다면 이번 절 마지막 [알아 두면 좋아요!] 'SCOTT 계정 삭제와 데이터 초기화하기'를 참고하세요.

✲ 오라클 데이터베이스 12c부터는 SCOTT 계정을 사용할 수 없으므로 별도의 생성 과정을 거쳐야 합니다.

> 📝 **알아 두면 좋아요! 학습용 계정 SCOTT에 대해**
>
> 오라클 데이터베이스를 다루는 사람에게 SCOTT은 오라클 창업자보다 더 유명한 이름입니다. SCOTT은 오라클사를 창립하던 때의 회사 이름인 SDL(Software Development Lab) 시절 처음 입사한 프로그래머인 브루스 스콧(Bruce Scott)의 성을 따서 만든 계정입니다. 그리고 SCOTT 계정의 기본 비밀번호는 tiger인데, 이는 브루스 스콧의 딸이 키우던 고양이 이름이라고 합니다.

앞서 실행한 명령 프롬프트 창에서 다음 실습 명령어를 차례대로 입력하고 [Enter]를 눌러 SCOTT 계정을 생성합니다.

💻 **실습 3-1 | SCOTT 계정 생성을 위한 옵션 설정하기**

```
ALTER SESSION SET "_oracle_script"=true;
```

▼ 결과 화면

```
명령 프롬프트 - sqlplus sys/or   ×   +  ∨

Microsoft Windows [Version 10.0.22631.3958]
(c) Microsoft Corporation. All rights reserved.

C:\Users\GroovySunday>sqlplus sys/oracle as sysdba

SQL*Plus: Release 21.0.0.0.0 - Production on 일 8월 11 15:46:33 2024
Version 21.3.0.0.0

Copyright (c) 1982, 2021, Oracle.  All rights reserved.


다음에 접속됨:
Oracle Database 21c Express Edition Release 21.0.0.0.0 - Production
Version 21.3.0.0.0

SQL> ALTER SESSION SET "_oracle_script"=true;

세션이 변경되었습니다.

SQL>
```

12c 버전부터 적용되는 클라우드 환경용 계정명 앞에 c## 접두어를 사용하지 않고 이전 오라클 실습처럼 계정 이름을 SCOTT 그대로 사용하고자 옵션을 설정합니다.

명령어의 큰따옴표(")와 문장이 끝났음을 뜻하는 세미콜론(;)에 주의하세요. 명령어를 실행한 후 "세션이 변경되었습니다."라는 메시지가 출력되면 SCOTT 계정을 생성할 수 있습니다.

□ 실습 3-2 | SCOTT 계정 생성하기

```
create user scott
identified by tiger
default tablespace users quota unlimited on users; —❶
grant create session, create table to scott; —❷
```

▼ 결과 화면

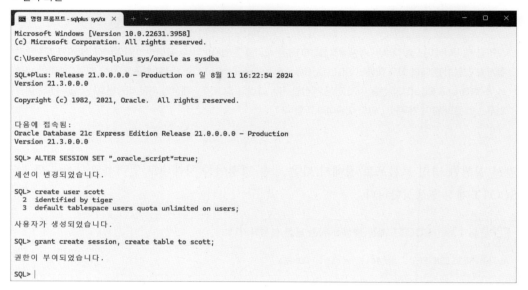

❶ 계정 이름을 'scott'으로, 접속 비밀번호를 'tiger'로 입력합니다. 비밀번호는 대소 문자를 구분하므로 주의하세요. 이후 데이터를 저장할 테이블 스페이스 권한을 기본 권한으로 지정합니다. ❷ 생성한 SCOTT 계정에 접속 권한과 테이블 생성 권한을 부여합니다.

3. SCOTT 계정으로 접속하여 실습 데이터 생성하기

생성한 SCOTT 계정으로 접속하려면 다음 명령어를 실행합니다.

> **□ 실습 3-3 | SCOTT 계정으로 접속하기**

```
conn scott/tiger —❶
show user —❷
```

▼ 결과 화면

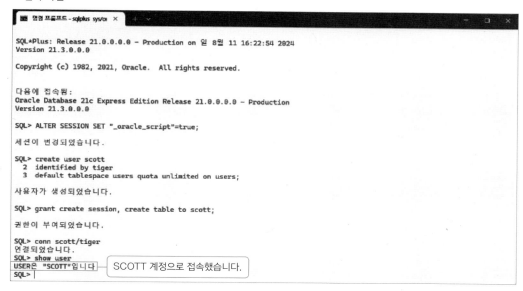

```
SQL*Plus: Release 21.0.0.0.0 - Production on 일 8월 11 16:22:54 2024
Version 21.3.0.0.0

Copyright (c) 1982, 2021, Oracle.  All rights reserved.

다음에 접속됨:
Oracle Database 21c Express Edition Release 21.0.0.0.0 - Production
Version 21.3.0.0.0

SQL> ALTER SESSION SET "_oracle_script"=true;

세션이 변경되었습니다.

SQL> create user scott
  2  identified by tiger
  3  default tablespace users quota unlimited on users;

사용자가 생성되었습니다.

SQL> grant create session, create table to scott;

권한이 부여되었습니다.

SQL> conn scott/tiger
연결되었습니다.
SQL> show user
USER은 "SCOTT"입니다      SCOTT 계정으로 접속했습니다.
SQL> |
```

❶ conn 명령은 현재 접속한 계정 외에 다른 계정으로 오라클에 다시 접속하겠다는 의미입니다. 이 명령을 실행하면 접속 계정은 sys에서 scott으로 바뀝니다.

❷ 현재 접속한 계정 이름을 확인합니다. "USER은 "SCOTT"입니다."라는 메시지가 나오면 SCOTT 계정으로 올바르게 접속했다는 뜻입니다.

SCOTT 계정으로 접속했다면 SCOTT 계정에서 사용할 실습 데이터를 생성합니다. 데이터 생성 코드를 실행하기 전에 먼저 다음 옵션 명령어를 실행합니다.

```
ALTER SESSION SET "_oracle_script"=true; ─①
ALTER SESSION SET nls_date_language='american'; ─②
ALTER SESSION SET nls_date_format='dd-MON-rr'; ─③
```

▼ 결과 화면

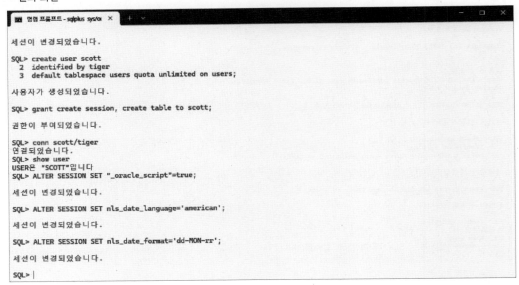

①, ②, ③ 생성할 SCOTT 실습 데이터의 날짜 형식을 맞추고자 옵션값을 설정합니다. 이후 SQL 구문 실습에 영향을 주지는 않으므로 따로 기억해야 할 명령어는 아닙니다.

그다음으로, 앞서 내려받은 doitoracle_scott.sql 파일을 실행합니다. 이 파일에는 SCOTT 계정으로 실습할 데이터를 생성하는 스크립트가 있습니다. 실행하려면 명령어 프롬프트에서 먼저 @ 기호를 쓴 후, 해당 파일을 명령어 프롬프트 창으로 드래그하거나 파일 경로를 직접 입력하고 Enter를 누릅니다. 여기서는 C:₩doitoracle 경로에 doitoracle_scott.sql 파일 이 있다고 가정했습니다.

```
@C:\doitoracle\doitoracle_scott.sql
```

▼ 결과 화면

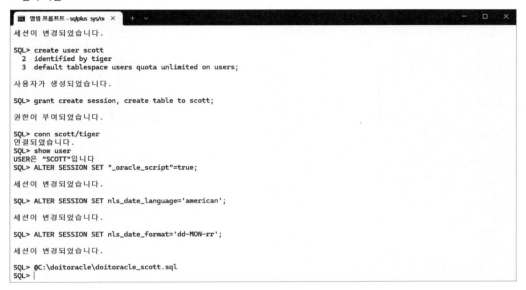

C:\doitoracle\ 경로에 있는 doitoracle_scott.sql 파일 안의 코드를 실행하겠다는 명령입니다. 해당 스크립트 파일 안에는 실습에 사용할 테이블과 데이터를 생성하는 코드가 들었습니다.

4. 실습 데이터 확인하기

여기까지 잘 진행했다면 SCOTT 계정으로 실습할 데이터 테이블을 잘 생성했는지 확인해 볼까요?

실습 3-6 | 실습 데이터 확인하기

```
desc emp; ─①
desc dept; ─②
desc salgrade; ─③
```

▼ 결과 화면

```
명령 프롬프트 - sqlplus sys/oi  ×     +  ∨                                    ─  □  ×

세션이 변경되었습니다.

SQL> @C:\doitoracle\doitoracle_scott.sql
SQL> desc emp;
 이름                           널?        유형
 ──────────────────────────    ────────   ──────────────
 EMPNO                         NOT NULL   NUMBER(4)
 ENAME                                    VARCHAR2(10)
 JOB                                      VARCHAR2(9)
 MGR                                      NUMBER(4)
 HIREDATE                                 DATE
 SAL                                      NUMBER(7,2)
 COMM                                     NUMBER(7,2)
 DEPTNO                                   NUMBER(2)

SQL> desc dept;
 이름                           널?        유형
 ──────────────────────────    ────────   ──────────────
 DEPTNO                        NOT NULL   NUMBER(2)
 DNAME                                    VARCHAR2(14)
 LOC                                      VARCHAR2(13)

SQL> desc salgrade;
 이름                           널?        유형
 ──────────────────────────    ────────   ──────────────
 GRADE                                    NUMBER
 LOSAL                                    NUMBER
 HISAL                                    NUMBER

SQL>
```

❶, ❷, ❸ desc 명령어는 describe의 줄임말로, 특정 테이블이 어떤 열로 구성되는지 확인할 때 사용하는 명령어입니다. 즉, 각 desc 명령은 emp 테이블, dept 테이블, salgrade 테이블의 구성 요소를 확인하고자 사용했으며, 각 명령어를 실행하면 각 테이블의 구성을 출력합니다.

여기까지 올바르게 진행했다면 Oracle 21c Express Edition 내 SCOTT 계정 생성과 실습 데이터 생성 작업은 끝입니다.

✱ exit 명령 또는 명령 프롬프트 창을 종료하여 오라클 접속을 종료할 수 있습니다. 이후 SQL 구문 실습에서는 SQL Developer와 같은 GUI 도구를 활용합니다. 특별한 상황이 아니라면 명령 프롬프트를 사용하지 않으니 안심하세요.

> 📝 **알아 두면 좋아요! SCOTT 계정 삭제와 데이터 초기화하기**
>
> 이전 버전과 비교하여 오라클 데이터베이스에 SCOTT 계정과 실습 데이터를 추가하는 방법이 조금은 까다로워 처음부터 다시 진행하고자 초기화해야 할 때도 있습니다. SCOTT 계정을 생성했지만 초기화하고 다시 계정과 데이터를 생성하려면 먼저 명령 프롬프트 창을 열고 'sqlplus sys/oracle as sysdba'를 실행하여 오라클 데이터베이스에 접속합니다. 그리고 다음 명령어를 입력하여 생성한 SCOTT 계정을 초기화합니다.
>
> ```
> ALTER SESSION SET "_oracle_script"=true;
> drop user scott cascade;
> ```

이제 막 오라클을 배우기 시작했다면 설치, 계정 생성, 실습 환경 설정이 그리 간단하지 않을 겁니다. 하지만 인내심을 갖고 꼭 자신의 힘으로 끝까지 진행하기 바랍니다.

 03-2

SQL Developer 설치하고 실행하기

오라클 데이터베이스에서 기본으로 제공하는 SQL*Plus만으로도 우리가 다룰 데이터와 관련한 기능 대부분을 수행할 수 있습니다. 하지만 SQL*Plus와 같은 텍스트 기반 콘솔 응용 프로그램은 대용량 데이터를 조작하거나 복잡한 명령어를 실행할 때 편의성과 가독성이 떨어집니다.

그래서 실무에서는 오라클 데이터베이스를 더 편리하게 사용하고자 여러 도구를 사용하는데, 이 책에서는 오라클사에서 제공하는 무료 프로그램인 SQL Developer를 설치하여 실습에 활용합니다.

❈ SQL Developer 외에도 Toad, Orange, Golden, SQLGate 등 다양한 유료 제품이 시중에 나와 있으며, 대부분 한정 기간 또는 한정 기능을 무료로 사용할 수 있는 버전을 제공합니다. 이 책에서는 무료로 계속 사용할 수 있는 SQL Developer를 활용하지만, 여유가 된다면 다른 프로그램도 사용해 보세요.

SQL Developer 내려받아 설치하기

인터넷에서 'sql developer download'로 검색하면 다음처럼 오라클 홈페이지의 SQL Developer 내려받기 페이지 링크를 확인할 수 있습니다.

내려받기 페이지 검색하기

❈ 오라클 데이터베이스와 마찬가지로 홈페이지 변경이나 정책에 따라 버전 공개가 달라질 수 있으므로 인터넷 검색으로 내려받기 링크를 찾는 것이 편합니다.

공식 내려받기 페이지에서 아래로 스크롤 하면 다음과 같이 운영 체제별 SQL Developer를 내려받을 수 있습니다. 윈도우 사용자라면 Windows 64-bit with JDK XX included 버전을 내려받습니다.

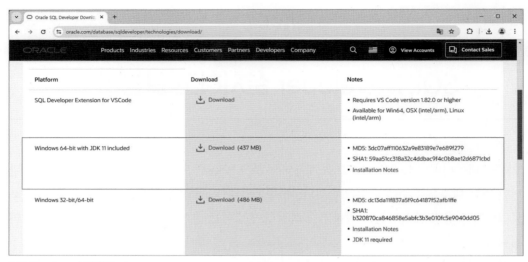

SQL Developer 내려받기

✸ SQL Developer는 macOS용 버전을 제공하며 VS 코드에 확장 기능으로 설치할 수도 있습니다. 이 책에서는 설치하지 않고도 바로 실행할 수 있는 JDK 포함 윈도우용 버전 프로그램으로 진행합니다. SQL Developer나 JDK 버전이 업그레이드되더라도 계속 최신 버전을 사용할 수 있습니다.

내려받은 sqldeveloper-〈버전〉-x64.zip 압축 파일을 적당한 폴더에 풉니다. 여기서는 C:\doitoracle\ 경로에 압축을 풀어 진행합니다. 그러면 다음처럼 sqldeveloper 폴더가 생성됩니다.

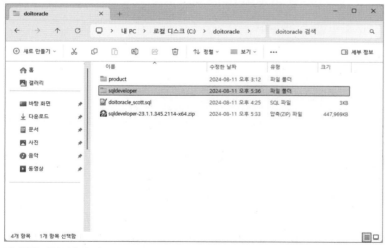

내려받은 파일 압축 풀기

sqldeveloper 폴더로 들어가면 sqldeveloper.exe가 있는데, 이 파일이 SQL Developer 실행 파일입니다. ❀ 실행 파일을 바탕화면의 바로 가기로 만들거나 시작 화면에 고정하면 편합니다.

SQL Developer 실행하고 접속 설정하기

sqldeveloper.exe 파일을 더블클릭하여 SQL Developer를 실행합니다. 처음 실행한다면 다음처럼 [환경 설정 임포트 확인] 창이 나올 수 있습니다. [아니오(N)]를 눌러 실행을 진행합니다.

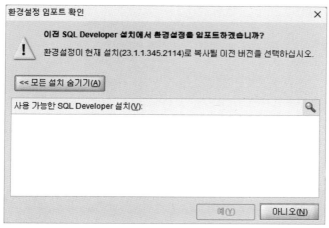

이전 설정 불러오기

SQL Developer를 실행했다면 메인 창 왼쪽 위 [접속] 아래에서 오른쪽 화살표 버튼을 누르고 [새 데이터베이스 접속] 메뉴를 선택하여 SCOTT 전용 오라클 데이터베이스 접속을 만듭니다.

데이터베이스에 접속하기

[새로 만들기/데이터베이스 접속 선택] 창이 열리면 [Name]에 접속 이름을 지정하고 [사용자 이름(U)]에 'scott', [비밀번호(P)]에 'tiger'를 입력합니다. 이때 [비밀번호 저장(V)]에 체크해도 좋습니다. 접속 정보를 모두 입력했다면 창 아래 [테스트(T)]를 클릭합니다. 창 왼쪽 아래에 '상태: 성공'이라는 메시지가 보이면 SCOTT 계정을 사용할 준비는 모두 끝납니다.

접속 정보 입력하기

SCOTT 접속하고 간단한 명령어 실행하기

여기까지 잘 진행했다면 [접속(O)] 버튼을 눌러 SCOTT 계정으로 오라클 데이터베이스에 접속합니다. 새로 생긴 탭과 왼쪽 [Oracle 접속] 브라우저에서 앞서 설정한 데이터베이스 접속을 확인할 수 있습니다.

데이터베이스에 접속한 모습

이제 앞서 SQL*Plus에서 실행한 desc emp; 명령어를 이곳에서 실행해 봅니다. 명령어를 입력하고 단축키 Ctrl + Enter 를 누르면 바로 실행할 수 있습니다.

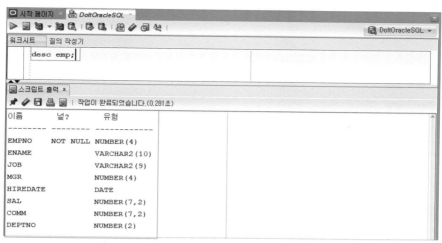

SQL Developer에서 SQL 명령 실행하기

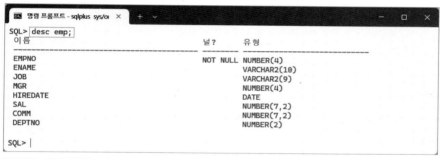

SQL*Plus에서 실행한 모습

❀ 명령어가 여러 개라면 실행하고자 하는 코드를 마우스로 드래그하여 블록으로 지정하거나 명령어에 커서를 둔 후 Ctrl + Enter 를 누르면 해당 명령어 블록만 실행할 수 있습니다. 마지막에 명령 하나가 끝났다는 뜻으로 세미콜론(;)을 사용한다는 점 잊지 마세요.

코드를 작성하거나 수정할 때는 SQL Developer가 SQL*Plus보다 편하지만 출력 면에서는 큰 차이가 없어 아쉬운 느낌이 들기도 합니다. 다른 명령어를 이용해 어떤 차이가 있는지 한 번 확인해 볼까요?

이번에는 아직 배우지 않았지만, 앞으로 자주 사용할 SELECT문을 입력해 봅니다. 나중에 자세히 배우겠지만, 우선은 특정 테이블의 데이터를 조회하는 명령어 정도로 기억해 둡시다.

□ 실습 3-7 | SELECT문 실행하기

```sql
select * from emp;
```

▼ SQL Developer 결과 화면

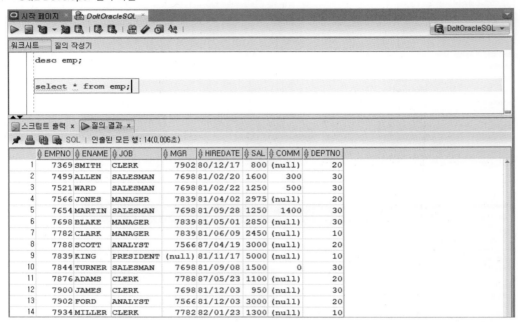

▼ SQL*Plus 결과 화면

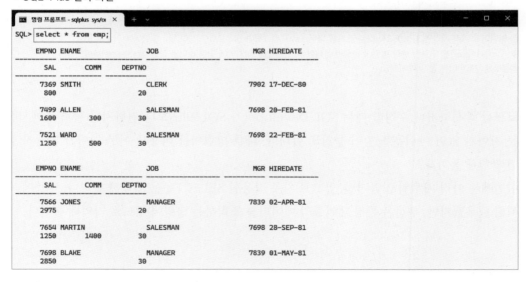

select * form emp; 명령은 emp 테이블의 모든 칼럼 데이터를 조회하라는 뜻입니다. 자세한 내용은 학습을 진행하며 알아봅니다.

실습은 SQL Developer에서만 진행했지만 SQL*Plus와 비교하고자 두 가지 결과를 모두 싣습니다. SQL Developer가 14개 행으로 구성된 EMP 테이블의 데이터를 좀 더 보기 좋게 출력합니다. 이후 더 많은 데이터나 복잡한 SQL 구문을 사용할 때도 SQL*Plus보다 SQL Developer와 같은 도구를 사용하면 좀 더 편하고 효율적입니다.

✪ 오라클 데이터베이스에서 SQL 구문을 사용하는 데 익숙해지는 것이 가장 중요하지만, 실무에서는 이렇게 작업 효율을 높이는 도구를 능숙하게 활용하는 것도 매우 중요합니다. 실무에서는 같은 일을 하더라도 작업에 걸리는 '시간'이 중요하기 때문이죠.

📝 알아 두면 좋아요! SQL Developer의 내보내기 기능 활용하기

소프트웨어 개발, 데이터 분석, 데이터 과학 등 데이터베이스를 활용해야 하는 여러 업무를 이미 하고 있다면 처음 실행해 본 SELECT문의 출력 결과를 자기 업무에 맞는 파일 형식으로 내보낼 수 있으면 좋겠다고 생각한 사람도 있을 겁니다. SQL Developer에서는 SELECT문으로 출력한 결과 데이터를 다양한 종류의 파일로 내보내는 기능(익스포트)을 제공합니다.

먼저 앞서 실행한 SQL Developer의 [질의 결과] 탭 데이터에서 마우스 오른쪽 버튼을 클릭하여 [익스포트(E)…] 메뉴를 실행합니다.

[익스포트(E)] 메뉴 선택하기

[익스포트 마법사] 창이 새로 나타나면 다음과 같이 데이터 내보내기 설정을 진행합니다. [형식(F)] 드롭다운 메뉴를 클릭해 볼까요?

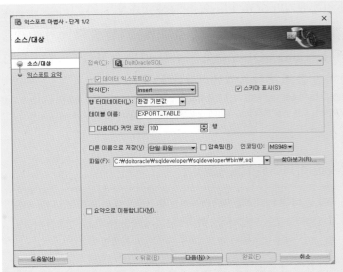

데이터 내보내기 설정하기

드롭다운 메뉴에서 위로 스크롤 하면 데이터 과학이나 데이터 분석 업무에 자주 활용하는 csv 파일과 excel 파일 형식으로 데이터를 내보낼 수 있음을 알 수 있습니다.

내보내기 파일 형식

드롭다운 메뉴에서 아래로 스크롤 하면 소프트웨어 개발자에게 익숙한 json 형식으로도 데이터를 내보낼 수 있습니다.

json 형식 선택하기

각 파일 형식으로 내보낸 결과는 다음과 같습니다.

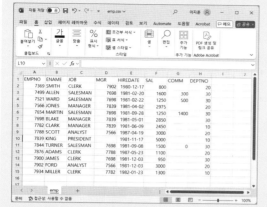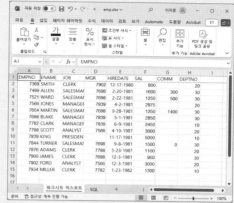

데이터 과학자와 데이터 분석가를 위한 csv와 excel 파일 내보내기

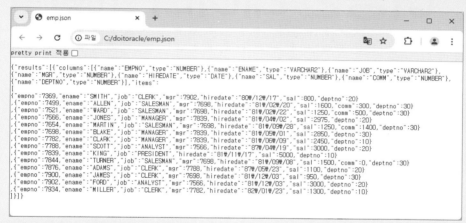

소프트웨어 개발자를 위한 json 형식 내보내기

다른 SQL 프로그램도 이러한 내보내기 기능을 지원하므로 앞으로 학습을 통해 자신의 업무나 목적에 맞는 데이터를 조회하고 원하는 파일 형식으로 내보내어 다양하게 활용해 보세요.

실무에서 자주 사용하는 SQL, SELECT문을 이용한 데이터 조회

둘째마당에서는 오라클 SQL 구문 핵심인 SELECT문의 기본부터 실무에 바로 적용할 수 있는 수준의 활용까지 다양한 문법과 사용 방법을 알아봅니다.

데이터베이스에 저장하여 관리하는 데이터를 용도에 맞게 조회할 때는 SELECT문을 사용합니다. 단순 조회부터 상황과 조건에 맞는 데이터를 필요에 따라 선별해 조회할 수 있으므로 다양한 서비스 통계와 데이터 분석에 이르기까지 데이터베이스를 활용하는 모든 IT 서비스에서 SELECT문을 활용합니다.

04장

SELECT문의
기본 형식

이 장에서는 먼저 오라클 데이터베이스에 보관한 데이터를 꺼낼 때 사용하는 SELECT문의 가장 기본적인 형식을 살펴봅니다. 등장하는 SQL 구문 예제는 눈으로만 확인하지 말고 반드시 직접 입력하고 그 결과를 확인합시다.

04-1   실습용 테이블 살펴보기
04-2   데이터를 조회하는 3가지 방법 — 셀렉션, 프로젝션, 조인
04-3   SQL의 기본 뼈대, SELECT절과 FROM절
04-4   중복 데이터를 삭제하는 DISTINCT
04-5   보기 좋게 별칭 설정하기
04-6   원하는 순서로 출력 데이터를 정렬하는 ORDER BY절

이 장에서 꼭 익혀야 할 것
- ☑ DESC 명령어로 테이블 구성 살펴보기
- ☐ SELECT, FROM을 사용하는 SELECT문의 기본 형식 익히기
- ☐ DISTINCT를 사용하여 중복되는 출력 데이터 제거하기
- ☐ 별칭을 사용하여 출력 데이터의 내용 보기 좋게 나타내기
- ☐ ORDER BY를 사용하여 원하는 순서로 데이터를 정렬하는 방법 익히기

실습용 테이블 살펴보기

SQL 구문을 배우기에 앞서 실습에서 자주 사용할 테이블을 가볍게 살펴봅니다. SCOTT 계정으로 접속하여 DESC 명령어를 사용해 EMP, DEPT, SALGRADE 테이블의 구성을 확인해 봅시다.

사원 정보가 든 EMP 테이블

EMP는 employee의 줄임말로, 사원 데이터를 보관하고 관리하는 테이블입니다. DESC 명령어를 사용하여 EMP 테이블의 구성을 살펴봅시다.

☐ 실습 4-1 | EMP 테이블 구성 살펴보기

```
01: DESC EMP;
```

▼ 결과 화면

```
이름            널?        유형
--------      --------   ------------
EMPNO         NOT NULL   NUMBER(4)
ENAME                    VARCHAR2(10)
JOB                      VARCHAR2(9)
MGR                      NUMBER(4)
HIREDATE                 DATE
SAL                      NUMBER(7,2)
COMM                     NUMBER(7,2)
DEPTNO                   NUMBER(2)
```

EMP 테이블에는 8개의 칼럼이 있습니다. 이 책에서는 SQL Developer를 이용한다고 가정하고 실습 결과를 표시하지만, 다른 통합 개발 환경(Integrated Development Environment, IDE)을 사용해도 괜찮습니다. 단, 결과 화면은 도구에 따라 조금씩 다를 수 있으므로 참고하세요.

EMP 테이블을 구성하는 열은 다음과 같습니다.

열 이름	열 의미	데이터 종류	설명
EMPNO	사원 번호	네 자리 숫자	EMP 테이블에서 각 사원의 데이터를 구분할 수 있는 유일한 값을 저장하는 열이며 기본키로 사용합니다.
ENAME	사원 이름	10바이트 크기의 가변형 문자열	SCOTT, JONES 등
JOB	사원 직책	9바이트 크기의 가변형 문자열	MANAGER, CLERK 등
MGR	직속상관의 사원 번호	네 자리 숫자	MGR는 manager의 줄임말로, 현재 행에 해당하는 사원의 상급자 네 자리 사원 번호를 저장하는 열입니다.
HIREDATE	입사일	날짜 데이터	HIREDATE는 입사일을 나타내는 날짜 데이터입니다.
SAL	급여	소수 둘째 자리까지 포함하는 일곱 자리 숫자	800, 1600, 5000 등
COMM	급여 외 추가 수당	소수 둘째 자리까지 포함하는 일곱 자리 숫자	COMM은 commission의 줄임말로, 월 급여 외 추가 수당을 의미합니다.
DEPTNO	사원이 속한 부서 번호	두 자리 숫자	DEPTNO는 department number의 줄임말로, 사원이 속한 부서의 고유 번호를 의미합니다.

✹ 날짜 데이터는 06장에서 자세히 살펴봅니다.

위에서 살펴본 여러 자료형 중에서 가변형 문자열을 간단하게 알아봅시다. 그 전에 먼저 바이트(byte) 크기와 문자의 관계를 살펴봅니다. 10바이트 크기라면 영문은 10글자, 한글은 5글자입니다. 즉 영문은 한 글자당 1바이트, 한글은 한 글자당 2바이트(UTF-8은 3바이트)를 차지합니다.

가변형 문자열이란 여러 문자가 모인 문자열입니다. 출력하려는 문자열이 가변형이라면 문자열 데이터가 10바이트보다 작은 공간을 차지할 때 데이터가 차지하는 공간만큼만 저장 공간을 할당합니다.

✹ 가변형 문자열과 반대로 저장 공간을 무조건 할당하는 방식인 '고정형' 저장 방식도 있습니다.

회사 부서 정보가 든 DEPT 테이블

DEPT는 department의 줄임말로, 회사를 구성하는 부서 데이터를 관리하는 테이블입니다. 이 테이블도 DESC 명령어를 사용하여 구성을 확인할 수 있습니다.

```
01: DESC DEPT;
```

▼ 결과 화면

```
이름        널?        유형
------- -------- ------------
DEPTNO NOT NULL NUMBER(2)
DNAME            VARCHAR2(14)
LOC              VARCHAR2(13)
```

DEPT 테이블을 구성하는 각 열의 의미는 다음과 같습니다.

열 이름	열 의미	데이터 종류
DEPTNO	부서 번호	두 자리 숫자
DNAME	부서 이름	14바이트 크기의 가변형 문자열
LOC	부서가 위치한 지역	13바이트 크기의 가변형 문자열

DEPT 테이블의 DEPTNO 열은 각 부서 데이터를 구분하는 유일한 값이며 기본키입니다. EMP 테이블을 구성하는 DEPTNO 열이 DEPT 테이블의 DEPTNO 열을 참조하여 부서 관련 데이터를 확인할 수 있습니다. 즉 DEPT 테이블의 DEPTNO 열은 EMP 테이블의 외래키로 사용할 수 있습니다.

사원 급여 정보가 든 SALGRADE 테이블

SALGRADE 테이블은 EMP 테이블에서 관리하는 사원 급여와 관련한 테이블입니다. 이 테이블도 DESC 명령어를 사용하여 구성을 살펴봅니다.

```
01: DESC SALGRADE;
```

▼ 결과 화면

```
이름      널? 유형
----- -- ------
GRADE     NUMBER
LOSAL     NUMBER
HISAL     NUMBER
```

SALGRADE 테이블을 구성하는 각 열의 의미는 다음과 같습니다.

열 이름	열 의미	데이터 종류
GRADE	급여 등급	숫자
LOSAL	급여 등급의 최소 급여액	숫자
HISAL	급여 등급의 최대 급여액	숫자

SQL 구문을 작성할 때 테이블 이름과 열 이름은 대문자로 쓰기를 권장합니다. 많은 프로그래밍 언어에서는 대소 문자를 구분해 사용하지만 SQL 구문은 대소 문자를 구분하지 않습니다. 그래서 대소 문자가 섞인 프로그래밍 언어와 SQL 구문을 구분하고 가독성을 높이고자 실무에서는 SQL 구문 전체를 대문자로 작성할 때가 흔합니다. 이 책에서도 테이블 이름과 열 이름은 대문자로 표기합니다.

04-2

데이터를 조회하는 3가지 방법
– 셀렉션, 프로젝션, 조인

데이터베이스에 보관한 데이터를 조회하는 데 사용하는 SELECT문은 출력 데이터를 선정하는 방식에 따라 크게 3가지로 나뉩니다. SELECT문을 본격적으로 공부하기에 앞서 이 3가지 방식을 간단히 살펴봅니다.

행 단위로 조회하는 셀렉션

셀렉션(selection)은 원하는 데이터를 행 단위로 조회하는 방식입니다. 테이블 전체 데이터 중 몇몇 가로줄의 데이터만 선택할 때 사용합니다.

열 1	열 2	...	열 N
행 1			
행 2			
...		...	
행 N			

SELECT문을 사용하여 특정 행만 선별하여 조회하는 셀렉션 방식

02장에서 살펴본 학생 정보 테이블을 예로 들어 설명하면 셀렉션을 사용하여 전체 학생 중 졸업생 데이터만 골라 출력할 수 있습니다.

학번	이름	...	학과 코드	졸업 여부	...
16031055	홍길동		COM		
12071632	성춘향		BN5	졸업	
...		...			
15022655	박문수		MTH		

졸업한 학생만 조회

학번	이름	...	학과 코드	졸업 여부	...
12071632	성춘향	...	BN5	졸업	...

열 단위로 조회하는 프로젝션

프로젝션(projection)은 원하는 데이터를 열 단위로 조회하는 방식입니다.

열 1	열 2	...	열 N
행 1			
행 2			
...		...	
행 N			

SELECT문을 사용하여 특정 열만 선별하여 조회하는 프로젝션 방식

예를 들어 학생 테이블을 구성하는 전체 항목 중 학번, 이름, 학과 코드만 조회할 때 프로젝션을 사용합니다.

학번	이름	...	학과 코드	졸업 여부	...
16031055	홍길동		COM		
12071632	성춘향		BN5	졸업	
...		...			
15022655	박문수		MTH		

전체 학생 데이터에서 학번, 이름, 학과 코드만 조회

학번	이름	학과 코드
16031055	홍길동	COM
12071632	성춘향	BN5
...	...	...
15022655	박문수	MTH

셀렉션과 프로젝션 함께 사용하기

특정 테이블에서 조회하려는 행과 열을 모두 선별할 때 셀렉션과 프로젝션을 함께 사용할 수 있습니다.

열 1	열 2	...	열 N
행 1			
행 2			
...			
행 N			

> 셀렉션과 프로젝션을 함께 사용하면 원하는 행의 특정 열만 조회 가능!

예를 들어 전체 학생 중 졸업생만을 조회하되 학번, 이름, 학과 코드 항목만 출력하도록 선택하는 것이죠. 이처럼 셀렉션과 프로젝션을 함께 사용하면 더욱 자세하게 데이터를 조회할 수 있습니다.

학번	이름	...	학과 코드	졸업 여부	...
16031055	홍길동		COM		
12071632	성춘향		BN5	졸업	
...		...			
15022655	박문수		MTH		

학번	이름	학과 코드
12071632	성춘향	BN5

두 개 이상의 테이블을 사용하여 조회하는 조인

조인(join)은 2개 이상의 테이블을 좌우로 연결하여 마치 하나인 것처럼 데이터를 조회하는 방식입니다. 02장에서 외래키를 알아보며 학생 정보와 학과 정보를 하나의 테이블처럼 연결하여 사용하는 예를 살펴보았습니다. 이처럼 조인은 관계형 데이터베이스에서 흔히 사용하는 방식으로, 여러 테이블의 데이터를 하나의 테이블처럼 조회할 수 있습니다.

열 1	열 2	…	열 N	열 1	열 2	…	열 N
행 1				행 1			
행 2				행 2			
…				…			
행 N				행 N			

사이좋게 하나의 테이블인 것처럼 붙여서 사용하는 조인

실무에서도 SELECT문을 사용할 때 2개 이상의 테이블을 조인할 때가 흔합니다. 테이블은 아니지만 마찬가지로 행과 열로 구성된 뷰나 서브쿼리를 활용하거나 같은 테이블을 여러 번 사용하여 SELECT문의 조인에 활용할 수도 있습니다. 08장에서는 이런 다양한 조인 기법을 알아봅니다.

🖊 **1분 복습** | 다음 빈칸을 채우며 복습해 보세요.

관계형 데이터베이스에서는 데이터를 조회할 때 다음 3가지 방식을 사용합니다.

¹ 셀 □□□□□ 은/는 조회하려는 가로 데이터, 즉 행을 선별하는 방식을 의미합니다.

² 프 □□□□□□□ 은/는 조회할 테이블의 세로 영역, 즉 출력 테이블의 열을 선택하는 방식을 의미합니다.

³ 조 □□□□□ 은/는 2개 이상의 테이블을 좌우로 연결하여 하나의 테이블처럼 데이터를 조회하는 방식입니다.

정답: 1. 셀렉션 2. 프로젝션 3. 조인

SQL의 기본 뼈대, SELECT절과 FROM절

SELECT문은 데이터베이스에 보관한 데이터를 조회할 때 사용합니다. SELECT절과 FROM 절을 기본 구성으로 SELECT문을 작성하는데, FROM절에는 조회할 데이터를 저장한 테이블 이름을 지정합니다. 그리고 SELECT절에는 FROM절에 명시한 테이블에서 조회할 열이나 여러 열에 저장된 데이터의 조합 또는 연산식을 지정할 수 있습니다.

> **기본 형식** SELECT [조회할 열1 이름], [열2 이름], ..., [열n 이름] — ❶
> FROM [조회할 테이블 이름]; — ❷

번호	키워드	필수 요소	선택 요소	설명
❶	SELECT	조회할 열 이름이나 출력할 데이터를 하나 이상 지정 또는 애스터리스크(*)로 전체 열을 지정	-	SELECT절, 조회할 열을 지정합니다.
❷	FROM	조회할 테이블 이름	-	FROM절, 조회할 테이블을 지정합니다.

❋ 문장 끝에 세미콜론(;)을 넣는 것을 잊지 마세요.

*로 테이블 전체 열 출력하기

📄 실습 4-4 | EMP 테이블 전체 열 조회하기

```
01: SELECT * FROM EMP;
```

▼ 결과 화면

	EMPNO	ENAME	JOB	MGR	HIREDATE	SAL	COMM	DEPTNO
1	7369	SMITH	CLERK	7902	80/12/17	800	(null)	20
2	7499	ALLEN	SALESMAN	7698	81/02/20	1600	300	30
3	7521	WARD	SALESMAN	7698	81/02/22	1250	500	30
4	7566	JONES	MANAGER	7839	81/04/02	2975	(null)	20
5	7654	MARTIN	SALESMAN	7698	81/09/28	1250	1400	30
6	7698	BLAKE	MANAGER	7839	81/05/01	2850	(null)	30
7	7782	CLARK	MANAGER	7839	81/06/09	2450	(null)	10
8	7788	SCOTT	ANALYST	7566	87/04/19	3000	(null)	20
9	7839	KING	PRESIDENT	(null)	81/11/17	5000	(null)	10
10	7844	TURNER	SALESMAN	7698	81/09/08	1500	0	30
11	7876	ADAMS	CLERK	7788	87/05/23	1100	(null)	20
12	7900	JAMES	CLERK	7698	81/12/03	950	(null)	30
13	7902	FORD	ANALYST	7566	81/12/03	3000	(null)	20
14	7934	MILLER	CLERK	7782	82/01/23	1300	(null)	10

SQL 구문은 기본적으로 대소 문자를 가리지 않습니다. 즉, 소문자든 대문자든 명령어를 실행한 결과는 같습니다. 단, 계정 비밀번호와 데이터베이스로 관리하는 '데이터' 자체는 대소 문자를 구분한다는 점, 꼭 기억하세요.

실습 4-4를 실행해 보면 EMP 테이블에 저장된 14명의 사원 데이터를 확인할 수 있습니다.

테이블 부분 열 출력하기

EMP 테이블에서 사원 번호, 이름, 사원이 속한 부서 번호만 조회하고 싶다면 어떻게 할까요? 오른쪽 예제로 그 방법을 알아봅시다.

❋ 드물지만 여러분이 직접 실행한 실습 결과의 데이터 순서가 이 책의 실습 결과와 다를 수 있습니다. SELECT문은 기본적으로 출력할 데이터의 정렬 순서를 보장하지 않기 때문입니다. 이후 SELECT 문에 ORDER BY절을 사용하여 출력 순서를 설정할 수 있습니다.

📋 실습 4-5 | **열을 쉼표로 구분하여 출력하기**

```
01: SELECT EMPNO, ENAME, DEPTNO
02:   FROM EMP;
```

▼ 결과 화면

	EMPNO	ENAME	DEPTNO
1	7369	SMITH	20
2	7499	ALLEN	30
3	7521	WARD	30
4	7566	JONES	20
5	7654	MARTIN	30
6	7698	BLAKE	30
7	7782	CLARK	10
8	7788	SCOTT	20
9	7839	KING	10
10	7844	TURNER	30
11	7876	ADAMS	20
12	7900	JAMES	30
13	7902	FORD	20
14	7934	MILLER	10

✏️ 1분 복습 | 실습 4-5를 참고하여 다음 SQL 구문의 결과로 사원 번호와 부서 번호만 나오도록 코드를 채워 보세요.

```
SELECT ¹[        ] , ²[        ]
  FROM EMP;
```

정답: 1. EMPNO 2. DEPTNO

실습 4-5의 SELECT절에서는 EMP 테이블의 전체 열 중 사원 번호(EMPNO), 사원 이름(ENAME), 부서 번호(DEPTNO)를 쉼표(,)로 구분하여 지정했습니다.

실무 꿀팁! **띄어쓰기와 줄 바꿈을 적극 사용하자!**

실습 4-4와 4-5는 SELECT절 이후 줄을 바꾸어 FROM절을 작성했다는 점이 다릅니다. 데이터를 제외한 SQL 구문의 띄어쓰기와 줄 바꿈은 명령 수행에 영향을 주지 않습니다.

실무에서 사용하는 SQL 구문은 훨씬 복잡하고 길어서 A4 용지 한 장을 빼곡하게 가득 채울 때도 흔합니다. 따라서 나중에 자신이 확인하거나 다른 개발자가 코드를 검토할 때 한눈에 보며 쉽게 읽을 수 있도록 띄어쓰기와 줄 바꿈을 활용할 것을 권장합니다.

중복 데이터를 삭제하는 DISTINCT

SELECT문으로 데이터를 조회한 후 DISTINCT를 사용하여 중복을 제거합니다. DISTINCT
는 SELECT절에 열 이름을 지정하기 전에 사용합니다.

DISTINCT를 설명하기 전에 EMP 테이블부터 살펴봅시다.
오른쪽에 있는 SQL 구문의 결과 화면에서 알 수 있듯이 SELECT문
을 사용하면 EMP 테이블에 있는 사원 수, 즉 행 수만큼 DEPTNO 열
의 데이터를 출력합니다. 결과 화면을 살펴보면 부서 번호 종류는 몇
가지 없지만 같은 데이터를 중복 출력하고 있음을 알 수 있습니다.
DISTINCT는 조회한 데이터에서 불필요한 중복을 제거하고 특정 데
이터 종류만 확인하고 싶을 때 유용합니다.

```
SELECT DEPTNO
    FROM EMP;
```

	⊕ DEPTNO
1	20
2	30
3	30
4	20
5	30
6	30
7	10
8	20
9	10
10	30
11	20
12	30
13	20
14	10

열이 한 개일 때 DISTINCT로 열 중복 제거하기

실습 4-6과 같이 DISTINCT를 사용하면 SQL
구문의 출력 결과로 SELECT절에 명시한 열 중
에서 같은 내용이 2개 이상이라면 1행만 남겨
두고 나머지는 모두 제거합니다.

❋ DISTINCT를 사용하면 중복이 제거되어 특정 열을 구성하는 데
이터 종류를 쉽게 확인할 수 있습니다.

📄 **실습 4-6 | DISTINCT로 열 중복 제거하기**

```
01: SELECT DISTINCT DEPTNO
02:     FROM EMP;
```

▼ 결과 화면

	⊕ DEPTNO
1	20
2	30
3	10

열이 여러 개일 때 DISTINCT로 열 중복 제거하기

실습 4-7의 결과를 보면 JOB 열의 값이
MANAGER인 데이터를 세 번 출력합니
다. 하지만 각 MANAGER의 부서 번호
는 20, 30, 10으로 다르므로 중복 데이터
가 아닙니다. 그래서 세 행을 모두 출력했
습니다.

✱ 직책(JOB)과 부서 번호(DEPTNO)가 모두 중복된 데이
터는 한 번만 출력합니다.

□ 실습 4-7 | 여러 개 열을 명시하여 중복 제거하기

```
01: SELECT DISTINCT JOB, DEPTNO
02:    FROM EMP;
```

▼ 결과 화면

	JOB	DEPTNO
1	CLERK	20
2	SALESMAN	30
3	MANAGER	20
4	MANAGER	30
5	MANAGER	10
6	ANALYST	20
7	PRESIDENT	10
8	CLERK	30
9	CLERK	10

ALL로 중복되는 열 제거하지 않고 그대로 출력하기

ALL은 DISTINCT와 반대로 데이터 중
복을 제거하지 않고 그대로 출력합니다.
오른쪽 결과에서 알 수 있듯이 ALL로 데
이터를 조회한 결과는 DISTINCT와 ALL
을 사용하지 않고 직책과 부서 번호 열만
조회한 결과와 같습니다. 즉 SELECT절
에서 중복 설정이 없을 때는 ALL을 기본
으로 사용하므로 내용이 같습니다. 실습
4-8의 결과를 살펴보니 EMP 테이블에
는 14명의 사원 데이터가 저장되었네요.

□ 실습 4-8 | 직책, 부서 번호 출력하기(ALL 사용)

```
01: SELECT ALL JOB, DEPTNO
02:    FROM EMP;
```

▼ 결과 화면

	JOB	DEPTNO
1	CLERK	20
2	SALESMAN	30
3	SALESMAN	30
4	MANAGER	20
5	SALESMAN	30
6	MANAGER	30
7	MANAGER	10
8	ANALYST	20
9	PRESIDENT	10
10	SALESMAN	30
11	CLERK	20
12	CLERK	30
13	ANALYST	20
14	CLERK	10

04-5

보기 좋게 별칭 설정하기

앞에서 배운 SELECT문 결과를 보면 SELECT절에 명시한 열 이름이 결과 화면 위쪽에 출력되는 것을 확인할 수 있습니다. SQL 구문에서는 출력할 열 이름을 임의로 지정할 수도 있습니다. 이렇게 본래 열 이름 대신 붙이는 이름을 별칭(alias)이라고 합니다.

그러면 별칭을 사용하고자 지금까지 SELECT문과는 조금 다른 형식으로 SELECT절을 작성해 볼까요? 출력하려는 열 이름을 하나씩 지정하는 방법 외에 열에 연산식도 함께 사용합니다.

열과 연산식

색으로 구분한 부분은 다른 열과는 다르게 하나 이상의 열, 숫자, 연산식을 함께 사용합니다. 연산식에서 사용하는 *는 곱하기를, + 는 더하기를 의미합니다.

SAL 열은 EMP 테이블의 급여 데이터를, COMM 열은 급여 외 추가 수당을 저장합니다. 즉 연산식 SAL*12+COMM은 급여에 12를 곱하고 급여 외 추가 수당을 더한 값을 출력하라는 뜻입니다. 이렇게 계산한 내용은 사원의 '연간 총 수입'입니다. 연산식을 포함한 SQL 구문 실행 결과는 오른쪽과 같습니다.

❋ SAL과 COMM은 각각 급여를 뜻하는 salary와 성과급을 뜻하는 commission의 줄임말입니다.

📖 실습 4-9 | 열에 연산식을 사용하여 출력하기

```
01: SELECT ENAME, SAL, SAL*12+COMM, COMM
02:   FROM EMP;
```

▼ 결과 화면

	ENAME	SAL	SAL*12+COMM	COMM
1	SMITH	800	(null)	(null)
2	ALLEN	1600	19500	300
3	WARD	1250	15500	500
4	JONES	2975	(null)	(null)
5	MARTIN	1250	16400	1400
6	BLAKE	2850	(null)	(null)
7	CLARK	2450	(null)	(null)
8	SCOTT	3000	(null)	(null)
9	KING	5000	(null)	(null)
10	TURNER	1500	18000	0
11	ADAMS	1100	(null)	(null)
12	JAMES	950	(null)	(null)
13	FORD	3000	(null)	(null)
14	MILLER	1300	(null)	(null)

실습 4-9의 결과에서 위쪽 열 이름을 잘 살펴봅시다. ENAME, SAL, COMM과 같이 SELECT 절에 작성한 열이 위쪽 열 이름에 그대로 출력됩니다. 그리고 SAL*12+COMM으로 작성한 열 역시 마찬가지로 SAL*12+COMM이라는 이름으로 출력하는 것을 확인할 수 있습니다.

❋ SELECT절에 *를 하나만 사용하면 모든 열을 조회하라는 의미입니다. 하지만 숫자나 다른 열과 함께 사용하면 곱하라는 뜻이 됩니다. 연산 관련 내용은 WHERE절을 배울 05장에서 자세히 다룹니다.

📝 **알아 두면 좋아요!** **연산식의 결과가 출력되지 않는 곳이 있는 이유는 무엇일까요?**

실습 4-9의 결과 화면을 보면 앨런(ALLEN), 워드(WARD), 마틴(MARTIN), 터너(TURNER)를 제외하고 나머지 사원은 SAL*12+COMM 열에 데이터가 (null)로 출력되는 것을 알 수 있습니다. 왜냐하면 COMM 열의 값이 NULL이기 때문입니다. NULL은 값이 없다는 것을 뜻합니다. 사용하는 도구가 NULL을 어떻게 표기하는지에 따라 문자열이 없는 공백을 출력할 수도 있습니다. 자세한 내용은 05장에서 살펴봅니다.

그러면 실습 4-9를 활용하여 다음 예제의 대괄호 안을 직접 작성해 보고 실행 결과를 살펴봅시다.

```
SELECT ENAME, SAL, [곱하기를 쓰지 않고 사원의 연간 총수입 출력하기], COMM
  FROM EMP;
```

이 내용을 다음과 같이 덧셈 기호로 표현하면 SAL 열을 12번 더하여 같은 결과를 출력할 수 있습니다.

🖵 **실습 4-10 | 곱하기를 사용하지 않고 사원의 연간 총수입 출력하기**

```
01: SELECT ENAME, SAL, SAL+SAL+SAL+SAL+SAL+SAL+SAL+SAL+SAL+SAL+SAL+SAL+COMM, COMM
02:   FROM EMP;
```

▼ 결과 화면

	⬥ ENAME	⬥ SAL	⬥ SAL+SAL+SAL+SAL+SAL+SAL+SAL+SAL+SAL+SAL+SAL+SAL+COMM	⬥ COMM
1	SMITH	800	(null)	(null)
2	ALLEN	1600	19500	300
3	WARD	1250	15500	500
4	JONES	2975	(null)	(null)
5	MARTIN	1250	16400	1400
6	BLAKE	2850	(null)	(null)
7	CLARK	2450	(null)	(null)
8	SCOTT	3000	(null)	(null)
9	KING	5000	(null)	(null)
10	TURNER	1500	18000	0
11	ADAMS	1100	(null)	(null)
12	JAMES	950	(null)	(null)
13	FORD	3000	(null)	(null)
14	MILLER	1300	(null)	(null)

출력 결과는 곱하기를 사용한 실습 4-9의 결과와 일치합니다. 하지만 덧셈만으로 사원의 연간 총수입을 계산한 연산식이 그대로 열 이름으로 출력되므로 조회하려는 데이터에 비해 열 이름이 너무 깁니다. 이렇듯 긴 열 이름을 '짧고 간단한 다른 이름'으로 알기 쉽게 출력할 때 별칭을 사용합니다.

별칭을 지정하는 방식

오라클에서 별칭을 지정하려면 다음 4가지 방식 중 하나를 선택하여 SELECT절에 사용합니다. 그러면 실습 4-9의 세 번째 열 SAL*12+COMM의 별칭을 annual salary(연봉)의 줄임말인 ANNSAL로 지정하는 4가지 방식을 알아봅니다.

사용 방법	설명
SAL*12+COMM ANNSAL	연산식과 가공한 문장 이후 한 칸 띄고 별칭을 지정합니다.
SAL*12+COMM "ANNSAL"	연산식과 가공한 문장 이후 한 칸 띄고 별칭을 큰따옴표(" ")로 묶어 지정합니다.
SAL*12+COMM AS ANNSAL	연산식과 가공한 문장 이후 한 칸 띈 후 AS, 한 칸 뒤에 별칭 지정합니다.
SAL*12+COMM AS "ANNSAL"	연산식과 가공한 문장 이후 한 칸 띈 후 AS, 한 칸 뒤에 별칭을 큰따옴표(" ")로 묶어 지정합니다.

이번에는 별칭을 지정하는 4가지 방식 중 실무에서 선호하는 세 번째 방식으로 실습 4-9를 수정해 볼까요?

📋 실습 4-11 | **별칭을 사용하여 사원의 연간 총 수입 출력하기**

```
01: SELECT ENAME, SAL, SAL*12+COMM AS ANNSAL, COMM
02:    FROM EMP;
```

▼ 결과 화면

	⬦ ENAME	⬦ SAL	⬦ ANNSAL	⬦ COMM
1	SMITH	800	(null)	(null)
2	ALLEN	1600	19500	300
3	WARD	1250	15500	500
4	JONES	2975	(null)	(null)
5	MARTIN	1250	16400	1400
6	BLAKE	2850	(null)	(null)
7	CLARK	2450	(null)	(null)
8	SCOTT	3000	(null)	(null)
9	KING	5000	(null)	(null)
10	TURNER	1500	18000	0
11	ADAMS	1100	(null)	(null)
12	JAMES	950	(null)	(null)
13	FORD	3000	(null)	(null)
14	MILLER	1300	(null)	(null)

실습 4-11 결과 화면의 세 번째 열 이름을 별칭으로 지정했던 ANNSAL로 출력한 것을 확인
할 수 있습니다. 그리고 이 출력 결과는 연간 총수입 계산을 덧셈으로만 해도 마찬가지입니
다. 이처럼 별칭은 출력할 열 이름을 직접 지정할 때 주로 사용합니다.

또 보안이나 데이터 노출 문제 때문에 별칭을 사용해야 할 때도 더러 있습니다. 예를 들어 위
예제에서 ANNSAL은 사원의 연간 총수입을 의미하는 데이터로 활용합니다. 그런데 별칭을
사용하지 않는다면 연간 총 수입 데이터가 어떻게 도출되는지 계산식 자체가 열 이름에 노출되
겠죠. 따라서 현재 데이터가 나오기까지 진행 과정을 숨겨야 할 때 별칭을 사용하기도 합니다.

알아 두면 좋아요! 실무에서 자주 사용하는 별칭 지정 방법

실무에서는 별칭을 지정하는 4가지 방식 중 세 번째 방식을 선호하는 경향이 있습니다. 우선 AS가 붙는 형식을 선
호하는 이유는 조회해야 할 열이 수십, 수백 개일 때 어떤 단어가 별칭인지 알아보기 편하기 때문입니다.

또 하나의 이유는 큰따옴표를 사용하지 않으려는 프로그래머 습관 때문입니다. SELECT문을 비롯한 여러 SQL
구문은 프로그래밍 코드에서 그대로 사용할 때가 흔합니다. 그런데 프로그래밍 언어에서 큰따옴표는 대부분 문자
열 데이터의 시작과 끝을 알리는 기호로 이미 사용되고 있습니다.

따라서 코드에 사용한 큰따옴표가 SQL 구문에 사용한 것인지, 기존 프로그래밍 문법으로 사용한 것인지를 구별하
는 추가 작업을 해야 합니다. 예를 들어 프로그래밍 언어의 하나인 자바(Java)에서는 실습 4-11의 SQL 구문을
사용할 때 다음과 같이 SELECT 구문 전체를 큰따옴표로 묶어서 처리합니다.

```
String sql = "SELECT ENAME, SAL, SAL*12+COMM AS ANNSAL, COMM FROM EMP";
```

별칭을 지정할 때 다음과 같이 큰따옴표를 사용하면 어떨까요?

```
String sql = "SELECT ENAME, SAL, SAL*12+COMM AS "ANNSAL", COMM FROM EMP";
```

프로그래밍 언어는 "SELECT ENAME, SAL, SAL*12+COMM AS "까지를 하나의 문장으로 해석하므로 프
로그래머가 의도하지 않은 상황, 즉 오류(error)나 예외 상황(exception)이 발생합니다. 물론 이러한 문제를 해
결하는 방법을 여러 프로그래밍 언어에서 제공하지만 추가로 작업해야 하므로 효율이 떨어집니다.

 04-6

원하는 순서로 출력 데이터를 정렬하는 ORDER BY절

SELECT문을 사용하여 데이터를 조회할 때 시간이나 이름 순서 또는 다른 기준으로 데이터를 정렬해서 출력해야 할 때가 종종 생깁니다. 이때 정렬한 상태로 데이터를 출력하려면 ORDER BY절을 사용합니다. 그리고 ORDER BY절은 SELECT문을 작성할 때 사용할 수 있는 여러 절 중 가장 마지막에 씁니다.

```
기본 형식  SELECT    [조회할 열1 이름], [열2 이름], ..., [열n 이름]
           FROM      [조회할 테이블 이름]
           :
           : (그 밖의 절)
           :
           ORDER BY  [정렬하려는 열 이름(여러 열 지정 가능)] [정렬 옵션]; ─❶
```

번호	키워드	필수 요소	선택 요소	설명
❶	ORDER BY	정렬하려는 열 이름을 하나 이상 지정	정렬하는 열마다 오름차순(ASC), 내림차순(DESC) 지정	ORDER BY절에 지정한 열은 먼저 지정한 열을 우선으로 정렬합니다. 정렬 옵션을 지정하지 않으면 오름차순(ASC)을 기본값으로 설정합니다.

✷ 내림차순을 뜻하는 DESC는 descending의 줄임말이고, 오름차순을 뜻하는 ASC는 ascending의 줄임말입니다.

오름차순 사용하기

ORDER BY절에는 정렬 기준이 되는 열 이름을 지정합니다. 그리고 열 이름은 하나 또는 여러 개를 지정할 수 있습니다.

 실습 4-12 | EMP 테이블의 모든 열을 급여 기준으로 오름차순 정렬하기

```
01: SELECT *
02:   FROM EMP
03: ORDER BY SAL;
```

▼ 결과 화면

	⬦ EMPNO	⬦ ENAME	⬦ JOB	⬦ MGR	⬦ HIREDATE	⬦ SAL	⬦ COMM	⬦ DEPTNO
1	7369	SMITH	CLERK	7902	80/12/17	800	(null)	20
2	7900	JAMES	CLERK	7698	81/12/03	950	(null)	30
3	7876	ADAMS	CLERK	7788	87/05/23	1100	(null)	20
4	7521	WARD	SALESMAN	7698	81/02/22	1250	500	30
5	7654	MARTIN	SALESMAN	7698	81/09/28	1250	1400	30
6	7934	MILLER	CLERK	7782	82/01/23	1300	(null)	10
7	7844	TURNER	SALESMAN	7698	81/09/08	1500	0	30
8	7499	ALLEN	SALESMAN	7698	81/02/20	1600	300	30
9	7782	CLARK	MANAGER	7839	81/06/09	2450	(null)	10
10	7698	BLAKE	MANAGER	7839	81/05/01	2850	(null)	30
11	7566	JONES	MANAGER	7839	81/04/02	2975	(null)	20
12	7788	SCOTT	ANALYST	7566	87/04/19	3000	(null)	20
13	7902	FORD	ANALYST	7566	81/12/03	3000	(null)	20
14	7839	KING	PRESIDENT	(null)	81/11/17	5000	(null)	10

결과 화면을 보면 ORDER BY절에 명시한 SAL 열을 기준으로 EMP의 모든 열이 급여가 낮은
사원부터 급여가 높은 사원으로, 즉 오름차순으로 정렬되는 것을 알 수 있습니다.

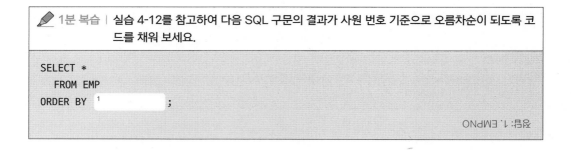

✏️ 1분 복습 │ 실습 4-12를 참고하여 다음 SQL 구문의 결과가 사원 번호 기준으로 오름차순이 되도록 코
드를 채워 보세요.

```
SELECT *
  FROM EMP
ORDER BY ¹        ;
```

정답: 1. EMPNO

내림차순 사용하기

급여가 높은 사원부터 낮은 사원 순으로 내림차순 정렬되도록 출력하려면 어떻게 해야 할까요?

🖥️ 실습 4-13 │ EMP 테이블의 모든 열을 급여 기준으로 내림차순 정렬하기

```
01: SELECT *
02:   FROM EMP
03: ORDER BY SAL DESC;
```

▼ 결과 화면

	EMPNO	ENAME	JOB	MGR	HIREDATE	SAL	COMM	DEPTNO
1	7839	KING	PRESIDENT	(null)	81/11/17	5000	(null)	10
2	7902	FORD	ANALYST	7566	81/12/03	3000	(null)	20
3	7788	SCOTT	ANALYST	7566	87/04/19	3000	(null)	20
4	7566	JONES	MANAGER	7839	81/04/02	2975	(null)	20
5	7698	BLAKE	MANAGER	7839	81/05/01	2850	(null)	30
6	7782	CLARK	MANAGER	7839	81/06/09	2450	(null)	10
7	7499	ALLEN	SALESMAN	7698	81/02/20	1600	300	30
8	7844	TURNER	SALESMAN	7698	81/09/08	1500	0	30
9	7934	MILLER	CLERK	7782	82/01/23	1300	(null)	10
10	7521	WARD	SALESMAN	7698	81/02/22	1250	500	30
11	7654	MARTIN	SALESMAN	7698	81/09/28	1250	1400	30
12	7876	ADAMS	CLERK	7788	87/05/23	1100	(null)	20
13	7900	JAMES	CLERK	7698	81/12/03	950	(null)	30
14	7369	SMITH	CLERK	7902	80/12/17	800	(null)	20

> SAL 열 옆에 정렬 옵션으로 DESC를 쓰면 급여가 내림차순으로 정렬됩니다.

❋ VARCHAR2 같은 문자열 데이터 역시 알파벳 순서(사전 순서)로 정렬할 수 있으며, 날짜 데이터를 의미하는 DATE 역시 이전 날짜, 이후 날짜로 크기를 비교하여 정렬할 수 있습니다.

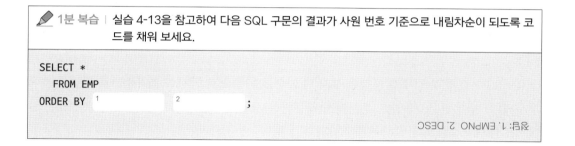

✏️ 1분 복습 │ 실습 4-13을 참고하여 다음 SQL 구문의 결과가 사원 번호 기준으로 내림차순이 되도록 코드를 채워 보세요.

```
SELECT *
  FROM EMP
ORDER BY  ¹            ²            ;
```

정답: 1. EMPNO 2. DESC

각각의 열에 내림차순과 오름차순 동시에 사용하기

ORDER BY절에는 우선순위를 고려하여 여러 개의 정렬 기준을 지정할 수 있습니다. 예를 들어 부서 번호(DEPTNO)를 오름차순으로 정렬하고, 부서 번호가 같은 사원이라면 급여(SAL)를 기준으로 내림차순으로 정렬할 수도 있습니다.

다음과 같이 ORDER BY절에 부서 번호 열과 급여 열을 명시하고 각각의 열에 정렬 옵션을 지정해 봅시다.

```
01: SELECT *
02:   FROM EMP
03: ORDER BY DEPTNO ASC, SAL DESC;
```

▼ 결과 화면

2순위   1순위

	EMPNO	ENAME	JOB	MGR	HIREDATE	SAL	COMM	DEPTNO
1	7839	KING	PRESIDENT	(null)	81/11/17	5000	(null)	10
2	7782	CLARK	MANAGER	7839	81/06/09	2450	(null)	10
3	7934	MILLER	CLERK	7782	82/01/23	1300	(null)	10
4	7788	SCOTT	ANALYST	7566	87/04/19	3000	(null)	20
5	7902	FORD	ANALYST	7566	81/12/03	3000	(null)	20
6	7566	JONES	MANAGER	7839	81/04/02	2975	(null)	20
7	7876	ADAMS	CLERK	7788	87/05/23	1100	(null)	20
8	7369	SMITH	CLERK	7902	80/12/17	800	(null)	20
9	7698	BLAKE	MANAGER	7839	81/05/01	2850	(null)	30
10	7499	ALLEN	SALESMAN	7698	81/02/20	1600	300	30
11	7844	TURNER	SALESMAN	7698	81/09/08	1500	0	30
12	7654	MARTIN	SALESMAN	7698	81/09/28	1250	1400	30
13	7521	WARD	SALESMAN	7698	81/02/22	1250	500	30
14	7900	JAMES	CLERK	7698	81/12/03	950	(null)	30

ORDER BY절에 첫 번째로 지정한 부서 번호 열을 기준으로 먼저 오름차순으로 정렬한 후에 부서 번호 열이 같은, 즉 같은 부서에서 근무하는 사원끼리는 급여가 높은 사원부터 낮은 사원으로 내림차순으로 정렬하여 출력합니다.

> 📝 알아 두면 좋아요! ORDER BY절을 사용할 때 주의 사항
>
> ORDER BY절을 사용한 정렬은 꼭 필요한 경우가 아니면 사용하지 않는 것이 좋습니다. 여기저기 흩어져 있는 데이터를 특정 기준에 따라 가지런히 순서를 맞추려면 많은 자원, 즉 비용이 듭니다. 데이터 2개보다 10개를 정렬하는 데 시간이 더 많이 걸리기 때문입니다.
> ORDER BY절이 있다면 SELECT문으로 조회할 데이터를 모두 확정한 상태에서 ORDER BY절에 지정한 기준에 따라 정렬합니다. 이때 데이터의 양 또는 정렬 방식에 따라 출력 데이터를 선정하는 시간보다 정렬하는 데 시간이 더 걸릴 수도 있습니다. 즉 정렬을 하지 않으면 결과를 더 빨리 출력할 수 있다는 이야기입니다. SQL 구문의 효율이 낮다는 것은 서비스 응답 시간이 느려진다는 것을 뜻합니다. 따라서 정렬이 필요 없다면 ORDER BY절은 사용하지 마세요.

되새김 문제

이 장에서 배운 내용을 실습하며 정리하세요.

Q1. 다음 문장의 빈칸을 채워 보세요.

SELECT문의 기본 구성인 [1] S   절에는 조회할 열 또는 여러 열의 조합, 연산식을 지정합니다. 그리고 [2] F   절에는 조회할 데이터가 저장된 테이블 이름을 지정합니다. 지정할 열 이름이 너무 길다면 별도 이름을 지정할 수 있으며 이를 [3] 별   (이)라고 합니다.

정답 1. SELECT 2. FROM 3. 별칭

Q2. 오른쪽과 같은 결과가 나오도록 EMP 테이블의 JOB 열 데이터를 중복 없이 출력해 보세요.

▼ 결과 화면

	⬍ JOB
1	CLERK
2	SALESMAN
3	MANAGER
4	ANALYST
5	PRESIDENT

Q3. 다음 조건을 모두 만족하는 SQL 구문을 작성해 보세요.

조건 1) 조회할 테이블은 EMP이며 모든 열을 출력합니다.

조건 2) 출력되는 열의 별칭은 다음과 같습니다.

EMPNO 열 ▶	EMPLOYEE_NO
ENAME 열 ▶	EMPLOYEE_NAME
MGR 열 ▶	MANAGER
SAL 열 ▶	SALARY
COMM 열 ▶	COMMISSION
DEPTNO 열 ▶	DEPARTMENT_NO

조건 3) 부서 번호를 기준으로 내림차순으로 정렬하되 부서 번호가 같다면 사원 이름을 기준으로 오름차순 정렬합니다.

정답 Q2, Q3은 이지스퍼블리싱 홈페이지에서 확인하세요.

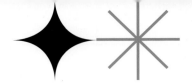

05장

결과를 더 정확하고 다양하게 출력하는 WHERE절과 연산자

이 장에서는 WHERE절과 연산자를 사용하여 다양한 방식으로 데이터를 조회하는 방법을 알아봅니다. 이 장부터는 좀 더 많은 예제를 다루니 SQL 구문을 눈으로만 확인하지 말고 반드시 직접 작성하며 결과를 확인하세요.

이 장에서 꼭 익혀야 할 것

☑ WHERE절 조건식 결과(true, false)에 따른 출력 알아보기

☐ 다양한 연산자 사용법 살펴보기

05-1

필요한 데이터만 쏙 출력하는 WHERE절

WHERE절은 SELECT문으로 데이터를 조회할 때 특정 조건을 기준으로 원하는 행을 출력하는 데 사용합니다. 여러 연산자를 함께 사용하면 더욱 자세하게 데이터를 검색할 수 있습니다.

🖥 실습 5-1	EMP 테이블의 모든 열 출력하기

```
01: SELECT *
02:   FROM EMP;
```

▼ 결과 화면

	⬧ EMPNO	⬧ ENAME	⬧ JOB	⬧ MGR	⬧ HIREDATE	⬧ SAL	⬧ COMM	⬧ DEPTNO
1	7369	SMITH	CLERK	7902	80/12/17	800	(null)	20
2	7499	ALLEN	SALESMAN	7698	81/02/20	1600	300	30
3	7521	WARD	SALESMAN	7698	81/02/22	1250	500	30
4	7566	JONES	MANAGER	7839	81/04/02	2975	(null)	20
5	7654	MARTIN	SALESMAN	7698	81/09/28	1250	1400	30
6	7698	BLAKE	MANAGER	7839	81/05/01	2850	(null)	30
7	7782	CLARK	MANAGER	7839	81/06/09	2450	(null)	10
8	7788	SCOTT	ANALYST	7566	87/04/19	3000	(null)	20
9	7839	KING	PRESIDENT	(null)	81/11/17	5000	(null)	10
10	7844	TURNER	SALESMAN	7698	81/09/08	1500	0	30
11	7876	ADAMS	CLERK	7788	87/05/23	1100	(null)	20
12	7900	JAMES	CLERK	7698	81/12/03	950	(null)	30
13	7902	FORD	ANALYST	7566	81/12/03	3000	(null)	20
14	7934	MILLER	CLERK	7782	82/01/23	1300	(null)	10

04장에서 살펴보았듯이 FROM절에 출력할 EMP 테이블을 명시하고 SELECT절에 * 기호를 사용하면 EMP 테이블의 모든 데이터를 조회할 수 있었습니다. 그러면 실습 5-1의 내용에 다음과 같이 WHERE절을 추가하여 실행해 봅시다.

🖥 실습 5-2	부서 번호가 30인 데이터만 출력하기

```
01: SELECT *
02:   FROM EMP
03:  WHERE DEPTNO = 30;
```

▼ 결과 화면

	EMPNO	ENAME	JOB	MGR	HIREDATE	SAL	COMM	DEPTNO
1	7499	ALLEN	SALESMAN	7698	81/02/20	1600	300	30
2	7521	WARD	SALESMAN	7698	81/02/22	1250	500	30
3	7654	MARTIN	SALESMAN	7698	81/09/28	1250	1400	30
4	7698	BLAKE	MANAGER	7839	81/05/01	2850	(null)	30
5	7844	TURNER	SALESMAN	7698	81/09/08	1500	0	30
6	7900	JAMES	CLERK	7698	81/12/03	950	(null)	30

WHERE절을 추가한 실습 5-2의 결과를 살펴보면 출력된 행 수가 실습 5-1보다 줄었다는 것을 알 수 있습니다. 그리고 출력 결과의 DEPTNO 열이 모두 30임을 확인할 수 있습니다. WHERE절에 작성한 DEPTNO = 30은 'EMP 테이블에서 부서 번호가 30인 행만 조회하라'는 뜻입니다. 즉 실습 5-2는 부서 번호가 30인 사람의 데이터만 출력합니다.

❋ WHERE DEPTNO = 30에서 사용한 = 기호는 기호 양쪽 대상이 같은 값인지를 검사하는 비교 연산자입니다. 양쪽 값이 같으면 '참', 다르면 '거짓'이 됩니다.

✏️ **1분 복습** | 다음 SQL 구문의 결과로 사원 번호가 7782인 사원 정보만 나오도록 코드를 채워 보세요.

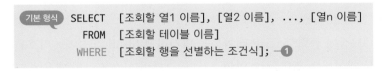

```
SELECT *
  FROM EMP
 WHERE [ 1 ] = [ 2 ] ;
```

정답: 1. EMPNO 2. 7782

이렇게 WHERE절은 데이터 중에서 조건에 일치하는 행만 골라 조회할 때 사용합니다. WHERE절을 사용한 SELECT문의 기본 형식은 다음과 같습니다.

기본 형식
```
SELECT   [조회할 열1 이름], [열2 이름], ..., [열n 이름]
  FROM   [조회할 테이블 이름]
 WHERE   [조회할 행을 선별하는 조건식]; ─❶
```

번호	키워드	필수 요소	선택 요소	설명
❶	WHERE	조건식	-	조회 조건 지정

WHERE절을 포함한 SELECT문을 실행하면 조회할 테이블의 각 행에 WHERE절의 조건식을 대입하여 결과가 '참'일 때만 출력합니다. 논리 연산 결과 '참'을 true로, '거짓'을 false로 표현합니다.

WHERE절에 조건식 DEPTNO = 30을 사용한 SELECT문은 다음과 같이 EMP 테이블의 각 행에 부서 번호 열을 검사한 후 결괏값이 true인 데이터만 출력합니다. 즉 부서 번호 열이 30인 6개 행만 결과로 나오는 것이죠.

	EMPNO	ENAME	JOB	MGR	HIREDATE	SAL	COMM	DEPTNO
1	7369	SMITH	CLERK	7902	80/12/17	800	(null)	20
2	7499	ALLEN	SALESMAN	7698	81/02/20	1600	300	30
3	7521	WARD	SALESMAN	7698	81/02/22	1250	500	30
4	7566	JONES	MANAGER	7839	81/04/02	2975	(null)	20
5	7654	MARTIN	SALESMAN	7698	81/09/28	1250	1400	30
6	7698	BLAKE	MANAGER	7839	81/05/01	2850	(null)	30
7	7782	CLARK	MANAGER	7839	81/06/09	2450	(null)	10
8	7788	SCOTT	ANALYST	7566	87/04/19	3000	(null)	20
9	7839	KING	PRESIDENT	(null)	81/11/17	5000	(null)	10
10	7844	TURNER	SALESMAN	7698	81/09/08	1500	0	30
11	7876	ADAMS	CLERK	7788	87/05/23	1100	(null)	20
12	7900	JAMES	CLERK	7698	81/12/03	950	(null)	30
13	7902	FORD	ANALYST	7566	81/12/03	3000	(null)	20
14	7934	MILLER	CLERK	7782	82/01/23	1300	(null)	10

true false

WHERE절 조건식에서 true인 행만 출력

true, false란 용어를 처음 접했다면 WHERE절 조건식으로 조회하기가 조금은 어려울 수도 있습니다. 이후 나오는 SQL 구문에서 조회 대상 테이블의 각 행을 WHERE절 조건식에 대입해 보고 조건식에 맞는 행인지를 직접 확인해 보면 WHERE절 조회 방식을 이해하는 데 큰 도움이 됩니다. 단순 반복 작업이지만 익숙해질 때까지 몇 번씩 확인하다 보면 WHERE절의 true와 false의 의미를 알 수 있습니다.

여러 개 조건식을 사용하는 AND, OR 연산자

WHERE절에는 조건식을 여러 개 지정할 수 있습니다. 이때 사용하는 것이 바로 논리 연산자 AND, OR입니다.

AND 연산자

AND 연산자는 여러 개의 조건식을 동시에 만족하는 행만 출력할 때 사용합니다. 우선 다음 SELECT문을 실행해서 결과를 확인해 볼까요?

📄 실습 5-3 | AND 연산자로 여러 개 조건식 사용하기

```
01: SELECT *
02:   FROM EMP
03:  WHERE DEPTNO = 30
04:    AND JOB = 'SALESMAN';
```

▼ 결과 화면

	⊕ EMPNO	⊕ ENAME	⊕ JOB	⊕ MGR	⊕ HIREDATE	⊕ SAL	⊕ COMM	⊕ DEPTNO
1	7499	ALLEN	SALESMAN	7698	81/02/20	1600	300	30
2	7521	WARD	SALESMAN	7698	81/02/22	1250	500	30
3	7654	MARTIN	SALESMAN	7698	81/09/28	1250	1400	30
4	7844	TURNER	SALESMAN	7698	81/09/08	1500	0	30

✸ WHERE절에서 비교하는 데이터가 문자열일 때는 작은따옴표(' ')로 묶습니다. 앞뒤에 공백이 있으면 공백도 문자로 인식하므로 주의하세요.

실습 5-3의 결과를 살펴보면 실습 5-2의 결과보다 출력된 데이터 수가 더 적은 것을 알 수 있습니다. 그리고 부서 번호 열이 30이고 직업 열이 SALESMAN인 데이터만 출력되었습니다. 결과 데이터가 하나도 나오지 않았다면 JOB = 'SALESMAN' 조건식을 확인해 주세요. 직업 열을 비교하는 문자열 데이터는 반드시 대문자(SALESMAN)로 작성해야 합니다. SQL 구문에 사용하는 기본 형식은 대소 문자를 구별하지 않지만 테이블 안에 있는 문자 또는 문자열 데이터는 대소 문자를 구별하기 때문입니다.

다음은 AND 연산자를 사용했을 때 각각의 결과를 정리한 내용입니다.

피연산자 1 \ 피연산자 2	true	false
true	true	false
false	false	false

AND 연산자 표에서 확인할 수 있듯이 AND 연산자를 사용한 실습 5-3의 SELECT문은 DEPTNO = 30 조건식과 JOB = 'SALESMAN' 조건식의 결괏값이 모두 true인 행만 출력합니다.

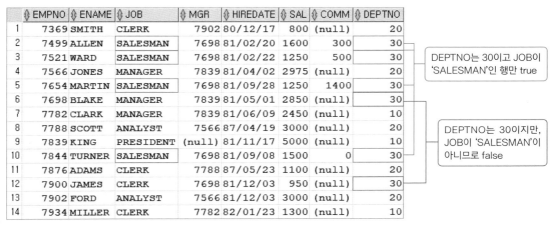

WHERE절에 AND 연산자를 사용하면 여러 조건이 모두 true인 행만 출력

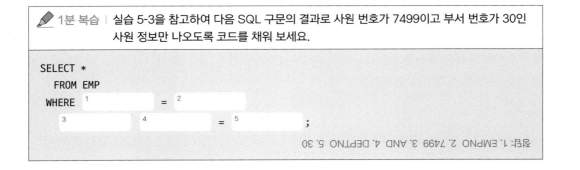

📝 1분 복습 | 실습 5-3을 참고하여 다음 SQL 구문의 결과로 사원 번호가 7499이고 부서 번호가 30인 사원 정보만 나오도록 코드를 채워 보세요.

```
SELECT *
  FROM EMP
 WHERE  [1]          =  [2]
        [3]        [4]    =  [5]        ;
```

정답: 1. EMPNO 2. 7499 3. AND 4. DEPTNO 5. 30

OR 연산자

그러면 이번에는 WHERE절 조건식에 OR 연산자를 사용해 봅시다. OR 연산자는 WHERE절 내여러 조건식이 있을 때 그중 단 하나의 조건만 만족해도 해당 행을 출력합니다. 다음 SELECT문을 실행하고 결과를 확인해 봅시다.

```
01: SELECT *
02:   FROM EMP
03:  WHERE DEPTNO = 30
04:     OR JOB = 'CLERK';
```

▼ 결과 화면

	⬥ EMPNO	⬥ ENAME	⬥ JOB	⬥ MGR	⬥ HIREDATE	⬥ SAL	⬥ COMM	⬥ DEPTNO
1	7369	SMITH	CLERK	7902	80/12/17	800	(null)	20
2	7499	ALLEN	SALESMAN	7698	81/02/20	1600	300	30
3	7521	WARD	SALESMAN	7698	81/02/22	1250	500	30
4	7654	MARTIN	SALESMAN	7698	81/09/28	1250	1400	30
5	7698	BLAKE	MANAGER	7839	81/05/01	2850	(null)	30
6	7844	TURNER	SALESMAN	7698	81/09/08	1500	0	30
7	7876	ADAMS	CLERK	7788	87/05/23	1100	(null)	20
8	7900	JAMES	CLERK	7698	81/12/03	950	(null)	30
9	7934	MILLER	CLERK	7782	82/01/23	1300	(null)	10

실습 5-4의 결과를 살펴보면 AND 연산자를 사용할 때와 달리 부서 번호가 30인 행과 직업이 CLERK인 행 모두를 출력하는 것을 알 수 있습니다. 이것은 OR 연산자의 특성 때문입니다. 다음은 OR 연산자를 사용했을 때 각각의 결과를 정리한 내용입니다.

피연산자 1 \ 피연산자 2	true	false
true	true	true
false	true	false

따라서 OR 연산자를 사용한 SELECT문의 결과는 부서 번호 열이 30이거나 직업 열이 CLERK인 사원 모두를 출력한 것입니다.

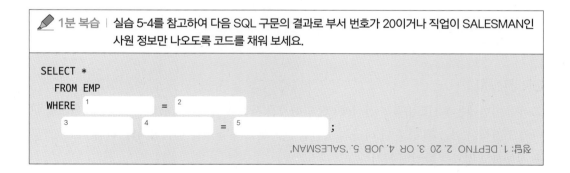

✏️ 1분 복습 | 실습 5-4를 참고하여 다음 SQL 구문의 결과로 부서 번호가 20이거나 직업이 SALESMAN인 사원 정보만 나오도록 코드를 채워 보세요.

```
SELECT *
  FROM EMP
 WHERE [1]          = [2]
       [3]       [4]        = [5]          ;
```

정답: 1. DEPTNO 2. 20 3. OR 4. JOB 5. 'SALESMAN'.

WHERE절 조건식의 개수

오른쪽과 같이 WHERE절에 사용할 수 있는 조건식의 개수는 사실 제한이 없다고 보아도 무방합니다. 조건식을 2개 이상 사용할 때 각 조건식 사이에 AND 또는 OR 연산자를 추가하여 사용할 수 있습니다. 이후 더 많은 AND, OR 연산자를 사용한 조건식을 사용하는 예제도 살펴볼 것입니다.

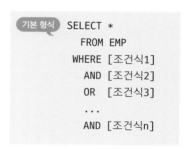

기본 형식
```
SELECT *
  FROM EMP
 WHERE [조건식1]
   AND [조건식2]
   OR  [조건식3]
   ...
   AND [조건식n]
```

📝 **알아 두면 좋아요!** **실무에서 자주 사용하는 AND 연산자**

보통 실무에서 사용하는 SELECT문에는 OR 연산자보다 AND 연산자를 자주 사용합니다. 이는 다양한 조건을 한 번에 만족하는 데이터만 추출해야 할 때가 흔하기 때문입니다. 예를 들어 은행 계좌의 이체 내역 중 최근 1개월 이내 출금 데이터만 보고자 할 때 '기간이 1개월 이내'라는 조건과 '출금 내역 데이터'라는 조건을 모두 만족해야 합니다. 또 다른 예로 인터넷 쇼핑몰에서 신발을 검색할 때 신발 크기뿐만 아니라 가격대나 무료 배송 같은 조건도 함께 검색 조건에 넣어 자신이 원하는 신발을 찾는 때가 흔합니다.

연산자 종류와 활용 방법 알아보기

이번에는 앞서 살펴본 논리 연산자 외에 자주 사용하는 산술 연산자, 비교 연산자, 논리 부정 연산자, IN 연산자, BETWEEN A AND B 연산자, LIKE 연산자, IS NULL 연산자, 집합 연산자 등을 살펴봅니다.

산술 연산자

더하기, 빼기 같은 수치 연산에 사용하는 산술 연산자는 04장 SELECT절의 별칭 예제에서 이미 살펴본 적이 있는데, 더하기는 +, 빼기는 −, 곱하기는 *, 나누기는 /을 이용합니다.

✱ IT 관련 여러 기술 명령어에서 제공하는 나머지 연산자(숫자를 나눈 나머지를 구하는 연산자)는 SQL 구문에서 제공하지 않습니다. 다만 오라클에서는 MOD 함수를 이용하면 나머지를 구할 수 있습니다.

다음 SELECT문은 EMP 테이블에서 급여 열에 12를 곱한 값이 36000인 행을 출력하는 SQL 구문입니다.

📖 실습 5-5 │ 곱셈 산술 연산자를 사용한 예

```
01: SELECT *
02:   FROM EMP
03:  WHERE SAL*12 = 36000;
```

▼ 결과 화면

	⊕ EMPNO	⊕ ENAME	⊕ JOB	⊕ MGR	⊕ HIREDATE	⊕ SAL	⊕ COMM	⊕ DEPTNO
1	7788	SCOTT	ANALYST	7566	87/04/19	3000	(null)	20
2	7902	FORD	ANALYST	7566	81/12/03	3000	(null)	20

이처럼 WHERE절의 조건식에도 산술 연산자를 사용할 수 있습니다.

✱ 엄밀히 말해 이번 실습처럼 WHERE절의 조건 기준 열에 산술 연산자를 직접 사용하는 경우는 드뭅니다. 여기서는 이렇게 산술 연산자를 적용할 수 있다는 점만 알아 두세요.

비교 연산자

대소 비교 연산자

비교 연산자는 SQL 구문을 작성할 때 자주 사용하는 연산자로, 연산자 앞뒤에 있는 데이터를 비교할 때 사용합니다. 다음 실습은 급여가 3000 이상인 사원을 조회합니다.

□ 실습 5-6 | 대소 비교 연산자를 사용하여 출력하기

```
01: SELECT *
02:   FROM EMP
03:  WHERE SAL >= 3000;
```

▼ 결과 화면

	⬦ EMPNO	⬦ ENAME	⬦ JOB	⬦ MGR	⬦ HIREDATE	⬦ SAL	⬦ COMM	⬦ DEPTNO
1	7788	SCOTT	ANALYST	7566	87/04/19	3000	(null)	20
2	7839	KING	PRESIDENT	(null)	81/11/17	5000	(null)	10
3	7902	FORD	ANALYST	7566	81/12/03	3000	(null)	20

이 외에도 초과, 미만, 이하 여부를 비교하는 대소 비교 연산자가 있습니다. 다음 표를 참고하여 실습 5-6의 WHERE절에 다른 연산자도 적용해 보고 어떤 결과가 나오는지 확인하세요.

연산자	사용법	설명
>	A > B	A값이 B값을 초과하면 true를 반환합니다.
>=	A >= B	A값이 B값 이상이면 true를 반환합니다.
<	A < B	A값이 B값 미만이면 true를 반환합니다.
<=	A <= B	A값이 B값 이하라면 true를 반환합니다.

✏ 1분 복습 | 다음 SQL 구문의 결과로 급여가 2500 이상이고 직업이 ANALYST인 사원 정보만 나오도록 코드를 채워 보세요.

```
SELECT *
  FROM EMP
 WHERE SAL  ⬚¹       2500
       ⬚²        ⬚³       =  ⬚⁴         ;
```

정답: 1. >= 2. AND 3. JOB 4. 'ANALYST'

대소 비교 연산자는 비교 대상인 데이터가 숫자가 아닌 문자열일 때도 사용할 수 있습니다. 다음 두 SELECT문을 각각 실행해 봅시다.

📖 **실습 5-7 | 문자를 대소 비교 연산자로 비교하기(비교 문자열이 문자 하나일 때)**

```
01: SELECT *
02:   FROM EMP
03:  WHERE ENAME >= 'F';
```

> 사원 이름의 첫 문자가 F와 같거나 F보다 뒤에 있는 것만 검색합니다.

▼ 결과 화면

	⊕ EMPNO	⊕ ENAME	⊕ JOB	⊕ MGR	⊕ HIREDATE	⊕ SAL	⊕ COMM	⊕ DEPTNO
1	7369	SMITH	CLERK	7902	80/12/17	800	(null)	20
2	7521	WARD	SALESMAN	7698	81/02/22	1250	500	30
3	7566	JONES	MANAGER	7839	81/04/02	2975	(null)	20
4	7654	MARTIN	SALESMAN	7698	81/09/28	1250	1400	30
5	7788	SCOTT	ANALYST	7566	87/04/19	3000	(null)	20
6	7839	KING	PRESIDENT	(null)	81/11/17	5000	(null)	10
7	7844	TURNER	SALESMAN	7698	81/09/08	1500	0	30
8	7900	JAMES	CLERK	7698	81/12/03	950	(null)	30
9	7902	FORD	ANALYST	7566	81/12/03	3000	(null)	20
10	7934	MILLER	CLERK	7782	82/01/23	1300	(null)	10

문자열을 비교할 때 영어 사전처럼 알파벳 순서로 문자열의 '대소'를 비교합니다. 조건식 ENAME >= 'F'는 ENAME 열의 첫 문자와 대문자 F를 비교했을 때 알파벳 순서상 F와 같거나 F보다 뒤에 있는 문자열을 출력하라는 의미입니다.

📖 **실습 5-8 | 문자열을 대소 비교 연산자로 비교하기(비교 문자열이 문자 여러 개일 때)**

```
01: SELECT *
02:   FROM EMP
03:  WHERE ENAME <= 'FORZ';
```

▼ 결과 화면

	⊕ EMPNO	⊕ ENAME	⊕ JOB	⊕ MGR	⊕ HIREDATE	⊕ SAL	⊕ COMM	⊕ DEPTNO
1	7499	ALLEN	SALESMAN	7698	81/02/20	1600	300	30
2	7698	BLAKE	MANAGER	7839	81/05/01	2850	(null)	30
3	7782	CLARK	MANAGER	7839	81/06/09	2450	(null)	10
4	7876	ADAMS	CLERK	7788	87/05/23	1100	(null)	20
5	7902	FORD	ANALYST	7566	81/12/03	3000	(null)	20

> FORD 맨 끝 글자 D가 Z보다 앞에 있어서 조건을 만족합니다.

❋ 문자열 대소 비교 연산자는 실무에서 자주 활용하는 방식이 아니므로 간단히 살펴보고 넘어가도 괜찮습니다.

ENAME <= 'FORZ'는 ENAME 열이 FORZ를 포함한 문자열보다 알파벳 순서로 앞에 있는 행을 출력하라는 의미입니다. 예를 들어 ENAME에 'FIND' 문자열이 있다고 가정해 봅시다. FIND의 첫 문자는 F로 FORZ와 같지만, 두 번째 문자 I가 FORZ의 O보다 알파벳 순서에서 빠르므로 WHERE절의 조건식에 해당하는 값이 됩니다. 문자열 대소 비교는 숫자 데이터 비교보다 덜 사용하므로 간단히 알아만 두세요.

등가 비교 연산자

연산자 양쪽 항목이 같은 값인지 검사하는 연산자가 바로 등가 비교 연산자입니다. 지금까지 WHERE절의 조건식에서 사용한 = 기호가 대표적인 등가 비교 연산자입니다. 등가 비교 연산자는 연산자의 양쪽 항목 값이 같으면 true를 반환합니다. 이와 반대로 연산자 양쪽 값이 다를 때 true를 반환하는 연산자도 있습니다.

❀ 많은 프로그래밍 언어에서 = 기호는 대입의 의미로 사용하지만, SQL 구문에서는 본래 기호 의미 그대로 '양쪽 데이터가 같은지 다른지'를 확인하는 데 사용합니다.

등가 비교 연산자의 종류는 다음과 같습니다.

연산자	사용법	의미
=	A = B	A값이 B값과 같을 때 true, 다를 때 false를 반환합니다.
!=	A != B	
<>	A <> B	A값과 B값이 다를 때 true, 같을 때 false를 반환합니다.
^=	A ^= B	

급여가 3000이 아닌 사원의 데이터를 조회할 때는 다음처럼 SELECT문을 작성합니다. '같지 않다'는 의미로 사용할 수 있는 3가지 방식 모두 같은 결괏값을 출력합니다.

🖥 실습 5-9 | 등가 비교 연산자(!=)를 사용하여 출력하기

```
01: SELECT *
02:    FROM EMP
03:   WHERE SAL != 3000;
```

🖥 실습 5-10 | 등가 비교 연산자(<>)를 사용하여 출력하기

```
01: SELECT *
02:    FROM EMP
03:   WHERE SAL <> 3000;
```

```
01: SELECT *
02:   FROM EMP
03:  WHERE SAL ^= 3000;
```

▼ 결과 화면

	⬦ EMPNO	⬦ ENAME	⬦ JOB	⬦ MGR	⬦ HIREDATE	⬦ SAL	⬦ COMM	⬦ DEPTNO
1	7369	SMITH	CLERK	7902	80/12/17	800	(null)	20
2	7499	ALLEN	SALESMAN	7698	81/02/20	1600		
3	7521	WARD	SALESMAN	7698	81/02/22	1250		
4	7566	JONES	MANAGER	7839	81/04/02	2975	(null)	20
5	7654	MARTIN	SALESMAN	7698	81/09/28	1250	1400	30
6	7698	BLAKE	MANAGER	7839	81/05/01	2850	(null)	30
7	7782	CLARK	MANAGER	7839	81/06/09	2450	(null)	10
8	7839	KING	PRESIDENT	(null)	81/11/17	5000	(null)	10
9	7844	TURNER	SALESMAN	7698	81/09/08	1500	0	30
10	7876	ADAMS	CLERK	7788	87/05/23	1100	(null)	20
11	7900	JAMES	CLERK	7698	81/12/03	950	(null)	30
12	7934	MILLER	CLERK	7782	82/01/23	1300	(null)	10

> SAL 열이 3000, 즉 급여가 3000인 SCOTT과 FORD만 출력 결과에서 제외합니다.

✱ 필자가 여러 프로젝트에서 SQL 구문을 접해 본 경험에 비추어 볼 때 실무에서는 ^=보다 !=와 <>를 더 자주 사용합니다.

논리 부정 연산자

비교 연산자는 아니지만 앞의 실습(5-9, 5-10, 5-11)과 똑같은 결과를 출력하기 위해 사용할 수 있는 연산자가 하나 더 있습니다. 바로 논리 부정 연산자(NOT 연산자)입니다. 만약 A값이 true라면 논리 부정 연산자의 결괏값은 false가 됩니다. 반대로 A값이 false라면 논리 부정 연산자의 결괏값은 true가 됩니다.

예를 들어 실습 5-9의 내용을 NOT 연산자로 표현하면 = 기호를 사용하여 '[급여가 3000과 같을 때]가 아닐 때'에 true를 반환하여 출력 데이터를 선별하므로 결국 같은 결과를 얻을 수 있습니다. 다음 SELECT문을 실행하여 실습 5-9와 결과가 같은지 확인해 보세요.

```
01: SELECT *
02:   FROM EMP
03:  WHERE NOT SAL = 3000;
```

▼ 결과 화면

	EMPNO	ENAME	JOB	MGR	HIREDATE	SAL	COMM	DEPTNO
1	7369	SMITH	CLERK	7902	80/12/17	800	(null)	20
2	7499	ALLEN	SALESMAN	7698	81/02/20	1600	300	30
3	7521	WARD	SALESMAN	7698	81/02/22	1250	500	30
4	7566	JONES	MANAGER	7839	81/04/02	2975	(null)	20
5	7654	MARTIN	SALESMAN	7698	81/09/28	1250	1400	30
6	7698	BLAKE	MANAGER	7839	81/05/01	2850	(null)	30
7	7782	CLARK	MANAGER	7839	81/06/09	2450	(null)	10
8	7839	KING	PRESIDENT	(null)	81/11/17	5000	(null)	10
9	7844	TURNER	SALESMAN	7698	81/09/08	1500	0	30
10	7876	ADAMS	CLERK	7788	87/05/23	1100	(null)	20
11	7900	JAMES	CLERK	7698	81/12/03	950	(null)	30
12	7934	MILLER	CLERK	7782	82/01/23	1300	(null)	10

보통 NOT 연산자는 IN, BETWEEN, IS NULL 연산자와 함께 사용할 때가 흔하고 실습 5-12와 같이 대소·등가 비교 연산자에 직접 사용하는 예는 별로 없습니다. 하지만 복잡한 조건식 여러 개를 AND, OR로 묶은 상태에서 정반대 결과를 얻고자 할 때에는 유용하게 사용할 수 있습니다. 복잡한 조건식에서 정반대의 최종 결과를 원할 때 조건식을 일일이 수정하여 작성하는 것보다 NOT 연산자로 한 번에 뒤집어서 사용하는 것이 간편하고 SQL 구문 작성 시간도 줄일 수 있기 때문입니다.

IN 연산자

= 기호는 WHERE 조건식에서 특정 열 데이터 값만을 조회할 때 사용합니다. 앞에서 살펴본 예제에서 급여 열이 3000인 사원, 직업 열이 CLERK인 사원, 부서 번호 열이 30인 사원 등으로 조회한 SELECT문이 이에 해당합니다. 지금까지 배운 연산자를 사용하여 직책 열이 SALESMAN이거나 MANAGER 또는 CLERK 중 하나인 데이터를 조회하려면 다음과 같이 논리 연산자 OR를 사용해서 출력할 수 있습니다.

□ 실습 5-13 | OR 연산자를 사용하여 여러 조건을 만족하는 데이터 출력하기

```
01: SELECT *
02:   FROM EMP
03:  WHERE JOB = 'MANAGER'
04:    OR JOB = 'SALESMAN'
05:    OR JOB = 'CLERK';
```

▼ 결과 화면

	⬧ EMPNO	⬧ ENAME	⬧ JOB	⬧ MGR	⬧ HIREDATE	⬧ SAL	⬧ COMM	⬧ DEPTNO
1	7369	SMITH	CLERK	7902	80/12/17	800	(null)	20
2	7499	ALLEN	SALESMAN	7698	81/02/20	1600	300	30
3	7521	WARD	SALESMAN	7698	81/02/22	1250	500	30
4	7566	JONES	MANAGER	7839	81/04/02	2975	(null)	20
5	7654	MARTIN	SALESMAN	7698	81/09/28	1250	1400	30
6	7698	BLAKE	MANAGER	7839	81/05/01	2850	(null)	30
7	7782	CLARK	MANAGER	7839	81/06/09	2450	(null)	10
8	7844	TURNER	SALESMAN	7698	81/09/08	1500	0	30
9	7876	ADAMS	CLERK	7788	87/05/23	1100	(null)	20
10	7900	JAMES	CLERK	7698	81/12/03	950	(null)	30
11	7934	MILLER	CLERK	7782	82/01/23	1300	(null)	10

출력하고 싶은 열의 조건이 여러 가지일 때 실습 5-13처럼 OR 연산자로 여러 조건식을 묶어 주는 것도 하나의 방법이지만, 조건이 늘어날수록 조건식을 많이 작성해야 하므로 조금 번거 롭습니다.

이때 IN 연산자를 사용하면 특정 열에 해당하는 조건을 여러 개 지정할 수 있습니다. IN 연산 자의 기본 형식은 다음과 같습니다.

> 기본 형식 SELECT [조회할 열1 이름], [열2 이름], ..., [열n 이름]
> FROM [조회할 테이블 이름]
> WHERE 열 이름 IN (데이터1, 데이터2, ..., 데이터n); ─①

번호	키워드	필수 요소	선택 요소	설명
①	IN	열 이름 조회할 열의 데이터 목록	-	특정 열에 포함된 데이터를 여러 개 조회할 때 활용

실습 5-13을 IN 연산자로 표현하면 다음과 같은 SELECT문을 작성할 수 있습니다. 즉 직책 열이 MANAGER, SALESMAN, CLERK 중 하나라면 모두 조회합니다. 실습 5-14의 출력 결과는 실습 5-13과 같습니다.

🖵 실습 5-14 | IN 연산자를 사용하여 출력하기

```
01: SELECT *
02:   FROM EMP
03:  WHERE JOB IN ('MANAGER', 'SALESMAN', 'CLERK');
```

이번에는 실습 5-14와 반대인 때를 생각해 봅시다. 직책 열이 MANAGER도 아니고 SALES
MAN, CLERK도 아닌 데이터를 찾을 때 앞에서 배운 등가 비교 연산자와 AND 연산자를 사용
하여 세 값 모두가 '아닌' 데이터를 찾는 SELECT문은 다음과 같이 작성할 수 있습니다.

□ 실습 5-15 | 등가 비교 연산자와 AND 연산자를 사용하여 출력하기

```
01: SELECT *
02:   FROM EMP
03:  WHERE JOB != 'MANAGER'
04:    AND JOB <> 'SALESMAN'
05:    AND JOB ^= 'CLERK';
```

실습 5-15와 출력 결과는 같지만, IN 연산자 앞에 논리 부정 연산자 NOT을 사용하면 좀 더
간단하게 반대일 때를 조회할 수 있습니다. 이는 앞에서 설명했듯이 NOT 연산자를 적용하면
true, false로 나오는 최종 결과와 반대인 값을 반환하기 때문입니다.

□ 실습 5-16 | IN 연산자와 논리 부정 연산자(NOT)를 사용하여 출력하기

```
01: SELECT *
02:   FROM EMP
03:  WHERE JOB NOT IN ('MANAGER', 'SALESMAN', 'CLERK');
```

실습 5-16의 결과 화면은 다음과 같습니다. 결과를 살펴보면 EMP 테이블에서 세 값을 제외
한 ANALYST, PRESIDENT인 데이터만 출력합니다.

▼ 결과 화면(실습 5-15, 5-16의 실행 결과가 같음)

	⊕ EMPNO	⊕ ENAME	⊕ JOB	⊕ MGR	⊕ HIREDATE	⊕ SAL	⊕ COMM	⊕ DEPTNO
1	7788	SCOTT	ANALYST	7566	87/04/19	3000	(null)	20
2	7839	KING	PRESIDENT	(null)	81/11/17	5000	(null)	10
3	7902	FORD	ANALYST	7566	81/12/03	3000	(null)	20

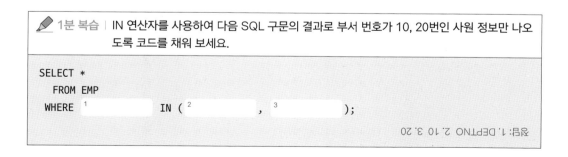

✏️ 1분 복습 | IN 연산자를 사용하여 다음 SQL 구문의 결과로 부서 번호가 10, 20번인 사원 정보만 나오
도록 코드를 채워 보세요.

```
SELECT *
  FROM EMP
 WHERE [¹            ] IN ([²           ], [³           ]);
```

정답: 1. DEPTNO 2. 10 3. 20

BETWEEN A AND B 연산자

급여 열이 2000 이상 3000 이하, 즉 급여가 2000~3000인 사원 데이터를 조회한다고 가정해 봅시다. 이 SELECT문을 작성할 때 WHERE절 조건에 급여 열이 2000 이상인 조건과 3000 이하인 조건이 필요합니다. 앞에서 배운 대소 비교 연산자와 AND 연산자를 사용하면 다음과 같이 SELECT문을 만들 수 있습니다.

📖 실습 5-17 | 대소 비교 연산자와 AND 연산자를 사용하여 출력하기

```
01: SELECT *
02:    FROM EMP
03:  WHERE SAL >= 2000
04:    AND SAL <= 3000;
```

▼ 결과 화면

	EMPNO	ENAME	JOB	MGR	HIREDATE	SAL	COMM	DEPTNO
1	7566	JONES	MANAGER	7839	81/04/02	2975	(null)	20
2	7698	BLAKE	MANAGER	7839	81/05/01	2850	(null)	30
3	7782	CLARK	MANAGER	7839	81/06/09	2450	(null)	10
4	7788	SCOTT	ANALYST	7566	87/04/19	3000	(null)	20
5	7902	FORD	ANALYST	7566	81/12/03	3000	(null)	20

실습 5-17과 같이 특정 열의 최소·최고 범위를 지정하여 해당 범위의 데이터만 조회할 때는 대소 비교 연산자 대신 BETWEEN A AND B 연산자를 사용하면 더 간단하게 표현할 수 있습니다.

기본 형식
```
SELECT   [조회할 열1 이름], [열2 이름], ..., [열n 이름]
FROM     [조회할 테이블 이름]
WHERE  열 이름 BETWEEN 최솟값 AND 최댓값; ─①
```

번호	키워드	필수 요소	선택 요소	설명
①	BETWEEN A AND B	열 이름, 최솟값, 최댓값	-	일정 범위의 데이터를 조회할 때 사용

BETWEEN A AND B 연산자를 사용하여 실습 5-17을 다시 작성하면 다음과 같습니다.

```
01: SELECT *
02:   FROM EMP
03:  WHERE SAL BETWEEN 2000 AND 3000;
```

▼ 결과 화면

	⬥ EMPNO	⬥ ENAME	⬥ JOB	⬥ MGR	⬥ HIREDATE	⬥ SAL	⬥ COMM	⬥ DEPTNO
1	7566	JONES	MANAGER	7839	81/04/02	2975	(null)	20
2	7698	BLAKE	MANAGER	7839	81/05/01	2850	(null)	30
3	7782	CLARK	MANAGER	7839	81/06/09	2450	(null)	10
4	7788	SCOTT	ANALYST	7566	87/04/19	3000	(null)	20
5	7902	FORD	ANALYST	7566	81/12/03	3000	(null)	20

실습 5-18의 결과 화면을 살펴보면 실습 5-17과 결과가 같다는 것을 확인할 수 있습니다. IN 연산자와 마찬가지로 NOT 연산자를 앞에 붙이면 SAL 열이 2000~3000 사이 외의 값인 데이터만 출력할 수 있습니다.

```
01: SELECT *
02:   FROM EMP
03:  WHERE SAL NOT BETWEEN 2000 AND 3000;
```

▼ 결과 화면

	⬥ EMPNO	⬥ ENAME	⬥ JOB	⬥ MGR	⬥ HIREDATE	⬥ SAL	⬥ COMM	⬥ DEPTNO
1	7369	SMITH	CLERK	7902	80/12/17	800	(null)	20
2	7499	ALLEN	SALESMAN	7698	81/02/20	1600	300	30
3	7521	WARD	SALESMAN	7698	81/02/22	1250	500	30
4	7654	MARTIN	SALESMAN	7698	81/09/28	1250	1400	30
5	7839	KING	PRESIDENT	(null)	81/11/17	5000	(null)	10
6	7844	TURNER	SALESMAN	7698	81/09/08	1500	0	30
7	7876	ADAMS	CLERK	7788	87/05/23	1100	(null)	20
8	7900	JAMES	CLERK	7698	81/12/03	950	(null)	30
9	7934	MILLER	CLERK	7782	82/01/23	1300	(null)	10

LIKE 연산자와 와일드카드

LIKE 연산자는 이메일이나 게시판 제목 또는 내용 검색 기능처럼 일부 문자열을 포함한 데이터를 조회할 때 사용합니다.

□ 실습 5-20 | LIKE 연산자 사용하여 출력하기

```
01: SELECT *
02:   FROM EMP
03:  WHERE ENAME LIKE 'S%';
```

▼ 결과 화면

	⬦ EMPNO	⬦ ENAME	⬦ JOB	⬦ MGR	⬦ HIREDATE	⬦ SAL	⬦ COMM	⬦ DEPTNO
1	7369	SMITH	CLERK	7902	80/12/17	800	(null)	20
2	7788	SCOTT	ANALYST	7566	87/04/19	3000	(null)	20

실습 5-20에서 ENAME LIKE 'S%' 조건식은 대문자 S로 시작하는 ENAME 열을 조회하라는 뜻입니다. 이 조건식에서 사용한 % 기호를 와일드카드(wild card)라고 합니다. 와일드카드는 특정 문자 또는 문자열을 대체하거나 문자열 데이터의 패턴을 표기하는 특수 문자입니다. LIKE 연산자와 함께 사용할 수 있는 와일드카드는 _과 %입니다.

종류	설명
_	어떤 값이든 상관없이 한 개의 문자열 데이터를 의미
%	길이와 상관없이(문자가 없는 경우도 포함) 모든 문자열 데이터를 의미

앞에서 사용한 LIKE 'S%'는 시작 문자가 S면 그 뒤에 어떤 문자 몇 개가 오든 상관없이 LIKE 연산자를 사용한 조건식의 결괏값은 true가 됩니다. 사원 이름의 두 번째 글자가 L인 데이터를 조회하고 싶다면 다음과 같이 LIKE 연산자에 와일드카드를 활용할 수 있습니다.

□ 실습 5-21 | 사원 이름의 두 번째 글자가 L인 데이터만 출력하기

```
01: SELECT *
02:   FROM EMP
03:  WHERE ENAME LIKE '_L%';
```

▼ 결과 화면

	⬦ EMPNO	⬦ ENAME	⬦ JOB	⬦ MGR	⬦ HIREDATE	⬦ SAL	⬦ COMM	⬦ DEPTNO
1	7499	ALLEN	SALESMAN	7698	81/02/20	1600	300	30
2	7698	BLAKE	MANAGER	7839	81/05/01	2850	(null)	30
3	7782	CLARK	MANAGER	7839	81/06/09	2450	(null)	10

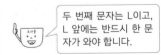

두 번째 문자는 L이고, L 앞에는 반드시 한 문자가 와야 합니다.

L%는 데이터의 첫 번째 문자가 와일드카드()이므로 문자 종류와 상관없이 L 앞에는 단 하나의 문자가 오는 것을 뜻합니다. 그리고 두 번째 글자가 L이고 L 이후 와일드카드(%)를 지정했으므로 L 뒤에는 어떤 문자가 몇 개가 오든지 상관없습니다.

즉 사원 이름 중에 두 번째 문자가 L인 데이터를 가리키게 됩니다. 실습 5-21의 결과를 살펴보면 EMP 테이블에서 사원 이름 열의 데이터 중 두 번째 문자가 L인 ALLEN, BLAKE, CLARK 데이터를 조회했음을 확인할 수 있습니다.

특정 단어를 포함한 제목 또는 본문을 검색하는 기능을 구현할 때는 원하는 문자열 앞뒤 모두 와일드카드(%)를 붙일 수 있습니다. 이름에 AM이라는 단어를 포함하는 사원을 조회하는 SELECT문은 다음과 같이 작성할 수 있습니다.

🖥️ 실습 5-22 | 사원 이름에 AM이 포함된 사원 데이터만 출력하기

```
01: SELECT *
02:   FROM EMP
03:   WHERE ENAME LIKE '%AM%';
```

▼ 결과 화면

	⬧ EMPNO	⬧ ENAME	⬧ JOB	⬧ MGR	⬧ HIREDATE	⬧ SAL	⬧ COMM	⬧ DEPTNO
1	7876	ADAMS	CLERK	7788	87/05/23	1100	(null)	20
2	7900	JAMES	CLERK	7698	81/12/03	950	(null)	30

실습 5-22의 결과를 살펴보면 사원 이름 열에 AM이라는 단어가 포함되고, AM 앞뒤에 몇 글자가 오건 어떤 종류의 문자가 오건 상관없이 사원 데이터가 출력되는 것을 알 수 있습니다.

위와는 반대로 AM이라는 단어가 포함된 데이터를 제외한 결과를 얻고자 한다면 다음과 같이 LIKE 연산자 앞에 NOT을 붙입니다.

🖥️ 실습 5-23 | 사원 이름에 AM을 포함하지 않은 사원 데이터 출력하기

```
01: SELECT *
02:   FROM EMP
03:   WHERE ENAME NOT LIKE '%AM%';
```

▼ 결과 화면

	EMPNO	ENAME	JOB	MGR	HIREDATE	SAL	COMM	DEPTNO
1	7369	SMITH	CLERK	7902	80/12/17	800	(null)	20
2	7499	ALLEN	SALESMAN	7698	81/02/20	1600	300	30
3	7521	WARD	SALESMAN	7698	81/02/22	1250	500	30
4	7566	JONES	MANAGER	7839	81/04/02	2975	(null)	20
5	7654	MARTIN	SALESMAN	7698	81/09/28	1250	1400	30
6	7698	BLAKE	MANAGER	7839	81/05/01	2850	(null)	30
7	7782	CLARK	MANAGER	7839	81/06/09	2450	(null)	10
8	7788	SCOTT	ANALYST	7566	87/04/19	3000	(null)	20
9	7839	KING	PRESIDENT	(null)	81/11/17	5000	(null)	10
10	7844	TURNER	SALESMAN	7698	81/09/08	1500	0	30
11	7902	FORD	ANALYST	7566	81/12/03	3000	(null)	20
12	7934	MILLER	CLERK	7782	82/01/23	1300	(null)	10

와일드카드 문자가 데이터 일부일 때

와일드카드 기호인 _이나 % 문자가 데이터에 포함될 때가 간혹 있습니다. 이럴 때는 ESCAPE절
을 사용하면 _, %를 와일드카드 기호가 아닌 데이터 문자로 다룰 수 있습니다. 예를 들어 LIKE
문을 사용하여 A_A 문자로 시작하는 데이터를 찾으려면 다음과 같이 SQL 구문을 작성합니다.

```
SELECT *
  FROM SOME_TABLE
 WHERE SOME_COLUMN LIKE 'A₩_A%' ESCAPE '₩';
```

A₩_A%에서 ₩ 문자 바로 뒤에 있는 _을 와일드카드 기호가 아닌 데이터에 포함된 문자로
인식하라는 의미입니다. 이스케이프 문자 ₩는 ESCAPE절에서 지정할 수 있습니다. ₩ 외 다
른 문자도 지정하여 사용할 수 있습니다.

✹ 이스케이프 문자를 지정하는 방식은 실무에서 그리 자주 사용하지는 않으므로 참고만 하세요.

> 📝 **알아 두면 좋아요!** LIKE 연산자와 와일드카드 문자의 성능
>
> LIKE 연산자와 와일드카드를 사용한 SELECT문은 사용하기 간편하고 기능 면에서 활용도가 높지만 데이터 조회
> 성능과 관련한 의견은 다양합니다. 우리가 이 책에서 실습할 때 사용하는 데이터는 아주 작으므로 데이터 조회 속
> 도에 문제는 없습니다. 하지만 실제 업무에서는 행 수가 어마어마하게 많은 테이블을 여러 개 조합하여 데이터를 조
> 회할 때가 흔합니다. 데이터 조회 속도는 제공하려는 서비스 질과 직접 연관되는 일이 빈번하므로 매우 중요합니다.
> LIKE 연산자와 와일드카드를 활용한 SELECT문은 와일드카드를 어떻게 사용하느냐에 따라 데이터를 조회하는
> 시간에 차이가 난다고 알려졌고, 데이터베이스 관련 인터넷 커뮤니티나 블로그 글 등에서 이와 관련한 이야기가 많
> 이 오갑니다. SELECT문의 조회 성능을 논하는 것은 이 책의 범위를 넘어서므로 다루지 않겠지만 이러한 조회 성
> 능 관련 부분도 나중에는 주요 이슈가 될 수 있다는 점을 참고해 주세요.

IS NULL 연산자

IS NULL 연산자를 살펴보기 전에 NULL부터 알아봅니다. NULL은 데이터베이스에서 중요한 의미가 있는 특수한 데이터 형식입니다. 04장에서 별칭을 학습할 때 사용한 SELECT문을 다시 살펴볼까요?

> 📺 실습 5-24 | **별칭을 사용하여 열 이름 출력하기**

```
01: SELECT ENAME, SAL, SAL*12+COMM AS ANNSAL, COMM
02:   FROM EMP;
```

▼ 결과 화면

	ENAME	SAL	ANNSAL	COMM
1	SMITH	800	(null)	(null)
2	ALLEN	1600	19500	300
3	WARD	1250	15500	500
4	JONES	2975	(null)	(null)
5	MARTIN	1250	16400	1400
6	BLAKE	2850	(null)	(null)
7	CLARK	2450	(null)	(null)
8	SCOTT	3000	(null)	(null)
9	KING	5000	(null)	(null)
10	TURNER	1500	18000	0
11	ADAMS	1100	(null)	(null)
12	JAMES	950	(null)	(null)
13	FORD	3000	(null)	(null)
14	MILLER	1300	(null)	(null)

실습 5-24 결과를 살펴보면 SAL 열에 12를 곱하고 추가 수당 열을 더한 결과가 나오는 때도 있고 나오지 않는 때도 있습니다. 결과가 나오지 않는 현상은 연산에 사용한 추가 수당 열이 비어 있는 행에서만 나타납니다.

이렇듯 NULL은 데이터 값이 완전히 '비어 있는' 상태를 말합니다. 숫자 0은 값 0이 있다는 뜻이므로 NULL과 혼동하지 않도록 주의해야 합니다. NULL의 의미를 예를 들어 설명하면 다음과 같습니다.

의미	예
값이 없음	통장을 개설한 적 없는 은행 고객의 계좌 번호
해당 사항 없음	미혼인 고객의 결혼기념일
노출할 수 없는 값	고객 비밀번호 찾기 같은 열람을 제한해야 하는 특정 개인 정보
확정되지 않은 값	미성년자의 출신 대학

따라서 NULL은 '현재 무슨 값인지 확정되지 않은 상태'이거나 '값 자체가 없는 상태'를 나타내는 데이터에 사용합니다. 이 때문에 앞에서 살펴본 연산자는 대부분 연산 대상이 NULL일 때 연산 자체가 무의미해지는 현상이 발생합니다.

예를 들어 두 피연산자 값이 같은지 확인하는 등가 비교 연산자로 NULL과 비교하는 다음 SELECT문을 실행해 봅시다.

□ 실습 5-25 | 등가 비교 연산자(=)로 NULL 비교하기

```
01: SELECT *
02:   FROM EMP
03:  WHERE COMM = NULL;
```

▼ 결과 화면

EMPNO	ENAME	JOB	MGR	HIREDATE	SAL	COMM	DEPTNO

얼핏 보기에 추가 수당 열이 NULL인 행이 나와야 할 것 같지만 실제로 출력되는 데이터는 없습니다. 실습 5-25와 같은 결과가 나온 것은 NULL은 산술 연산자와 비교 연산자로 비교해도 결괏값이 NULL이 되기 때문입니다. 어떤 값인지 모르는 값에 숫자를 더해도 어떤 값인지 알 수 없고, 어떤 값인지 모르는 값이 특정 값보다 큰지 작은지 알 수 없는 것과 같은 이치입니다. 마치 수학에서 사용하는 무한대(∞) 또는 의문 부호인 물음표(?) 같은 의미로 이해해도 무방합니다.

- NULL + 100 = NULL
- NULL > 100 = NULL
- ∞ + 100 = ∞
- ? > 100 = ?

WHERE절은 조건식의 결괏값이 true인 행만 출력하는데 이처럼 연산 결괏값이 NULL이 되면 조건식의 결괏값이 false도 true도 아니게 되므로 출력 대상에서 제외됩니다. 따라서 지금까지 살펴본 연산자로는 특정 열의 데이터가 NULL일 때를 구별할 수 없습니다.

특정 열 또는 연산의 결괏값이 NULL인지를 확인하려면 IS NULL 연산자를 사용해야 합니다. 예를 들어 실습 5-25의 SELECT문에서 본래 의도한 의미대로 추가 수당 열이 NULL인 데이터를 출력하고 싶다면 다음과 같이 IS NULL 연산자를 사용하면 됩니다.

```
01: SELECT *
02:   FROM EMP
03:  WHERE COMM IS NULL;
```

▼ 결과 화면

	EMPNO	ENAME	JOB	MGR	HIREDATE	SAL	COMM	DEPTNO
1	7369	SMITH	CLERK	7902	80/12/17	800	(null)	20
2	7566	JONES	MANAGER	7839	81/04/02	2975	(null)	20
3	7698	BLAKE	MANAGER	7839	81/05/01	2850	(null)	30
4	7782	CLARK	MANAGER	7839	81/06/09	2450	(null)	10
5	7788	SCOTT	ANALYST	7566	87/04/19	3000	(null)	20
6	7839	KING	PRESIDENT	(null)	81/11/17	5000	(null)	10
7	7876	ADAMS	CLERK	7788	87/05/23	1100	(null)	20
8	7900	JAMES	CLERK	7698	81/12/03	950	(null)	30
9	7902	FORD	ANALYST	7566	81/12/03	3000	(null)	20
10	7934	MILLER	CLERK	7782	82/01/23	1300	(null)	10

결과에서 알 수 있듯이 IS NULL 연산자를 사용하면 추가 수당 열에 값이 없는 데이터만 출력합니다. 반대의 경우, 즉 추가 수당 열이 NULL이 아닌 데이터만 조회하려면 IS NOT NULL을 사용하면 됩니다. 직속상관의 사원 번호 열에는 사원의 상급자 사원 번호가 있습니다. KING은 최고 직급인 PRESIDENT이므로 직속상관이 없습니다. 그러므로 직속상관 열이 NULL입니다. 직속상관 열이 NULL이 아닌 사원만 조회하려면 다음과 같이 IS NOT NULL 연산자를 사용합니다.

```
01: SELECT *
02:   FROM EMP
03:  WHERE MGR IS NOT NULL;
```

▼ 결과 화면

	EMPNO	ENAME	JOB	MGR	HIREDATE	SAL	COMM	DEPTNO
1	7369	SMITH	CLERK	7902	80/12/17	800	(null)	20
2	7499	ALLEN	SALESMAN	7698	81/02/20	1600	300	30
3	7521	WARD	SALESMAN	7698	81/02/22	1250	500	30
4	7566	JONES	MANAGER	7839	81/04/02	2975	(null)	20
5	7654	MARTIN	SALESMAN	7698	81/09/28	1250	1400	30
6	7698	BLAKE	MANAGER	7839	81/05/01	2850	(null)	30
7	7782	CLARK	MANAGER	7839	81/06/09	2450	(null)	10
8	7788	SCOTT	ANALYST	7566	87/04/19	3000	(null)	20
9	7844	TURNER	SALESMAN	7698	81/09/08	1500	0	30
10	7876	ADAMS	CLERK	7788	87/05/23	1100	(null)	20
11	7900	JAMES	CLERK	7698	81/12/03	950	(null)	30
12	7902	FORD	ANALYST	7566	81/12/03	3000	(null)	20
13	7934	MILLER	CLERK	7782	82/01/23	1300	(null)	10

KING은 직속상관 열이 NULL이므로 출력 대상에서 제외합니다.

데이터가 NULL인지 아닌지를 확인하는 용도로만 사용하는 IS NULL과 IS NOT NULL 연산자는 자주 사용하므로 꼭 기억해 두세요.

그러면 IS NULL 연산자와 AND, OR 연산자의 관계를 잠깐 살펴봅시다. AND 연산자는 양쪽 항목이 모두 true일 때를 제외하면 false를 반환하고, OR 연산자는 양쪽 항목이 모두 false인 경우를 제외하면 true를 반환하는 논리 연산자입니다. AND, OR 연산자를 적용할 데이터 중 한쪽 데이터가 NULL이라면 연산의 결괏값이 true인지 false인지, 연산자가 AND인지 OR인지, 다른 한쪽 데이터 결괏값이 무엇인지에 따라 결과는 달라집니다. 다음 두 SELECT문을 각각 실행해 보고 결괏값을 확인해 보세요.

□ 실습 5-28 | AND 연산자와 IS NULL 연산자 사용하기

```
01: SELECT *
02:   FROM EMP
03:  WHERE SAL > NULL
04:    AND COMM IS NULL;
```

▼ 결과 화면

EMPNO	ENAME	JOB	MGR	HIREDATE	SAL	COMM	DEPTNO

□ 실습 5-29 | OR 연산자와 IS NULL 연산자 사용하기

```
01: SELECT *
02:   FROM EMP
03:  WHERE SAL > NULL
04:    OR COMM IS NULL;
```

> OR 연산자를 사용한 SELECT문에서만 결과를 출력합니다.

▼ 결과 화면

	EMPNO	ENAME	JOB	MGR	HIREDATE	SAL	COMM	DEPTNO
1	7369	SMITH	CLERK	7902	80/12/17	800	(null)	20
2	7566	JONES	MANAGER	7839	81/04/02	2975	(null)	20
3	7698	BLAKE	MANAGER	7839	81/05/01	2850	(null)	30
4	7782	CLARK	MANAGER	7839	81/06/09	2450	(null)	10
5	7788	SCOTT	ANALYST	7566	87/04/19	3000	(null)	20
6	7839	KING	PRESIDENT	(null)	81/11/17	5000	(null)	10
7	7876	ADAMS	CLERK	7788	87/05/23	1100	(null)	20
8	7900	JAMES	CLERK	7698	81/12/03	950	(null)	30
9	7902	FORD	ANALYST	7566	81/12/03	3000	(null)	20
10	7934	MILLER	CLERK	7782	82/01/23	1300	(null)	10

이렇듯 결괏값이 다른 이유는 AND 연산자와 OR 연산자의 특징 때문입니다. AND 연산은 양쪽 항목이 모두 true일 때만 결괏값을 true로 반환하여 결과 데이터가 출력 대상이 되는 반면, OR 연산은 양쪽 항목 중 어느 항목만 true여도 결괏값을 true로 반환합니다.

즉 한쪽 항목이 true이건 false이건 NULL이건 다른 한쪽 항목이 true이면 출력 대상에 포함합니다. OR를 사용한 SELECT문을 살펴보면 SAL 〉 NULL 조건의 결괏값은 NULL이지만 추가 수당이 NULL인지 알아보는 IS NULL 연산은 true이므로 결과를 출력합니다. 즉 AND 연산과 OR 연산은 각 항목이 true, false, NULL일 때 다음과 같은 연산 결과가 나온다는 것을 참고하세요.

AND 연산

피연산자 2 피연산자 1	true	false	NULL
true	true	false	NULL
false	false	false	false
NULL	NULL	false	NULL

OR 연산

피연산자 2 피연산자 1	true	false	NULL
true	true	true	true
false	true	false	NULL
NULL	true	NULL	NULL

집합 연산자

관계형 데이터베이스 개념은 집합론에서 시작되었습니다. SQL 구문에서는 SELECT문으로 조회한 결과를 하나의 집합으로 다루는 집합 연산자를 사용할 수 있습니다. 두 개 이상의 SELECT문의 결괏값을 연결할 때 사용합니다.

📖 실습 5-30 | 집합 연산자(UNION)를 사용하여 출력하기

```
01: SELECT EMPNO, ENAME, SAL, DEPTNO
02:   FROM EMP
03:  WHERE DEPTNO = 10
04: UNION
05: SELECT EMPNO, ENAME, SAL, DEPTNO
06:   FROM EMP
07:  WHERE DEPTNO = 20;
```

	⬦ EMPNO	⬦ ENAME	⬦ SAL	⬦ DEPTNO
1	7782	CLARK	2450	10
2	7839	KING	5000	10
3	7934	MILLER	1300	10
4	7369	SMITH	800	20
5	7566	JONES	2975	20
6	7788	SCOTT	3000	20
7	7876	ADAMS	1100	20
8	7902	FORD	3000	20

두 개 이상의 SELECT문을 사용하지만 세미콜론(;)은 마지막에 한 번만 입력합니다.

❋ IN 연산자를 사용해도 이 실습과 같은 결과를 출력할 수 있습니다. 여기서는 서로 다른 여러 개의 SELECT문 결과에 다양한 집합 연산을 적용할 수 있다는 집합 연산자의 강점에 집중하세요. 이는 곧 서로 다른 테이블이나 데이터를 조회한 결과에도 활용할 수 있다는 것을 뜻하니까요.

실습 5-30의 SELECT문은 지금까지 사용한 SELECT문과는 형태가 다릅니다. 2개의 SELECT문 사이에 사용한 UNION 연산자가 바로 합집합을 뜻하는 집합 연산자입니다. 결과 화면을 살펴보면 10번 부서와 20번 부서에서 근무하는 사원 정보를 합쳐서 출력한 것을 알 수 있습니다.

여기에서 주의할 점은 집합 연산자로 두 개의 SELECT문 결괏값을 연결할 때 각 SELECT문이 출력하려는 열 개수와 각 열의 자료형이 순서별로 일치해야 한다는 것입니다. 예를 들어 다음 집합 연산자를 사용한 두 SELECT문은 모두 실행되지 않습니다. 실행 오류 메시지를 함께 확인해 주세요.

📋 **실습 5-31 │ 집합 연산자(UNION)를 사용하여 출력하기(출력할 열 개수가 다를 때)**

```
01: SELECT EMPNO, ENAME, SAL, DEPTNO
02:   FROM EMP
03:  WHERE DEPTNO = 10
04: UNION
05: SELECT EMPNO, ENAME, SAL
06:   FROM EMP
07:  WHERE DEPTNO = 20;
```

▼ 결과 화면

```
ORA-01789: 질의 블록은 부정확한 수의 결과 열을 가지고 있습니다.
01789. 00000 -  "query block has incorrect number of result columns"
*Cause:
*Action:
```

실습 5-32 | 집합 연산자(UNION)를 사용하여 출력하기(출력할 열의 자료형이 다를 때)

```
01: SELECT EMPNO, ENAME, SAL, DEPTNO
02:   FROM EMP
03:  WHERE DEPTNO = 10
04: UNION
05: SELECT ENAME, EMPNO, DEPTNO, SAL
06:   FROM EMP
07:  WHERE DEPTNO = 20;
```

▼ 결과 화면

```
ORA-01790: 대응하는 식과 같은 데이터 유형이어야 합니다
01790. 00000 - "expression must have same datatype as corresponding expression"
*Cause:
*Action:
1행, 8열에서 오류 발생
```

연결하려는 두 SELECT문의 열 개수와 자료형이 같다면 테이블이 다르거나 열 이름이 달라도 문제가 되지 않습니다. 다소 이상해 보이는 결과가 나오겠지만 집합 연산자를 다음과 같이 사용할 수도 있습니다.

실습 5-33 | 집합 연산자(UNION)를 사용하여 출력하기(출력할 열 개수와 자료형이 같을 때)

```
01: SELECT EMPNO, ENAME, SAL, DEPTNO
02:   FROM EMP
03:  WHERE DEPTNO = 10
04: UNION
05: SELECT SAL, JOB, DEPTNO, SAL
06:   FROM EMP
07:  WHERE DEPTNO = 20;
```

▼ 결과 화면

	⊕ EMPNO	⊕ ENAME	⊕ SAL	⊕ DEPTNO
1	7782	CLARK	2450	10
2	7839	KING	5000	10
3	7934	MILLER	1300	10
4	800	CLERK	20	800
5	2975	MANAGER	20	2975
6	3000	ANALYST	20	3000
7	1100	CLERK	20	1100

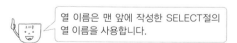

열 이름은 맨 앞에 작성한 SELECT절의 열 이름을 사용합니다.

EMPNO와 SAL 열은 다른 열이지만 양쪽 다 숫자 데이터이므로 문제없이 연결됩니다. 다른 열도 마찬가지입니다. 다만 최종 출력되는 열 이름은 먼저 작성한 SELECT문의 열 이름이라는 점에 주의하세요.

오라클 데이터베이스에서 사용하는 집합 연산자는 다음처럼 4가지입니다.

종류	설명
UNION	연결된 SELECT문의 결괏값을 합집합으로 묶습니다. 중복은 제거합니다.
UNION ALL	연결된 SELECT문의 결괏값을 합집합으로 묶습니다. 중복된 결괏값도 모두 출력합니다.
MINUS	먼저 작성한 SELECT문의 결괏값에서 다음 SELECT문의 결괏값을 차집합 처리합니다. 즉, 먼저 작성한 SELECT문의 결괏값 중 다음 SELECT문에 없는 데이터만 출력합니다.
INTERSECT	먼저 작성한 SELECT문과 다음 SELECT문의 결괏값이 같은 데이터만 출력합니다. 교집합과 같은 의미입니다.

연결하려는 SELECT문의 결괏값이 같다면 UNION과 UNION ALL 연산자를 사용한 결괏값은 달라집니다. 자세한 내용은 다음 실습에서 살펴봅니다.

🖳 실습 5-34 | 집합 연산자(UNION)를 사용하여 출력하기(출력 결과 데이터가 같을 때)

```
01: SELECT EMPNO, ENAME, SAL, DEPTNO
02:   FROM EMP
03:  WHERE DEPTNO = 10
04: UNION
05: SELECT EMPNO, ENAME, SAL, DEPTNO
06:   FROM EMP
07:  WHERE DEPTNO = 10;
```

▼ 결과 화면

	⬦ EMPNO	⬦ ENAME	⬦ SAL	⬦ DEPTNO
1	7782	CLARK	2450	10
2	7839	KING	5000	10
3	7934	MILLER	1300	10

□ 실습 5-35 | 집합 연산자(UNION ALL)를 사용하여 출력하기(출력 결과 데이터가 같을 때)

```
01: SELECT EMPNO, ENAME, SAL, DEPTNO
02:   FROM EMP
03:  WHERE DEPTNO = 10
04: UNION ALL
05: SELECT EMPNO, ENAME, SAL, DEPTNO
06:   FROM EMP
07:  WHERE DEPTNO = 10;
```

▼ 결과 화면

	⬍ EMPNO	⬍ ENAME	⬍ SAL	⬍ DEPTNO
1	7782	CLARK	2450	10
2	7839	KING	5000	10
3	7934	MILLER	1300	10
4	7782	CLARK	2450	10
5	7839	KING	5000	10
6	7934	MILLER	1300	10

UNION은 데이터 중복을 제거한 상태로 결괏값을 출력하고 UNION ALL은 중복 데이터도 모두 출력합니다. 둘 다 합집합을 의미하는 연산자이지만 결괏값이 달라지므로 사용할 때 주의해야 합니다.

MINUS 연산자는 차집합을 의미하는데, 다음과 같이 두 SELECT문을 MINUS 연산자로 묶으면 두 SELECT문의 결괏값이 같은 데이터는 제외하고 첫 번째 SELECT문의 결괏값만 출력합니다.

□ 실습 5-36 | 집합 연산자(MINUS)를 사용하여 출력하기

```
01: SELECT EMPNO, ENAME, SAL, DEPTNO
02:   FROM EMP
03: MINUS
04: SELECT EMPNO, ENAME, SAL, DEPTNO
05:   FROM EMP
06:  WHERE DEPTNO = 10;
```

▼ 결과 화면

	⬍ EMPNO	⬍ ENAME	⬍ SAL	⬍ DEPTNO
1	7369	SMITH	800	20
2	7499	ALLEN	1600	30
3	7521	WARD	1250	30
4	7566	JONES	2975	20
5	7654	MARTIN	1250	30
6	7698	BLAKE	2850	30
7	7788	SCOTT	3000	20
8	7844	TURNER	1500	30
9	7876	ADAMS	1100	20
10	7900	JAMES	950	30
11	7902	FORD	3000	20

EMP 테이블 전체 행을 조회한 첫 번째 SELECT문 결과에서 10번 부서에 있는 사원 데이터를 제외한 결괏값을 출력합니다.

INTERSECT 연산자는 교집합을 의미하므로 두 SELECT문의 결괏값이 같은 데이터만 출력합니다.

📄 실습 5-37 | **집합 연산자(INTERSECT)를 사용하여 출력하기**

```
01: SELECT EMPNO, ENAME, SAL, DEPTNO
02:   FROM EMP
03: INTERSECT
04: SELECT EMPNO, ENAME, SAL, DEPTNO
05:   FROM EMP
06:  WHERE DEPTNO = 10;
```

▼ 결과 화면

	EMPNO	ENAME	SAL	DEPTNO
1	7782	CLARK	2450	10
2	7839	KING	5000	10
3	7934	MILLER	1300	10

지금까지 WHERE절의 사용법과 다양한 연산자를 알아보았습니다. WHERE절은 수많은 데이터 중 원하는 데이터만 출력하는 다양한 방법을 제공하며 이를 위해 연산자를 활용합니다. 이러한 연산자의 사용 방법을 꼭 숙지하세요.

❈ 연산자는 WHERE절 조건식에서 가장 많이 활용하지만 WHERE절 외에 SELECT절, HAVING절이나 여러 함수에서도 사용할 수 있습니다.

📝 **알아 두면 좋아요! 연산자 우선순위**

지금까지 WHERE절 조건식에 사용한 여러 연산자에는 우선순위(priority)가 있습니다. 우리는 어떤 수학식에 더하기와 곱하기가 함께 있고 괄호가 없다면 곱하기를 먼저 계산한다는 것을 압니다. 이때 곱하기가 더하기보다 우선순위가 높다고 표현합니다. 즉 연산자 우선순위는 여러 연산자 중 먼저 실행하는 순위를 의미합니다.

앞에서 살펴본 연산자의 우선순위는 다음과 같습니다.

우선순위	연산자	설명
↑ (높음)	*, /	산술 연산자 곱하기, 나누기
	+, -	산술 연산자 더하기, 빼기
	=, !=, ^=, <>, >, >=, <, <=	대소 비교 연산자
	IS (NOT) NULL, (NOT) LIKE, (NOT) IN	(그 외) 비교 연산자
	BETWEEN A AND B	범위, 구간 검색 연산자
	NOT	논리 부정 연산자
(낮음)	AND	논리 연산자
↓	OR	논리 연산자

수학과 마찬가지로 먼저 수행해야 하는 연산식을 소괄호 ( )로 묶으면 연산자의 기본 우선순위와는 별개로 괄호 안의 연산식을 먼저 수행합니다.

되새김 문제

이 장에서 배운 내용을 실습하며 정리하세요.

Q1. EMP 테이블을 사용하여 다음과 같이 사원 이름(ENAME)이 S로 끝나는 사원 데이터를 모두 출력하는 SQL 구문을 작성해 보세요.

▼ 결과 화면

	⬧ EMPNO	⬧ ENAME	⬧ JOB	⬧ MGR	⬧ HIREDATE	⬧ SAL	⬧ COMM	⬧ DEPTNO
1	7566	JONES	MANAGER	7839	81/04/02	2975	(null)	20
2	7876	ADAMS	CLERK	7788	87/05/23	1100	(null)	20
3	7900	JAMES	CLERK	7698	81/12/03	950	(null)	30

Q2. EMP 테이블을 사용하여 30번 부서(DEPTNO)에서 근무하는 사원 중에 직책(JOB)이 SALESMAN인 사원의 사원 번호, 이름, 직책, 급여, 부서 번호를 출력하는 SQL 구문을 작성해 보세요.

▼ 결과 화면

	⬧ EMPNO	⬧ ENAME	⬧ JOB	⬧ SAL	⬧ DEPTNO
1	7499	ALLEN	SALESMAN	1600	30
2	7521	WARD	SALESMAN	1250	30
3	7654	MARTIN	SALESMAN	1250	30
4	7844	TURNER	SALESMAN	1500	30

Q3. EMP 테이블을 사용하여 20번, 30번 부서에 근무하는 사원 중 급여(SAL)가 2000 초과인 사원을 다음 두 방식의 SELECT문을 사용하여 사원 번호, 이름, 직책, 급여, 부서 번호를 출력하는 SQL 구문을 작성해 보세요.

- 집합 연산자를 사용하지 않은 방식
- 집합 연산자를 사용한 방식

▼ 결과 화면

	⬧ EMPNO	⬧ ENAME	⬧ JOB	⬧ SAL	⬧ DEPTNO
1	7566	JONES	MANAGER	2975	20
2	7698	BLAKE	MANAGER	2850	30
3	7788	SCOTT	ANALYST	3000	20
4	7902	FORD	ANALYST	3000	20

Q4. 이번에는 NOT BETWEEN A AND B 연산자를 쓰지 않고 급여(SAL) 열이 2000 이상 3000 이하 범위 이외의 값을 가진 데이터만 출력하도록 SQL 구문을 작성해 보세요.

▼ 결과 화면

	EMPNO	ENAME	JOB	MGR	HIREDATE	SAL	COMM	DEPTNO
1	7369	SMITH	CLERK	7902	80/12/17	800	(null)	20
2	7499	ALLEN	SALESMAN	7698	81/02/20	1600	300	30
3	7521	WARD	SALESMAN	7698	81/02/22	1250	500	30
4	7654	MARTIN	SALESMAN	7698	81/09/28	1250	1400	30
5	7839	KING	PRESIDENT	(null)	81/11/17	5000	(null)	10
6	7844	TURNER	SALESMAN	7698	81/09/08	1500	0	30
7	7876	ADAMS	CLERK	7788	87/05/23	1100	(null)	20
8	7900	JAMES	CLERK	7698	81/12/03	950	(null)	30
9	7934	MILLER	CLERK	7782	82/01/23	1300	(null)	10

Q5. 사원 이름에 E가 포함된 30번 부서의 사원 중 급여가 1000~2000 사이가 아닌 사원 이름, 사원 번호, 급여, 부서 번호를 출력하는 SQL 구문을 작성해 보세요.

▼ 결과 화면

	ENAME	EMPNO	SAL	DEPTNO
1	BLAKE	7698	2850	30
2	JAMES	7900	950	30

Q6. 추가 수당이 없고 상급자가 있고 직책이 MANAGER, CLERK인 사원 중에서 사원 이름의 두 번째 글자가 L이 아닌 사원의 정보를 출력하는 SQL 구문을 작성해 보세요.

▼ 결과 화면

	EMPNO	ENAME	JOB	MGR	HIREDATE	SAL	COMM	DEPTNO
1	7369	SMITH	CLERK	7902	80/12/17	800	(null)	20
2	7566	JONES	MANAGER	7839	81/04/02	2975	(null)	20
3	7876	ADAMS	CLERK	7788	87/05/23	1100	(null)	20
4	7900	JAMES	CLERK	7698	81/12/03	950	(null)	30
5	7934	MILLER	CLERK	7782	82/01/23	1300	(null)	10

정답 이지스퍼블리싱 홈페이지에서 확인하세요.

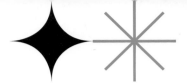

06장

데이터 처리와 가공을 위한 오라클 함수

오라클에서는 연산자만으로 다루기 어려운 복잡한 데이터를 처리하고 다양한 결과를 얻고 자 많은 함수를 제공합니다. 이들 함수는 05장에서 살펴본 연산자와 마찬가지로 WHERE 절에서 조회할 행을 선별하는 데 사용할 수 있습니다. 또 SELECT절에서 데이터를 원하는 형태로 가공하거나 의미 있는 값을 출력할 때에도 자주 사용합니다. 06장과 07장에서는 수 많은 오라클 함수 중 실무에서 자주 사용하는 함수를 살펴봅니다.

이 장에서 꼭 익혀야 할 것

☑ 함수 의미 알아보기
☐ 문자열 함수(LENGTH, SUBSTR, INSTR, REPLACE, TRIM) 사용법
☐ 숫자 함수(ROUND) 사용법

☐ 날짜 함수(SYSDATE)와 날짜 연산
☐ 문자열과 날짜 자료형 간 변환 함수 사용법
☐ NULL 관련 함수(NVL, NVL2) 사용법
☐ DECODE, CASE 사용법

오라클 함수

함수란?

함수(function)는 수학에서 정의한 개념으로, x와 y 변수가 있을 때 x값이 변하면 그 변화에 따라 어떤 연산 또는 가공을 거쳐 y값도 함께 변할 때 이 y를 x의 함수라고 합니다. x값의 변화에 따라 y값이 종속적으로 변하므로 '따름수'라고도 합니다.

✸ 수학에서 유래한 변수라는 용어는 '변하는 수'를 의미합니다. 프로그래밍 언어 같은 여러 IT 관련 기술에서도 수학의 변수와 비슷한 뜻으로 어떤 상황이나 명령어에 따라 변할 수 있는 데이터 저장 공간을 변수(variable)라고 합니다.

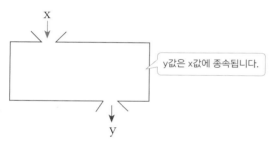

y값은 x값에 종속됩니다.

오라클을 비롯한 여러 IT 관련 기술에서도 함수를 사용합니다. 오라클에서 사용할 수 있는 함수 역시 수학 함수와 크게 다르지 않습니다. 오라클 함수에서는 특정 결과 데이터를 얻고자 어떤 값이나 데이터를 입력하는데, 그 값에 따라 가공 또는 연산 과정을 거쳐 결괏값이 나옵니다. 즉 오라클 함수는 특정한 결괏값을 얻고자 데이터를 입력하는 특수 명령어를 의미합니다.

✸ 수학 함수에서 x와 비슷하게 동작하는 함수 입력값 또는 데이터를 보통 매개변수, 입력 파라미터(input parameter), 인자(arguments) 등으로 부릅니다. 사실 각 단어를 명확히 구별하면 의미하는 바가 조금씩 다르지만 대개 함수를 실행할 때 사용하는 입력값이라는 뜻으로 사용한다는 정도로 이해하세요.

오라클 함수의 종류

오라클 함수는 함수를 제작한 주체를 기준으로 오라클에서 기본으로 제공하는 내장 함수(built-in function)와 사용자가 필요해서 직접 정의한 사용자 정의 함수(user-defined function)로 나뉩니다.

내장 함수를 뜨거운 물만 부어 바로 먹을 수 있는 컵라면에 비유한다면 사용자 정의 함수는 간단한 레시피를 활용하여 직접 만들어 먹는 스파게티라고 할 수 있습니다. 내장 함수는 이미 모두 만들어진 상태이므로 원하는 기능을 간편하게 바로 사용할 수 있습니다. 하지만 사용자 정의 함수는 구성 요소를 선별하고 제작할 시간이 필요하므로 바로 사용할 수는 없지만 내 입맛에 맞는 적절한 기능을 직접 구현해서 사용할 수 있습니다.

내장 함수와 사용자 정의 함수

내장 함수의 종류

내장 함수는 입력 방식에 따라 데이터 처리에 사용하는 행이 나뉩니다. 데이터를 한 행씩 입력하고 입력한 행마다 하나씩 결과가 나오는 함수를 단일행 함수(single-row function)라고 합니다. 이와 달리 여러 행을 입력하여 하나의 행을 결과로 반환하는 함수를 다중행 함수(multiple-row function)라고 합니다. 단일행 함수와 다중행 함수는 다루는 자료형에 따라 조금 더 세분화됩니다.

단일행 함수

열 1	열 2	...	열 N
행 1			
행 2			
...			
행 N			

열 1	열 2	...	열 N
행 1			
행 2			
...			
행 N			

다중행 함수

열 1	열 2	...	열 N
행 1			
행 2			
...			
행 N			

열 1	열 2	...	열 N
행 1			

06장에서는 실무에서 자주 사용하는 단일행 함수부터 먼저 살펴봅니다.

문자열 데이터를 가공하는 문자 함수

문자 함수는 문자열 데이터를 가공하거나 문자열 데이터로 특정 결과를 얻고자 할 때 사용합니다. 실무에서 자주 사용하는 데이터는 문자, 숫자, 날짜입니다. 여기에서는 이 데이터 중에서 문자 함수 사용법을 배웁니다.

대소 문자를 바꿔 주는 UPPER, LOWER, INITCAP 함수

함수	설명
UPPER(문자열)	괄호 안 문자열 데이터를 모두 대문자로 변환하여 반환합니다.
LOWER(문자열)	괄호 안 문자열 데이터를 모두 소문자로 변환하여 반환합니다.
INITCAP(문자열)	괄호 안 문자열 데이터 중 첫 글자는 대문자로, 나머지 문자는 소문자로 변환하여 반환합니다.

다음 실습으로 각 함수의 결과 화면을 살펴봅시다.

📋 실습 6-1 | UPPER, LOWER, INITCAP 함수 사용하기

```
01: SELECT ENAME, UPPER(ENAME), LOWER(ENAME), INITCAP(ENAME)
02:   FROM EMP;
```

▼ 결과 화면

	ENAME	UPPER(ENAME)	LOWER(ENAME)	INITCAP(ENAME)
1	SMITH	SMITH	smith	Smith
2	ALLEN	ALLEN	allen	Allen
3	WARD	WARD	ward	Ward
4	JONES	JONES	jones	Jones
5	MARTIN	MARTIN	martin	Martin
6	BLAKE	BLAKE	blake	Blake
7	CLARK	CLARK	clark	Clark
8	SCOTT	SCOTT	scott	Scott
9	KING	KING	king	King
10	TURNER	TURNER	turner	Turner
11	ADAMS	ADAMS	adams	Adams
12	JAMES	JAMES	james	James
13	FORD	FORD	ford	Ford
14	MILLER	MILLER	miller	Miller

UPPER, LOWER, INITCAP 함수를 사용하려면 입력 데이터에 열 이름이나 데이터를 직접 지정해야 합니다. 대소 문자를 바꿔 주는 함수는 기능이 비교적 간단하므로 '이걸 도대체 어디에 쓴다는 거지?'라고 의아해하는 독자도 있을 겁니다.

✹ 05장에서 WHERE절을 다룰 때 SQL 구문은 대소 문자 상관없이 사용할 수 있지만 문자열 데이터는 대소 문자를 구별하므로 조건식에 문자열 데이터를 사용할 때 주의해야 한다는 점 꼭 기억하세요.

예를 들어 게시판의 글 제목이나 글 본문과 같이 가변 길이 문자열 데이터에서 특정 문자열을 포함하는 데이터를 조회할 때를 생각해 봅시다. 즉 제목이나 본문에 'Oracle' 문자열이 포함된 데이터를 검색하는 기능을 구현할 때 다음과 같이 LIKE 연산자를 와일드카드와 함께 사용할 수 있습니다.

> **기본 형식**
> ```
> SELECT *
>   FROM 게시판 테이블
>  WHERE 게시판 제목 열 LIKE '%Oracle%'
>     OR 게시판 본문 열 LIKE '%Oracle%'
> ```

LIKE 연산자를 사용하여 문자열 데이터 패턴을 %Oracle%로 지정했으므로 'Oracle' 문자열이 포함된 데이터를 모두 출력합니다. 하지만 이 조건식에서 사용하는 문자열 데이터 패턴은 ORACLE, oracle, OrAcLe처럼 대소 문자가 다른 여러 가지 경우의 'Oracle' 단어를 찾지는 못합니다.

이때 조건식 양쪽 항목의 문자열 데이터를 모두 대문자나 소문자로 바꿔서 비교한다면 실제 검색어의 대소 문자 여부와 상관없이 검색 단어와 일치한 문자열을 포함한 데이터를 찾을 수 있습니다. 예를 들어 EMP 테이블에서 사원 이름이 대소 문자 상관없이 scott인 사람을 찾으려면 다음처럼 문자 함수를 사용합니다.

📺 **실습 6-2 | UPPER 함수로 문자열 비교하기(사원 이름이 SCOTT인 데이터 찾기)**

```
01: SELECT *
02:   FROM EMP
03:  WHERE UPPER(ENAME) = UPPER('scott');
```

▼ 결과 화면

	EMPNO	ENAME	JOB	MGR	HIREDATE	SAL	COMM	DEPTNO
1	7788	SCOTT	ANALYST	7566	87/04/19	3000	(null)	20

📁 실습 6-3 | UPPER 함수로 문자열 비교하기(사원 이름에 SCOTT 단어를 포함한 데이터 찾기)

```
01: SELECT *
02:   FROM EMP
03:  WHERE UPPER(ENAME) LIKE UPPER('%scott%');
```

▼ 결과 화면

	EMPNO	ENAME	JOB	MGR	HIREDATE	SAL	COMM	DEPTNO
1	7788	SCOTT	ANALYST	7566	87/04/19	3000	(null)	20

실습 6-2와 실습 6-3의 실행 결과는 같습니다.

찾으려는 문자열 데이터는 scott으로 명시했지만 양쪽 항목을 모두 UPPER 함수로 대문자로
변환한 후 비교하므로 대소 문자 상관없이 SCOTT 데이터가 출력되는 것을 결과 화면에서
확인할 수 있습니다.

❊ 실무에서는 일반적으로 대소 문자가 다른 문자열 데이터를 검색할 때 INITCAP 함수보다 UPPER나 LOWER 함수를 많이 씁니다.

✏️ 1분 복습 | 사원 이름이 대문자로 출력되도록 코드를 채워 보세요.

```
SELECT ▢▢▢▢▢▢
   FROM EMP;
```

정답: UPPER(ENAME)

문자열 길이를 구하는 LENGTH 함수

특정 문자열의 길이를 구할 때는 LENGTH
함수를 사용합니다.

📁 실습 6-4 | 선택한 열의 문자열 길이 구하기

```
01: SELECT ENAME, LENGTH(ENAME)
02:   FROM EMP;
```

LENGTH 함수 사용하기

오른쪽 결과 화면의 두 번째 열이 LENGTH 함수
를 사용한 열입니다. 내용을 살펴보면 입력
데이터로 사원 이름 열을 사용하여 행별 사원
이름이 몇 글자인지 출력합니다.

▼ 결과 화면

	ENAME	LENGTH(ENAME)
1	SMITH	5
2	ALLEN	5
3	WARD	4
4	JONES	5
5	MARTIN	6
6	BLAKE	5
7	CLARK	5
8	SCOTT	5
9	KING	4
10	TURNER	6
11	ADAMS	5
12	JAMES	5
13	FORD	4
14	MILLER	6

WHERE절에서 LENGTH 함수 사용하기

LENGTH 함수를 WHERE절에 사용하면 문자열 길이를 비교하여 행을 선별할 수도 있습니다.

□ 실습 6-5 | 사원 이름의 길이가 5 이상인 행 출력하기

```
01: SELECT ENAME, LENGTH(ENAME)
02:   FROM EMP
03:  WHERE LENGTH(ENAME) >= 5;
```

▼ 결과 화면

	⊕ ENAME	⊕ LENGTH(ENAME)
1	SMITH	5
2	ALLEN	5
3	JONES	5
4	MARTIN	6
5	BLAKE	5
6	CLARK	5
7	SCOTT	5
8	TURNER	6
9	ADAMS	5
10	JAMES	5
11	MILLER	6

> LENGTH 함수의 결과는 숫자와도 비교할 수 있습니다.

LENGTH 함수와 LENGTHB 함수 비교하기

사용 방식은 LENGTH 함수와 같지만 문자열 데이터 길이가 아닌 바이트 수를 반환하는 LENGTHB 함수도 있습니다. 다음 예제를 직접 실행해 보고 LENGTH 함수와 LENGTHB 함수의 차이를 확인해 보세요.

□ 실습 6-6 | LENGTH 함수와 LENGTHB 함수 비교하기

```
01: SELECT LENGTH('한글'), LENGTHB('한글')
02:   FROM DUAL;
```

▼ 결과 화면

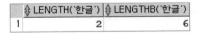

	⊕ LENGTH('한글')	⊕ LENGTHB('한글')
1	2	6

LENGTH 함수는 문자열 길이를 반환하므로 LENGTH('한글')은 2, LENGTHB 함수는 문자열의 바이트 수를 반환하므로 LENGTHB('한글')은 6을 출력합니다.

❀ 오라클은 버전이나 설정한 문자 집합에 따라 한글을 2바이트나 3바이트로 처리합니다. 오라클 최신 버전에서는 한글 처리에 UTF-8 문자 집합을 사용하며 이 문자 집합은 한글을 3바이트로 처리합니다. 그 외 과거 문자 집합에서는 2바이트로 처리하므로 실습 결과가 다르다면 오라클의 버전과 사용하는 문자 집합을 확인하세요.

✏️ 1분 복습 | 직책 이름이 6자 이상인 데이터만 출력하도록 코드를 채워 보세요.

```
SELECT *
  FROM EMP
WHERE                          ;
```

정답: LENGTH(JOB) >= 6

📝 알아 두면 좋아요! **DUAL 테이블은 어떤 테이블인가요?**

실습 6-6에서 EMP 테이블이 아닌 DUAL 테이블을 처음 사용했습니다. DUAL 테이블은 오라클의 최고 권한 관리자 계정인 SYS 소유의 테이블로, SCOTT 계정도 사용할 수 있는 더미(dummy) 테이블입니다. 데이터 저장 공간이 아닌 실습 6-6처럼 임시 연산이나 함수의 결괏값 확인 용도로 종종 사용합니다. 앞으로도 특정 연산 또는 함수의 단일 결과만 확인할 때 사용합니다.

문자열 일부를 추출하는 SUBSTR 함수

주민등록번호 중 생년월일 앞자리나 전화번호의 마지막 네 자리 숫자만 추출할 때처럼 문자열 일부를 추출할 때 SUBSTR 함수를 사용합니다. 다음은 SUBSTR 함수 사용 방법을 정리한 표입니다.

함수	설명
SUBSTR(문자열 데이터, 시작 위치, 추출 길이)	문자열 데이터의 시작 위치부터 추출 길이만큼 추출합니다. 시작 위치가 음수라면 마지막 위치부터 거슬러 올라간 위치에서 시작합니다.
SUBSTR(문자열 데이터, 시작 위치)	문자열 데이터의 시작 위치부터 문자열 데이터 끝까지 추출합니다. 시작 위치가 음수라면 마지막 위치부터 거슬러 올라간 위치에서 끝까지 추출합니다.

SUBSTR 함수 사용하기

🖥 실습 6-7 | SUBSTR 함수를 사용하는 예

```
01: SELECT JOB, SUBSTR(JOB, 1, 2), SUBSTR(JOB, 3, 2), SUBSTR(JOB, 5)
02:   FROM EMP;
```

▼ 결과 화면

	JOB	SUBSTR(JOB,1,2)	SUBSTR(JOB,3,2)	SUBSTR(JOB,5)
1	CLERK	CL	ER	K
2	SALESMAN	SA	LE	SMAN
3	SALESMAN	SA	LE	SMAN
4	MANAGER	MA	NA	GER
5	SALESMAN	SA	LE	SMAN
6	MANAGER	MA	NA	GER
7	MANAGER	MA	NA	GER
8	ANALYST	AN	AL	YST
9	PRESIDENT	PR	ES	IDENT
10	SALESMAN	SA	LE	SMAN
11	CLERK	CL	ER	K
12	CLERK	CL	ER	K
13	ANALYST	AN	AL	YST
14	CLERK	CL	ER	K

JOB이 SALESMAN일 때를 예로 들어 SUBSTR 함수의 내용을 자세히 살펴봅시다.

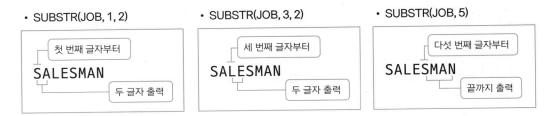

이처럼 SUBSTR 함수의 입력 데이터가 (JOB, 1, 2)라면 JOB 열 데이터의 첫 글자부터 두 자리, (JOB, 3, 2)라면 세 번째 글자부터 두 자리, 마지막 (JOB, 5)라면 다섯 번째 글자부터 끝까지 출력합니다.

🖊 1분 복습 | SUBSTR 함수를 사용하여 EMP 테이블의 모든 사원 이름을 세 번째 글자부터 끝까지 출력되도록 코드를 채워 보세요.

```
SELECT _____
    FROM EMP;
```

정답: SUBSTR(ENAME, 3)

SUBSTR 함수와 다른 함수 함께 사용하기

다른 함수의 결괏값을 SUBSTR 함수의 입력값으로 사용할 수도 있습니다. SUBSTR 함수 안에 다음과 같이 LENGTH 함수를 사용하기도 합니다. 실습 6-8에서 음수로 시작 위칫값을 사용한 것에 주의하며 결과를 확인해 봅시다.

📋 실습 6-8 | SUBSTR 함수 안에 다른 함수(LENGTH) 함께 사용하기

```
01: SELECT JOB,
02:        SUBSTR(JOB, -LENGTH(JOB)),
03:        SUBSTR(JOB, -LENGTH(JOB), 2),
04:        SUBSTR(JOB, -3)
05: FROM EMP;
```

▼ 결과 화면

	JOB	SUBSTR(JOB,-LENGTH(JOB))	SUBSTR(JOB,-LENGTH(JOB),2)	SUBSTR(JOB,-3)
1	CLERK	CLERK	CL	ERK
2	SALESMAN	SALESMAN	SA	MAN
3	SALESMAN	SALESMAN	SA	MAN
4	MANAGER	MANAGER	MA	GER
5	SALESMAN	SALESMAN	SA	MAN
6	MANAGER	MANAGER	MA	GER
7	MANAGER	MANAGER	MA	GER
8	ANALYST	ANALYST	AN	YST
9	PRESIDENT	PRESIDENT	PR	ENT
10	SALESMAN	SALESMAN	SA	MAN
11	CLERK	CLERK	CL	ERK
12	CLERK	CLERK	CL	ERK
13	ANALYST	ANALYST	AN	YST
14	CLERK	CLERK	CL	ERK

실습 6-8의 결과를 다음 그림을 보면서 더 자세히 살펴봅시다.

- SUBSTR(JOB, -LENGTH(JOB))

-5 -4 -3 -2 -1

CLERK

└─ -5자리(CLERK의 -LENGTH(JOB))부터 끝까지 출력

- SUBSTR(JOB, -LENGTH(JOB), 2)

-5 -4 -3 -2 -1

CLERK

└─ -5자리(CLERK의 -LENGTH(JOB))부터 두 글자 출력

- SUBSTR(JOB, -3)

-5 -4 -3 -2 -1

CLERK

└─ -3자리부터 끝까지 출력

✿ 자주 사용하지는 않지만 부분 문자열을 추출할 때 시작 위치나 길이를 바이트 수로 지정할 수 있는 SUBSTRB 함수도 있습니다.

문자열 데이터 안에서 특정 문자 위치를 찾는 INSTR 함수

문자열 데이터 안에 특정 문자나 문자열이 어디에 포함되는지를 알고자 할 때 INSTR 함수를 사용합니다. INSTR 함수는 총 4개의 입력값을 지정할 수 있으며 최소 2개의 입력값, 즉 원본 문자열 데이터와 원본 문자열 데이터에서 찾으려는 문자 2가지는 반드시 지정해야 합니다.

> **기본 형식** INSTR([대상 문자열 데이터(필수)],
> [위치를 찾으려는 부분 문자(필수)],
> [위치 찾기를 시작할 대상 문자열 데이터 위치(선택, 기본값은 1)],
> [시작 위치에서 찾으려는 문자가 몇 번째인지 지정(선택, 기본값은 1)])

특정 문자 위치 찾기

> 📖 **실습 6-9** | INSTR 함수로 문자열 데이터에서 특정 문자열 찾기

```
01: SELECT INSTR('HELLO, ORACLE!', 'L') AS INSTR_1,
02:        INSTR('HELLO, ORACLE!', 'L', 5) AS INSTR_2,
03:        INSTR('HELLO, ORACLE!', 'L', 2, 2) AS INSTR_3
04:   FROM DUAL;
```

▼ 결과 화면

	⊕ INSTR_1	⊕ INSTR_2	⊕ INSTR_3
1	3	12	4

실습 6-9의 내용을 그림으로 표현하면 다음과 같습니다.

- **INSTR('HELLO, ORACLE!', 'L')**: 시작 위치와 몇 번째 L인지 정해지지 않음

1	2	3	4	5	6	7	8	9	10	11	12	13	14
H	E	L	L	O	,		O	R	A	C	L	E	!

처음부터 검색

- **INSTR('HELLO, ORACLE!', 'L', 5)**: 다섯 번째 글자 O부터 L을 찾음

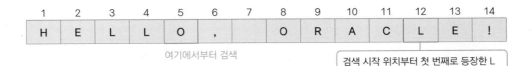

1	2	3	4	5	6	7	8	9	10	11	12	13	14
H	E	L	L	O	,		O	R	A	C	L	E	!

여기에서부터 검색

> 검색 시작 위치부터 첫 번째로 등장한 L

- INSTR('HELLO, ORACLE!', 'L', 2, 2): 두 번째 글자 E부터 시작해서 두 번째 L을 찾음

INSTR_1은 필수 입력 데이터 2개만 입력했습니다. 'HELLO, ORACLE!' 문자열 데이터에서 L 위치를 찾으라는 뜻입니다. 시작 위치와 몇 번째 L을 찾을지 지정하지 않았으므로 문자열 데이터의 처음부터 왼쪽에서 오른쪽으로 L을 찾습니다. L이 세 번째 문자에서 가장 먼저 발견되므로 실행 결과로 3을 출력합니다.

INSTR_2는 세 번째 항목에 5를 지정했으므로 'HELLO, ORACLE!' 문자열에서 다섯 번째 글자인 O 위치부터 L을 찾습니다. 따라서 맨 마지막 L 위치인 12가 출력되는 것이죠.

마지막 INSTR_3은 두 번째 글자 E부터 L을 찾되 두 번째로 찾은 L 위치를 반환하라고 지정했으므로 4를 출력합니다.

❋ INSTR 함수에서 찾으려는 대상 문자열은 'HELLO, ORACLE!' 과 같이 문자열 데이터를 직접 작성할 수도 있고 문자열 데이터가 저장된 열을 지정할 수도 있습니다.

INSTR 함수의 세 번째 입력 데이터, 즉 시작하는 위칫값에 음수를 쓰면 원본 문자열 데이터의 오른쪽 끝부터 왼쪽으로 검색합니다.

찾으려는 문자가 문자열 데이터에 없다면 위칫값이 없으므로 0을 반환합니다. 따라서 INSTR 함수를 LIKE와 비슷한 용도로 사용할 수도 있습니다. 예를 들어 사원 이름에 S가 포함된 사원을 출력하고 싶다면 LIKE 연산자나 INSTR 함수를 WHERE절에 다음처럼 적용하기도 합니다.

특정 문자를 포함한 행 찾기

☐ 실습 6-10 | INSTR 함수로 사원 이름에 문자 S가 있는 행 구하기

```
01: SELECT *
02:   FROM EMP
03:   WHERE INSTR(ENAME, 'S') > 0;
```

☐ 실습 6-11 | LIKE 연산자로 사원 이름에 문자 S가 있는 행 구하기

```
01: SELECT *
02:   FROM EMP
03:   WHERE ENAME LIKE '%S%';
```

	EMPNO	ENAME	JOB	MGR	HIREDATE	SAL	COMM	DEPTNO
1	7369	SMITH	CLERK	7902	80/12/17	800	(null)	20
2	7566	JONES	MANAGER	7839	81/04/02	2975	(null)	20
3	7788	SCOTT	ANALYST	7566	87/04/19	3000	(null)	20
4	7876	ADAMS	CLERK	7788	87/05/23	1100	(null)	20
5	7900	JAMES	CLERK	7698	81/12/03	950	(null)	30

실습 6-10의 WHERE절에 있는 INSTR 함수의 결괏값이 0보다 크면 사원 이름에 S가 있다는 뜻입니다. 그리고 실습 6-11의 LIKE 연산자를 사용하여 사원 이름 열의 패턴이 %S%인 문자열을 찾는 것과 결과는 같습니다. 이처럼 INSTR 함수를 LIKE 연산자처럼 사용하는 방식은 흔한 표현은 아니지만 이런 형태로 응용할 수 있다는 점도 알아 두세요.

특정 문자를 다른 문자로 바꾸는 REPLACE 함수

REPLACE 함수는 특정 문자열 데이터에 포함된 문자를 다른 문자로 대체할 때 유용합니다.

> **기본 형식** REPLACE([문자열 데이터 또는 열 이름(필수)], [찾는 문자(필수)], [대체할 문자(선택)])

대체할 문자를 입력하지 않으면 찾는 문자로 지정한 문자는 문자열 데이터에서 삭제합니다.

> 📖 **실습 6-12 | REPLACE 함수로 문자열 안에 있는 특정 문자 바꾸기**

```
01: SELECT '010-1234-5678' AS REPLACE_BEFORE,
02:        REPLACE('010-1234-5678', '-', ' ') AS REPLACE_1,
03:        REPLACE('010-1234-5678', '-') AS REPLACE_2
04:   FROM DUAL;
```

▼ 결과 화면

	REPLACE_BEFORE	REPLACE_1	REPLACE_2
1	010-1234-5678	010 1234 5678	01012345678

별칭 REPLACE_1은 - 문자를 한 칸 공백으로 바꾸어 출력하고 별칭 REPLACE_2는 대체할 문자를 지정하지 않아 010-1234-5678에서 - 문자를 삭제한 상태로 출력합니다. REPLACE 함수는 카드 번호나 주민 번호, 계좌 번호, 휴대전화 번호 또는 2017-12-25나 13:59:23과 같이 날짜나 시간을 나타내는 데이터처럼 특정 문자가 중간중간 낀 데이터에서 해당 문자를 없애거나 다른 문자로 바꾸어 출력할 때 종종 사용하므로 기억해 두세요.

데이터의 공간을 특정 문자로 채우는 LPAD, RPAD 함수

LPAD와 RPAD는 각각 Left Padding(왼쪽 패딩), Right Padding(오른쪽 패딩)을 뜻합니다. 데이터와 자릿수를 지정한 후 데이터 길이가 지정한 자릿수보다 작을 경우에 나머지 공간을 특정 문자로 채우는 함수입니다. LPAD는 남은 공간을 왼쪽에 채우고 RPAD는 오른쪽에 채웁니다. 공간에 채울 문자를 지정하지 않으면 LPAD와 RPAD 함수는 공간의 자릿수만큼 공백 문자로 띄웁니다.

> **기본 형식** LPAD([문자열 데이터 또는 열 이름(필수)], [데이터의 자릿수(필수)], [공간에 채울 문자(선택)])
> RPAD([문자열 데이터 또는 열 이름(필수)], [데이터의 자릿수(필수)], [공간에 채울 문자(선택)])

✱ 공백 문자란 키보드의 Spacebar 를 눌렀을 때 아무 문자도 없는 상태로 띄어 있는 것을 말합니다.

그러면 다음 SELECT문으로 LPAD와 RPAD 함수 사용법을 확인해 봅시다.

🖥 실습 6-13 | LPAD, RPAD 함수 사용하여 출력하기

```
01: SELECT 'Oracle',
02:        LPAD('Oracle', 10, '#') AS LPAD_1,
03:        RPAD('Oracle', 10, '*') AS RPAD_1,
04:        LPAD('Oracle', 10) AS LPAD_2,
05:        RPAD('Oracle', 10) AS RPAD_2
06:   FROM DUAL;
```

▼ 결과 화면

⬦ 'ORACLE'	⬦ LPAD_1	⬦ RPAD_1	⬦ LPAD_2	⬦ RPAD_2
1 Oracle	####Oracle	Oracle****	Oracle	Oracle

실습 6-13의 결과를 다음 표와 설명을 보면서 알아봅니다.

	1	2	3	4	5	6	7	8	9	10
LPAD('Oracle', 10, '#')	#	#	#	#	O	r	a	c	l	e
RPAD('Oracle', 10, '*')	O	r	a	c	l	e	*	*	*	*
LPAD('Oracle', 10)					O	r	a	c	l	e
RPAD('Oracle', 10)	O	r	a	c	l	e				

모두 10칸을 확보하여 채움

위부터 차례로 살펴보면 데이터의 자릿수에 10을 지정하여 10자리가 되므로 'Oracle'이란 여섯 글자를 제외한 남은 자리는 함수에 따라 왼쪽과 오른쪽에 각각 지정한 #, * 문자로 채웁니다. LPAD_2와 RPAD_2는 3번째 입력값이 없으므로 공백 문자열로 자릿수를 맞춘 것도 확인해 보세요.

이처럼 문자열 데이터를 특정 문자로 채우는 패딩 처리는 데이터 일부만 노출해야 하는 개인 정보를 출력할 때 다음과 같이 사용하기도 합니다.

특정 문자로 자릿수 채워서 출력하기

□ 실습 6-14 | RPAD 함수로 개인 정보 뒷자리 * 표시하여 출력하기

```
01: SELECT
02:        RPAD('971225-', 14, '*') AS RPAD_JMNO,
03:        RPAD('010-1234-', 13, '*') AS RPAD_PHONE
04:   FROM DUAL;
```

▼ 결과 화면

⊕ RPAD_JMNO	⊕ RPAD_PHONE
1 971225-******	010-1234-****

두 문자열 데이터를 합치는 CONCAT 함수

CONCAT 함수는 2개의 문자열 데이터를 하나로 연결합니다. 2개의 입력에는 열이나 문자열 데이터 모두 지정할 수 있습니다. 다음 SELECT문으로 사용법만 간단히 확인하세요.

□ 실습 6-15 | 두 열 사이에 콜론(:) 넣어 연결하기

```
01: SELECT CONCAT(EMPNO, ENAME),
02:        CONCAT(EMPNO, CONCAT(' : ', ENAME))
03:   FROM EMP
04:  WHERE ENAME = 'SCOTT';
```

▼ 결과 화면

⊕ CONCAT(EMPNO,ENAME)	⊕ CONCAT(EMPNO,CONCAT(':',ENAME))
1 7788SCOTT	7788 : SCOTT

실습 6-15와 같이 CONCAT을 사용한 결괏값은 다른 CONCAT 함수의 입력값으로 사용할 수도 있습니다.

특정 문자를 지우는 TRIM, LTRIM, RTRIM 함수

TRIM, LTRIM, RTRIM 함수는 문자열 데이터 내에서 특정 문자를 지울 때 사용합니다. 원본 문자열 데이터를 제외한 나머지 데이터는 모두 생략할 수 있습니다. 삭제할 문자를 생략하면 기본적으로 공백을 제거합니다. 그리고 삭제 옵션에는 왼쪽 글자를 지우는 LEADING, 오른쪽 글자를 지우는 TRAILING, 양쪽 글자를 모두 지우는 BOTH를 사용합니다.

TRIM 함수의 기본 사용법

> **기본 형식** TRIM([삭제 옵션(선택)] [삭제할 문자(선택)] FROM [원본 문자열 데이터(필수)])

TRIM 함수의 삭제할 문자는 필수가 아니므로 지정하지 않아도 됩니다. 앞서 말한 대로 삭제할 문자가 없으면 공백을 지웁니다.

TRIM 함수 사용하기(삭제할 문자가 없을 때)

📄 **실습 6-16 │ TRIM 함수로 공백 제거하여 출력하기**

```
01: SELECT '[' ‖ TRIM(' _ _Oracle_ _ ') ‖ ']' AS TRIM,
02:        '[' ‖ TRIM(LEADING FROM ' _ _Oracle_ _ ') ‖ ']' AS TRIM_LEADING,
03:        '[' ‖ TRIM(TRAILING FROM ' _ _Oracle_ _ ') ‖ ']' AS TRIM_TRAILING,
04:        '[' ‖ TRIM(BOTH FROM ' _ _Oracle_ _ ') ‖ ']' AS TRIM_BOTH
05:   FROM DUAL;
```

▼ 결과 화면

⬦ TRIM	⬦ TRIM_LEADING	⬦ TRIM_TRAILING	⬦ TRIM_BOTH
1 [_ _Oracle_ _]	[_ _Oracle_ _]	[_ _Oracle_ _]	[_ _Oracle_ _]

❇ 공백 문자를 지웠는지를 확인하고자 ‖ 연산자와 대괄호 [ ]로 문자열을 감쌌으므로 SQL 구문 코드가 다소 복잡합니다. 정확한 데이터 변화를 보기 위해서이므로 주의를 기울여 꼼꼼히 작성해 주세요.

다음은 삭제할 문자를 직접 지정한 예입니다. 삭제 옵션에 따라 각각 다른 위치의 _ 문자가 삭제됩니다.

TRIM 함수 사용하기(삭제할 문자가 있을 때)

📃 실습 6-17 | TRIM 함수로 _ 삭제 후 출력하기

```
01: SELECT '[' || TRIM('_' FROM '_ _Oracle_ _') || ']' AS TRIM,
02:        '[' || TRIM(LEADING '_' FROM '_ _Oracle_ _') || ']' AS TRIM_LEADING,
03:        '[' || TRIM(TRAILING '_' FROM '_ _Oracle_ _') || ']' AS TRIM_TRAILING,
04:        '[' || TRIM(BOTH '_' FROM '_ _Oracle_ _') || ']' AS TRIM_BOTH
05:   FROM DUAL;
```

▼ 결과 화면

	⬍ TRIM	⬍ TRIM_LEADING	⬍ TRIM_TRAILING	⬍ TRIM_BOTH
1	[_Oracle_]	[_Oracle_ _]	[_ _Oracle_]	[_Oracle_]

LTRIM, RTRIM 함수의 기본 사용법

LTRIM, RTRIM 함수는 각각 왼쪽, 오른쪽의 지정 문자를 삭제하는 데 사용합니다. TRIM과 마찬가지로 삭제할 문자를 지정하지 않으면 공백 문자를 삭제합니다. TRIM 함수와 다른 점은 삭제할 문자를 여러 개 지정할 수 있다는 것입니다.

기본 형식   LTRIM([원본 문자열 데이터(필수)], [삭제할 문자 집합(선택)]) ─❶
         RTRIM([원본 문자열 데이터(필수)], [삭제할 문자 집합(선택)]) ─❷

번호	설명
❶	원본 문자열의 왼쪽에서 삭제할 문자열을 지정합니다(삭제할 문자열을 지정하지 않으면 공백을 삭제함).
❷	원본 문자열의 오른쪽에서 삭제할 문자열을 지정합니다(삭제할 문자열을 지정하지 않으면 공백을 삭제함).

다음 SELECT문을 실행하여 삭제할 문자를 지정하지 않았을 때와 지정했을 때의 결과를 비교하세요.

```
01: SELECT '[' || TRIM(' _Oracle_ ') || ']' AS TRIM,
02:        '[' || LTRIM(' _Oracle_ ') || ']' AS LTRIM,
03:        '[' || LTRIM('<_Oracle_>', '_<') || ']' AS LTRIM_2,
04:        '[' || RTRIM(' _Oracle_ ') || ']' AS RTRIM,
05:        '[' || RTRIM('<_Oracle_>', '>_') || ']' AS RTRIM_2
06:   FROM DUAL;
```

▼ 결과 화면

◊ TRIM	◊ LTRIM	◊ LTRIM_2	◊ RTRIM	◊ RTRIM_2
1 [_Oracle_]	[_Oracle_]	[Oracle_>]	[_Oracle_]	[<_Oracle]

삭제할 문자를 지정하지 않으면 각 함수(TRIM, LTRIM, RTRIM)에 따라 양쪽, 왼쪽, 오른쪽 공백을 제거합니다. LTRIM, RTRIM을 사용한 예시에서 삭제 대상이 문자라면 해당 문자의 순서와 반복을 통해 만들어 낼 수 있는 모든 조합이 각각 왼쪽, 오른쪽부터 삭제됩니다.

LTRIM_2는 〈_ 문자열을 _과 〈 문자 조합으로 표현할 수 있으므로 삭제합니다. 하지만 그다음에 이어지는 Oracle의 O에서(RTRIM_2는 e) _〈로 조합할 수 없는 문자가 시작되므로 이 단계에서 LTRIM 삭제 작업은 끝납니다. 즉 _과 〈를 삭제할 문자로 지정한 원본 문자열이 〈_〈 Oracle이라면 Oracle만 남습니다. 하지만 〈_O〈_racle 문자열은 LTRIM의 결과로 O〈_racle이 남습니다.

🔅 **실무 꿀팁!** LTRIM, RTRIM, TRIM 옵션까지 모두 다 외워야 하나요?

문자를 삭제할 때 사용하는 TRIM, LTRIM, RTRIM 함수는 사용하는 옵션이 많아 까다로워 보일 수 있습니다. 옵션을 모두 외우기가 어렵다면 우선 LTRIM, RTRIM 함수가 있다는 것과 TRIM 함수는 경우에 따라서 문자열 데이터 양쪽의 공백을 제거할 때 사용한다는 것만 기억하세요.

보통 실무에서 TRIM 함수는 검색 기준 데이터에 혹시나 있을지도 모르는 양쪽 끝 공백을 제거할 때 주로 사용합니다. 예를 들어 사용자가 로그인하려고 아이디를 입력할 때 사용자 실수로 [Spacebar]를 눌러 공백과 함께 입력하는 경우입니다.

숫자 데이터를 연산하고 수치를 조정하는 숫자 함수

이번에는 숫자 데이터를 다루는 함수를 알아봅니다. 오라클에서 제공하는 여러 숫자 함수 중 비교적 자주 사용하는 함수 위주로 살펴볼 텐데, 먼저 다음 표를 참고하세요.

함수	설명
ROUND	지정된 숫자의 특정 위치에서 반올림한 값을 반환합니다.
TRUNC	지정된 숫자의 특정 위치에서 버림 한 값을 반환합니다.
CEIL	지정된 숫자보다 큰 정수 중 가장 작은 정수를 반환합니다.
FLOOR	지정된 숫자보다 작은 정수 중 가장 큰 정수를 반환합니다.
MOD	지정된 숫자를 나눈 나머지를 반환합니다.

특정 위치에서 반올림하는 ROUND 함수

ROUND 함수는 TRUNC 함수와 함께 가장 자주 사용하는 숫자 함수의 하나입니다. 특정 숫자를 반올림하며 반올림할 위치를 지정할 수 있습니다. 지정하지 않으면 소수 첫째 자리에서 반올림한 결과를 반환합니다.

> 기본 형식 ROUND([숫자(필수)], [반올림 위치(선택)]) —①

번호	설명
①	특정 숫자를 반올림한 결과를 출력할 때 사용합니다. 반올림 위치를 지정하지 않으면 소수 첫째 자리에서 반올림합니다.

다음 ROUND 함수를 사용한 SELECT문을 실행하고 결과를 확인해 봅시다.

실습 6-19 | ROUND 함수를 사용하여 반올림한 숫자 출력하기

```
01: SELECT ROUND(1234.5678) AS ROUND,
02:        ROUND(1234.5678, 0) AS ROUND_0,
03:        ROUND(1234.5678, 1) AS ROUND_1,
04:        ROUND(1234.5678, 2) AS ROUND_2,
05:        ROUND(1234.5678, -1) AS ROUND_MINUS1,
06:        ROUND(1234.5678, -2) AS ROUND_MINUS2
07:   FROM DUAL;
```

▼ 결과 화면

	ROUND	ROUND_0	ROUND_1	ROUND_2	ROUND_MINUS1	ROUND_MINUS2
1	1235	1235	1234.6	1234.57	1230	1200

반올림 위치를 지정하지 않은 반환값은 반올림 위치를 0으로 지정한 것과 같은 결과를 출력합니다. 값이 0에서 양수로 올라가면 반올림 위치가 한 자리씩 더 낮은 소수 자리를 향하고, 0에서 음수로 내려가면 자연수 쪽으로 한 자리씩 위로 반올림합니다. 보통 소수 첫째 자리에서 반올림하는 것이 일반적이지만 반올림 기준 위치를 지정할 수도 있습니다.

1234.5678				
자연수 둘째 자리 반올림 1234.5678	자연수 첫째 자리 반올림 1234.5678	소수 첫째 자리 반올림 1234.5678	소수 둘째 자리 반올림 1234.5678	소수 셋째 자리 반올림 1234.5678
-2	-1	0	1	2
1200	1230	1235	1234.6	1234.57

특정 위치에서 버리는 TRUNC 함수

TRUNC 함수는 지정된 자리에서 숫자를 버림 처리하는 함수입니다. ROUND 함수와 마찬가지 방식으로 자리를 지정할 수 있습니다. TRUNC 함수 역시 위치를 지정하지 않으면 소수 첫째 자리에서 버림 처리합니다.

기본 형식 TRUNC([숫자(필수)], [버림 위치(선택)]) ─❶

번호	설명
❶	특정 위치에서 숫자를 버림 한 결과를 출력할 때 사용합니다. 버림 위치를 지정하지 않으면 소수 첫째 자리에서 버림 합니다.

```
01: SELECT TRUNC(1234.5678) AS TRUNC,
02:        TRUNC(1234.5678, 0) AS TRUNC_0,
03:        TRUNC(1234.5678, 1) AS TRUNC_1,
04:        TRUNC(1234.5678, 2) AS TRUNC_2,
05:        TRUNC(1234.5678, -1) AS TRUNC_MINUS1,
06:        TRUNC(1234.5678, -2) AS TRUNC_MINUS2
07:   FROM DUAL;
```

▼ 결과 화면

	⬦ TRUNC	⬦ TRUNC_0	⬦ TRUNC_1	⬦ TRUNC_2	⬦ TRUNC_MINUS1	⬦ TRUNC_MINUS2
1	1234	1234	1234.5	1234.56	1230	1200

✏️ 1분 복습 │ 다음 SQL 구문의 TRUNC_EX1, TRUNC_EX2, TRUNC_EX3을 실행한 결과는 각각 무엇일까요?

```
SELECT TRUNC(1539.125023, 4) AS TRUNC_EX1,
       TRUNC(4586.89453, 2) AS TRUNC_EX2,
       TRUNC(2560.48522, -1) AS TRUNC_EX3
  FROM DUAL;
```

정답: TRUNC_EX1: 1539.125, TRUNC_EX2: 4586.89, TRUNC_EX3: 2560

지정한 숫자와 가까운 정수를 찾는 CEIL, FLOOR 함수

CEIL 함수와 FLOOR 함수는 각각 입력한 숫자와 가까운 큰 정수, 작은 정수를 반환하는 함수입니다.

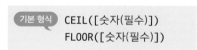
기본 형식
```
CEIL([숫자(필수)])
FLOOR([숫자(필수)])
```

다음 실습으로 입력한 숫자가 양수일 때와 음수일 때의 결과를 확인해 봅시다.

```
01: SELECT CEIL(3.14),
02:        FLOOR(3.14),
03:        CEIL(-3.14),
04:        FLOOR(-3.14)
05:   FROM DUAL;
```

▼ 결과 화면

	CEIL(3.14)	FLOOR(3.14)	CEIL(-3.14)	FLOOR(-3.14)
1	4	3	-3	-4

실습 6-21의 결과 화면에서 알 수 있듯이 CEIL 함수는 입력된 숫자와 가까운 가장 큰 정수를 반환하므로 CEIL(3.14), CEIL(-3.14)의 결괏값은 각각 4(3.14보다 큰 정수 중 가장 작은 정수), -3 (-3.14보다 큰 정수 중 가장 작은 정수)입니다.

이와 달리 FLOOR 함수는 입력된 숫자보다 작은 정수를 반환하므로 FLOOR(3.14), FLOOR(-3.14)의 결괏값은 각각 3(3.14보다 작은 정수 중 가장 큰 정수), -4(-3.14보다 작은 정수 중 가장 큰 정수)입니다.

숫자를 나눈 나머지를 구하는 MOD 함수

숫자 데이터를 다루다 보면 간혹 숫자 데이터를 특정 숫자로 나눈 나머지를 구해야 할 때가 생기는데, 오라클에서는 나머지를 구하는 함수를 제공합니다.

기본 형식   MOD([나머지를 구할 숫자(필수)], [나눌 숫자(필수)]) ❶

번호	설명
❶	특정 숫자를 나누고 그 나머지를 출력하는 함수입니다.

MOD 함수에는 다음과 같이 나머지를 구할 숫자와 나눌 숫자 2개의 입력값을 지정합니다.

📄 실습 6-22 | MOD 함수를 사용하여 나머지 출력하기

```
01: SELECT MOD(15, 6),
02:        MOD(10, 2),
03:        MOD(11, 2)
04:   FROM DUAL;
```

▼ 결과 화면

	MOD(15,6)	MOD(10,2)	MOD(11,2)
1	3	0	1

두 번째, 세 번째 열처럼 2로 나눈 결과를 이용하여 첫 번째 입력 데이터의 숫자가 짝수인지 홀수인지 구별하는 용도로도 사용할 수 있습니다.

✿ 실무에서 자주 사용하진 않지만 MOD 함수에 음수를 사용할 수도 있습니다. 하지만 일반적인 음수 나머지 연산과 오라클에서 음수 나머지 연산 동작은 조금 다르므로 다음 공식 링크를 참고하세요.

• MOD 함수
https://docs.oracle.com/en/database/oracle/oracle-database/21/sqlrf/MOD.html

✿ 종종 MOD 함수와 비교하는 REMAINDER 함수도 있습니다. 실무 환경에서는 MOD를 자주 사용하므로 이 책에서는 REMAINDER 함수를 다루지 않지만, 필요하다면 다음 공식 링크를 참고하세요.

• REMAINDER 함수
https://docs.oracle.com/en/database/oracle/oracle-database/21/sqlrf/REMAINDER.html

날짜 데이터를 다루는 날짜 함수

오라클은 날짜 데이터를 다루는 함수도 다양하게 제공합니다. 오라클에서 날짜 데이터, 즉 DATE형 데이터는 다음과 같이 간단하게 계산할 수 있습니다. 날짜 데이터끼리 더하기는 연산 불가라는 점도 눈여겨봐 주세요.

연산	설명
날짜 데이터 + 숫자	날짜 데이터보다 숫자만큼 일수 이후의 날짜를 반환합니다.
날짜 데이터 - 숫자	날짜 데이터보다 숫자만큼 일수 이전의 날짜를 반환합니다.
날짜 데이터 - 날짜 데이터	두 날짜 데이터 간의 일수 차이를 반환합니다.
날짜 데이터 + 날짜 데이터	연산 불가로, 지원하지 않습니다.

오라클에서 제공하는 날짜 함수의 대표는 SYSDATE 함수입니다. SYSDATE 함수는 별다른 입력 데이터 없이 오라클 데이터베이스 서버를 실행하는 OS(Operating System: 운영체제)의 현재 날짜와 시간을 보여 줍니다.

📁 실습 6-23 | SYSDATE 함수를 사용하여 날짜 출력하기

```
01: SELECT SYSDATE AS NOW,
02:        SYSDATE-1 AS YESTERDAY,
03:        SYSDATE+1 AS TOMORROW
04:   FROM DUAL;
```

▼ 결과 화면

⬦ NOW	⬦ YESTERDAY	⬦ TOMORROW
1 24/08/25	24/08/24	24/08/26

✸ 출력하는 날짜 형식은 사용하는 프로그램이나 설정에 따라 다를 수 있으며, 앞으로는 혼란을 막고자 형 변환 함수를 활용합니다.

실습 6-23 결과에서 알 수 있듯이 SYSDATE 함수는 입력 데이터 없이 현재 날짜와 시간 정보를 출력합니다. 1을 빼거나 더하면 하루 이전이나 이후 날짜를 출력합니다.

몇 개월 이후 날짜를 구하는 ADD_MONTHS 함수

ADD_MONTHS 함수는 특정 날짜에 지정한 개월 수 이후 날짜 데이터를 반환합니다. 다음 처럼 날짜형 데이터와 더할 개월 수를 정수로 지정하여 사용합니다.

기본 형식 ADD_MONTHS([날짜 데이터(필수)], [더할 개월 수(정수)(필수)]) — ①

번호	설명
①	특정 날짜 데이터에 입력한 개월 수만큼 이후의 날짜를 출력합니다.

🖥 실습 6-24 | SYSDATE와 ADD_MONTHS 함수로 3개월 후 날짜 구하기

```
01: SELECT SYSDATE,
02:        ADD_MONTHS(SYSDATE, 3)
03:   FROM DUAL;
```

▼ 결과 화면

	⊕ SYSDATE	⊕ ADD_MONTHS(SYSDATE,3)
1	24/08/25	24/11/25

단순히 날짜 데이터에 몇 개월 더한 결과를 반환하는 간단한 기능이라 거의 사용하지 않는 함수라고 생각할 수도 있습니다. 하지만 사실 은근히 자주 사용하는 함수입니다. 왜냐하면 윤년 등의 이유로 복잡해질 수 있는 날짜 계산을 간단하게 만들어 주기 때문입니다. 예를 들어 EMP 테이블에서 사원이 입사한 지 10주년이 되는 날짜를 구하고 싶다면 다음과 같이 ADD_MONTHS 함수에 120개월, 즉 10년만큼의 개월 수를 지정합니다.

🖥 실습 6-25 | 입사 10주년이 되는 날짜 출력하기

```
01: SELECT EMPNO, ENAME, HIREDATE,
02:        ADD_MONTHS(HIREDATE, 120) AS WORK10YEAR
03:   FROM EMP;
```

▼ 결과 화면(일부 데이터만 표시함)

	⊕ EMPNO	⊕ ENAME	⊕ HIREDATE	⊕ WORK10YEAR
1	7369	SMITH	80/12/17	90/12/17
2	7499	ALLEN	81/02/20	91/02/20
3	7521	WARD	81/02/22	91/02/22
4	7566	JONES	81/04/02	91/04/02
5	7654	MARTIN	81/09/28	91/09/28

입사한 지 40년(480개월)이 넘은 사원을 출력하려면 다음처럼 WHERE절에 ADD_MONTHS 함수를 사용해도 됩니다.

☼ 입사 날짜(HIREDATE)에 40년, 즉 480개월을 더한 날짜가 지금 날짜인 SYSDATE보다 작다면 이는 회사에 입사한 지 40년이 넘었다는 뜻입니다. SCOTT 계정의 EMP 테이블은 오래전에 만든 테이블이라 지금을 기준으로 계산한 사원 근무 연수는 대부분 40년을 넘습니다. 아마 이 책이 출간되고 얼마 지나지 않아 해당하지 않는 두 사람 역시 입사 40년이 지나므로 실습 날짜에 따라 모든 사원을 결과에 출력할 수도 있습니다. 이럴 때는 개월 수를 늘려서 테스트해 보세요.

📟 실습 6-26 | 입사 40년을 초과한 사원 데이터 출력하기

```
01: SELECT EMPNO,
02:        ENAME, HIREDATE, SYSDATE
03:   FROM EMP
04:  WHERE ADD_MONTHS(HIREDATE, 480) < SYSDATE;
```

▼ 결과 화면

	EMPNO	ENAME	HIREDATE	SYSDATE
1	7369	SMITH	80/12/17	24/08/25
2	7499	ALLEN	81/02/20	24/08/25
3	7521	WARD	81/02/22	24/08/25
4	7566	JONES	81/04/02	24/08/25
5	7654	MARTIN	81/09/28	24/08/25
6	7698	BLAKE	81/05/01	24/08/25
7	7782	CLARK	81/06/09	24/08/25
8	7839	KING	81/11/17	24/08/25
9	7844	TURNER	81/09/08	24/08/25
10	7900	JAMES	81/12/03	24/08/25
11	7902	FORD	81/12/03	24/08/25
12	7934	MILLER	82/01/23	24/08/25

✏️ 1분 복습 | SYSDATE와 ADD_MONTHS 함수를 사용하여 현재 날짜와 6개월 후 날짜가 출력되도록 SQL 구문의 빈칸을 채워 보세요.

```
SELECT  ¹                    ,
        ²
  FROM DUAL;
```

정답: 1. SYSDATE, 2. ADD_MONTHS(SYSDATE, 6)

두 날짜 간의 개월 수 차이를 구하는 MONTHS_BETWEEN 함수

MONTHS_BETWEEN 함수는 날짜 데이터 2개를 입력하여 두 날짜 간의 개월 수 차이를 구할 때 사용합니다.

기본 형식   MONTHS_BETWEEN([날짜 데이터1(필수)], [날짜 데이터2(필수)]) —❶

번호	설명
❶	두 날짜 데이터 간의 날짜 차이를 개월 수로 계산하여 출력합니다.

다음 SELECT문으로 MONTHS_BETWEEN 함수 사용법을 익혀 봅시다.

> 📗 **실습 6-27** | HIREDATE와 SYSDATE 사이의 개월 수를 MONTHS_BETWEEN 함수로 출력하기

```
01: SELECT EMPNO, ENAME, HIREDATE, SYSDATE,
02:     MONTHS_BETWEEN(HIREDATE, SYSDATE) AS MONTHS1,
03:     MONTHS_BETWEEN(SYSDATE, HIREDATE) AS MONTHS2,
04:     TRUNC(MONTHS_BETWEEN(SYSDATE, HIREDATE)) AS MONTHS3
05:   FROM EMP;
```

▼ 결과 화면

	EMPNO	ENAME	HIREDATE	SYSDATE	MONTHS1	MONTHS2	MONTHS3
1	7369	SMITH	80/12/17	24/08/25	-524.28049656511...	524.2804965651135...	524
2	7499	ALLEN	81/02/20	24/08/25	-522.18372237156...	522.1837223715651...	522
3	7521	WARD	81/02/22	24/08/25	-522.11920624253...	522.1192062425328...	522
4	7566	JONES	81/04/02	24/08/25	-520.76436753285...	520.7643675328554...	520
5	7654	MARTIN	81/09/28	24/08/25	-514.92565785543...	514.9256578554360...	514
6	7698	BLAKE	81/05/01	24/08/25	-519.79662559737...	519.7966255973715...	519
7	7782	CLARK	81/06/09	24/08/25	-518.53856108124...	518.5385610812425...	518
8	7788	SCOTT	87/04/19	24/08/25	-448.21598043608...	448.2159804360812...	448
9	7839	KING	81/11/17	24/08/25	-513.28049656511...	513.2804965651135...	513
10	7844	TURNER	81/09/08	24/08/25	-515.57081914575...	515.5708191457586...	515
11	7876	ADAMS	87/05/23	24/08/25	-447.08694817801...	447.0869481780167...	447
12	7900	JAMES	81/12/03	24/08/25	-512.73210946833...	512.7321094683393...	512
13	7902	FORD	81/12/03	24/08/25	-512.73210946833...	512.7321094683393...	512
14	7934	MILLER	82/01/23	24/08/25	-511.08694817801...	511.0869481780167...	511

✳ 이번 예제 역시 실습하는 시점에 SYSDATE값이 달라지므로 이 책 결과와 여러분이 직접 실행한 결과는 다릅니다.

MONTHS1, MONTHS2에서 알 수 있듯이 비교 날짜의 입력 위치에 따라 음수 또는 양수가 나올 수 있습니다. 개월 수 차이는 소수 단위까지 결과가 나오므로 MONTHS3과 같이 TRUNC 함수를 조합하여 개월 수 차이를 정수로 출력할 수도 있습니다.

돌아오는 요일, 달의 마지막 날짜를 구하는 NEXT_DAY, LAST_DAY 함수

NEXT_DAY 함수는 날짜 데이터와 요일 문자열을 지정하여 입력한 날짜 데이터에서 돌아오는 요일의 날짜를 반환합니다.

NEXT_DAY 함수의 기본 사용법

> 💬 **기본 형식** NEXT_DAY([날짜 데이터(필수)], [요일 문자(필수)]) ─①

번호	설명
①	특정 날짜를 기준으로 돌아오는 요일의 날짜를 출력합니다.

LAST_DAY 함수는 하나의 날짜 데이터만을 입력 데이터로 사용하며 해당 날짜가 속한 달의
마지막 날짜를 반환합니다.

LAST_DAY 함수의 기본 사용법

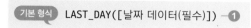

기본 형식 LAST_DAY([날짜 데이터(필수)]) — ❶

번호	설명
❶	특정 날짜가 속한 달의 마지막 날짜를 출력합니다.

두 함수를 사용한 SELECT문은 다음과 같습니다. 함수별로 돌아오는 요일에 해당하는 날짜
와 달의 마지막 날짜를 자동으로 계산하므로 편리합니다.

🖥 실습 6-28 | NEXT_DAY, LAST_DAY 함수를 사용하여 출력하기

```
01: SELECT SYSDATE,
02:        NEXT_DAY(SYSDATE, '월요일'),
03:        LAST_DAY(SYSDATE)
04:   FROM DUAL;
```

▼ 결과 화면

	⊕ SYSDATE	⊕ NEXT_DAY(SYSDATE,'월요일')	⊕ LAST_DAY(SYSDATE)
1	24/08/25	24/08/26	24/08/31

날짜를 반올림, 버림 하는 ROUND, TRUNC 함수

숫자 데이터의 반올림, 버림 처리에 사용한 ROUND, TRUNC 함수는 날짜 데이터에도 사용
할 수 있습니다. 이때는 소수점 위치 정보를 입력하지 않고 반올림, 버림의 기준이 될 포맷
(format)을 지정합니다.

입력 데이터 종류	사용 방식
숫자 데이터	ROUND([숫자(필수)], [반올림 위치])
	TRUNC([숫자(필수)], [버림 위치])
날짜 데이터	ROUND([날짜 데이터(필수)], [반올림 기준 포맷])
	TRUNC([날짜 데이터(필수)], [버림 기준 포맷])

이 두 함수에 날짜 데이터를 사용할 때 기준 포맷은 다음과 같습니다.

포맷 모델	기준 단위
CC, SCC	네 자리 연도의 끝 두 자리 기준 (2016년이면 2050 이하이므로 반올림하면 2001년으로 처리)
SYYYY, YYYY, YEAR, SYEAR, YYY, YY, Y	날짜 데이터의 해당 연·월·일의 7월 1일 기준 (2016년 7월 1일일 경우 2017년으로 처리)
IYYY, IYY, IY, I	ISO 8601에서 제정한 날짜 기준 연도 포맷을 기준
Q	각 분기의 두 번째 달의 16일 기준
MONTH, MON, MM, RM	각 달의 16일 기준
WW	해당 연도의 주(1~53번째 주) 기준
IW	ISO 8601에서 제정한 날짜 기준 해당 연도의 주(week) 기준
W	해당 월의 주(1~5번째 주) 기준
DDD, DD, J	해당 일의 정오(12:00:00) 기준
DAY, DY, D	한 주가 시작되는 날짜 기준
HH, HH12, HH24	해당 일의 시간 기준
MI	해당 일 시간의 분 기준

✸ 자세한 반올림, 버림 날짜 기준은 다음 공식 문서를 참고하세요.

• ROUND와 TRUNC 날짜 함수
https://docs.oracle.com/en/database/oracle/oracle-database/21/sqlrf/ROUND-and-TRUNC-Date-Functions.html

날짜 기준 포맷의 종류가 꽤 많아 다 외워야 하나 걱정하는 분도 있을 수 있습니다. 날짜 데이터를 사용한 TRUNC, ROUND 함수는 날짜를 기준으로 삼아야 하는 일부 업무에서 제한적으로 사용하므로 필요할 때 찾을 수 있을 정도면 괜찮습니다. 다만 ROUND 함수를 이용한 반올림과 TRUNC 함수를 이용한 버림을 날짜 데이터에도 적용할 수 있다는 것만은 꼭 기억해 주세요.

다음 예제에서 ROUND 함수와 TRUNC 함수를 사용한 각 SELECT문을 실행하고 포맷 기준별 반올림, 버림 결과가 어떻게 나오는지 확인해 봅시다. SELECT문을 실행하는 시점의 날짜가 결과에 영향을 미치므로 여러분의 SELECT문 실행 결과와는 다르다는 점에도 주의합니다.

```
01: SELECT SYSDATE,
02:        ROUND(SYSDATE, 'CC') AS FORMAT_CC,
03:        ROUND(SYSDATE, 'YYYY') AS FORMAT_YYYY,
04:        ROUND(SYSDATE, 'Q') AS FORMAT_Q,
05:        ROUND(SYSDATE, 'DDD') AS FORMAT_DDD,
06:        ROUND(SYSDATE, 'HH') AS FORMAT_HH
07:   FROM DUAL;
```

▼ 결과 화면

	SYSDATE	FORMAT_CC	FORMAT_YYYY	FORMAT_Q	FORMAT_DDD	FORMAT_HH
1	24/08/25	01/01/01	25/01/01	24/10/01	24/08/26	24/08/25

```
01: SELECT SYSDATE,
02:        TRUNC(SYSDATE, 'CC') AS FORMAT_CC,
03:        TRUNC(SYSDATE, 'YYYY') AS FORMAT_YYYY,
04:        TRUNC(SYSDATE, 'Q') AS FORMAT_Q,
05:        TRUNC(SYSDATE, 'DDD') AS FORMAT_DDD,
06:        TRUNC(SYSDATE, 'HH') AS FORMAT_HH
07:   FROM DUAL;
```

▼ 결과 화면

	SYSDATE	FORMAT_CC	FORMAT_YYYY	FORMAT_Q	FORMAT_DDD	FORMAT_HH
1	24/08/25	01/01/01	24/01/01	24/07/01	24/08/25	24/08/25

실습 6-29와 실습 6-30을 실행한 시간이 2024-08-25 오후 4:50을 넘긴 시점이므로 HH를 기준으로 ROUND 함수를 사용한 결과는 2024-08-25 00:00:00이 되고, DDD 기준으로는 이미 오후를 넘겨 하루의 절반이 지나간 시점이므로 2024-08-26으로 날짜를 반올림한 것을 확인할 수 있습니다. 이와 달리 실습 6-30에서는 DDD를 기준으로 TRUNC 함수를 사용해 오후 4:50 시간을 버림 처리했더니 2024-08-25 그대로 남은 것을 확인할 수 있습니다.

❇ SYSDATE를 사용하므로 책 결과와 여러분의 실행 결과는 다릅니다. 여기서는 반올림(ROUND)과 버림(TRUNC)을 시간이나 날짜 데이터에 적용하면 어떻게 될지 생각하면서 결과를 확인하세요.

자료형을 변환하는 형 변환 함수

오라클에서는 저장할 데이터 종류, 즉 자료형을 다양하게 제공합니다. 그러나 때로는 지정한 자료형을 필요에 따라 바꿔야 할 때가 있습니다. 이처럼 각 데이터에 지정한 자료형을 바꾸는 함수를 형 변환 함수라고 합니다.

📟 **실습 6-31 | 숫자와 문자열(숫자)을 더하여 출력하기**

```
01: SELECT EMPNO, ENAME, EMPNO + '500'
02:   FROM EMP
03:  WHERE ENAME = 'SCOTT';
```

▼ 결과 화면

	⬦ EMPNO	⬦ ENAME	⬦ EMPNO+'500'
1	7788	SCOTT	8288

실습 6-31에서 숫자형인 사원 번호에 문자열인 500을 더하면 사원 번호에 숫자 500을 더한 값을 출력합니다. 작은따옴표로 묶은 500은 분명히 문자열 데이터이지만 숫자 자료형인 사원 번호 열과 수치 연산을 할 수 있었던 것은 '자동 형 변환'이라고도 하는 암시적 형 변환(implicit type conversion)이 발생했기 때문입니다. 숫자로 인식할 수 있는 문자열 데이터를 자동으로 숫자로 바꾼 다음 연산을 수행한 것이죠.

✷ EMPNO 열의 자료형은 명령어(DESC EMP;)를 사용하여 확인할 수 있습니다.

이와 반대인 오른쪽의 SELECT문도 실행해 봅시다.

📟 **실습 6-32 | 문자열(문자)과 숫자를 더하여 출력하기**

```
01: SELECT 'ABCD' + EMPNO, EMPNO
02:   FROM EMP
03:  WHERE ENAME = 'SCOTT';
```

▼ 결과 화면

```
ORA-01722: 수치가 부적합합니다
01722. 00000 - "invalid number"
*Cause:   The specified number was invalid.
*Action:  Specify a valid number.
```

실습 6-32를 실행하면 ORA-01772 수치 부적합 오류가 발생합니다. 숫자처럼 생긴 문자열 데이터는 숫자로 바꿔 주지만 그렇지 않을 때는 원하는 결과를 얻을 수 없습니다.

오라클에서 자료형이 자동으로 변환되는 방식이 아닌 사용자, 즉 우리가 자료형을 직접 지정하는 방식을 명시적 형 변환(explicit type conversion)이라고 합니다. 형 변환 함수를 사용하여 자료형을 변환하는 방식이 바로 명시적 형 변환에 해당합니다. 형 변환 함수의 종류는 다음과 같습니다.

종류	설명
TO_CHAR	숫자 또는 날짜 데이터를 문자열 데이터로 변환합니다.
TO_NUMBER	문자열 데이터를 숫자 데이터로 변환합니다.
TO_DATE	문자열 데이터를 날짜 데이터로 변환합니다.

형 변환 함수를 사용하면 다음과 같이 숫자 데이터와 문자열 데이터, 문자열 데이터와 날짜 데이터 차이를 변환할 수 있습니다. 문자를 중심으로 숫자 또는 날짜 데이터를 변환할 수 있다는 점을 기억하세요.

숫자 데이터
(NUMBER) ⟷ 문자열 데이터
(CHARACTER) ⟷ 날짜 데이터
(DATE)

날짜, 숫자 데이터를 문자열 데이터로 변환하는 TO_CHAR 함수

TO_CHAR 함수는 날짜, 숫자 데이터를 문자열 데이터로 변환합니다. 주로 날짜 데이터를 문자열 데이터로 변환할 때 사용하며 다음과 같이 작성합니다.

번호	설명
❶	날짜 데이터를 원하는 형태의 문자열로 출력합니다.

✳ 이 책에서는 TO_CHAR 함수로 가장 자주 사용하는 위 형식을 주로 소개합니다. 더 다양한 옵션은 오라클 홈페이지 공식 문서(docs. oracle.com/cd/E11882_01/server.112/e41084/functions200.htm#SQLRF06129)를 참조하세요.

원하는 출력 형태로 날짜 출력하기

예를 들어 현재 날짜와 시간을 '연/월/일 시:분:초' 형태로 출력하려면 다음과 같이 SELECT 문에 TO_CHAR 함수를 사용합니다.

```
01: SELECT TO_CHAR(SYSDATE, 'YYYY/MM/DD HH24:MI:SS') AS 현재날짜시간
02:   FROM DUAL;
```

▼ 결과 화면

현재날짜시간
1	2024/08/25 17:05:38

실습 6-33의 SELECT문에서 'YYYY/MM/DD HH24:MI:SS'는 날짜 데이터를 '연/월/일 시:분:초'로 표현할 때 사용하는 형식(format)입니다. 자주 사용하는 날짜 표현 형식은 오른쪽과 같습니다.

형식	설명
CC	세기
YYYY, RRRR	연(4자리 숫자)
YY, RR	연(2자리 숫자)
MM	월(2자리 숫자)
MON	월(언어별 월 이름 줄임말)
MONTH	월(언어별 월 이름 전체)
DD	일(2자리 숫자)
DDD	1년 중 며칠(1~366)
DY	요일(언어별 요일 이름 줄임말)
DAY	요일(언어별 요일 이름 전체)
W	1년 중 몇 번째 주(1~53)

월과 요일의 표기는 사용 언어에 따라 출력 형식이 다릅니다. 기본적으로는 현재 사용하는 언어에 맞게 출력합니다.

```
01: SELECT SYSDATE,
02:        TO_CHAR(SYSDATE, 'MM') AS MM,
03:        TO_CHAR(SYSDATE, 'MON') AS MON,
04:        TO_CHAR(SYSDATE, 'MONTH') AS MONTH,
05:        TO_CHAR(SYSDATE, 'DD') AS DD,
06:        TO_CHAR(SYSDATE, 'DY') AS DY,
07:        TO_CHAR(SYSDATE, 'DAY') AS DAY
08:   FROM DUAL;
```

▼ 결과 화면

SYSDATE	MM	MON	MONTH	DD	DY	DAY
1	24/08/25	08	8월	8월	25	일	일요일

특정 언어에 맞춰서 날짜 출력하기

이 결과를 특정 언어에 맞는 월, 요일 이름으로 출력하려면 다음과 같이 기존 TO_CHAR 함수에 날짜 출력 언어를 추가로 지정합니다.

> **기본 형식** TO_CHAR([날짜 데이터(필수)], '[출력하길 원하는 문자 형태(필수)]',
> 'NLS_DATE_LANGUAGE = language'(선택)) —❶

번호	설명
❶	날짜 데이터를 출력할 문자 형태를 지정하고 원하는 언어 양식을 지정합니다.

예를 들어 월과 요일을 한국어, 일본어, 영어로 각각 출력한다면 다음과 같이 사용할 수 있죠.

> 🖥 실습 6-35 | **여러 언어로 날짜(월) 출력하기**

```
01: SELECT SYSDATE,
02:        TO_CHAR(SYSDATE, 'MM') AS MM,
03:        TO_CHAR(SYSDATE, 'MON',   'NLS_DATE_LANGUAGE = KOREAN'  ) AS MON_KOR,
04:        TO_CHAR(SYSDATE, 'MON',   'NLS_DATE_LANGUAGE = JAPANESE') AS MON_JPN,
05:        TO_CHAR(SYSDATE, 'MON',   'NLS_DATE_LANGUAGE = ENGLISH' ) AS MON_ENG,
06:        TO_CHAR(SYSDATE, 'MONTH', 'NLS_DATE_LANGUAGE = KOREAN'  ) AS MONTH_KOR,
07:        TO_CHAR(SYSDATE, 'MONTH', 'NLS_DATE_LANGUAGE = JAPANESE') AS MONTH_JPN,
08:        TO_CHAR(SYSDATE, 'MONTH', 'NLS_DATE_LANGUAGE = ENGLISH' ) AS MONTH_ENG
09:   FROM DUAL;
```

▼ 결과 화면

⬦ SYSDATE	⬦ MM	⬦ MON_KOR	⬦ MON_JPN	⬦ MON_ENG	⬦ MONTH_KOR	⬦ MONTH_JPN	⬦ MONTH_ENG
1 24/08/25	08	8월	8月	AUG	8월	8月	AUGUST

> 🖥 실습 6-36 | **여러 언어로 날짜(요일) 출력하기**

```
01: SELECT SYSDATE,
02:        TO_CHAR(SYSDATE, 'MM') AS MM,
03:        TO_CHAR(SYSDATE, 'DD') AS DD,
04:        TO_CHAR(SYSDATE, 'DY',  'NLS_DATE_LANGUAGE = KOREAN'  ) AS DY_KOR,
05:        TO_CHAR(SYSDATE, 'DY',  'NLS_DATE_LANGUAGE = JAPANESE') AS DY_JPN,
06:        TO_CHAR(SYSDATE, 'DY',  'NLS_DATE_LANGUAGE = ENGLISH' ) AS DY_ENG,
07:        TO_CHAR(SYSDATE, 'DAY', 'NLS_DATE_LANGUAGE = KOREAN'  ) AS DAY_KOR,
08:        TO_CHAR(SYSDATE, 'DAY', 'NLS_DATE_LANGUAGE = JAPANESE') AS DAY_JPN,
09:        TO_CHAR(SYSDATE, 'DAY', 'NLS_DATE_LANGUAGE = ENGLISH' ) AS DAY_ENG
10:   FROM DUAL;
```

	SYSDATE	MM	DD	DY_KOR	DY_JPN	DY_ENG	DAY_KOR	DAY_JPN	DAY_ENG
1	24/08/25	08	25	일	日	SUN	일요일	日曜日	SUNDAY

❀ 실무에서 월과 일은 주로 숫자로 표기합니다.

연도를 표기할 때는 YYYY, RRRR, YY, RR 형식을 사용합니다. Y와 R은 둘 다 기본적으로
연도를 표기하는 형식이지만, 두 자리로 연도를 출력할 때 1900년대 또는 2000년대로 다르
게 출력하는 현상이 발생할 수 있습니다. 이 현상은 4자리 연도 형식에서는 발생하지 않는데
대부분 업무에서 연도를 표현할 때 4자리 형식을 사용하므로 참고만 하세요. 이 내용은 TO_
DATE 함수에서 다시 알아봅니다.

시간 형식 지정하여 출력하기

시간을 출력하는 형식은 다음과 같습니다.

형식	설명
HH24	24시간으로 표현한 시간
HH, HH12	12시간으로 표현한 시간
MI	분
SS	초
AM, PM, A.M., P.M.	오전, 오후 표시

날짜 데이터에 비해 시간 출력은 형식이 간소한 편입니다. 다음 SELECT문으로 시간 출력 사
용 방법을 확인하세요.

🖵 실습 6-37 | 시간 형식 지정하여 SYSDATE 출력하기

```
01: SELECT SYSDATE,
02:        TO_CHAR(SYSDATE, 'HH24:MI:SS') AS HH24MISS,
03:        TO_CHAR(SYSDATE, 'HH12:MI:SS AM') AS HHMISS_AM,
04:        TO_CHAR(SYSDATE, 'HH:MI:SS P.M.') AS HHMISS_PM
05:   FROM DUAL;
```

▼ 결과 화면

	SYSDATE	HH24MISS	HHMISS_AM	HHMISS_PM
1	24/08/25	17:10:17	05:10:17 오후	05:10:17 오후

TO_CHAR 함수로 숫자 데이터를 문
자열 데이터로 변환하는 방식은 그리
자주 사용하는 방식은 아니므로 간단
히 사용법만 소개합니다. 숫자 데이터
로 출력할 때 지정할 수 있는 형식은 오
른쪽과 같습니다.

형식	설명
9	숫자 한 자리를 의미함(빈자리를 채우지 않음)
0	빈자리를 0으로 채움
$	달러($) 표시를 붙여서 출력함
L	지역 화폐 단위 기호를 붙여서 출력함
.	소수점을 표시함
,	천 단위의 구분 기호를 표시함

숫자 데이터 형식을 지정하여 출력하기

□ 실습 6-38 | 여러 가지 숫자 형식을 사용하여 급여 출력하기

```
01: SELECT SAL,
02:        TO_CHAR(SAL, '$999,999') AS SAL_$,
03:        TO_CHAR(SAL, 'L999,999') AS SAL_L,
04:        TO_CHAR(SAL, '999,999.00') AS SAL_1,
05:        TO_CHAR(SAL, '000,999,999.00') AS SAL_2,
06:        TO_CHAR(SAL, '000999999.99') AS SAL_3,
07:        TO_CHAR(SAL, '999,999,00') AS SAL_4
08:   FROM EMP;
```

▼ 결과 화면

	SAL	SAL_$	SAL_L	SAL_1	SAL_2	SAL_3	SAL_4
1	800	$800	₩800	800.00	000,000,800.00	000000800.00	8,00
2	1600	$1,600	₩1,600	1,600.00	000,001,600.00	000001600.00	16,00
3	1250	$1,250	₩1,250	1,250.00	000,001,250.00	000001250.00	12,50
4	2975	$2,975	₩2,975	2,975.00	000,002,975.00	000002975.00	29,75
5	1250	$1,250	₩1,250	1,250.00	000,001,250.00	000001250.00	12,50
6	2850	$2,850	₩2,850	2,850.00	000,002,850.00	000002850.00	28,50
7	2450	$2,450	₩2,450	2,450.00	000,002,450.00	000002450.00	24,50
8	3000	$3,000	₩3,000	3,000.00	000,003,000.00	000003000.00	30,00
9	5000	$5,000	₩5,000	5,000.00	000,005,000.00	000005000.00	50,00
10	1500	$1,500	₩1,500	1,500.00	000,001,500.00	000001500.00	15,00
11	1100	$1,100	₩1,100	1,100.00	000,001,100.00	000001100.00	11,00
12	950	$950	₩950	950.00	000,000,950.00	000000950.00	9,50
13	3000	$3,000	₩3,000	3,000.00	000,003,000.00	000003000.00	30,00
14	1300	$1,300	₩1,300	1,300.00	000,001,300.00	000001300.00	13,00

결과 화면과 코드를 잘 비교하면서 숫자 데이터 형식 지정 방법을 익히세요.

문자열 데이터를 숫자 데이터로 변환하는 TO_NUMBER 함수

앞에서 형 변환 함수를 처음 소개하면서 숫자 데이터와 '숫자처럼 생긴' 문자열 데이터 사이에 산술 연산을 할 때 문자 데이터는 자동으로 숫자 데이터로 형 변환이 일어나 연산할 수 있는데 이를 암시적 형 변환이라고 했습니다. 다음 SELECT문에 사용한 데이터는 암시적 형 변환이 일어나 연산이 정상으로 수행됩니다.

📖 실습 6-39 | 문자열 데이터와 숫자 데이터를 연산하여 출력하기

```
01: SELECT 1300 - '1500',
02:        '1300' + 1500
03:   FROM DUAL;
```

▼ 결과 화면

	⬦ 1300-'1500'	⬦ '1300'+1500
1	-200	2800

하지만 실습 6-40의 SELECT문은 연산이 수행되지 않습니다. 숫자 사이의 쉼표(,) 탓에 숫자로 변환되지 않기 때문입니다.

📖 실습 6-40 | 문자열 데이터끼리 연산하여 출력하기

```
01: SELECT '1,300' - '1,500'
02:   FROM DUAL;
```

▼ 결과 화면

```
ORA-01722: 수치가 부적합합니다
01722, 00000 - "invalid number"
*Cause:   The specified number was invalid.
*Action:  Specify a valid number.
```

그리 흔한 일은 아니지만 실습 6-40처럼 숫자 데이터를 가공한 문자열 데이터를 산술 연산에 사용하려면 숫자 형태로 강제로 인식하도록 해야 합니다. 이때 TO_NUMBER 함수를 사용합니다.

기본 형식 TO_NUMBER('[문자열 데이터(필수)]', '[인식할 숫자 형태(필수)]') ─❶

번호	설명
❶	문자열을 지정한 형태의 숫자로 인식하여 숫자 데이터로 변환합니다.

앞에서 실행되지 않았던 연산은 다음과 같이 각 데이터에 TO_NUMBER 함수를 사용하면 됩니다.

📄 **실습 6-41** | **TO_NUMBER 함수로 연산하여 출력하기**

```
01: SELECT TO_NUMBER('1,300', '999,999') - TO_NUMBER('1,500', '999,999')
02:   FROM DUAL;
```

▼ 결과 화면

⬦ TO_NUMBER('1,300','999,999')-TO_NUMBER('1,500','999,999')
1   -200

문자열 데이터를 날짜 데이터로 변환하는 TO_DATE 함수

TO_CHAR 함수를 사용하여 날짜 데이터를 문자열 데이터로 변환했듯이 TO_DATE 함수를 사용하면 문자열 데이터를 날짜 데이터로 바꿀 수 있습니다. TO_DATE 함수의 기본 형식은 다음과 같습니다.

> 💬 **기본 형식** TO_DATE('[문자열 데이터(필수)]', '[인식할 날짜 형태(필수)]') ➊

번호	설명
➊	문자열 데이터를 날짜형 데이터로 변환합니다.

먼저 날짜 데이터로 변환하려면 문자열 데이터(또는 열)를 입력한 후 날짜 형태를 지정합니다. 즉 2024-08-14, 2024/08/14와 같은 문자열 데이터를 날짜 데이터로 바꾸려면 다음과 같이 TO_DATE 함수를 사용합니다.

📄 **실습 6-42** | **TO_DATE 함수로 문자열 데이터를 날짜 데이터로 변환하기**

```
01: SELECT TO_DATE('2024-08-14', 'YYYY-MM-DD') AS TODATE1,
02:        TO_DATE('2024/08/14', 'YYYY/MM/DD') AS TODATE2
03:   FROM DUAL;
```

▼ 결과 화면

⬦ TODATE1	⬦ TODATE2
1 24/08/14	24/08/14

TODATE1과 TODATE2로 문자열 데이터를 날짜 데이터로 변환할 때 형식을 각각 'YYYY-MM-DD', 'YYYY/MM/DD'로 지정했으나 출력한 날짜는 모두 '24/08/14' 형태여서 혼란스러울 수 있습니다. 이는 각 문자열의 연월일을 -과 /으로 구분하고 있어 이를 오라클에 알리기 위한 형식일 뿐, 변환된 문자열 데이터는 이미 날짜 형식으로 바뀐 상태이므로 두 날짜 모두 똑같은 기본 날짜 형식으로 출력합니다.

날짜 함수에서 언급했듯이 날짜 데이터끼리는 간단한 연산이 가능합니다. 날짜 데이터는 상대적으로 이전 날짜가 이후 날짜보다 크기가 작다고 여겨지므로 다음과 같이 TO_DATE 함수와 비교 연산자를 사용하여 EMP 테이블에서 1981년 6월 1일 이후 입사한 사원을 찾을 수도 있습니다.

📖 실습 6-43 | 1981년 6월 1일 이후에 입사한 사원 정보 출력하기

```
01: SELECT *
02:     FROM EMP
03:  WHERE HIREDATE > TO_DATE('1981/06/01', 'YYYY/MM/DD');
```

▼ 결과 화면

	EMPNO	ENAME	JOB	MGR	HIREDATE	SAL	COMM	DEPTNO
1	7654	MARTIN	SALESMAN	7698	81/09/28	1250	1400	30
2	7782	CLARK	MANAGER	7839	81/06/09	2450	(null)	10
3	7788	SCOTT	ANALYST	7566	87/04/19	3000	(null)	20
4	7839	KING	PRESIDENT	(null)	81/11/17	5000	(null)	10
5	7844	TURNER	SALESMAN	7698	81/09/08	1500	0	30
6	7876	ADAMS	CLERK	7788	87/05/23	1100	(null)	20
7	7900	JAMES	CLERK	7698	81/12/03	950	(null)	30
8	7902	FORD	ANALYST	7566	81/12/03	3000	(null)	20
9	7934	MILLER	CLERK	7782	82/01/23	1300	(null)	10

날짜 데이터 형식을 지정할 때 YYYY, RRRR, YY, RR을 사용할 수 있습니다. 네 자리로 표현하는 연도는 문제가 없지만 두 자리로 연도를 표현할 때 사용하는 YY, RR은 사용할 때 주의해야 합니다.

📖 실습 6-44 | 여러 가지 형식으로 날짜 데이터 출력하기

```
01: SELECT TO_CHAR(TO_DATE('49/12/10', 'YY/MM/DD'), 'YYYY-MM-DD') AS YY_YEAR_49,
02:        TO_CHAR(TO_DATE('49/12/10', 'RR/MM/DD'), 'YYYY-MM-DD') AS RR_YEAR_49,
03:        TO_CHAR(TO_DATE('50/12/10', 'YY/MM/DD'), 'YYYY-MM-DD') AS YY_YEAR_50,
04:        TO_CHAR(TO_DATE('50/12/10', 'RR/MM/DD'), 'YYYY-MM-DD') AS RR_YEAR_50,
05:        TO_CHAR(TO_DATE('51/12/10', 'YY/MM/DD'), 'YYYY-MM-DD') AS YY_YEAR_51,
06:        TO_CHAR(TO_DATE('51/12/10', 'RR/MM/DD'), 'YYYY-MM-DD') AS RR_YEAR_51
07:     FROM DUAL;
```

⬦ YY_YEAR_49	⬦ RR_YEAR_49	⬦ YY_YEAR_50	⬦ RR_YEAR_50	⬦ YY_YEAR_51	⬦ RR_YEAR_51
1 2049-12-10	2049-12-10	2050-12-10	1950-12-10	2051-12-10	1951-12-10

함수를 중첩하여 다소 복잡해 보일 수 있는데, 먼저 연도가 두 자리인 문자열 데이터를 TO_DATE 함수를 사용해 날짜 데이터로 변환하고 나서 TO_CHAR 함수를 사용해 4자리 연도, 2자리 월, 2자리 일로 출력한 결과입니다.

실습 6-44의 결과 화면을 보면 1950년을 기점으로 YY와 RR을 사용한 날짜가 각각 2050년, 1950년으로 다르게 인식된다는 것을 알 수 있습니다. 이는 YY와 RR이 1900년대와 2000년대의 앞 두 자리를 다르게 계산하기 때문입니다.

YY는 어떤 두 자리를 입력해도 현재 연도 앞 두 자리와 함께 표시하고 RR은 현재 연도 끝 두 자리 숫자와 입력한 숫자를 각각 00~49와 50~99 두 집합으로 나누어 같은 집합이면 현재 연도 앞 두 자리와 함께 표시합니다.

이와 달리 다른 집합이며 00~49 사이를 입력하면 (현재 연도 앞 두 자리 + 1)과, 50~99 사이를 입력하면 (현재 연도 앞 두 자리 - 1)과 함께 표시합니다. 즉, 이 예제를 실행하는 시점의 연도는 2024년이므로 두 자리 RR에 현재 연도와 다른 집합인 50~99를 지정하면 현재 연도 앞 두 자리 20에서 1을 뺀 1950~99년을 표시합니다.

하지만 일반적으로 TO_CHAR 함수에 날짜 데이터를 지정할 때는 주로 4자리 연도를 사용하므로 이러한 특성을 고려해서 날짜 형식을 지정하는 경우는 드뭅니다.

❄ 결론적으로 데이터베이스를 사용할 때 연도는 무조건 4자리로 지정하면 됩니다. 자세한 날짜 형식을 알고 싶다면 오라클 공식 홈페이지의 다음 자료를 참고하세요.
• 날짜 형식과 숫자 형식
https://docs.oracle.com/en/database/oracle/oracle-database/21/sqlrf/Format-Models.html

---

🖊 **1분 복습** | 1980년 10월 15일 이후에 입사한 사원을 출력하는 다음 SQL 구문의 빈칸을 채워 보세요.

```
SELECT *
  FROM EMP
 WHERE [ 1         ]  >  [ 2         ]      ('1980/10/15', 'YYYY/MM/DD');
```

정답: 1. HIREDATE, 2. TO_DATE

06-6

NULL 처리 함수

04장과 05장에서 데이터가 NULL이면 산술 연산자나 비교 연산자가 예상한 대로 동작하지 않는 것을 확인했습니다. 하지만 특정 열의 데이터가 NULL일 때 연산을 수행하려면 데이터를 NULL이 아닌 다른 값으로 대체해야 할 때가 있습니다. 이때 여기에서 배울 NVL 함수와 NVL2 함수를 사용합니다.

NVL 함수의 기본 사용법

NVL 함수의 기본 형식은 다음과 같습니다.

 NVL([NULL인지 여부를 검사할 데이터 또는 열(필수)], [앞의 데이터가 NULL일 때 반환할 데이터](필수)) —❶

번호	설명
❶	열 또는 데이터를 입력하여 해당 데이터가 NULL이 아니면 데이터를 그대로 반환하고, NULL이면 지정한 데이터를 반환합니다.

NVL 함수는 첫 번째 입력 데이터가 NULL이 아니면 그 데이터를 그대로 반환하고 NULL이면 두 번째 입력 데이터에 지정한 값을 반환합니다. 그러면 이를 EMP 테이블의 COMM 열에 활용해 볼까요?

📖 실습 6-45 | **NVL 함수를 사용하여 출력하기**

```
01: SELECT EMPNO, ENAME, SAL, COMM, SAL+COMM,
02:        NVL(COMM, 0),
03:        SAL+NVL(COMM, 0)
04:    FROM EMP;
```

	EMPNO	ENAME	SAL	COMM	SAL+COMM	NVL(COMM,0)	SAL+NVL(COMM,0)
1	7369	SMITH	800	(null)	(null)	0	800
2	7499	ALLEN	1600	300	1900	300	1900
3	7521	WARD	1250	500	1750	500	1750
4	7566	JONES	2975	(null)	(null)	0	2975
5	7654	MARTIN	1250	1400	2650	1400	2650
6	7698	BLAKE	2850	(null)	(null)	0	2850
7	7782	CLARK	2450	(null)	(null)	0	2450
8	7788	SCOTT	3000	(null)	(null)	0	3000
9	7839	KING	5000	(null)	(null)	0	5000
10	7844	TURNER	1500	0	1500	0	1500
11	7876	ADAMS	1100	(null)	(null)	0	1100
12	7900	JAMES	950	(null)	(null)	0	950
13	7902	FORD	3000	(null)	(null)	0	3000
14	7934	MILLER	1300	(null)	(null)	0	1300

실습 6-45의 결과를 확인해 보면 EMP 테이블의 급여 외 추가 수당을 의미하는 COMM 열이 NULL인 데이터를 0으로 대체하여 연산했다는 것을 알 수 있습니다. 이렇게 NVL 함수는 NULL을 처리할 때 자주 사용합니다.

NVL2 함수의 기본 사용법

NVL2 함수는 NVL 함수와 비슷하지만 데이터가 NULL이 아닐 때 반환할 데이터를 추가로 지정할 수 있습니다. NVL2 함수의 기본 형식은 다음과 같습니다.

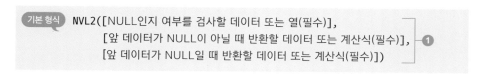

기본 형식　NVL2([NULL인지 여부를 검사할 데이터 또는 열(필수)],
　　　　　　[앞 데이터가 NULL이 아닐 때 반환할 데이터 또는 계산식(필수)], ─❶
　　　　　　[앞 데이터가 NULL일 때 반환할 데이터 또는 계산식(필수)])

번호	설명
❶	열 또는 데이터를 입력하여 해당 데이터가 NULL이 아닐 때와 NULL일 때 출력 데이터를 각각 지정합니다.

예를 들어 COMM 열이 NULL이 아니라면 O를, NULL이라면 X를 표기하여 급여 외 추가 수당 여부만 확인할 때 NVL2 함수를 사용합니다. 금액 같은 민감한 데이터는 노출하지 않아야 할 때도 있기 때문입니다.

다음 SELECT문은 NVL2 함수를 사용하여 COMM 열이 NULL인지 아닌지에 따라 출력값 또는 계산식을 달리하는 실습입니다. 실행 후 결괏값을 비교해 보세요.

□ 실습 6-46 | NVL2 함수를 사용하여 출력하기

```
01: SELECT EMPNO, ENAME, COMM,
02:        NVL2(COMM, 'O', 'X'),
03:        NVL2(COMM, SAL*12+COMM, SAL*12) AS ANNSAL
04:    FROM EMP;
```

▼ 결과 화면

	⊕ EMPNO	⊕ ENAME	⊕ COMM	⊕ NVL2(COMM,'O','X')	⊕ ANNSAL
1	7369	SMITH	(null)	X	9600
2	7499	ALLEN	300	O	19500
3	7521	WARD	500	O	15500
4	7566	JONES	(null)	X	35700
5	7654	MARTIN	1400	O	16400
6	7698	BLAKE	(null)	X	34200
7	7782	CLARK	(null)	X	29400
8	7788	SCOTT	(null)	X	36000
9	7839	KING	(null)	X	60000
10	7844	TURNER	0	O	18000
11	7876	ADAMS	(null)	X	13200
12	7900	JAMES	(null)	X	11400
13	7902	FORD	(null)	X	36000
14	7934	MILLER	(null)	X	15600

NVL2 함수는 NVL 함수와 달리 NULL이 아닐 때 반환할 데이터까지 지정할 수 있으므로 좀 더 다양한 용도로 활용할 수 있습니다.

❊ 필자의 경험에서 볼 때 실무에서는 NVL2보다 NVL을 더 자주 사용하는 듯합니다.

상황에 따라 다른 데이터를 반환하는 DECODE 함수와 CASE문

NVL, NVL2 함수는 데이터가 NULL일 때 어떤 데이터를 반환할지 정합니다. 이와 달리 특정 열이나 데이터에 따라 어떤 데이터를 반환할지 정할 때는 DECODE 함수 또는 CASE문을 사용합니다. 우선 DECODE 함수 사용법부터 알아봅시다.

DECODE 함수

프로그래밍 언어를 경험한 독자라면 다음 기본 형식이 프로그래밍 언어에서 사용하는 if 조건문 또는 switch-case 조건문과 비슷하다고 느낄 겁니다. DECODE 함수는 기준이 되는 데이터를 먼저 지정한 후 해당 데이터에 따라 다른 결괏값을 내보내는 함수입니다.

> **기본 형식** DECODE([검사 대상이 될 열 또는 데이터, 연산이나 함수의 결과],
> [조건1], [데이터가 조건1과 일치할 때 반환할 결과],
> [조건2], [데이터가 조건2와 일치할 때 반환할 결과],
> ...
> [조건n], [데이터가 조건n과 일치할 때 반환할 결과],
> [위 조건1~조건n과 일치하지 않을 때 반환할 결과])

EMP 테이블에서 직책이 MANAGER인 사원은 급여의 10%, SALESMAN인 사원은 급여의 5%, ANALYST인 사원은 그대로, 나머지는 3%만큼 인상된 급여를 보고 싶다면 DECODE 함수를 사용하여 다음과 같이 작성합니다.

🖥 실습 6-47 | DECODE 함수를 사용하여 출력하기

```
01: SELECT EMPNO, ENAME, JOB, SAL,
02:        DECODE(JOB,
03:               'MANAGER' , SAL*1.1,
04:               'SALESMAN', SAL*1.05,
05:               'ANALYST' , SAL,
06:               SAL*1.03) AS UPSAL
07:   FROM EMP;
```

▼ 결과 화면

	EMPNO	ENAME	JOB	SAL	UPSAL
1	7369	SMITH	CLERK	800	824
2	7499	ALLEN	SALESMAN	1600	1680
3	7521	WARD	SALESMAN	1250	1312.5
4	7566	JONES	MANAGER	2975	3272.5
5	7654	MARTIN	SALESMAN	1250	1312.5
6	7698	BLAKE	MANAGER	2850	3135
7	7782	CLARK	MANAGER	2450	2695
8	7788	SCOTT	ANALYST	3000	3000
9	7839	KING	PRESIDENT	5000	5150
10	7844	TURNER	SALESMAN	1500	1575
11	7876	ADAMS	CLERK	1100	1133
12	7900	JAMES	CLERK	950	978.5
13	7902	FORD	ANALYST	3000	3000
14	7934	MILLER	CLERK	1300	1339

DECODE 함수 역시 지금까지 다뤄 온 함수와 마찬가지로 데이터 한 행을 입력받아 결과 한 행을 출력하는 단일행 함수입니다. 앞에서 확인한 함수보다 내용이 길어졌지만 별칭을 지정할 수 있다는 점도 눈여겨보세요. DECODE 함수의 맨 마지막 데이터, 즉 조건에 해당하는 값이 없을 때 반환할 값을 지정하지 않으면 NULL을 반환합니다.

CASE문

CASE문은 DECODE 함수와 마찬가지로 특정 조건에 따라 반환할 데이터를 설정할 때 사용합니다. 기준 데이터를 반드시 명시하고 그 값에 따라 반환 데이터를 정하는 DECODE 함수와 달리 CASE문은 각 조건에 사용하는 데이터가 서로 상관없어도 됩니다. 또 기준 데이터와 같은(=) 데이터 외에 다양한 조건을 사용할 수 있습니다.

❀ DECODE 함수는 모두 CASE문으로 바꿀 수 있습니다. 하지만 CASE문은 DECODE 함수가 표현할 수 없는 방식도 지원하므로 그 역은 성립하지 않을 수 있습니다. 즉 CASE문의 범용성이 더 높은 것이죠.

CASE문의 기본 형식은 다음과 같습니다. 작성 형식 면에서 볼 때 WHEN이나 THEN, ELSE를 사용하는 CASE문은 DECODE 함수보다 더 프로그래밍 언어다운 표현 방식을 사용합니다.

기본 형식 CASE [검사 대상이 될 열 또는 데이터, 연산이나 함수의 결과(선택)]
           WHEN [조건1] THEN [조건1의 결괏값이 true일 때 반환할 결과]
           WHEN [조건2] THEN [조건2의 결괏값이 true일 때 반환할 결과]
           ...
           WHEN [조건n] THEN [조건n의 결괏값이 true일 때 반환할 결과]
           ELSE [위 조건1~조건n과 일치하지 않을 때 반환할 결과]
        END

DECODE 함수와 같은 방식으로 CASE문 사용하기

DECODE 함수에서 사용한 조건과 같은 조건(MANAGER 10%, SALESMAN 5%, ANALYST 그대로, 나머지 3%)으로 데이터를 반환하려면 다음과 같이 사용합니다.

실습 6-48 | CASE문을 사용하여 출력하기

```
01: SELECT EMPNO, ENAME, JOB, SAL,
02:   CASE JOB
03:       WHEN 'MANAGER' THEN SAL*1.1
04:       WHEN 'SALESMAN' THEN SAL*1.05
05:       WHEN 'ANALYST' THEN SAL
06:       ELSE SAL*1.03
07:   END AS UPSAL
07:   FROM EMP;
```

▼ 결과 화면

	EMPNO	ENAME	JOB	SAL	UPSAL
1	7369	SMITH	CLERK	800	824
2	7499	ALLEN	SALESMAN	1600	1680
3	7521	WARD	SALESMAN	1250	1312.5
4	7566	JONES	MANAGER	2975	3272.5
5	7654	MARTIN	SALESMAN	1250	1312.5
6	7698	BLAKE	MANAGER	2850	3135
7	7782	CLARK	MANAGER	2450	2695
8	7788	SCOTT	ANALYST	3000	3000
9	7839	KING	PRESIDENT	5000	5150
10	7844	TURNER	SALESMAN	1500	1575
11	7876	ADAMS	CLERK	1100	1133
12	7900	JAMES	CLERK	950	978.5
13	7902	FORD	ANALYST	3000	3000
14	7934	MILLER	CLERK	1300	1339

기준 데이터 없이 조건식만으로 CASE문 사용하기

CASE문은 DECODE 함수와 달리 비교할 기준 데이터를 지정하지 않고 값이 같은 조건 이외의 조건도 사용할 수 있습니다.

오른쪽은 COMM 열의 범위에 따라 출력을 달리하고자 CASE문을 활용한 예입니다. COMM 열이 NULL, 0, 0 초과일 때 각각 다른 반환 데이터를 지정합니다.

실습 6-49 | 열에 따라서 출력이 달라지는 CASE문

```
01:  SELECT EMPNO, ENAME, COMM,
02:    CASE
03:      WHEN COMM IS NULL THEN '해당 사항 없음'
04:      WHEN COMM = 0 THEN '수당 없음'
05:      WHEN COMM > 0 THEN '수당 : ' || COMM
06:    END AS COMM_TEXT
07:    FROM EMP;
```

▼ 결과 화면

	EMPNO	ENAME	COMM	COMM_TEXT
1	7369	SMITH	(null)	해당사항 없음
2	7499	ALLEN	300	수당 : 300
3	7521	WARD	500	수당 : 500
4	7566	JONES	(null)	해당사항 없음
5	7654	MARTIN	1400	수당 : 1400
6	7698	BLAKE	(null)	해당사항 없음
7	7782	CLARK	(null)	해당사항 없음
8	7788	SCOTT	(null)	해당사항 없음
9	7839	KING	(null)	해당사항 없음
10	7844	TURNER	0	수당없음
11	7876	ADAMS	(null)	해당사항 없음
12	7900	JAMES	(null)	해당사항 없음
13	7902	FORD	(null)	해당사항 없음
14	7934	MILLER	(null)	해당사항 없음

이 결과에서 알 수 있듯이 CASE문은 각 조건식이 true, false인지만 검사하므로 기준 데이터가 없어도 사용할 수 있습니다.

지금까지 살펴본 연산자와 여러 가지 함수를 함께 활용하면 더 복잡한 수준의 조건도 검사할수 있습니다. 다만 DECODE 함수와 CASE문은 모두 조건별로 같은 자료형의 데이터를 반환해야 한다는 점을 꼭 기억하세요.

✹ 최근에는 가독성과 표준 사용법의 필요성이 높아져 DECODE보다 CASE문을 더 자주 사용한다는 점을 참고하세요.

지금까지 오라클에서 제공하는 단일행 함수를 살펴봤습니다. 이 책에서는 업무에서 자주 사용하거나 반드시 알아야 하는 함수 위주로 소개했습니다. 그러므로 오라클 함수의 기본과 활용 방식에 익숙해지고 나서 그때그때 업무 진행에 필요한 함수를 찾아 사용할 수 있어야 합니다. 실무에서 일하는 개발자 역시 모든 함수를 외워서 사용하지는 않습니다.

✹ 이 책에서 소개하지 않은 단일행 함수는 오라클 홈페이지 공식 문서를 참고하세요.

• 단일행 함수
https://docs.oracle.com/en/database/oracle/oracle-database/21/sqlrf/Single-Row-Functions.html

되새김 문제

이 장에서 배운 내용을 실습하며 정리하세요.

Q1. 다음과 같은 결과가 나오도록 SQL 구문을 작성해 보세요.
EMPNO 열에는 EMP 테이블에서 사원 이름(ENAME)이 다섯 글자 이상이며 여섯 글자 미만인 사원 정보를 출력합니다. MASKING_EMPNO 열에는 사원 번호(EMPNO) 앞 두 자리 외 뒷자리를 * 기호로 출력합니다. 그리고 MASKING_ENAME 열에는 사원 이름의 첫 글자만 보여 주고 나머지 글자 수만큼 * 기호로 출력하세요.

▼ 결과 화면

	EMPNO	MASKING_EMPNO	ENAME	MASKING_ENAME
1	7369	73**	SMITH	S****
2	7499	74**	ALLEN	A****
3	7566	75**	JONES	J****
4	7698	76**	BLAKE	B****
5	7782	77**	CLARK	C****
6	7788	77**	SCOTT	S****
7	7876	78**	ADAMS	A****
8	7900	79**	JAMES	J****

Q2. 다음과 같은 결과가 나오도록 SQL 구문을 작성해 보세요.
EMP 테이블에서 사원의 월 평균 근무일 수는 21.5일입니다. 하루 근무 시간을 8시간으로 보았을 때 사원의 하루 급여(DAY_PAY)와 시급(TIME_PAY)을 계산하여 결과를 출력합니다.
단, 하루 급여는 소수 셋째 자리에서 버리고, 시급은 소수 둘째 자리에서 반올림하세요.

▼ 결과 화면

	EMPNO	ENAME	SAL	DAY_PAY	TIME_PAY
1	7369	SMITH	800	37.2	4.7
2	7499	ALLEN	1600	74.41	9.3
3	7521	WARD	1250	58.13	7.3
4	7566	JONES	2975	138.37	17.3
5	7654	MARTIN	1250	58.13	7.3
6	7698	BLAKE	2850	132.55	16.6
7	7782	CLARK	2450	113.95	14.2
8	7788	SCOTT	3000	139.53	17.4
9	7839	KING	5000	232.55	29.1
10	7844	TURNER	1500	69.76	8.7
11	7876	ADAMS	1100	51.16	6.4
12	7900	JAMES	950	44.18	5.5
13	7902	FORD	3000	139.53	17.4
14	7934	MILLER	1300	60.46	7.6

Q3. 다음과 같은 결과가 나오도록 SQL 구문을 작성해 보세요.
EMP 테이블에서 사원은 입사일(HIREDATE)을 기준으로 3개월이 지난 후 첫 월요일에 정직원이 됩니다. 사원이 정직원이 되는 날짜(R_JOB)를 YYYY-MM-DD 형식으로 출력하세요. 단, 추가 수당(COMM)이 없는 사원의 추가 수당은 N/A로 출력하세요.

▼ 결과 화면

	EMPNO	ENAME	HIREDATE	R_JOB	COMM
1	7369	SMITH	80/12/17	1981-03-23	N/A
2	7499	ALLEN	81/02/20	1981-05-25	300
3	7521	WARD	81/02/22	1981-05-25	500
4	7566	JONES	81/04/02	1981-07-06	N/A
5	7654	MARTIN	81/09/28	1982-01-04	1400
6	7698	BLAKE	81/05/01	1981-08-03	N/A
7	7782	CLARK	81/06/09	1981-09-14	N/A
8	7788	SCOTT	87/04/19	1987-07-20	N/A
9	7839	KING	81/11/17	1982-02-22	N/A
10	7844	TURNER	81/09/08	1981-12-14	0
11	7876	ADAMS	87/05/23	1987-08-24	N/A
12	7900	JAMES	81/12/03	1982-03-08	N/A
13	7902	FORD	81/12/03	1982-03-08	N/A
14	7934	MILLER	82/01/23	1982-04-26	N/A

Q4. 오른쪽과 같은 결과가 나오도록 SQL 구문을 작성해 보세요.
EMP 테이블의 모든 사원을 대상으로 직속상관의 사원 번호(MGR)를 다음과 같은 조건을 기준으로 변환해서 CHG_MGR 열에 출력하세요.

- 직속상관의 사원 번호가 없을 때: 0000
- 직속상관의 사원 번호 앞 두 자리가 75일 때: 5555
- 직속상관의 사원 번호 앞 두 자리가 76일 때: 6666
- 직속상관의 사원 번호 앞 두 자리가 77일 때: 7777
- 직속상관의 사원 번호 앞 두 자리가 78일 때: 8888
- 그 외 직속상관 사원 번호일 때: 본래 직속상관의 사원 번호 그대로 출력

▼ 결과 화면

	EMPNO	ENAME	MGR	CHG_MGR
1	7369	SMITH	7902	7902
2	7499	ALLEN	7698	6666
3	7521	WARD	7698	6666
4	7566	JONES	7839	8888
5	7654	MARTIN	7698	6666
6	7698	BLAKE	7839	8888
7	7782	CLARK	7839	8888
8	7788	SCOTT	7566	5555
9	7839	KING	(null)	0000
10	7844	TURNER	7698	6666
11	7876	ADAMS	7788	7777
12	7900	JAMES	7698	6666
13	7902	FORD	7566	5555
14	7934	MILLER	7782	7777

정답 이지스퍼블리싱 홈페이지에서 확인하세요.

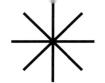

07장

다중행 함수와
데이터 그룹화

06장에서는 오라클에서 제공하는 단일행 함수를 알아보았습니다. 이 장에서는 다중행 함수와 SELECT문의 결괏값을 그룹으로 묶어서 사용하는 방법을 소개합니다. 데이터 그룹화는 다중행 함수와 함께 사용할 때 그 진가를 발휘합니다. 먼저 다중행 함수 중 자주 사용하는 함수부터 살펴봅니다. 그리고 그룹화에 사용하는 GROUP BY절, HAVING절과 관련한 함수도 차례대로 소개합니다.

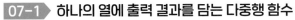

07-1 하나의 열에 출력 결과를 담는 다중행 함수

07-2 결괏값을 원하는 열로 묶어 출력하는 GROUP BY절

07-3 만든 그룹을 조건별로 출력할 때 사용하는 HAVING절

이 장에서 꼭 익혀야 할 것
- ☑ 다중행 함수(전체)
- ☐ GROUP BY절 사용법
- ☐ HAVING절 사용법
- ☐ HAVING절과 WHERE절의 차이
- ☐ GROUP BY절과 다중행 함수의 사용

하나의 열에 출력 결과를 담는 다중행 함수

그룹 함수 또는 복수행 함수라고도 하는 다중행 함수(multiple-row function)는 앞 장에서 잠깐 언급했듯이 여러 행을 바탕으로 하나의 결괏값을 도출할 때 사용합니다. 먼저 대표적인 다중행 함수인 SUM 함수를 사용한 실습 7-1을 실행해 볼까요?

실습 7-1 │ SUM 함수를 사용하여 급여 합계 출력하기

```
01: SELECT SUM(SAL)
02:    FROM EMP;
```

▼ 결과 화면

	⬧ SUM(SAL)
1	29025

실습 7-1의 결과를 보면 하나의 행으로 출력되는 것을 볼 수 있습니다. 이 결과를 조금 더 자세히 살펴보면 다음과 같습니다.

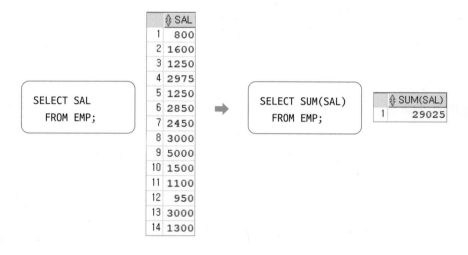

SUM 함수는 SELECT문으로 조회한 모든 열을 더한 값을 반환합니다. 즉 위와 같이 EMP 테이블을 구성하는 14개 행 중 SAL 열을 모두 합한 결괏값을 하나의 행으로 출력합니다.

이렇듯 다중행 함수는 여러 행을 입력하여 하나의 행으로 결과를 출력하는 특징이 있습니다. 이러한 특징 때문에 다중행 함수를 사용한 SELECT절에는 기본적으로 결과가 여러 행일 수 있는 열(함수: 연산자를 사용한 데이터도 포함)은 함께 사용할 수 없습니다. 즉 다음과 같은 SELECT문은 실행하지 못하므로 오류가 발생합니다.

□ 실습 7-2 | SUM 함수를 사용하여 사원 이름과 급여 합계 출력하기

```
01: SELECT ENAME, SUM(SAL)
02:    FROM EMP;
```

▼ 결과 화면

```
ORA-00937: 단일 그룹의 그룹 함수가 아닙니다
00937, 00000 - "not a single-group group function"
*Cause:
*Action:
1행, 8열에서 오류 발생
```

ORA-00937 오류는 실습 7-2와 같이 SELECT절에 다중행 함수를 사용하여 결괏값이 한 행으로 나온 데이터(SUM(SAL))와 여러 행이 나올 수 있는 데이터(ENAME)를 함께 명시했을 때 발생합니다.

✸ ORA-00937은 실무에서도 자주 보는 오류입니다. 그러니 오류가 발생해도 너무 걱정할 필요 없습니다. 실무에서도 오류가 나오면 고쳐 가면서 사용하니까요.

그러면 SUM 함수와 같이 간단하게 사용할 수 있는 다중행 함수를 먼저 살펴봅니다. 자주 사용하는 다중행 함수를 오른쪽과 같이 정리했습니다.

함수	설명
SUM	지정한 데이터의 합을 반환합니다.
COUNT	지정한 데이터의 개수를 반환합니다.
MAX	지정한 데이터 중 최댓값을 반환합니다.
MIN	지정한 데이터 중 최솟값을 반환합니다.
AVG	지정한 데이터의 평균값을 반환합니다.

📝 알아 두면 좋아요! 집계 함수와 분석 함수

오라클은 사분위수(quartile), 중앙값(median), 분산(variance), 표준편차(standard deviation), 표준오차(standard error) 등 데이터 과학이나 데이터 분석 영역에서 사용하는 기초 통계 기능을 포함한 데이터 과학과 관련한 다양한 함수도 제공합니다.

하지만 일반적인 데이터 과학이나 데이터 분석 실무에서는 대부분 원 데이터 또는 전처리를 끝낸 데이터를 R과 파이썬 등에서 불러온 후 코딩을 활용하여 분석하고 시각화하므로 오라클에서 이를 다루는 방법은 살펴보지 않습니다.

데이터 분석이나 데이터 과학을 위해 마련한 오라클 함수는 다음 링크를 참고하세요.

- 집계 함수(aggregate functions)
https://docs.oracle.com/en/database/oracle/oracle-database/12.2/sqlrf/Aggregate-Functions.html

- 분석 함수(analytic functions)
https://docs.oracle.com/en/database/oracle/oracle-database/12.2/sqlrf/Analytic-Functions.html

합계를 구하는 SUM 함수

SUM 함수는 앞에서 소개한 대로 데이터의 합을 구합니다. 기본 형식은 다음과 같습니다.

 기본 형식 SUM([DISTINCT, ALL 중 하나를 선택하거나 아무 값도 지정하지 않음(선택)]
[합계를 구할 열이나 연산자, 함수를 사용한 데이터(필수)]) ──❶

번호	설명
❶	합계를 구해 반환합니다.

그리고 SUM 함수를 분석하는 용도로 사용한다면 다음과 같이 함수를 작성한 후 OVER절을 사용할 수도 있습니다.

 기본 형식 SUM([DISTINCT, ALL 중 하나를 선택하거나 아무 값도 지정하지 않음(선택)]
[합계를 구할 열이나 연산자, 함수를 사용한 데이터(필수)])
OVER(분석할 때 사용할 여러 문법 지정)(선택)

OVER절은 데이터를 좀 더 깊이 있게 분석할 때에 한
해 사용하므로 지금은 오른쪽의 SELECT문처럼 실습
7-1에서 사용한 예제와 같은 방식만 기억해 두세요.
먼저 실습 7-3에서 SUM 함수의 기본 형식을 살펴봅
니다.

실습 7-3 | 추가 수당 합계 구하기

```
01: SELECT SUM(COMM)
02:    FROM EMP;
```

▼ 결과 화면

	⇕ SUM(COMM)
1	2200

실습 7-3은 추가 수당 열을 지정해 합계를 구합니다. 추가 수당 열은 NULL이 있는 열입니다.
덧셈(+) 연산만으로 합계를 구했다면 결과는 아마 NULL이 나왔겠죠. 하지만 SUM 함수는
NULL 데이터는 제외하고 합계를 구하므로 별다른 문제 없이 결과를 출력합니다.

SUM 함수와 DISTINCT, ALL 함께 사용하기

이번에는 SUM 함수를 작성할 때 생략할 수 있는 옵션인 DISTINCT, ALL을 사용한 결과와 비교해 봅니다. SAL 열을 지정하여 다음 SELECT문의 결과를 확인해 보세요.

📋 **실습 7-4 | 급여 합계 구하기(DISTINCT, ALL 사용)**

```
01: SELECT SUM(DISTINCT SAL),
02:        SUM(ALL SAL),
03:        SUM(SAL)
04:   FROM EMP;
```

▼ 결과 화면

	⊕ SUM(DISTINCTSAL)	⊕ SUM(ALLSAL)	⊕ SUM(SAL)
1	24775	29025	29025

실습 7-4의 결과에서 알 수 있듯이 ALL을 사용한 결과와 아무 옵션을 지정하지 않은 SUM 함수의 결과는 같습니다. DISTINCT를 지정한 SUM 함수의 결괏값은 다른데, SUM 함수에 DISTINCT를 지정하면 결괏값이 같은 데이터는 합계에서 한 번만 사용하기 때문입니다. 즉 중복 데이터는 제외하고 계산합니다. 하지만 일반적으로 합계를 구할 때 같은 값을 제외하는 때는 그리 흔하지 않으므로 보통은 SUM(데이터)처럼 간단한 형식을 주로 사용합니다.

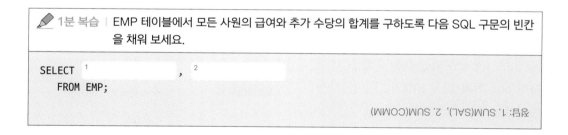

🖊️ **1분 복습** | EMP 테이블에서 모든 사원의 급여와 추가 수당의 합계를 구하도록 다음 SQL 구문의 빈칸을 채워 보세요.

```
SELECT ¹ _____ , ² _____
  FROM EMP;
```

정답: 1. SUM(SAL), 2. SUM(COMM)

데이터 개수를 구하는 COUNT 함수

COUNT 함수는 데이터 개수를 출력할 때 사용합니다. COUNT 함수의 기본 형식은 다음과 같습니다. 그리고 COUNT 함수에 *을 사용하면 SELECT문의 결괏값으로 나온 행 데이터의 개수를 반환합니다.

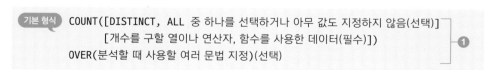

기본 형식 COUNT([DISTINCT, ALL 중 하나를 선택하거나 아무 값도 지정하지 않음(선택)]
　　　　　[개수를 구할 열이나 연산자, 함수를 사용한 데이터(필수)])
　　　OVER(분석할 때 사용할 여러 문법 지정)(선택)　①

번호	설명
❶	결과 행의 개수를 출력합니다.

SUM 함수와 마찬가지로 DISTINCT나 ALL을 사용하여 특정 데이터 또는 열을 지정할 수도 있습니다. 이 방식은 옵션에 따라 지정한 데이터 중복을 제거하거나 허용하여 데이터 개수를 반환합니다. 옵션을 지정하지 않았을 때는 중복을 허용하여 결괏값을 반환하는 ALL을 기본으로 합니다.

실습 7-5와 같이 COUNT 함수의 기본 형식을 사용하여 EMP 테이블에서 사원 수, 즉 행 수를 출력해 볼까요?

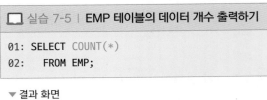

결괏값의 개수를 구하는 COUNT 함수는 언뜻 별 의미가 없어 보일 수도 있지만 WHERE절의 조건식을 함께 사용하면 유용하게 써먹을 수 있습니다. 예를 들어 30번 부서에 근무하는 직원 수를 알고 싶다면 오른쪽과 같이 SELECT문을 작성합니다.

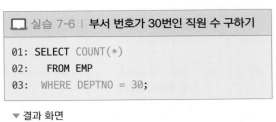

이렇게 특정 조건을 만족하는 데이터를 COUNT 함수와 함께 사용한 결괏값은 다양한 분야에서 활용할 수 있습니다. 예를 들어 웹 커뮤니티에서 특정 회원이 작성한 총 글 수, 댓글 수, 글에서 받은 찬성 수, 반대 수 등을 잘 조합하여 회원 등급이나 레벨 등을 관리할 수 있습니다. 또는 웹 쇼핑몰에서 어떤 상품을 많이 구매했는지, 화면 어느 위치에 있는 항목을 자주 선택하는지 등을 분석할 때도 활용할 수 있습니다.

COUNT 함수와 DISTINCT, ALL 함께 사용하기

DISTINCT를 사용한 결괏값과 ALL을 지정한 결괏값이 어떻게 다른지 살펴봅시다.

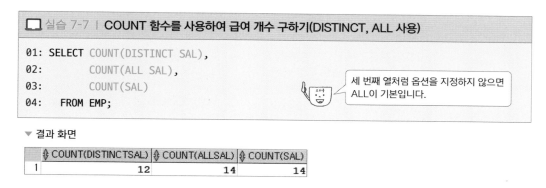

▣ 실습 7-7 | COUNT 함수를 사용하여 급여 개수 구하기(DISTINCT, ALL 사용)

```
01: SELECT COUNT(DISTINCT SAL),
02:        COUNT(ALL SAL),
03:        COUNT(SAL)
04:    FROM EMP;
```

세 번째 열처럼 옵션을 지정하지 않으면 ALL이 기본입니다.

▼ 결과 화면

	COUNT(DISTINCTSAL)	COUNT(ALLSAL)	COUNT(SAL)
1	12	14	14

다음 두 실습에서 COUNT 함수를 사용하면 추가 수당 열처럼 NULL 데이터는 반환 개수에서 제외한다는 점도 잊지 마세요.

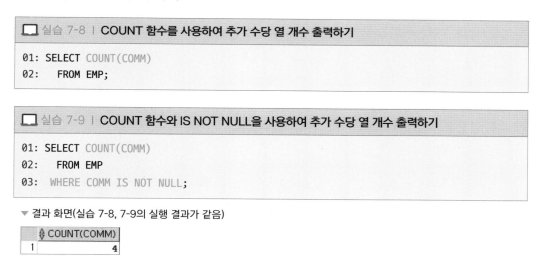

▣ 실습 7-8 | COUNT 함수를 사용하여 추가 수당 열 개수 출력하기

```
01: SELECT COUNT(COMM)
02:    FROM EMP;
```

▣ 실습 7-9 | COUNT 함수와 IS NOT NULL을 사용하여 추가 수당 열 개수 출력하기

```
01: SELECT COUNT(COMM)
02:    FROM EMP
03: WHERE COMM IS NOT NULL;
```

▼ 결과 화면(실습 7-8, 7-9의 실행 결과가 같음)

	COUNT(COMM)
1	4

추가 수당 열에 IS NOT NULL 조건을 사용해도 같은 결과를 출력합니다.

최댓값을 구하는 MAX 함수와 최솟값을 구하는 MIN 함수

MAX 함수와 MIN 함수는 단어 의미 그대로 입력 데이터의 최댓값과 최솟값을 반환합니다. 두 함수의 기본 형식은 다음과 같습니다.

MAX([DISTINCT, ALL 중 하나를 선택하거나 아무 값도 지정하지 않음(선택)]
    [최댓값을 구할 열이나 연산자, 함수를 사용한 데이터(필수)])
OVER(분석할 때 사용할 여러 문법 지정)(선택)   **①**

MIN([DISTINCT, ALL 중 하나를 선택하거나 아무 값도 지정하지 않음(선택)]
    [최솟값을 구할 열이나 연산자, 함수를 사용한 데이터(필수)])
OVER(분석할 때 사용할 여러 문법 지정)(선택)   **②**

번호	설명
①	결과 행에서 최댓값을 출력합니다.
②	결과 행에서 최솟값을 출력합니다.

숫자 데이터에 MAX, MIN 함수 사용하기

MAX, MIN 함수 역시 앞에서 다룬 COUNT, SUM 함수처럼 DISTINCT나 ALL을 지정할 수 있습니다. 하지만 최댓값과 최솟값은 데이터 중복 제거와 무관하게 같은 결괏값을 반환하므로 실제로는 지정하지 않습니다. 오른쪽 실습에서 MAX, MIN 함수 사용법을 살펴봅니다.

□ 실습 7-10 | 부서 번호가 10인 사원의 최대 급여 출력하기

```
01: SELECT MAX(SAL)
02:   FROM EMP
03:  WHERE DEPTNO = 10;
```

▼ 결과 화면

	◈ MAX(SAL)
1	5000

□ 실습 7-11 | 부서 번호가 10인 사원의 최소 급여 출력하기

```
01: SELECT MIN(SAL)
02:   FROM EMP
03:  WHERE DEPTNO = 10;
```

▼ 결과 화면

	◈ MIN(SAL)
1	1300

날짜 데이터에 MAX, MIN 함수 사용하기

보통 최댓값, 최솟값이라 하면 숫자를 떠올립니다. 하지만 오라클 데이터베이스에서는 날짜나 문자열 데이터 역시 크기를 비교할 수 있습니다. 그러므로 이런 데이터에도 MAX, MIN 함수를 사용합니다. 실습에는 없지만 MAX, MIN 함수에 문자열 데이터를 지정한 SELECT문도 만들어 보고 결괏값을 확인해 보세요.

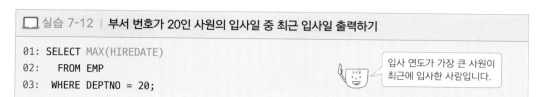

실습 7-12 │ 부서 번호가 20인 사원의 입사일 중 최근 입사일 출력하기

```
01: SELECT MAX(HIREDATE)
02:   FROM EMP
03:  WHERE DEPTNO = 20;
```

입사 연도가 가장 큰 사원이 최근에 입사한 사람입니다.

▼ 결과 화면

⬍ MAX(HIREDATE)
1 87/05/23

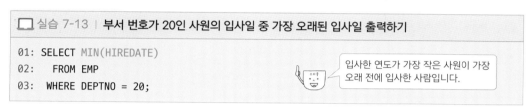

실습 7-13 │ 부서 번호가 20인 사원의 입사일 중 가장 오래된 입사일 출력하기

```
01: SELECT MIN(HIREDATE)
02:   FROM EMP
03:  WHERE DEPTNO = 20;
```

입사한 연도가 가장 작은 사원이 가장 오래 전에 입사한 사람입니다.

▼ 결과 화면

⬍ MIN(HIREDATE)
1 80/12/17

평균값을 구하는 AVG 함수

AVG 함수는 입력 데이터의 평균값을 구하는 함수입니다. 숫자 또는 숫자로 암시적 형 변환할 수 있는 데이터만 사용할 수 있습니다. 기본 형식은 다음과 같습니다.

기본 형식   AVG([DISTINCT, ALL 중 하나를 선택하거나 아무 값도 지정하지 않음(선택)]
          [평균값을 구할 열이나 연산자, 함수를 사용한 데이터(필수)])
          OVER(분석할 때 사용할 여러 문법 지정)(선택)   ❶

번호	설명
❶	결과 행의 평균값을 반환합니다.

실습 7-14로 AVG 함수 사용법을 간단히 알아봅니다.

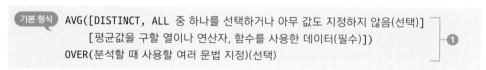

실습 7-14 │ 부서 번호가 30인 사원의 평균 급여 출력하기

```
01: SELECT AVG(SAL)
02:   FROM EMP
03:  WHERE DEPTNO = 30;
```

▼ 결과 화면

⬍ AVG(SAL)
1 1566.6666666666666666666666666666666667

자주 사용하는 방식은 아니지만 DISTINCT를 지정하면 중복값을 제외하고 평균값을 구하므로 결괏값이 달라질 수 있습니다. 마침 30번 부서의 WARD, MARTIN이 1250으로 급여가 같습니다. 실습 7-15를 실행해 결괏값을 확인하고 실습 7-14의 결괏값과 차이를 비교해 볼까요? DISTINCT를 지정하지 않으면 중복을 허용하는 ALL이 기본값입니다.

🖥 실습 7-15 | **DISTINCT로 중복을 제거한 급여 열의 평균 급여 구하기**

```
01: SELECT AVG(DISTINCT SAL)
02:   FROM EMP
03:  WHERE DEPTNO = 30;
```

▼ 결과 화면

	⊕ AVG(DISTINCTSAL)
1	1630

✏️ 1분 복습 | 부서 번호가 30인 사원의 평균 추가 수당을 출력하도록 다음 SQL 구문의 빈칸을 채워 보세요.

SELECT <u>¹   </u>
   FROM EMP
WHERE <u>²   </u> ;

정답: 1. AVG(COMM), 2. DEPTNO = 30

07-2

결괏값을 원하는 열로 묶어 출력하는 GROUP BY절

앞에서 살펴본 다중행 함수는 지정한 테이블의 데이터를 가공하여 하나의 결괏값만 출력했습니다. 그러므로 부서를 의미하는 부서 번호, 즉 DEPTNO 열별로 급여의 평균값을 구하려면 SELECT문을 다음과 같이 하나하나 작성해야 합니다.

```
SELECT AVG(SAL) FROM EMP WHERE DEPTNO = 10;
SELECT AVG(SAL) FROM EMP WHERE DEPTNO = 20;
SELECT AVG(SAL) FROM EMP WHERE DEPTNO = 30;
...
```

이렇게 부서별 평균 급여를 구하고자 작성한 각 SELECT문의 결괏값을 하나로 통합하려면 05장에서 소개한 집합 연산자를 다음과 같이 활용해야 합니다.

📖 실습 7-16 | 집합 연산자를 사용하여 부서별 평균 급여 출력하기

```
01: SELECT AVG(SAL), '10' AS DEPTNO FROM EMP WHERE DEPTNO = 10
02: UNION ALL
03: SELECT AVG(SAL), '20' AS DEPTNO FROM EMP WHERE DEPTNO = 20
04: UNION ALL
05: SELECT AVG(SAL), '30' AS DEPTNO FROM EMP WHERE DEPTNO = 30;
```

▼ 결과 화면

⬥ AVG(SAL)	⬥ DEPTNO
1 2916.66666666666666666666666666666666667	10
2 2175	20
3 1566.66666666666666666666666666666666667	30

이 실습에서 다중행 함수인 AVG 함수 옆에는 부서 코드 열을 바로 붙일 수 없으므로 별칭으로 10, 20, 30을 직접 작성했다는 점도 눈여겨보세요. 필요에 따라 이런 식으로 데이터를 강제로 넣어 결과 열에 명시하기도 합니다.

하지만 이러한 방식은 한눈에 보기에 번거로울 뿐만 아니라 이후에 특정 부서를 추가하거나 삭제할 때마다 SQL 구문을 수정해야 하므로 바람직하지 않습니다.

❀ 코드를 상황에 따라 유연하게 동작할 수 있도록 일반화 또는 공식화해서 만들지 않고 실습 7-16처럼 그 상황 자체를 각각 지정하여 작성하는 방식을 실무에서는 '하드 코딩'이라고 합니다. 어쩔 수 없는 경우가 아니라면 피해야 하는 방식이죠.

GROUP BY절의 기본 사용법

실습 7-16과 같이 여러 데이터에서 의미 있는 하나의 결과를 특정 열별로 묶어서 출력할 때 데이터를 '그룹화'한다고 표현합니다. SELECT문에서는 GROUP BY절을 작성하여 데이터를 그룹화할 수 있는데, 다음과 같이 순서에 맞게 작성하여 그룹으로 묶을 기준 열을 지정합니다.

기본 형식	
SELECT	[조회할 열1 이름], [열2 이름], ..., [열n 이름]
FROM	[조회할 테이블 이름]
WHERE	[조회할 행을 선별하는 조건식]
GROUP BY	[그룹화할 열을 지정(여러 개 지정할 수 있음)] —❶
ORDER BY	[정렬할 열 지정]

번호	키워드	필수 요소	선택 요소	설명
❶	GROUP BY	그룹화할 열 또는 데이터 지정	-	특정 열 또는 데이터를 기준으로 데이터를 그룹으로 묶습니다.

GROUP BY절에는 여러 개의 열을 지정할 수 있습니다. 이렇게 하면 먼저 지정한 열로 대그룹을 나누고 그다음 지정한 열로 소그룹을 나눕니다.

❀ GROUP BY절에서는 별칭을 인식하지 못합니다. 즉 열 이름이나 연산식을 그대로 지정해야 합니다.

앞에서 살펴본 부서별 평균 급여를 통합한 결과를 보려면 GROUP BY절을 사용하여 다음과 같이 SELECT문을 작성하면 됩니다.

🖵 실습 7-17 | GROUP BY를 사용하여 부서별 평균 급여 출력하기

```
01: SELECT AVG(SAL), DEPTNO
02:   FROM EMP
03: GROUP BY DEPTNO;
```

▼ 결과 화면

	⬧ AVG(SAL)	⬧ DEPTNO
1	2175	20
2	1566.6666666666666666666666666666666667	30
3	2916.6666666666666666666666666666666667	10

각 부서의 직책별 평균 급여를 알고
싶다면 GROUP BY절에 JOB 열을
추가로 명시하여 오른쪽과 같이 작
성할 수 있습니다.

실습 7-18을 살펴보면 SELECT문
에 ORDER BY절도 함께 지정했습
니다. GROUP BY절로 그룹화한 다
음, 결과를 보기 좋게 정렬하려면
ORDER BY절로 정렬 기준을 지정
하면 됩니다.

□ 실습 7-18 | 부서 번호와 직책별 평균 급여로 정렬하기

```
01: SELECT DEPTNO, JOB, AVG(SAL)
02:    FROM EMP
03: GROUP BY DEPTNO, JOB
04: ORDER BY DEPTNO, JOB;
```

▼ 결과 화면

	DEPTNO	JOB	AVG(SAL)
1	10	CLERK	1300
2	10	MANAGER	2450
3	10	PRESIDENT	5000
4	20	ANALYST	3000
5	20	CLERK	950
6	20	MANAGER	2975
7	30	CLERK	950
8	30	MANAGER	2850
9	30	SALESMAN	1400

실습 7-18의 결과는 GROUP BY절에 지정한 부서 번호로 그룹을 먼저 묶은 후 그룹 내에서
사원 직책 열을 기준으로 다시 소그룹으로 묶어 급여 평균을 출력합니다.

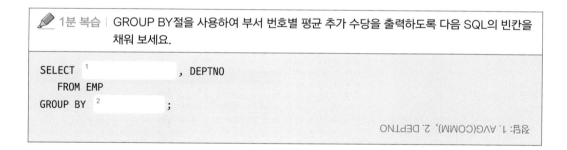

✎ 1분 복습 | GROUP BY절을 사용하여 부서 번호별 평균 추가 수당을 출력하도록 다음 SQL의 빈칸을
채워 보세요.

```
SELECT  [1]            , DEPTNO
    FROM EMP
GROUP BY [2]      ;
```

정답: 1. AVG(COMM), 2. DEPTNO

GROUP BY절을 사용할 때 유의점

GROUP BY절을 사용하여 출력 데이터를 그룹화할 때 조심해야 할 점이 있는데 바로 다중행
함수를 사용하지 않은 일반 열은 GROUP BY절에 지정하지 않으면 SELECT절에서 사용할
수 없다는 것입니다. 다음과 같이 GROUP BY절에 지정하지 않은 ENAME 열을 출력하도록
작성한 SELECT문을 실행해 보죠.

□ 실습 7-19 | GROUP BY절에 없는 열을 SELECT절에 포함할 때

```
01: SELECT ENAME, DEPTNO, AVG(SAL)
02:   FROM EMP
03: GROUP BY DEPTNO;
```

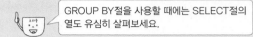

GROUP BY절을 사용할 때에는 SELECT절의 열도 유심히 살펴보세요.

▼ 결과 화면

```
ORA-00979: GROUP BY 표현식이 아닙니다.
00979. 00000 - "not a GROUP BY expression"
*Cause:
*Action:
1행, 8열에서 오류 발생
```

실습 7-19를 실행하면 오류가 발생합니다. DEPTNO를 기준으로 그룹화하여 DEPTNO 열과 AVG(SAL) 열은 한 행으로 출력하지만, ENAME 열은 여러 행으로 구성되어 열별 데이터 수가 달라져 출력할 수 없기 때문입니다.

앞에서 다중행 함수를 처음 소개할 때 발생한 ORA-00937 오류와 이유는 비슷합니다. GROUP BY절을 사용할 때 그룹화한 열 외의 일반 열은 SELECT절에 지정할 수 없습니다. 이 점만 기억한다면 문제가 생길 일은 없습니다.

07-3

만든 그룹을 조건별로 출력할 때 사용하는 HAVING절

HAVING절은 SELECT문에 GROUP BY절이 있을 때만 사용할 수 있습니다. 이 절은 GROUP BY절로 그룹화한 결괏값의 범위를 제한하는 데 사용합니다. 각 부서의 직책별 평균 급여를 구하되 그 평균 급여가 2000 이상인 그룹만 출력하려면 다음과 같이 SELECT문에 GROUP BY절과 HAVING절을 함께 사용합니다.

🖥 실습 7-20 | GROUP BY절과 HAVING절을 사용하여 출력하기

```
01: SELECT DEPTNO, JOB, AVG(SAL)
02:   FROM EMP
03: GROUP BY DEPTNO, JOB
04:   HAVING AVG(SAL) >= 2000
05: ORDER BY DEPTNO, JOB;
```

▼ 결과 화면

	DEPTNO	JOB	AVG(SAL)
1	10	CLERK	1300
2	10	MANAGER	2450
3	10	PRESIDENT	5000
4	20	ANALYST	3000
5	20	CLERK	950
6	20	MANAGER	2975
7	30	CLERK	950
8	30	MANAGER	2850
9	30	SALESMAN	1400

HAVING절을 추가하지 않았을 때

	DEPTNO	JOB	AVG(SAL)
1	10	MANAGER	2450
2	10	PRESIDENT	5000
3	20	ANALYST	3000
4	20	MANAGER	2975
5	30	MANAGER	2850

HAVING절을 추가했을 때

실습 7-20의 두 결과를 비교하며 살펴볼까요? HAVING절을 추가했을 때의 결과를 살펴보면 HAVING절을 이용하여 AVG(SAL)이 2000을 넘지 않은 그룹의 결과는 출력하지 않았음을 알 수 있습니다.

HAVING절의 기본 사용법

HAVING절의 기본 형식은 다음과 같습니다.

기본 형식		
SELECT	[조회할 열1 이름], [열2 이름], ..., [열N 이름]	
FROM	[조회할 테이블 이름]	
WHERE	[조회할 행을 선별하는 조건식]	
GROUP BY	[그룹화할 열 지정(여러 개 지정 할 수 있음)]	
HAVING	[출력 그룹을 제한하는 조건식] ─❶	
ORDER BY	[정렬할 열 지정];	

번호	키워드	필수 요소	선택 요소	설명
❶	HAVING	조건식	-	GROUP BY절을 사용해 그룹화한 결과 중 출력 그룹을 선별하는 조건식을 지정합니다.

기본 형식에서 알 수 있듯이 HAVING절은 GROUP BY절이 있을 때 이 절 바로 뒤에 작성합니다. 그리고 GROUP BY절과 마찬가지로 별칭은 사용할 수 없습니다.

HAVING절을 사용할 때 유의점

조건식을 지정한다는 점에서 HAVING절이 WHERE절과 비슷하다고 생각할 수도 있습니다. HAVING절도 WHERE절처럼 지정한 조건식이 참인 결과만 출력한다는 점에서 비슷한 부분이 있습니다. 하지만 WHERE절은 출력 대상 행을 제한하고 HAVING절은 그룹화한 대상을 출력에서 제한하므로 쓰임새는 전혀 다르다는 것을 꼭 기억하세요.

출력 결과를 제한할 때 HAVING절을 사용하지 않고 조건식을 WHERE절에 명시하면 다음처럼 SELECT문이 실행되지 않고 오류가 발생합니다.

□ 실습 7-21 | HAVING절 대신 WHERE절을 잘못 사용할 때

```
01: SELECT DEPTNO, JOB, AVG(SAL)
02:   FROM EMP
03:  WHERE AVG(SAL) >= 2000
04: GROUP BY DEPTNO, JOB
05: ORDER BY DEPTNO, JOB;
```

▼ 결과 화면

```
ORA-00934: 그룹 함수는 허가되지 않습니다
00934. 00000 - "group function is not allowed here"
*Cause:
*Action:
3행, 8열에서 오류 발생
```

출력 행을 제한하는 WHERE절에서는 그룹화한 데이터 AVG(SAL)을 제한하는 조건식을 지정할 수 없습니다.

WHERE절과 HAVING절의 차이점

HAVING절과 WHERE절을 모두 사용한 SELECT문은 어떻게 동작하는지 확인해 볼까요? HAVING절을 처음 사용한 SELECT문에 WHERE절 조건을 추가하여 실행합니다. 실습 7-22는 HAVING절만 사용한 예제이고 실습 7-23이 WHERE절을 함께 지정한 새로운 SELECT문입니다. 두 SELECT문과 실행 결과를 비교하여 확인해 보세요.

📖 **실습 7-22** | WHERE절을 사용하지 않고 HAVING절만 사용한 경우

```
01: SELECT DEPTNO, JOB, AVG(SAL)
02:   FROM EMP
03: GROUP BY DEPTNO, JOB
04:   HAVING AVG(SAL) >= 2000
05: ORDER BY DEPTNO, JOB;
```

▼ 결과 화면

	⬦ DEPTNO	⬦ JOB	⬦ AVG(SAL)
1	10	MANAGER	2450
2	10	PRESIDENT	5000
3	20	ANALYST	3000
4	20	MANAGER	2975
5	30	MANAGER	2850

📖 **실습 7-23** | WHERE절과 HAVING절을 모두 사용한 경우

```
01: SELECT DEPTNO, JOB, AVG(SAL)
02:   FROM EMP
03:   WHERE SAL <= 3000
04: GROUP BY DEPTNO, JOB
05:   HAVING AVG(SAL) >= 2000
06: ORDER BY DEPTNO, JOB;
```

WHERE절이 GROUP BY절과 HAVING절보다 먼저 실행됩니다.

▼ 결과 화면

	⬦ DEPTNO	⬦ JOB	⬦ AVG(SAL)
1	10	MANAGER	2450
2	20	ANALYST	3000
3	20	MANAGER	2975
4	30	MANAGER	2850

WHERE절을 추가한 SELECT문에서는 10번 부서의 PRESIDENT 데이터가 출력되지 않습니다. 이는 WHERE절이 GROUP BY절과 HAVING절을 사용한 데이터 그룹화보다 먼저 출력 대상 행을 제한하기 때문입니다.

추가한 WHERE절에서는 급여가 3000 이하인 조건식을 지정합니다. 따라서 GROUP BY절을 사용해 부서별(DEPTNO), 직책별(JOB) 데이터를 그룹화하기 전에 급여가 3000 이하가 아닌 데이터, 즉 급여가 3000을 초과한 사원의 데이터를 결과에서 먼저 제외하므로 그룹화 대상에 속하지도 못합니다. 따라서 다음과 같이 WHERE절을 실행한 후에 나온 결과 데이터만 GROUP BY절과 HAVING절의 그룹화 대상 데이터가 됩니다.

```
SELECT DEPTNO, JOB, SAL
  FROM EMP
 WHERE SAL <= 3000
ORDER BY DEPTNO, JOB;
```

	DEPTNO	JOB	SAL
1	10	CLERK	1300
2	10	MANAGER	2450
3	20	ANALYST	3000
4	20	ANALYST	3000
5	20	CLERK	1100
6	20	CLERK	800
7	20	MANAGER	2975
8	30	CLERK	950
9	30	MANAGER	2850
10	30	SALESMAN	1250
11	30	SALESMAN	1600
12	30	SALESMAN	1250
13	30	SALESMAN	1500

WHERE절 조건을 먼저 실행하므로 20번 부서의 PRESIDENT 직급 데이터는 제외합니다. 따라서 그룹화 대상에도 속하지 못합니다.

이 결과에서 GROUP BY절로 그룹화를 진행하고 HAVING절에서 그룹을 제한하므로 그룹을 만들기 전에 걸러진 데이터는 그룹화를 진행하지 않습니다.

예를 들어 연예인을 배출하는 엔터테인먼트 회사에는 여러 연예인 지망생이 속해 있겠죠. 그리고 그 연예인 지망생을 조합하여 새로운 여성 아이돌 그룹을 결성하려는 때를 생각해 봅시다. 엔터테인먼트사는 수많은 연예인 지망생 중 신규 여성 아이돌 그룹에 적합한 인재를 선별하고 조합할 겁니다. 이때 신규 여성 아이돌 그룹을 결성한다면 남성 연예인 지망생은 처음부터 고려 대상에서 제외하겠죠.

이와 비슷하게 GROUP BY절로 그룹을 나누는 대상 데이터를 처음부터 제외할 목적이라면 WHERE절을 함께 사용합니다. 즉 GROUP BY절을 수행하기 전에 WHERE절의 조건식으로 먼저 출력 행을 제한한다는 점을 꼭 기억하세요.

📝 **알아 두면 좋아요!** 그룹화와 관련한 여러 함수와 표현식

오라클은 SELECT문 안에서 데이터를 그룹화하는 GROPU BY절, HAVING절과 더불어 다양한 그룹화 관련 함수와 표현식을 제공합니다. 하지만 실무에서는 대부분 GROUP BY절과 HAVING절만으로도 충분하므로 나머지 그룹화 함수는 이 책에서 다루지 않습니다. 자세한 내용은 다음 그룹화 관련 함수와 표현식 자료를 참고하세요.

• ROLLUP, CUBE, GROUPING, GROUPING SETS, GROUPING_ID 함수
https://docs.oracle.com/en/database/oracle/oracle-database/21/dwhsg/sql-aggregation-data-warehouses.html

• LISTAGG 함수
https://docs.oracle.com/en/database/oracle/oracle-database/21/sqlrf/LISTAGG.html

되새김 문제

이 장에서 배운 내용을 실습하며 정리하세요.

Q1. 다음처럼 결과가 나오도록 SQL 구문을 작성해 보세요.
EMP 테이블을 이용하여 부서 번호(DEPTNO), 평균 급여(AVG_SAL), 최고 급여(MAX_SAL), 최저 급여(MIN_SAL), 사원 수(CNT)를 출력합니다. 단 평균 급여를 출력할 때 소수는 제외하고 부서 번호별로 출력하세요.

▼ 결과 화면

	DEPTNO	AVG_SAL	MAX_SAL	MIN_SAL	CNT
1	20	2175	3000	800	5
2	30	1566	2850	950	6
3	10	2916	5000	1300	3

Q2. 오른쪽처럼 결과가 나오도록 SQL 구문을 작성해 보세요.
같은 직책(JOB)에 종사하는 사원이 3명 이상인 직책과 인원 수를 출력하세요.

▼ 결과 화면

	JOB	COUNT(*)
1	CLERK	4
2	SALESMAN	4
3	MANAGER	3

Q3. 다음처럼 결과가 나오도록 SQL 구문을 작성해 보세요.
사원의 입사 연도(HIRE_YEAR)를 기준으로 부서별로 몇 명씩 입사했는지 출력하세요.

▼ 결과 화면

	HIRE_YEAR	DEPTNO	CNT
1	1980	20	1
2	1981	30	6
3	1981	20	2
4	1981	10	2
5	1987	20	2
6	1982	10	1

Q4. 오른쪽처럼 결과가 나오도록 SQL 구문을 작성해 보세요.
추가 수당(COMM)을 받는 사원 수와 받지 않는 사원 수를 출력하세요.

▼ 결과 화면

	EXIST_COMM	CNT
1	X	10
2	O	4

정답 이지스퍼블리싱 홈페이지에서 확인하세요.

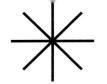

08장

여러 테이블을 하나의 테이블처럼 사용하는 조인

관계형 데이터베이스에는 여러 종류의 데이터를 다양한 테이블에 나누어 저장하는 특성이 있습니다. 그래서 응용 프로그램이나 업무에 사용하는 SQL 구문은 대부분 단일 테이블이 아닌 여러 테이블의 데이터를 조합하여 출력할 때가 흔합니다. 이것이 가능한 조회 방식이 바로 조인입니다. 이 장에서 배울 다양한 조인 방식을 사용한 데이터 출력은 활용도가 높아 실무에서도 자주 사용하므로 잘 익혀 둡시다.

이 장에서 꼭 익혀야 할 것
☑ 조인의 뜻과 WHERE절 조건식의 사용
☐ 등가 조인, 자체 조인, 외부 조인

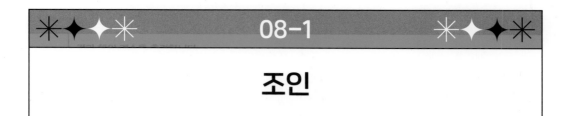

08-1

조인

집합 연산자와 조인의 차이점

조인(join)은 2개 이상의 테이블을 연결하여 하나의 테이블처럼 출력할 때 사용하는 방식입니다. 앞에서 배운 내용을 잘 기억한다면 집합 연산자를 사용한 결과와 비슷하게 느낄 수도 있습니다. 차이점을 간단히 이야기하자면 집합 연산자를 사용한 결과는 두 개 이상 SELECT문의 결괏값을 세로로 연결한 것이고, 조인을 사용한 결과는 두 개 이상의 테이블 데이터를 가로로 연결한 것이라고 볼 수 있습니다.

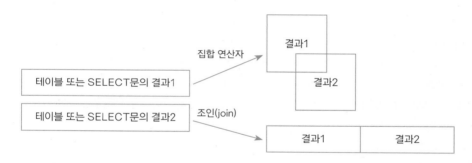

여러 테이블을 사용할 때의 FROM절

지금까지 사용한 SELECT문은 다음과 같이 FROM절에 EMP 테이블 하나만 지정했습니다. 하지만 FROM절에는 테이블을 여러 개 지정할 수 있습니다. 조금 더 정확하게는 꼭 테이블이 아니더라도 테이블 형태, 즉 열과 행으로 구성된 데이터 집합이면 모두 FROM절에 지정할 수 있습니다. 뷰(view)와 서브쿼리(subquery) 등이 이에 해당하며 이 내용은 09장에서 다시 살펴봅니다.

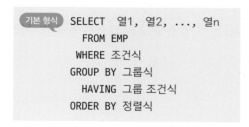

```
기본 형식  SELECT  열1, 열2, ..., 열n
              FROM EMP
             WHERE 조건식
          GROUP BY 그룹식
            HAVING 그룹 조건식
          ORDER BY 정렬식
```

SELECT절의 여러 열을 구분할 때와 마찬가지로 FROM절에 여러 테이블을 지정할 때는 쉼표(,)를 구분자로 사용합니다. 이와 함께 WHERE, GROUP BY, ORDER BY절 등 다른 절도 그대로 사용할 수 있습니다.

> **기본 형식** SELECT
> FROM 테이블1, 테이블2, ..., 테이블n

SCOTT 계정 소유의 EMP 테이블에는 사원 정보가 저장되어 있고 DEPT 테이블에는 부서 정보가 저장되어 있습니다. 사원 정보와 더불어 근무 부서 이름 또는 부서 위치 정보 등을 한 번에 조회하려면 EMP 테이블과 DEPT 테이블을 조인해서 출력해야 합니다. 즉 FROM절에 EMP 테이블과 DEPT 테이블을 함께 지정해야 합니다.

□ 실습 8-1 | FROM절에 여러 테이블 지정하기

```
01: SELECT *
02:   FROM EMP, DEPT
03: ORDER BY EMPNO;
```

▼ 결과 화면(일부 데이터만 표시함)

	EMPNO	ENAME	JOB	MGR	HIREDATE	SAL	COMM	DEPTNO	DEPTNO_1	DNAME	LOC
1	7369	SMITH	CLERK	7902	80/12/17	800	(null)	20	40	OPERATIONS	BOSTON
2	7369	SMITH	CLERK	7902	80/12/17	800	(null)	20	30	SALES	CHICAGO
3	7369	SMITH	CLERK	7902	80/12/17	800	(null)	20	20	RESEARCH	DALLAS
4	7369	SMITH	CLERK	7902	80/12/17	800	(null)	20	10	ACCOUNTING	NEW YORK
5	7499	ALLEN	SALESMAN	7698	81/02/20	1600	300	30	30	SALES	CHICAGO
6	7499	ALLEN	SALESMAN	7698	81/02/20	1600	300	30	10	ACCOUNTING	NEW YORK
7	7499	ALLEN	SALESMAN	7698	81/02/20	1600	300	30	20	RESEARCH	DALLAS
:											
51	7902	FORD	ANALYST	7566	81/12/03	3000	(null)	20	10	ACCOUNTING	NEW YORK
52	7902	FORD	ANALYST	7566	81/12/03	3000	(null)	20	40	OPERATIONS	BOSTON
53	7934	MILLER	CLERK	7782	82/01/23	1300	(null)	10	20	RESEARCH	DALLAS
54	7934	MILLER	CLERK	7782	82/01/23	1300	(null)	10	10	ACCOUNTING	NEW YORK
55	7934	MILLER	CLERK	7782	82/01/23	1300	(null)	10	40	OPERATIONS	BOSTON
56	7934	MILLER	CLERK	7782	82/01/23	1300	(null)	10	30	SALES	CHICAGO

이렇게 EMP 테이블과 DEPT 테이블을 FROM절에 함께 지정하면 생각보다 많은 양의 데이터가 출력됩니다. 이는 FROM절에 지정한 각 테이블을 구성하는 행의 모든 경우의 수를 조합하여 출력하기 때문입니다.

❀ 실습 8-1과 같이 각 집합을 이루는 모든 원소의 순서쌍을 데카르트 곱(카테시안 곱, Cartesian product)이라고 합니다. 크로스 조인 (cross join) 또는 교차 조인이라고도 합니다.

다음 그림을 보면 알 수 있듯이 EMP 테이블의 14개 행 하나하나에 DEPT 테이블에 저장된 4개 행이 가로로 조합되어 출력됩니다. 따라서 EMP 테이블과 DEPT 테이블을 FROM절에 지정한 결과, 즉 조인한 결괏값의 행 수는 14에 4를 곱한 56개가 됩니다.

	EMPNO	ENAME	JOB	MGR	HIREDATE	SAL	COMM	DEPTNO
1	7369	SMITH	CLERK	7902	80/12/17	800	(null)	20
2	7499	ALLEN	SALESMAN	7698	81/02/20	1600	300	30
3	7521	WARD	SALESMAN	7698	81/02/22	1250	500	30
4	7566	JONES	MANAGER	7839	81/04/02	2975	(null)	20
5	7654	MARTIN	SALESMAN	7698	81/09/28	1250	1400	30
6	7698	BLAKE	MANAGER	7839	81/05/01	2850	(null)	30
7	7782	CLARK	MANAGER	7839	81/06/09	2450	(null)	10
8	7788	SCOTT	ANALYST	7566	87/04/19	3000	(null)	20
9	7839	KING	PRESIDENT	(null)	81/11/17	5000	(null)	10
10	7844	TURNER	SALESMAN	7698	81/09/08	1500	0	30
11	7876	ADAMS	CLERK	7788	87/05/23	1100	(null)	20
12	7900	JAMES	CLERK	7698	81/12/03	950	(null)	30
13	7902	FORD	ANALYST	7566	81/12/03	3000	(null)	20
14	7934	MILLER	CLERK	7782	82/01/23	1300	(null)	10

	DEPTNO	DNAME	LOC
1	10	ACCOUNTING	NEW YORK
2	20	RESEARCH	DALLAS
3	30	SALES	CHICAGO
4	40	OPERATIONS	BOSTON

조인 조건이 없을 때의 문제점

하지만 이 출력 결과에는 문제가 있습니다. 가장 먼저 출력된 EMP 테이블의 SMITH를 봅시다. SMITH 사원이 있는 행의 DEPTNO 열은 20입니다. 그리고 SMITH가 근무하는 부서의 데이터는 DEPT 테이블의 DEPTNO 열이 20인 행이 됩니다. 즉 DALLAS에 있는 RESEARCH 부서가 SMITH 사원이 근무하는 부서입니다.

실습 8-1과 같이 조인을 사용한 출력은 결과로 나올 수 있는 모든 행을 조합하므로 사원 데이터와 부서 데이터가 정확히 맞아떨어지지 않는 데이터도 함께 출력합니다. 명시한 테이블의 데이터를 가로로 연결하고자 조인을 사용하지만, 어떤 데이터를 가로로 정확히 연결해야 하는지의 기준은 데이터베이스가 아니라 SQL 구문을 작성하는 사람이 정해야 합니다.

조인으로 데이터를 출력할 때는 조인 대상 테이블이 많을수록 조합 데이터 중 정확한 데이터만 뽑아낼 수 있도록 해야 합니다. 이때 출력할 행을 선정하는 조건식을 명시하는 WHERE절이 중요합니다. 위 예에서 알 수 있듯이 EMP 테이블의 사원 정보에는 부서 번호를 의미하는 DEPTNO 열이 있습니다. 그리고 DEPT 테이블 역시 DEPTNO 열을 기준으로 부서 정보를 저장합니다. 따라서 EMP 테이블과 DEPT 테이블의 데이터를 가로로 연결할 때 각 테이블의 DEPTNO가 같은 데이터만 조회할 수 있다면 정확한 결과를 조회해 올 수 있겠죠. 따라서 서로 다른 테이블인 EMP 테이블과 DEPT 테이블에 같은 이름의 DEPTNO 열을 구별하는 방법이 필요합니다. 이때 사용하는 것이 바로 다음처럼 열 앞에 테이블 이름을 지정하여 특정열이 어느 테이블에 속하는지를 구별하는 방식입니다.

```
테이블 이름.열 이름
```

그러면 실습 8-1에서 사용한 SQL 구문을 DEPTNO 열 기준으로 다시 정확하게 출력해 봅시다. 다음 SELECT문 중 WHERE절에 지정한 각 테이블 DEPTNO 열의 일치 조건을 눈여겨보세요. 이렇듯 특정 열이 같은 데이터를 출력하는 방법이 앞으로 여러분이 가장 많이 다룰 대표적인 조인 방식입니다.

🖥 실습 8-2 | 열 이름을 비교하는 조건식으로 조인하기

```
01: SELECT *
02:   FROM EMP, DEPT
03:  WHERE EMP.DEPTNO = DEPT.DEPTNO
04: ORDER BY EMPNO;
```

▼ 결과 화면

	EMPNO	ENAME	JOB	MGR	HIREDATE	SAL	COMM	DEPTNO	DEPTNO_1	DNAME	LOC
1	7369	SMITH	CLERK	7902	80/12/17	800	(null)	20	20	RESEARCH	DALLAS
2	7499	ALLEN	SALESMAN	7698	81/02/20	1600	300	30	30	SALES	CHICAGO
3	7521	WARD	SALESMAN	7698	81/02/22	1250	500	30	30	SALES	CHICAGO
4	7566	JONES	MANAGER	7839	81/04/02	2975	(null)	20	20	RESEARCH	DALLAS
5	7654	MARTIN	SALESMAN	7698	81/09/28	1250	1400	30	30	SALES	CHICAGO
6	7698	BLAKE	MANAGER	7839	81/05/01	2850	(null)	30	30	SALES	CHICAGO
7	7782	CLARK	MANAGER	7839	81/06/09	2450	(null)	10	10	ACCOUNTING	NEW YORK
8	7788	SCOTT	ANALYST	7566	87/04/19	3000	(null)	20	20	RESEARCH	DALLAS
9	7839	KING	PRESIDENT	(null)	81/11/17	5000	(null)	10	10	ACCOUNTING	NEW YORK
10	7844	TURNER	SALESMAN	7698	81/09/08	1500	0	30	30	SALES	CHICAGO
11	7876	ADAMS	CLERK	7788	87/05/23	1100	(null)	20	20	RESEARCH	DALLAS
12	7900	JAMES	CLERK	7698	81/12/03	950	(null)	30	30	SALES	CHICAGO
13	7902	FORD	ANALYST	7566	81/12/03	3000	(null)	20	20	RESEARCH	DALLAS
14	7934	MILLER	CLERK	7782	82/01/23	1300	(null)	10	10	ACCOUNTING	NEW YORK

실습 8-2의 결과로 두 테이블의 DEPTNO 열이 같은 14개 행만 출력합니다. 그리고 행별 부서 정보도 정확하게 연결되었음을 확인할 수 있습니다. 이는 FROM절에 지정한 테이블의 모든 데이터를 조합한 결과에서 WHERE절을 사용해 출력하려는 기준, 즉 두 테이블의 DETPNO 열이 일치한 데이터만 출력하도록 조건식을 지정했기 때문입니다.

다음 결과 화면을 살펴보면 모든 행을 출력한 기존 결과에서 DEPTNO가 맞아떨어지는 부분만 출력한 것을 알 수 있습니다.

	EMPNO	ENAME	JOB	MGR	HIREDATE	SAL	COMM	DEPTNO	DEPTNO_1	DNAME	LOC
1	7369	SMITH	CLERK	7902	80/12/17	800	(null)	20	40	OPERATIONS	BOSTON
2	7369	SMITH	CLERK	7902	80/12/17	800	(null)	20	30	SALES	CHICAGO
3	7369	SMITH	CLERK	7902	80/12/17	800	(null)	20	20	RESEARCH	DALLAS
4	7369	SMITH	CLERK	7902	80/12/17	800	(null)	20	10	ACCOUNTING	NEW YORK
5	7499	ALLEN	SALESMAN	7698	81/02/20	1600	300	30	30	SALES	CHICAGO
6	7499	ALLEN	SALESMAN	7698	81/02/20	1600	300	30	10	ACCOUNTING	NEW YORK
7	7499	ALLEN	SALESMAN	7698	81/02/20	1600	300	30	20	RESEARCH	DALLAS
8	7499	ALLEN	SALESMAN	7698	81/02/20	1600	300	30	40	OPERATIONS	BOSTON
9	7521	WARD	SALESMAN	7698	81/02/22	1250	500	30	30	SALES	CHICAGO
10	7521	WARD	SALESMAN	7698	81/02/22	1250	500	30	10	ACCOUNTING	NEW YORK
11	7521	WARD	SALESMAN	7698	81/02/22	1250	500	30	40	OPERATIONS	BOSTON
12	7521	WARD	SALESMAN	7698	81/02/22	1250	500	30	20	RESEARCH	DALLAS
13	7566	JONES	MANAGER	7839	81/04/02	2975	(null)	20	10	ACCOUNTING	NEW YORK
14	7566	JONES	MANAGER	7839	81/04/02	2975	(null)	20	30	SALES	CHICAGO
15	7566	JONES	MANAGER	7839	81/04/02	2975	(null)	20	40	OPERATIONS	BOSTON
16	7566	JONES	MANAGER	7839	81/04/02	2975	(null)	20	20	RESEARCH	DALLAS

테이블의 별칭 설정

FROM절에 지정한 테이블에는 SELECT절의 열에 사용한 것처럼 별칭을 지정할 수 있습니다. 테이블 별칭은 테이블 이름에서 한 칸 띄운 후에 지정합니다.

> FROM 테이블 이름1 별칭1, 테이블 이름2 별칭2 ...

지정한 별칭은 테이블의 열을 가리키는 데 사용할 수 있습니다. 실습 8-2의 SELECT문에 사용한 EMP 테이블과 DEPT 테이블의 별칭을 각각 E, D로 지정한 SELECT문은 다음과 같습니다. 별칭은 출력 결과에 영향을 주지 않습니다. 그러므로 실습 8-3과 8-2는 결과가 같습니다.

📺 실습 8-3 | 테이블 이름을 별칭으로 표현하기

```
01: SELECT *
02:   FROM EMP E, DEPT D
03:   WHERE E.DEPTNO = D.DEPTNO
04: ORDER BY EMPNO;
```

앞에서 EMP 테이블과 DEPT 테이블을 처음 조인해 보았습니다. 이때 각 테이블을 구성하는 모든 열이 노출되므로 조인 테이블 수가 늘어나거나 조인할 테이블의 열이 많을 때는 *를 사용해 한 번에 모든 열을 출력할 수 있습니다. 하지만 데이터베이스를 사용하는 웹 서비스, 모바일 앱 등 여러 응용 프로그램을 제작하는 프로그래밍에서 SQL 구문을 사용할 때는 각 테이블의 모든 열을 출력할지라도 대부분 *를 사용하지 않고 출력할 열을 하나하나 직접 지정합니다.

SELECT절에서 출력할 열을 *로 표현하면 어떤 열이 어떤 순서로 출력될지 명확히 알 수 없을 뿐만 아니라 특정 열이 새로 생기거나 삭제되거나 또는 수정했을 때에 그 변화를 감지하거나 변화에 따른 프로그램 수정이 쉽지 않을 수도 있기 때문입니다. 예를 들어 실습 8-3에서 사용한 EMP 테이블과 DEPT 테이블을 조인하는 SQL 구문은 데이터를 급하게 조회할 때가 아니라면 데이터베이스를 사용하는 프로그램 내부에서는 다음과 같이 출력할 각 열을 하나하나 열거하여 표시합니다.

```
SELECT E.EMPNO, E.ENAME, E.JOB, E.MGR, E.HIREDATE, E.SAL, E.COMM, E.DEPTNO,
       D.DNAME, D.LOC
  FROM EMP E, DEPT D
 WHERE E.DEPTNO = D.DEPTNO
ORDER BY EMPNO;
```

🖊 1분 복습 | EMP 테이블 별칭을 E로, DEPT 테이블 별칭은 D로 하여 EMP 테이블의 사원 번호와 DEPT 테이블의 부서 이름이 출력되도록 다음 SQL 구문 코드를 채워 보세요.

```
SELECT ¹                , ²
  FROM ³                , ⁴
 WHERE E.DEPTNO = D.DEPTNO
ORDER BY EMPNO;
```

정답: 1. E.EMPNO 2. D.DNAME 3. EMP E 4. DEPT D

조인 종류

2개 이상의 테이블을 하나의 테이블처럼 가로로 늘어뜨려 출력할 때 사용하는 조인은 대상 데이터를 어떻게 연결하느냐에 따라 등가 조인, 바등가 조인, 자체 조인, 외부 조인 등으로 구분합니다. 여기에서는 조인의 종류를 살펴봅니다.

등가 조인

등가 조인(equi join)은 테이블을 연결한 후에 각 테이블의 특정 열과 일치하는 데이터를 기준으로 출력 행을 선정하는 방식입니다. 사실 이 방식은 앞에서 EMP 테이블과 DEPT 테이블을 조인할 때 DEPTNO 열을 사용한 예제에서 다루었습니다. 등가 조인은 내부 조인(inner join) 또는 단순 조인(simple join)이라고도 합니다.

등가 조인은 일반적으로 가장 자주 사용하는 조인 방식입니다. 따라서 외부 조인(outer join)과 같이 이름을 명시하지 않고 '조인을 사용한다'는 것은 대부분 등가 조인, 즉 특정 열이 일치하는 결과를 출력하는 방식이라고 보면 됩니다.

여러 테이블의 열 이름이 같을 때 유의점

EMP 테이블과 DEPT 테이블은 DEPTNO 열이 같다는 조건으로 조인할 수 있었습니다. 그러나 등가 조인에서 조인 조건이 되는 각 테이블의 열 이름이 같을 때 테이블을 구분하지 않고 해당 열 이름을 지정하면 다음과 같이 오류가 발생합니다.

📖 실습 8-4 | 두 테이블의 부서 번호가 똑같은 열 이름일 때

```
01: SELECT EMPNO, ENAME, DEPTNO, DNAME, LOC
02:   FROM EMP E, DEPT D
03:   WHERE E.DEPTNO = D.DEPTNO;
```

▼ 결과 화면

```
ORA-00918: 열의 정의가 애매합니다
00918. 00000 -  "column ambiguously defined"
*Cause:
*Action:
1행, 22열에서 오류 발생
```

오류 문구로 알 수 있듯이 DEPTNO 열은 두 테이블에 있으므로 어느 테이블에 속하는지 반드시 명시해야 합니다. DEPTNO 열을 제외한 EMP 테이블 열과 DEPT 테이블 열은 이름이 겹치지 않으므로 어느 테이블의 열인지 명시하지 않아도 상관없습니다.

❋ 실무에서 SQL 구문을 사용할 때는 다소 번거롭더라도 테이블끼리 겹치지 않는 열 이름 역시 대부분 테이블이나 별칭을 명시합니다. 조인 테이블 개수가 열 개를 넘기도 하고 테이블별 열 개수가 몇십 개를 넘는 경우도 흔하기 때문이죠.

📋 실습 8-5 | 열 이름에 각각의 테이블 이름도 함께 명시할 때

```
01: SELECT E.EMPNO, E.ENAME, D.DEPTNO, D.DNAME, D.LOC
02:   FROM EMP E, DEPT D
03:  WHERE E.DEPTNO = D.DEPTNO
04: ORDER BY D.DEPTNO, E.EMPNO;
```

▼ 결과 화면

	EMPNO	ENAME	DEPTNO	DNAME	LOC
1	7782	CLARK	10	ACCOUNTING	NEW YORK
2	7839	KING	10	ACCOUNTING	NEW YORK
3	7934	MILLER	10	ACCOUNTING	NEW YORK
4	7369	SMITH	20	RESEARCH	DALLAS
5	7566	JONES	20	RESEARCH	DALLAS
6	7788	SCOTT	20	RESEARCH	DALLAS
7	7876	ADAMS	20	RESEARCH	DALLAS
8	7902	FORD	20	RESEARCH	DALLAS
9	7499	ALLEN	30	SALES	CHICAGO
10	7521	WARD	30	SALES	CHICAGO
11	7654	MARTIN	30	SALES	CHICAGO
12	7698	BLAKE	30	SALES	CHICAGO
13	7844	TURNER	30	SALES	CHICAGO
14	7900	JAMES	30	SALES	CHICAGO

WHERE절에 조건식 추가하여 출력 범위 설정하기

실습 8-5에서 출력할 행을 더 제한하고 싶다면 WHERE절에 조건식을 추가로 지정합니다. 예를 들어 사원 번호, 이름, 급여, 근무 부서를 함께 출력하되 급여가 3000 이상인 데이터만 보려면 EMP 테이블과 DEPT 테이블의 조인 조건 외에 급여 관련 조건을 추가로 지정하여 다음과 같이 사용합니다.

📋 실습 8-6 | WHERE절에 추가로 조건식 넣어 출력하기

```
01: SELECT E.EMPNO, E.ENAME, E.SAL, D.DEPTNO, D.DNAME, D.LOC
02:   FROM EMP E, DEPT D
03:  WHERE E.DEPTNO = D.DEPTNO
04:    AND SAL >= 3000;
```

▼ 결과 화면

	EMPNO	ENAME	SAL	DEPTNO	DNAME	LOC
1	7839	KING	5000	10	ACCOUNTING	NEW YORK
2	7902	FORD	3000	20	RESEARCH	DALLAS
3	7788	SCOTT	3000	20	RESEARCH	DALLAS

대부분 SELECT문이 그렇듯이 모든 데이터를 출력해야 하는 경우는 그리 흔치 않습니다. 구체적인 데이터를 출력하고자 WHERE절에 조인 조건 외에도 다양한 조건식을 활용합니다.

조인 테이블 개수와 조건식 개수의 관계

조인을 처음 설명할 때 조인 조건을 제대로 지정하지 않아 데카르트 곱(Cartesian product) 때문에 정확히 연결되지 않아서 필요 없는 데이터까지 모두 조합하여 출력하는 예를 살펴본 적이 있습니다. 기본적으로 데카르트 곱 현상이 일어나지 않게 하는 데 필요한 조건식의 최소개수는 조인 테이블 개수에서 하나를 뺀 값입니다.

예를 들어 A와 B 테이블을 조인할 때 A와 B를 정확히 연결해 주는 열이 하나 필요합니다. 이는 앞에서 살펴본 EMP 테이블과 DEPT 테이블의 DEPTNO 열과 같은 역할입니다. 테이블이 A, B, C라면 A와 B를 연결할 열 하나, A와 B가 연결된 상태에서 C를 연결할 열 하나가 추가로 더 필요합니다. WHERE절의 조건식을 사용해 테이블을 조인할 때 각 테이블을 정확히 연결하는 조건식이 전체 테이블 수보다 최소한 하나 적은 수만큼은 있어야 한다는 점을 잊지 마세요.

✏️ **1분 복습** | EMP 테이블 별칭을 E로, DEPT 테이블 별칭은 D로 하여 다음과 같이 등가 조인을 했을 때 급여가 2500 이하이고 사원 번호가 9999 이하인 사원의 정보가 출력되도록 다음 SQL 구문 코드를 채워 보세요.

```
SELECT E.EMPNO, E.ENAME, E.SAL, D.DEPTNO, D.DNAME, D.LOC
   FROM EMP E, DEPT D
 WHERE E.DEPTNO = D.DEPTNO
   AND [1]
   AND [2]              ;
ORDER BY E.EMPNO;
```

정답: 1. E.SAL <= 2500 2. E.EMPNO <= 9999

비등가 조인

비등가 조인(non-equi join)은 등가 조인 외의 방식을 의미합니다. 앞에서 다룬 조인 예제는 모두 EMP 테이블과 DEPT 테이블을 사용했지만, 이번에는 급여 등급 데이터가 있는 SALGRADE 테이블과 EMP 테이블을 조인해 봅니다.

두 테이블에 저장된 데이터는 다음과 같습니다.

> SELECT * FROM EMP;

> SELECT * FROM SALGRADE;

	EMPNO	ENAME	JOB	MGR	HIREDATE	SAL	COMM	DEPTNO
1	7369	SMITH	CLERK	7902	80/12/17	800	(null)	20
2	7499	ALLEN	SALESMAN	7698	81/02/20	1600	300	30
3	7521	WARD	SALESMAN	7698	81/02/22	1250	500	30
4	7566	JONES	MANAGER	7839	81/04/02	2975	(null)	20
5	7654	MARTIN	SALESMAN	7698	81/09/28	1250	1400	30
6	7698	BLAKE	MANAGER	7839	81/05/01	2850	(null)	30
7	7782	CLARK	MANAGER	7839	81/06/09	2450	(null)	10
8	7788	SCOTT	ANALYST	7566	87/04/19	3000	(null)	20
9	7839	KING	PRESIDENT	(null)	81/11/17	5000	(null)	10
10	7844	TURNER	SALESMAN	7698	81/09/08	1500	0	30
11	7876	ADAMS	CLERK	7788	87/05/23	1100	(null)	20
12	7900	JAMES	CLERK	7698	81/12/03	950	(null)	30
13	7902	FORD	ANALYST	7566	81/12/03	3000	(null)	20
14	7934	MILLER	CLERK	7782	82/01/23	1300	(null)	10

	GRADE	LOSAL	HISAL
1	1	700	1200
2	2	1201	1400
3	3	1401	2000
4	4	2001	3000
5	5	3001	9999

SALGRADE 테이블에는 각 급여 등급의 기준이 되는 최소 금액과 최대 금액을 저장합니다. 그러므로 각 사원 정보와 더불어 사원의 급여 등급 정보를 함께 출력하고자 한다면 EMP 테이블과 SALGRADE 테이블을 조인해야 합니다.

하지만 사용하는 열의 일치 여부를 기준으로 테이블을 조인하는 등가 조인 방식은 이 두 테이블 연결에 적합하지 않습니다. 급여 등급을 맞추려면 사원의 급여 금액이 일치하는 것이 아니라 최소 급여(LOSAL)와 최대 급여(HISAL) 사이에 있어야 하기 때문입니다.

이럴 때는 BETWEEN A AND B 연산자를 사용하면 EMP 테이블과 SALGRADE 테이블 조인을 손쉽게 처리할 수 있습니다.

📖 실습 8-7 | 급여 범위를 지정하는 조건식으로 조인하기

```
01: SELECT *
02:   FROM EMP E, SALGRADE S
03:  WHERE E.SAL BETWEEN S.LOSAL AND S.HISAL;
```

	EMPNO	ENAME	JOB	MGR	HIREDATE	SAL	COMM	DEPTNO	GRADE	LOSAL	HISAL
1	7369	SMITH	CLERK	7902	80/12/17	800	(null)	20	1	700	1200
2	7900	JAMES	CLERK	7698	81/12/03	950	(null)	30	1	700	1200
3	7876	ADAMS	CLERK	7788	87/05/23	1100	(null)	20	1	700	1200
4	7521	WARD	SALESMAN	7698	81/02/22	1250	500	30	2	1201	1400
5	7654	MARTIN	SALESMAN	7698	81/09/28	1250	1400	30	2	1201	1400
6	7934	MILLER	CLERK	7782	82/01/23	1300	(null)	10	2	1201	1400
7	7844	TURNER	SALESMAN	7698	81/09/08	1500	0	30	3	1401	2000
8	7499	ALLEN	SALESMAN	7698	81/02/20	1600	300	30	3	1401	2000
9	7782	CLARK	MANAGER	7839	81/06/09	2450	(null)	10	4	2001	3000
10	7698	BLAKE	MANAGER	7839	81/05/01	2850	(null)	30	4	2001	3000
11	7566	JONES	MANAGER	7839	81/04/02	2975	(null)	20	4	2001	3000
12	7788	SCOTT	ANALYST	7566	87/04/19	3000	(null)	20	4	2001	3000
13	7902	FORD	ANALYST	7566	81/12/03	3000	(null)	20	4	2001	3000
14	7839	KING	PRESIDENT	(null)	81/11/17	5000	(null)	10	5	3001	9999

비등가 조인 방식은 등가 조인 방식에 비해 그리 자주 사용하지는 않습니다. 하지만 조인 조건에 특정 열의 일치 여부를 검사하는 방식 외에 다른 방식도 사용할 수 있음을 기억해 주세요.

WHERE절에 조인 조건을 지정하지 않고 FROM절에 EMP 테이블과 SALGRADE 테이블을 지정한 결과는 반복되는 내용이라 따로 설명하지 않았습니다. 조인 조건을 명시하지 않으면 앞에서 EMP 테이블과 DEPT 테이블과 마찬가지로 데카르트 곱이 발생하여 사원별로 5개 급여 등급이 모두 연결되어 출력됩니다. 따라서 EMP 테이블의 14개 행과 SALGRADE 테이블의 5개 행이 연결되어 총 70개의 결과가 나옵니다. WHERE절에 조인 조건을 지정하지 않은 SELECT문도 꼭 작성해 보고 결과를 확인하세요.

자체 조인

EMP 테이블에는 직속상관 사원 번호를 저장한 MGR 열이 있습니다. EMP 테이블의 사원 정보와 해당 사원의 직속상관 사원 번호를 나란히 함께 출력해야 하는 경우를 생각해 보죠.

MGR 열은 특정 사원의 직속상관 사원 번호를 가리키는 데이터이므로 이 열의 데이터와 사원 번호를 잘 이용하면 사원 정보와 직속상관 정보를 연결할 수 있을 것입니다. 즉 다음 그림과 같이 현재 행의 MGR 열을 EMPNO 열과 연결하면 됩니다.

	EMPNO	ENAME	JOB	MGR	HIREDATE	SAL	COMM	DEPTNO
1	7369	SMITH	CLERK	7902	80/12/17	800	(null)	20
2	7499	ALLEN	SALESMAN	7698	81/02/20	1600	300	30
3	7521	WARD	SALESMAN	7698	81/02/22	1250	500	30
4	7566	JONES	MANAGER	7839	81/04/02	2975	(null)	20
5	7654	MARTIN	SALESMAN	7698	81/09/28	1250	1400	30
6	7698	BLAKE	MANAGER	7839	81/05/01	2850	(null)	30
7	7782	CLARK	MANAGER	7839	81/06/09	2450	(null)	10
8	7788	SCOTT	ANALYST	7566	87/04/19	3000	(null)	20
9	7839	KING	PRESIDENT	(null)	81/11/17	5000	(null)	10
10	7844	TURNER	SALESMAN	7698	81/09/08	1500	0	30
11	7876	ADAMS	CLERK	7788	87/05/23	1100	(null)	20
12	7900	JAMES	CLERK	7698	81/12/03	950	(null)	30
13	7902	FORD	ANALYST	7566	81/12/03	3000	(null)	20
14	7934	MILLER	CLERK	7782	82/01/23	1300	(null)	10

하지만 지금까지 사용한 SELECT문 방식으로는 위 그림과 같이 현재 행을 벗어나 다른 행의 데이터를 가져올 수 없습니다. 특정 행의 MGR 열 데이터와 일치하는 EMPNO 열을 가져와야 사원과 직속상관을 나란히 출력할 수 있습니다.

이를 해결할 가장 손쉬운 방법은 EMP 테이블과 완전히 똑같은 테이블을 하나 더 만들어 조인하는 것입니다. EMP 테이블과 완전히 같은 COPY_EMP 테이블이 있다면 오른쪽과 같이 SELECT문을 작성할 수 있습니다. WHERE절에 지정한 조인 조건을 눈여겨보세요.

```sql
SELECT *
  FROM EMP E, COPY_EMP C
 WHERE E.MGR = C.EMPNO;
```

COPY_EMP 테이블이 EMP 테이블과 똑같은 구성과 데이터라면 14개 데이터가 있는 두 테이블을 조합하므로 총 행 개수는 196개로 예상할 수 있습니다. 하지만 WHERE절 조건으로 EMP 테이블에 MGR 열과 똑같은 데이터가 있는 COPY_EMP 테이블의 EMPNO 열을 연결한다면 다음과 같이 연결된 데이터만 출력됩니다.

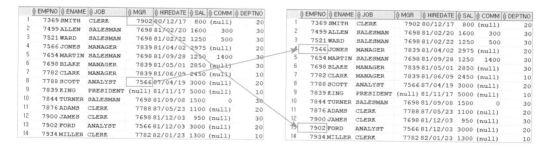

그러나 이러한 방식은 같은 테이블이 2개 있어야 한다는 문제가 있습니다. 간단하게 생각한다면 데이터 저장 용량이 2배가 되고, 그보다 더 심각한 문제는 EMP 테이블에 데이터를 추가하거나 삭제하거나 변경할 때 COPY_EMP 테이블도 같은 데이터를 유지하도록 추가 작업을 해야 한다는 점입니다.

사실 저장 용량의 문제는 추가 저장 장치를 구매하면 해결되므로 비교적 쉽습니다. 하지만 두 번째 문제처럼 특정 데이터 작업이 한 번씩 더 발생한다는 것은 제공할 서비스 품질에 꽤 치명적일 수 있습니다. 단순 계산으로 생각해도 해당 작업의 효율이 두 배나 떨어지기 때문입니다. 이를 규모의 문제로 볼 때 대부분의 응용 프로그램에서 활용하는 데이터베이스는 어마어마한 수준의 작업이 실시간으로 이루어지므로 반복 작업 횟수 증가는 응용 프로그램 동작 효율에 악영향을 미칩니다. 따라서 이러한 상황은 반드시 피해야 합니다.

자체 조인(self join)은 하나의 테이블을 여러 개의 테이블처럼 활용하여 조인하는 방식으로, 앞에서 물리적으로 동일한 테이블 여러 개를 사용할 때 발생할 수 있는 문제점을 해결합니다. 쉽게 이해하도록 앞에서 다소 장황하게 설명했지만 실제 사용 방법은 아주 간단합니다. 자체 조인은 FROM절에 같은 테이블을 여러 번 지정하되 테이블의 별칭만 다르게 지정하는 방식입니다.

오른쪽의 SELECT문은 EMP 테이블을 자체 조인하여 사원 정보와 직속상관 정보를 나란히 출력합니다. 하나의 테이블이지만 SELECT문 내부에서 별칭을 각각 달리하여 논리적으로 다른 테이블인 것처럼 두 테이블을 조인하는 방식입니다. 결과에 MGR 열이 NULL인 KING은 제외되었음을 기억해 주세요. 이번에 사용한 자체 조인 역시 2개 테이블에서 지정한 열 중 일치한 데이터를 기준으로 조인하므로 큰 범위에서는 등가 조인으로 볼 수 있습니다.

📺 실습 8-8 | 같은 테이블을 두 번 사용하여 자체 조인하기

```
01: SELECT E1.EMPNO, E1.ENAME, E1.MGR,
02:        E2.EMPNO AS MGR_EMPNO,
03:        E2.ENAME AS MGR_ENAME
04:   FROM EMP E1, EMP E2
05:  WHERE E1.MGR = E2.EMPNO;
```

▼ 결과 화면

	EMPNO	ENAME	MGR	MGR_EMPNO	MGR_ENAME
1	7902	FORD	7566	7566	JONES
2	7788	SCOTT	7566	7566	JONES
3	7844	TURNER	7698	7698	BLAKE
4	7499	ALLEN	7698	7698	BLAKE
5	7521	WARD	7698	7698	BLAKE
6	7900	JAMES	7698	7698	BLAKE
7	7654	MARTIN	7698	7698	BLAKE
8	7934	MILLER	7782	7782	CLARK
9	7876	ADAMS	7788	7788	SCOTT
10	7698	BLAKE	7839	7839	KING
11	7566	JONES	7839	7839	KING
12	7782	CLARK	7839	7839	KING
13	7369	SMITH	7902	7902	FORD

외부 조인

앞에서 확인한 자체 조인의 실습 결과 행 수는 13개였습니다. EMP 테이블은 14개 행이 있는는데 실습 결과가 13개 나온 이유는 EMP 테이블의 KING 데이터 때문입니다. EMP 테이블의 KING은 사원 테이블에서 최고 직급인 PRESIDENT이므로 상급자가 없습니다. 즉 KING의 MGR 열은 NULL입니다. 따라서 조인 조건에 사용한 EMP 테이블의 MGR 열과 일치한 EMPNO를 가진 행이 없으므로 최종 출력에서 제외된 것이죠.

	EMPNO	ENAME	JOB	MGR	HIREDATE	SAL	COMM	DEPTNO
1	7369	SMITH	CLERK	7902	80/12/17	800	(null)	20
2	7499	ALLEN	SALESMAN	7698	81/02/20	1600	300	30
3	7521	WARD	SALESMAN	7698	81/02/22	1250	500	30
4	7566	JONES	MANAGER	7839	81/04/02	2975	(null)	20
5	7654	MARTIN	SALESMAN	7698	81/09/28	1250	1400	30
6	7698	BLAKE	MANAGER	7839	81/05/01	2850	(null)	30
7	7782	CLARK	MANAGER	7839	81/06/09	2450	(null)	10
8	7788	SCOTT	ANALYST	7566	87/04/19	3000	(null)	20
9	7839	KING	PRESIDENT	(null)	81/11/17	5000	(null)	10
10	7844	TURNER	SALESMAN	7698	81/09/08	1500	0	30
11	7876	ADAMS	CLERK	7788	87/05/23	1100	(null)	20
12	7900	JAMES	CLERK	7698	81/12/03	950	(null)	30
13	7902	FORD	ANALYST	7566	81/12/03	3000	(null)	20
14	7934	MILLER	CLERK	7782	82/01/23	1300	(null)	10

직속상관이 없는 KING

하지만 이렇게 조인 조건 데이터 중 한쪽이 NULL임에도 결과에 포함해야 할 때가 종종 있습니다. 앞에서 이야기한 KING을 살펴본다면 KING의 직속상관 정보는 모두 공백으로 표시하더라도 KING 데이터를 노출해야 한다는 뜻입니다. 이렇듯 두 테이블 간 조인 수행에서 조인 기준 열의 한쪽이 NULL이어도 강제로 출력하는 방식을 외부 조인(outer join)이라고 합니다.

> **실무 꿀팁!** 내부 조인과 외부 조인이라는 이름에 관해서
>
> 외부 조인을 사용하지 않는 등가 조인과 자체 조인은 조인 조건에 해당하는 데이터가 있을 때만 출력하므로 외부 조인과 반대 의미로 '내부 조인(inner join)'이라고 부릅니다. 외부 조인은 영문 그대로 '아우터 조인 (outer join)'이라고 할 때가 흔합니다. 면접시험에 자주 등장하므로 개념과 사용법을 꼭 기억해 두세요.

외부 조인은 좌우를 따로 나누어 지정하는데, WHERE절에 조인 기준 열 중 한쪽에 (+) 기호를 붙여 줍니다.

왼쪽 외부 조인(left outer join)	WHERE TABLE1.COL1 = TABLE2.COL1(+)
오른쪽 외부 조인(right outer join)	WHERE TABLE1.COL1(+) = TABLE2.COL1

두 외부 조인의 차이를 비교하고자 다음 두 SELECT문을 실행하고 그 결괏값을 비교해 봅니다. 자체 조인에서 사용한 사원과 사원의 직속상관을 함께 출력하는 SELECT문에 외부 조인만 적용했습니다.

🖥 실습 8-9 | 왼쪽 외부 조인 사용하기

```
01: SELECT E1.EMPNO, E1.ENAME, E1.MGR,
02:        E2.EMPNO AS MGR_EMPNO,
03:        E2.ENAME AS MGR_ENAME
04:   FROM EMP E1, EMP E2
05:  WHERE E1.MGR = E2.EMPNO(+)
06: ORDER BY E1.EMPNO;
```

▼ 결과 화면

	EMPNO	ENAME	MGR	MGR_EMPNO	MGR_ENAME
1	7369	SMITH	7902	7902	FORD
2	7499	ALLEN	7698	7698	BLAKE
3	7521	WARD	7698	7698	BLAKE
4	7566	JONES	7839	7839	KING
5	7654	MARTIN	7698	7698	BLAKE
6	7698	BLAKE	7839	7839	KING
7	7782	CLARK	7839	7839	KING
8	7788	SCOTT	7566	7566	JONES
9	7839	KING	(null)	(null)	(null)
10	7844	TURNER	7698	7698	BLAKE
11	7876	ADAMS	7788	7788	SCOTT
12	7900	JAMES	7698	7698	BLAKE
13	7902	FORD	7566	7566	JONES
14	7934	MILLER	7782	7782	CLARK

🖥 실습 8-10 | 오른쪽 외부 조인 사용하기

```
01: SELECT E1.EMPNO, E1.ENAME, E1.MGR,
02:        E2.EMPNO AS MGR_EMPNO,
03:        E2.ENAME AS MGR_ENAME
04:   FROM EMP E1, EMP E2
05:  WHERE E1.MGR(+) = E2.EMPNO
06: ORDER BY E1.EMPNO;
```

▼ 결과 화면

	EMPNO	ENAME	MGR	MGR_EMPNO	MGR_ENAME
1	7369	SMITH	7902	7902	FORD
2	7499	ALLEN	7698	7698	BLAKE
3	7521	WARD	7698	7698	BLAKE
4	7566	JONES	7839	7839	KING
5	7654	MARTIN	7698	7698	BLAKE
6	7698	BLAKE	7839	7839	KING
7	7782	CLARK	7839	7839	KING
8	7788	SCOTT	7566	7566	JONES
9	7844	TURNER	7698	7698	BLAKE
10	7876	ADAMS	7788	7788	SCOTT
11	7900	JAMES	7698	7698	BLAKE
12	7902	FORD	7566	7566	JONES
13	7934	MILLER	7782	7782	CLARK
14	(null)	(null)	(null)	7844	TURNER
15	(null)	(null)	(null)	7876	ADAMS
16	(null)	(null)	(null)	7900	JAMES
17	(null)	(null)	(null)	7369	SMITH
18	(null)	(null)	(null)	7499	ALLEN
19	(null)	(null)	(null)	7521	WARD
20	(null)	(null)	(null)	7934	MILLER
21	(null)	(null)	(null)	7654	MARTIN

실습 8-9에서는 왼쪽 외부 조인을 사용한 결과가 의도한 대로입니다. 왼쪽 외부 조인은 간단히 말해서 오른쪽 열의 데이터 존재 여부에 상관없이 왼쪽 열을 기준으로 출력하라는 뜻입니다. 따라서 이번에 사용한 SELECT문의 WHERE절 조건식에서 KING은 E1.MGR이 NULL로, E2.EMPNO와 일치한 데이터가 없어도 출력했습니다.

반대로 오른쪽 외부 조인을 사용한 실습 8-10은 왼쪽 열 데이터가 있는지와 상관없이 조건식 오른쪽 열을 기준으로 데이터를 출력하라는 뜻입니다. 실습 8-10의 출력 결과를 자세히 보면 아래쪽 데이터는 왼쪽 테이블 데이터가 모두 NULL인 상태임을 알 수 있습니다. 즉 TURNER, ADAMS부터 MILLER, MARTIN에 이르는 사원은 부하 직원이 없는(즉 오른쪽 사람을 직속상관으로 둔 사람이 없는) 가장 직책이 낮은 사원입니다. 왼쪽·오른쪽 외부 조인을 사용하여 실습 8-9는 직속상관이 없는 사원을 출력하고, 실습 8-10은 부하 직원이 없는 사람을 출력한 것입니다.

왼쪽 외부 조인과 오른쪽 외부 조인은 이름과 (+) 기호의 위치를 반대로 작성하므로 SQL 구문을 처음 접한 독자라면 그 의미를 정확히 이해하기 어려울 수 있습니다. 왼쪽·오른쪽 외부 조인의 의미를 정확히 알고 SELECT문을 작성하는 것이 가장 좋은 방법이겠지만, 그때그때 (+) 기호를 좌우로 번갈아 가며 지정하고 그 결괏값을 비교하여 의도한 결과가 나오는 쪽을 찾는 것도 한 가지 방법입니다.

외부 조인은 조인 기준 열의 NULL을 처리하는 것을 목적으로 자주 사용하는 조인 방식입니다. 하지만 (+) 기호를 붙이는 외부 조인 방식으로는 양쪽 모든 열을 외부 조인하는 '전체 외부 조인(full outer join)'은 사용할 수 없는데, 자세한 내용은 다음 08-3절에서 살펴봅니다.

✱ 기본적으로 양쪽 모두를 외부 조인하는 문법은 (+) 기호를 사용한 방식으로는 구현할 수 없지만, 왼쪽 외부 조인을 사용한 SELECT문과 오른쪽 외부 조인을 사용한 SELECT문을 집합 연산자 UNION으로 합쳐서 같은 효과를 낼 수는 있습니다.

외부 조인은 벤 다이어그램(Venn diagram)으로 다음과 같이 표기하기도 합니다.

왼쪽 외부 조인   오른쪽 외부 조인

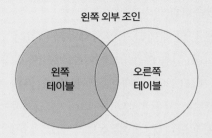 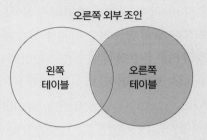

덧붙여 외부 조인과 반대 의미인 내부 조인, 좌우 양쪽 모두를 외부 조인 처리하는 전체 외부 조인은 다음과 같이 표기합니다.

내부 조인   전체 외부 조인

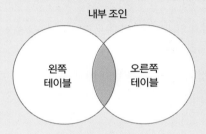 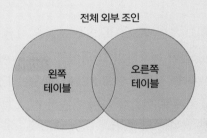

표준 SQL 문법으로 배우는 조인

SQL 구문은 ISO/ANSI에서 관계형 데이터베이스 표준 언어로 지정(SQL-82)된 후 SQL-92를 거쳐 SQL-99 표준 문법이 나왔습니다. 그리고 오라클은 9i 버전부터 SQL-99 방식의 문법을 지원합니다. SQL-99 조인은 앞에서 배운 조인 방식과 기능은 같지만 조인을 사용하는 문법이 조금 다릅니다. 다른 DBMS 제품에서도 사용할 수 있고, 앞에서 배운 조인 방식과 더불어 SQL-99 방식의 조인도 널리 사용하므로 간단하게 사용법을 알아봅니다.

✷ SQL-99 방식 조인은 조인 조건이 WHERE절에 있는 기존 조인 방식과 달리 FROM절에 조인 키워드를 사용하는 형태로 작성합니다.

NATURAL JOIN

NATURAL JOIN은 앞에서 소개한 등가 조인을 대신해 사용할 수 있는 조인 방식으로, 조인 대상인 두 테이블에서 이름과 자료형이 같은 열을 찾은 후 그 열을 기준으로 등가 조인을 하는 방식입니다.

🖵 실습 8-11 | NATURAL JOIN을 사용하여 조인하기

```
01: SELECT E.EMPNO, E.ENAME, E.JOB, E.MGR, E.HIREDATE, E.SAL, E.COMM,
02:        DEPTNO, D.DNAME, D.LOC
03:   FROM EMP E NATURAL JOIN DEPT D
04: ORDER BY DEPTNO, E.EMPNO;
```

▼ 결과 화면

	EMPNO	ENAME	JOB	MGR	HIREDATE	SAL	COMM	DEPTNO	DNAME	LOC
1	7782	CLARK	MANAGER	7839	81/06/09	2450	(null)	10	ACCOUNTING	NEW YORK
2	7839	KING	PRESIDENT	(null)	81/11/17	5000	(null)	10	ACCOUNTING	NEW YORK
3	7934	MILLER	CLERK	7782	82/01/23	1300	(null)	10	ACCOUNTING	NEW YORK
4	7369	SMITH	CLERK	7902	80/12/17	800	(null)	20	RESEARCH	DALLAS
5	7566	JONES	MANAGER	7839	81/04/02	2975	(null)	20	RESEARCH	DALLAS
6	7788	SCOTT	ANALYST	7566	87/04/19	3000	(null)	20	RESEARCH	DALLAS
7	7876	ADAMS	CLERK	7788	87/05/23	1100	(null)	20	RESEARCH	DALLAS
8	7902	FORD	ANALYST	7566	81/12/03	3000	(null)	20	RESEARCH	DALLAS
9	7499	ALLEN	SALESMAN	7698	81/02/20	1600	300	30	SALES	CHICAGO
10	7521	WARD	SALESMAN	7698	81/02/22	1250	500	30	SALES	CHICAGO
11	7654	MARTIN	SALESMAN	7698	81/09/28	1250	1400	30	SALES	CHICAGO
12	7698	BLAKE	MANAGER	7839	81/05/01	2850	(null)	30	SALES	CHICAGO
13	7844	TURNER	SALESMAN	7698	81/09/08	1500	0	30	SALES	CHICAGO
14	7900	JAMES	CLERK	7698	81/12/03	950	(null)	30	SALES	CHICAGO

EMP 테이블과 DEPT 테이블은 공통 열 DEPTNO가 있으므로 NATURAL JOIN을 사용할 때 자동으로 DEPTNO 열을 기준으로 등가 조인됩니다. 기존 등가 조인과 다르게 조인 기준 열인 DEPTNO를 SELECT절에 명시할 때 테이블 이름을 붙이면 안 된다는 특성이 있으니 주의하세요.

JOIN ~ USING

JOIN ~ USING 키워드를 사용한 조인 역시 기존 등가 조인을 대신하는 방식입니다. NATURAL JOIN이 자동으로 조인 기준 열을 지정하는 것과 달리 USING 키워드로 조인 기준으로 사용할 열을 지정합니다.

기본 형식   FROM TABLE1 JOIN TABLE2 USING (조인에 사용할 기준 열)

JOIN ~ USING 키워드를 사용하여 EMP 테이블과 DEPT 테이블을 DEPTNO 열 기준으로 등가 조인한다면 다음과 같이 SELECT문을 작성할 수 있습니다. 다른 조인 방식과 마찬가지로 조인된 결과 행을 추가로 제한할 때 WHERE절에 조건식을 추가하여 함께 사용할 수 있습니다. NATURAL JOIN과 마찬가지로 조인 기준 열로 지정한 열은 SELECT절에서 테이블 이름을 붙이지 않고 작성합니다.

📖 실습 8-12 | JOIN ~ USING을 사용하여 조인하기

```
01: SELECT E.EMPNO, E.ENAME, E.JOB, E.MGR, E.HIREDATE, E.SAL, E.COMM,
02:        DEPTNO, D.DNAME, D.LOC
03:   FROM EMP E JOIN DEPT D USING (DEPTNO)
04:  WHERE SAL >= 3000
05: ORDER BY DEPTNO, E.EMPNO;
```

▼ 결과 화면

	EMPNO	ENAME	JOB	MGR	HIREDATE	SAL	COMM	DEPTNO	DNAME	LOC
1	7839	KING	PRESIDENT	(null)	81/11/17	5000	(null)	10	ACCOUNTING	NEW YORK
2	7788	SCOTT	ANALYST	7566	87/04/19	3000	(null)	20	RESEARCH	DALLAS
3	7902	FORD	ANALYST	7566	81/12/03	3000	(null)	20	RESEARCH	DALLAS

JOIN ~ ON

가장 범용성 있는 JOIN ~ ON 키워드를 사용한 조인 방식에서는 기존 WHERE절에 있는 조인 조건식을 ON 키워드 옆에 작성합니다. 조인 기준 조건식은 ON에 명시하고 그 밖의 출력행은 걸러 내고자 WHERE 조건식을 따로 사용하는 방식입니다.

❀ JOIN ~ ON 조인 방식은 기존 조인 방식과 크게 다르지 않으므로 WHERE절에 모두 명시하는 방식을 선호하는 개발자도 많습니다.

기본 형식 FROM TABLE1 JOIN TABLE2 ON (조인 조건식)

 실습 8-13 | JOIN ~ ON으로 등가 조인하기

```
01: SELECT E.EMPNO, E.ENAME, E.JOB, E.MGR, E.HIREDATE, E.SAL, E.COMM,
02:        E.DEPTNO,
03:        D.DNAME, D.LOC
04:   FROM EMP E JOIN DEPT D ON (E.DEPTNO = D.DEPTNO)
05:  WHERE SAL <= 3000
06: ORDER BY E.DEPTNO, EMPNO;
```

▼ 결과 화면

	EMPNO	ENAME	JOB	MGR	HIREDATE	SAL	COMM	DEPTNO	DNAME	LOC
1	7782	CLARK	MANAGER	7839	81/06/09	2450	(null)	10	ACCOUNTING	NEW YORK
2	7934	MILLER	CLERK	7782	82/01/23	1300	(null)	10	ACCOUNTING	NEW YORK
3	7369	SMITH	CLERK	7902	80/12/17	800	(null)	20	RESEARCH	DALLAS
4	7566	JONES	MANAGER	7839	81/04/02	2975	(null)	20	RESEARCH	DALLAS
5	7788	SCOTT	ANALYST	7566	87/04/19	3000	(null)	20	RESEARCH	DALLAS
6	7876	ADAMS	CLERK	7788	87/05/23	1100	(null)	20	RESEARCH	DALLAS
7	7902	FORD	ANALYST	7566	81/12/03	3000	(null)	20	RESEARCH	DALLAS
8	7499	ALLEN	SALESMAN	7698	81/02/20	1600	300	30	SALES	CHICAGO
9	7521	WARD	SALESMAN	7698	81/02/22	1250	500	30	SALES	CHICAGO
10	7654	MARTIN	SALESMAN	7698	81/09/28	1250	1400	30	SALES	CHICAGO
11	7698	BLAKE	MANAGER	7839	81/05/01	2850	(null)	30	SALES	CHICAGO
12	7844	TURNER	SALESMAN	7698	81/09/08	1500	0	30	SALES	CHICAGO
13	7900	JAMES	CLERK	7698	81/12/03	950	(null)	30	SALES	CHICAGO

OUTER JOIN

OUTER JOIN 키워드는 외부 조인에 사용합니다. 다른 SQL-99 방식의 조인과 마찬가지로 WHERE절이 아닌 FROM절에서 외부 조인을 선언합니다. 기존 방식과 어떤 차이가 있는지 다음 표를 통해 살펴보겠습니다.

왼쪽 외부 조인 (left outer join)	기존	WHERE TABLE1.COL1 = TABLE2.COL1(+)
	SQL-99	FROM TABLE1 LEFT OUTER JOIN TABLE2 ON (조인 조건식)
오른쪽 외부 조인 (right outer join)	기존	WHERE TABLE1.COL1(+) = TABLE2.COL1
	SQL-99	FROM TABLE1 RIGHT OUTER JOIN TABLE2 ON (조인 조건식)
전체 외부 조인 (full outer join)	기존	기본 문법은 없음 (UNION 집합 연산자를 활용)
	SQL-99	FROM TABLE1 FULL OUTER JOIN TABLE2 ON (조인 조건식)

사원과 해당 사원의 직속상관을 함께 출력한 SELECT문을 SQL-99 방식으로 각각 외부 조인한 결과를 실습 8-14, 8-15에서 확인해 보죠.

📖 실습 8-14 | 왼쪽 외부 조인을 표준 SQL로 작성하기

```
01: SELECT E1.EMPNO, E1.ENAME, E1.MGR,
02:        E2.EMPNO AS MGR_EMPNO,
03:        E2.ENAME AS MGR_ENAME
04:   FROM EMP E1 LEFT OUTER JOIN EMP E2 ON (E1.MGR = E2.EMPNO)
05: ORDER BY E1.EMPNO;01:
```

▼ 결과 화면

	EMPNO	ENAME	MGR	MGR_EMPNO	MGR_ENAME
1	7369	SMITH	7902	7902	FORD
2	7499	ALLEN	7698	7698	BLAKE
3	7521	WARD	7698	7698	BLAKE
4	7566	JONES	7839	7839	KING
5	7654	MARTIN	7698	7698	BLAKE
6	7698	BLAKE	7839	7839	KING
7	7782	CLARK	7839	7839	KING
8	7788	SCOTT	7566	7566	JONES
9	7839	KING	(null)	(null)	(null)
10	7844	TURNER	7698	7698	BLAKE
11	7876	ADAMS	7788	7788	SCOTT
12	7900	JAMES	7698	7698	BLAKE
13	7902	FORD	7566	7566	JONES
14	7934	MILLER	7782	7782	CLARK

 왼쪽 외부 조인의 기준 열은 MGR 열입니다. 그리고 KING은 직속상관이 없으므로 MGR 열의 값은 NULL입니다.

```
01: SELECT E1.EMPNO, E1.ENAME, E1.MGR,
02:        E2.EMPNO AS MGR_EMPNO,
03:        E2.ENAME AS MGR_ENAME
04:   FROM EMP E1 RIGHT OUTER JOIN EMP E2 ON (E1.MGR = E2.EMPNO)
05: ORDER BY E1.EMPNO, MGR_EMPNO;
```

▼ 결과 화면

	EMPNO	ENAME	MGR	MGR_EMPNO	MGR_ENAME
1	7369	SMITH	7902	7902	FORD
2	7499	ALLEN	7698	7698	BLAKE
3	7521	WARD	7698	7698	BLAKE
4	7566	JONES	7839	7839	KING
5	7654	MARTIN	7698	7698	BLAKE
6	7698	BLAKE	7839	7839	KING
7	7782	CLARK	7839	7839	KING
8	7788	SCOTT	7566	7566	JONES
9	7844	TURNER	7698	7698	BLAKE
10	7876	ADAMS	7788	7788	SCOTT
11	7900	JAMES	7698	7698	BLAKE
12	7902	FORD	7566	7566	JONES
13	7934	MILLER	7782	7782	CLARK
14	(null)	(null)	(null)	7369	SMITH
15	(null)	(null)	(null)	7499	ALLEN
16	(null)	(null)	(null)	7521	WARD
17	(null)	(null)	(null)	7654	MARTIN
18	(null)	(null)	(null)	7844	TURNER
19	(null)	(null)	(null)	7876	ADAMS
20	(null)	(null)	(null)	7900	JAMES
21	(null)	(null)	(null)	7934	MILLER

전체 외부 조인은 왼쪽·오른쪽 외부 조인을 모두 적용한, 즉 왼쪽 열이 NULL일 때와 오른쪽 열이 NULL일 때를 모두 출력하는 방식입니다. 기존 외부 조인으로는 UNION 집합 연산자를 사용하여 왼쪽·오른쪽 외부 조인의 결과를 합치는 방법만 가능했습니다. 하지만 SQL-99 방식의 외부 조인은 FULL OUTER JOIN ~ ON 키워드로 양쪽 모두 외부 조인한 결괏값을 출력할 수 있습니다.

```
01: SELECT E1.EMPNO, E1.ENAME, E1.MGR,
02:        E2.EMPNO AS MGR_EMPNO,
03:        E2.ENAME AS MGR_ENAME
04:   FROM EMP E1 FULL OUTER JOIN EMP E2 ON (E1.MGR = E2.EMPNO)
05: ORDER BY E1.EMPNO;
```

▼ 결과 화면

	EMPNO	ENAME	MGR	MGR_EMPNO	MGR_ENAME
1	7369	SMITH	7902	7902	FORD
2	7499	ALLEN	7698	7698	BLAKE
3	7521	WARD	7698	7698	BLAKE
4	7566	JONES	7839	7839	KING
5	7654	MARTIN	7698	7698	BLAKE
6	7698	BLAKE	7839	7839	KING
7	7782	CLARK	7839	7839	KING
8	7788	SCOTT	7566	7566	JONES
9	7839	KING	(null)	(null)	(null)
10	7844	TURNER	7698	7698	BLAKE
11	7876	ADAMS	7788	7788	SCOTT
12	7900	JAMES	7698	7698	BLAKE
13	7902	FORD	7566	7566	JONES
14	7934	MILLER	7782	7782	CLARK
15	(null)	(null)	(null)	7934	MILLER
16	(null)	(null)	(null)	7900	JAMES
17	(null)	(null)	(null)	7876	ADAMS
18	(null)	(null)	(null)	7844	TURNER
19	(null)	(null)	(null)	7654	MARTIN
20	(null)	(null)	(null)	7521	WARD
21	(null)	(null)	(null)	7369	SMITH
22	(null)	(null)	(null)	7499	ALLEN

WHERE절에 조건식으로 조인하는 방식과 달리 SQL-99 조인은 FROM절에 특정 키워드를 사용하여 테이블을 조인하므로 처음에는 낯설어 보일 수 있습니다. 하지만 기존 조인 방식보다 더 간략하고 명시적으로 어떤 방식의 조인을 사용하는지 알 수 있습니다. 그리고 조인 조건식과 출력 행을 선정하는 조건식을 구별할 수 있으므로 여러 테이블을 조인해야 하는 복잡한 SELECT문에서 SQL-99 조인의 장점이 드러납니다. 물론 특정 문장을 반드시 사용해야하는 업무 규칙이 있다면 그 규칙을 따라야겠지만 그런 규칙이 없다면 자신에게 편한 방식을 사용하면 됩니다.

> 📝 알아 두면 좋아요! **SQL-99 조인 방식에서 3개 이상의 테이블을 조인할 때**
>
> 기존 조인 방식은 FROM절에 조인 테이블을 명시하고 조인 관련 조건식을 WHERE절에 지정하므로 테이블이 2개가 넘더라도 다음과 같이 작성하면 아무 문제가 없습니다.

```
 FROM TABLE1, TABLE2, TABLE3
WHERE TABLE1.COL = TABLE2.COL
   AND TABLE2.COL = TABLE3.COL
```

하지만 FROM절에 조인 관련 내용을 작성해야 하는 SQL-99 방식에서는 테이블이 2개가 넘을 때 어떻게 조인해야 할지 막막할 수도 있습니다. 여러 가지 조인 키워드 방식이 있지만, 다음과 같이 FROM절에 두 개 테이블을 조인한 다음에 계속해서 SQL-99 방식의 조인을 추가하면 세 개 이상의 테이블도 조인할 수 있습니다.

```
FROM TABLE1 JOIN TABLE2 ON (조건식)
   JOIN TABLE3 ON (조건식)
```

 1분 복습 | 다음 SQL 구문은 JOIN~USING 키워드를 사용한 등가 조인입니다. 다음 두 조건에 알맞도록 SQL 구문의 빈칸을 채워 보세요.
조건1. EMP 테이블과 DEPT 테이블의 조인 조건은 부서 번호(DEPTNO)가 같을 때입니다.
조건2. 급여는 3000 이상이며 직속상관이 반드시 있어야 합니다.

```
SELECT E.EMPNO, E.ENAME, E.JOB, E.MGR, E.HIREDATE, E.SAL, E.COMM,
              1              , D.DNAME, D.LOC
   FROM EMP E JOIN DEPT D USING (  1          )
 WHERE   2
     AND E.MGR  3
ORDER BY DEPTNO, E.EMPNO;
```

정답: 1. DEPTNO 2. SAL >= 3000 3. IS NOT NULL

되새김 문제

이 장에서 배운 내용을 실습하며 정리하세요.

Q1. 급여(SAL)가 2000을 초과한 사원의 부서 정보, 사원 정보를 다음과 같이 출력해 보세요(단 SQL-99 이전 방식과 SQL-99 방식을 각각 사용하여 작성하세요).

▼ 결과 화면

	DEPTNO	DNAME	EMPNO	ENAME	SAL
1	10	ACCOUNTING	7782	CLARK	2450
2	10	ACCOUNTING	7839	KING	5000
3	20	RESEARCH	7902	FORD	3000
4	20	RESEARCH	7788	SCOTT	3000
5	20	RESEARCH	7566	JONES	2975
6	30	SALES	7698	BLAKE	2850

Q2. 다음과 같이 부서별 평균 급여, 최대 급여, 최소 급여, 사원 수를 출력해 보세요(단 SQL-99 이전 방식과 SQL-99 방식을 각각 사용하여 작성하세요).

▼ 결과 화면

	DEPTNO	DNAME	AVG_SAL	MAX_SAL	MIN_SAL	CNT
1	10	ACCOUNTING	2916	5000	1300	3
2	20	RESEARCH	2175	3000	800	5
3	30	SALES	1566	2850	950	6

Q3. 모든 부서 정보와 사원 정보를 다음과 같이 부서 번호, 사원 이름순으로 정렬하여 출력해 보세요(단 SQL-99 이전 방식과 SQL-99 방식을 각각 사용하여 작성하세요).

▼ 결과 화면

	DEPTNO	DNAME	EMPNO	ENAME	JOB	SAL
1	10	ACCOUNTING	7782	CLARK	MANAGER	2450
2	10	ACCOUNTING	7839	KING	PRESIDENT	5000
3	10	ACCOUNTING	7934	MILLER	CLERK	1300
4	20	RESEARCH	7876	ADAMS	CLERK	1100
5	20	RESEARCH	7902	FORD	ANALYST	3000
6	20	RESEARCH	7566	JONES	MANAGER	2975
7	20	RESEARCH	7788	SCOTT	ANALYST	3000
8	20	RESEARCH	7369	SMITH	CLERK	800
9	30	SALES	7499	ALLEN	SALESMAN	1600
10	30	SALES	7698	BLAKE	MANAGER	2850
11	30	SALES	7900	JAMES	CLERK	950
12	30	SALES	7654	MARTIN	SALESMAN	1250
13	30	SALES	7844	TURNER	SALESMAN	1500
14	30	SALES	7521	WARD	SALESMAN	1250
15	40	OPERATIONS	(null)	(null)	(null)	(null)

Q4. 다음과 같이 모든 부서 정보, 사원 정보, 급여 등급 정보, 각 사원의 직속상관 정보를 부서 번호, 사원 번호 순서로 정렬하여 출력해 보세요(단 SQL-99 이전 방식과 SQL-99 방식을 각각 사용하여 작성하세요).

▼ 결과 화면

	DEPTNO	DNAME	EMPNO	ENAME	MGR	SAL	DEPTNO_1	LOSAL	HISAL	GRADE	MGR_EMPNO	MGR_ENAME
1	10	ACCOUNTING	7782	CLARK	7839	2450	10	2001	3000	4	7839	KING
2	10	ACCOUNTING	7839	KING	(null)	5000	10	3001	9999	5	(null)	(null)
3	10	ACCOUNTING	7934	MILLER	7782	1300	10	1201	1400	2	7782	CLARK
4	20	RESEARCH	7369	SMITH	7902	800	20	700	1200	1	7902	FORD
5	20	RESEARCH	7566	JONES	7839	2975	20	2001	3000	4	7839	KING
6	20	RESEARCH	7788	SCOTT	7566	3000	20	2001	3000	4	7566	JONES
7	20	RESEARCH	7876	ADAMS	7788	1100	20	700	1200	1	7788	SCOTT
8	20	RESEARCH	7902	FORD	7566	3000	20	2001	3000	4	7566	JONES
9	30	SALES	7499	ALLEN	7698	1600	30	1401	2000	3	7698	BLAKE
10	30	SALES	7521	WARD	7698	1250	30	1201	1400	2	7698	BLAKE
11	30	SALES	7654	MARTIN	7698	1250	30	1201	1400	2	7698	BLAKE
12	30	SALES	7698	BLAKE	7839	2850	30	2001	3000	4	7839	KING
13	30	SALES	7844	TURNER	7698	1500	30	1401	2000	3	7698	BLAKE
14	30	SALES	7900	JAMES	7698	950	30	700	1200	1	7698	BLAKE
15	40	OPERATIONS	(null)	(null)	(null)	(null)	(null)	(null)	(null)	(null)	(null)	(null)

정답 이지스퍼블리싱 홈페이지에서 확인하세요.

09장

SQL 속 또 다른 SQL, 서브쿼리

서브쿼리는 상황이나 조건에 따라 변하는 데이터를 비교하거나 근거로 삼고자 SQL 구문 안에 작성하는 작은 SELECT문을 의미합니다. 이 장에서는 SELECT문을 구성하는 여러 절에서 사용하는 서브쿼리를 알아봅니다. 서브쿼리는 조인과 더불어 여러 데이터를 하나의 SQL 구문에서 처리할 때 사용합니다. 실무에서도 자주 사용하는 문법이므로 반드시 숙지하세요.

이 장에서 꼭 익혀야 할 것

- ☑ 서브쿼리의 의미와 사용 방법
- ☐ 단일행 서브쿼리
- ☐ 다중행 서브쿼리(IN, ANY, SOME, ALL)
- ☐ 다중열 서브쿼리
- ☐ WITH절의 사용 방법

서브쿼리

서브쿼리란?

서브쿼리(subquery)는 SQL 구문을 실행하는 데 필요한 데이터를 추가로 조회하고자 SQL 구문 내부에서 사용하는 SELECT문을 의미합니다. 서브쿼리의 결괏값을 사용하여 기능을 수행하는 영역은 메인쿼리(main query)라고 합니다. 예를 들어 어떤 SELECT문에서 WHERE절의 조건식에 서브쿼리를 사용한다면 전체 SELECT문은 다음과 같이 구성합니다.

❋ 서브쿼리는 실제로 INSERT문, UPDATE문, DELETE문, CREATE문 등 다양한 SQL 구문에서 사용합니다. 아직 SELECT문을 제외한 SQL 구문은 배우지 않았으므로 09장에서는 SELECT문에서 서브쿼리를 사용하는 방법만 살펴봅니다. 이후 다른 SQL 구문에서 서브쿼리를 사용하는 방법은 각 SQL 구문이 나올 때 설명하겠습니다.

위 그림과 같은 서브쿼리 형태가 가장 자주 사용하는 방식입니다. 그러면 이제부터 서브쿼리를 알아봅시다. 우선 EMP 테이블에서 JONES보다 급여가 높은 사원을 조회하고 싶을 때를 생각해 봅시다. 이때 먼저 필요한 데이터는 JONES의 급여일 것입니다. 기준 급여가 얼마인지 알아야 그보다 높은 급여를 받는 사원을 조회할 수 있기 때문이죠. JONES의 급여는 다음과 같이 SELECT문으로 간단히 조회할 수 있습니다.

📋 **실습 9-1 │ 이름이 JONES인 사원의 급여 출력하기**

```
01: SELECT SAL
02:   FROM EMP
03:  WHERE ENAME = 'JONES';
```

▼ 결과 화면

⬩ SAL
1 2975

실습 9-1의 결과를 살펴보면 EMP 테이블에서 JONES의 급여는 2975입니다. 이제 기준 급여를 알았으니 이 급여보다 높은 급여를 받는 사원 데이터 역시 간단한 SELECT문을 실행하여 알아낼 수 있습니다.

📋 **실습 9-2 | 급여가 2975보다 높은 사원 정보 출력하기**

```
01: SELECT *
02:   FROM EMP
03:  WHERE SAL > 2975;
```

▼ 결과 화면

	EMPNO	ENAME	JOB	MGR	HIREDATE	SAL	COMM	DEPTNO
1	7788	SCOTT	ANALYST	7566	87/04/19	3000	(null)	20
2	7839	KING	PRESIDENT	(null)	81/11/17	5000	(null)	10
3	7902	FORD	ANALYST	7566	81/12/03	3000	(null)	20

JONES의 급여보다 높은 급여를 받는 사원을 찾고자 2개의 SELECT문을 작성했습니다. 그러나 서브쿼리를 사용하면 SELECT문 2개를 하나로 합칠 수 있습니다.

이들 SELECT문 중 WHERE절의 조건식에 들어갈 기준 급여(JONES의 급여)를 구하는 SELECT문이 서브쿼리가 됩니다. 그리고 이 기준 급여보다 높은 급여를 받는 사원을 조회하는 SELECT문을 메인쿼리로 작성합니다.

다음 그림에서 각 SELECT문을 메인쿼리와 서브쿼리로 나누는 방식을 살펴봅시다. 서브쿼리 작성의 핵심은 주어진 문제(여기에서는 JONES의 급여와 이 급여보다 높은 급여를 받는 사원)를 어떻게 SELECT문으로 나누어 처리할지를 결정하는 데에 있습니다.

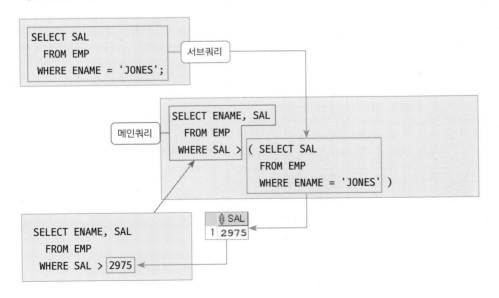

그러면 다음 SELECT문을 작성하여 결과를 살펴봅시다. 먼저 사용한 2개의 SELECT문과 같은 결과가 출력되는 것을 알 수 있습니다.

□ 실습 9-3 | 서브쿼리로 JONES의 급여보다 높은 급여를 받는 사원 정보 출력하기

```
01: SELECT *
02:   FROM EMP
03: WHERE SAL > (SELECT SAL
04:                 FROM EMP
05:                WHERE ENAME = 'JONES');
```

▼ 결과 화면

	⊕ EMPNO	⊕ ENAME	⊕ JOB	⊕ MGR	⊕ HIREDATE	⊕ SAL	⊕ COMM	⊕ DEPTNO
1	7788	SCOTT	ANALYST	7566	87/04/19	3000	(null)	20
2	7839	KING	PRESIDENT	(null)	81/11/17	5000	(null)	10
3	7902	FORD	ANALYST	7566	81/12/03	3000	(null)	20

서브쿼리의 특징

서브쿼리는 다음과 같은 특징이 있습니다. 실습 9-3의 SELECT문을 살펴보면서 서브쿼리의 특징을 확인해 봅시다.

1. 서브쿼리는 연산자 등의 비교 또는 조회 대상 오른쪽에 놓이며 괄호 ( )로 묶어서 사용합니다.

2. 특수한 몇몇 경우를 제외한 대부분의 서브쿼리에서는 ORDER BY절을 사용할 수 없습니다.

3. 서브쿼리의 SELECT절에 명시한 열은 메인쿼리의 비교 대상과 같은 자료형과 같은 개수로 지정해야 합니다. 즉 메인쿼리의 비교 대상 데이터가 하나라면 서브쿼리의 SELECT절 역시 같은 자료형인 열을 하나만 지정해야 합니다.

4. 서브쿼리에 있는 SELECT문의 결과 행 수는 함께 사용하는 메인쿼리의 연산자 종류와 어울려야 합니다. 예를 들어 메인쿼리에 사용한 연산자가 단 하나의 데이터로만 연산할 수 있다면 서브쿼리의 결과 행 수는 반드시 하나여야 합니다. 이 내용은 09-2절 단일행 서브쿼리와 09-3절 다중행 서브쿼리에서 자세히 살펴봅니다.

서브쿼리는 메인쿼리의 연산자와 함께 상호 작용하는 방식에 따라 크게 단일행 서브쿼리와 다중행 서브쿼리로 나뉩니다. 그러면 이제부터 각각의 서브쿼리 사용법을 알아봅시다.

✏️ 1분 복습 | 서브쿼리를 사용하여 EMP 테이블의 정보 중에서 이름이 ALLEN인 사원의 추가 수당 보다 많이 받는 사원 정보를 구하도록 다음 코드를 채워 보세요.

```
SELECT *
  FROM EMP
 WHERE [ 1 ]          > (SELECT COMM
                           FROM EMP
                          WHERE [ 2 ]     = [ 3 ]       );
```

정답: 1. COMM 2. ENAME 3. 'ALLEN',

09-2

실행 결과가 하나인 단일행 서브쿼리

단일행 서브쿼리(single-row subquery)는 실행 결과가 행 하나인 서브쿼리를 뜻합니다. 서브쿼리가 출력하는 결과가 하나이므로 메인쿼리와 서브쿼리 결과는 다음과 같이 단일행 연산자를 사용하여 비교합니다.

단일행 연산자							
>	>=	=	<=	<	<>	^=	!=
초과	이상	같음	이하	미만	같지 않음		

앞에서 살펴본 'JONES의 급여보다 높은 급여를 받는 사원 목록'을 구하려고 사용한 서브쿼리 역시 대소 비교 연산자(>)를 사용했으므로 단일행 서브쿼리라고 볼 수 있습니다. 하지만 JONES라는 이름으로 단일행 서브쿼리를 사용하면 나중에 문제가 될 수 있습니다. 눈치챈 독자도 있겠지만 사람 이름은 중복할 수 있기 때문입니다. 사람 이름뿐만 아니라 같은 데이터가 여러 개 있는 열이라면 주의해야 합니다.

EMP 테이블에 이름이 JONES인 사원이 여러 명 있다면 대소 비교 연산자를 사용한 서브쿼리는 오류가 발생합니다. 이처럼 서브쿼리의 결과로 여러 행을 반환할 때에는 다중행 서브쿼리(multiple-row subquery)를 사용해야 합니다.

단일행 서브쿼리와 날짜형 데이터

단일행 서브쿼리는 서브쿼리 결괏값이 날짜(DATE) 자료형일 때도 사용할 수 있습니다. 예를 들어 EMP 테이블에서 SCOTT보다 빨리 입사한 사원 목록을 조회하려면 다음과 같이 서브쿼리를 활용한 SELECT문을 작성할 수 있습니다.

📖 실습 9-4 | 서브쿼리의 결괏값이 날짜형인 경우

```
01: SELECT *
02:   FROM EMP
03:  WHERE HIREDATE < (SELECT HIREDATE
04:                      FROM EMP
05:                     WHERE ENAME = 'SCOTT');
```

	⬥ EMPNO	⬥ ENAME	⬥ JOB	⬥ MGR	⬥ HIREDATE	⬥ SAL	⬥ COMM	⬥ DEPTNO
1	7369	SMITH	CLERK	7902	80/12/17	800	(null)	20
2	7499	ALLEN	SALESMAN	7698	81/02/20	1600	300	30
3	7521	WARD	SALESMAN	7698	81/02/22	1250	500	30
4	7566	JONES	MANAGER	7839	81/04/02	2975	(null)	20
5	7654	MARTIN	SALESMAN	7698	81/09/28	1250	1400	30
6	7698	BLAKE	MANAGER	7839	81/05/01	2850	(null)	30
7	7782	CLARK	MANAGER	7839	81/06/09	2450	(null)	10
8	7839	KING	PRESIDENT	(null)	81/11/17	5000	(null)	10
9	7844	TURNER	SALESMAN	7698	81/09/08	1500	0	30
10	7900	JAMES	CLERK	7698	81/12/03	950	(null)	30
11	7902	FORD	ANALYST	7566	81/12/03	3000	(null)	20
12	7934	MILLER	CLERK	7782	82/01/23	1300	(null)	10

단일행 서브쿼리와 함수

또 서브쿼리에서 특정 함수를 사용한 결괏값이 하나일 때 역시 단일행 서브쿼리로 사용할 수 있습니다. 예를 들어 20번 부서에 속한 사원 중 전체 사원의 평균 급여보다 많이 받는 사원 정보와 소속 부서 정보를 함께 조회할 때를 생각해 봅시다. 이때는 다음과 같이 EMP 테이블과 DEPT 테이블을 조인한 SELECT문에 서브쿼리를 적용하여 출력할 수 있습니다.

🖥 실습 9-5 | 서브쿼리 안에서 함수를 사용한 경우

```
01: SELECT E.EMPNO, E.ENAME, E.JOB, E.SAL, D.DEPTNO, D.DNAME, D.LOC
02:   FROM EMP E, DEPT D
03:  WHERE E.DEPTNO = D.DEPTNO
04:    AND E.DEPTNO = 20
05:    AND E.SAL > (SELECT AVG(SAL)
06:                   FROM EMP);
```

▼ 결과 화면

	⬥ EMPNO	⬥ ENAME	⬥ JOB	⬥ SAL	⬥ DEPTNO	⬥ DNAME	⬥ LOC
1	7566	JONES	MANAGER	2975	20	RESEARCH	DALLAS
2	7788	SCOTT	ANALYST	3000	20	RESEARCH	DALLAS
3	7902	FORD	ANALYST	3000	20	RESEARCH	DALLAS

❇ 실무에서는 실습 9-5처럼 조인과 서브쿼리를 함께 사용하는 SQL 구문도 자주 사용합니다. 다양한 방식을 함께 사용해서 복잡하게 느낄 수도 있지만 WHERE절 조건식과 조인 방식을 천천히 되새기며 이해해 보세요. SELECT문의 사용법은 중요한 만큼 하나라도 놓치지 않아야 합니다.

```
SELECT E.EMPNO, E.ENAME, E.JOB, E.SAL, D.DEPTNO, D.DNAME, D.LOC
  FROM EMP E, DEPT D
 WHERE E.DEPTNO = D.DEPTNO
   AND ¹
   AND E.SAL ²      (SELECT ³
                       FROM EMP);
```

정답: 1. E.DEPTNO = 20 2. <= 3. AVG(SAL)

실행 결과가 여러 개인 다중행 서브쿼리

다중행 서브쿼리(multiple-row subquery)는 실행 결과가 여러 행인 서브쿼리를 가리킵니다. 앞에서 살펴본 단일행 서브쿼리와 달리 결과가 여러 행이므로 단일행 연산자는 사용할 수 없고 다중행 연산자를 사용해야 메인쿼리와 비교할 수 있습니다. 다중행 연산자의 종류는 다음 표를 참고하세요.

다중행 연산자	설명
IN	메인쿼리의 데이터가 서브쿼리의 결과 중 하나라도 일치한 데이터가 있다면 true를 반환합니다.
ANY, SOME	메인쿼리의 조건식을 만족하는 서브쿼리의 결과가 하나 이상이면 true를 반환합니다.
ALL	메인쿼리의 조건식을 서브쿼리의 결과가 모두 만족하면 true를 반환합니다.
EXISTS	서브쿼리의 결과가 있다면(즉, 행이 1개 이상이라면) true를 반환합니다.

IN 연산자

IN 연산자는 이미 05장에서 WHERE절과 연산자를 다루면서 소개했으며 다음과 같은 형태로 사용할 수 있습니다.

🖵 실습 9-6 | IN 연산자 사용하기

```
01: SELECT *
02:   FROM EMP
03:  WHERE DEPTNO IN (20, 30);
```

> 부서 번호가 20이거나 30인
> 사원의 정보만 출력합니다.

▼ 결과 화면

	⬧ EMPNO	⬧ ENAME	⬧ JOB	⬧ MGR	⬧ HIREDATE	⬧ SAL	⬧ COMM	⬧ DEPTNO
1	7369	SMITH	CLERK	7902	80/12/17	800	(null)	20
2	7499	ALLEN	SALESMAN	7698	81/02/20	1600	300	30
3	7521	WARD	SALESMAN	7698	81/02/22	1250	500	30
4	7566	JONES	MANAGER	7839	81/04/02	2975	(null)	20
5	7654	MARTIN	SALESMAN	7698	81/09/28	1250	1400	30
6	7698	BLAKE	MANAGER	7839	81/05/01	2850	(null)	30
7	7788	SCOTT	ANALYST	7566	87/04/19	3000	(null)	20
8	7844	TURNER	SALESMAN	7698	81/09/08	1500	0	30
9	7876	ADAMS	CLERK	7788	87/05/23	1100	(null)	20
10	7900	JAMES	CLERK	7698	81/12/03	950	(null)	30
11	7902	FORD	ANALYST	7566	81/12/03	3000	(null)	20

다중행 서브쿼리의 데이터를 비교하는 다중행 연산자로 IN을 사용해도 효과는 같습니다. 예를 들어 부서별 최고 급여와 같은 급여를 받는 사원을 조회할 때를 생각해 봅시다. 이때는 다음처럼 부서별 최고 급여 데이터를 먼저 구하고 이 데이터와 일치하는 메인쿼리 데이터를 IN 연산자로 선별합니다.

□ 실습 9-7 | 부서별 최고 급여와 같은 급여를 받는 사원 정보 출력하기

```
01: SELECT *
02:   FROM EMP
03: WHERE SAL IN (SELECT MAX(SAL)
04:                 FROM EMP
05:                 GROUP BY DEPTNO);
```

▼ 결과 화면

	EMPNO	ENAME	JOB	MGR	HIREDATE	SAL	COMM	DEPTNO
1	7698	BLAKE	MANAGER	7839	81/05/01	2850	(null)	30
2	7788	SCOTT	ANALYST	7566	87/04/19	3000	(null)	20
3	7839	KING	PRESIDENT	(null)	81/11/17	5000	(null)	10
4	7902	FORD	ANALYST	7566	81/12/03	3000	(null)	20

실습 9-7의 결과 화면을 살펴보면 서브쿼리에서 부서별로 가장 높은 급여 데이터를 출력하므로 최고 급여 데이터와 같은 급여를 받는 사원만 출력합니다. 즉 서브쿼리의 SELECT문 결괏값이 오른쪽과 같이 2850, 3000, 5000이고 메인쿼리에서는 IN 연산자를 사용해 세 값 중 일치하는 행만 출력합니다. 다중행 연산자 중 IN 연산자는 가장 자주 사용하므로 사용법을 반드시 기억해 두세요. 실습 9-8은 실습 9-7의 서브쿼리에서 사용한 SQL 구문의 결과입니다.

□ 실습 9-8 | 부서 번호별로 최대 급여 출력하기

```
01: SELECT MAX(SAL)
02:   FROM EMP
03: GROUP BY DEPTNO;
```

▼ 결과 화면

	MAX(SAL)
1	3000
2	2850
3	5000

ANY, SOME 연산자

ANY, SOME 연산자는 서브쿼리가 반환한 여러 결괏값 중 메인쿼리와 조건식을 사용한 결과가 하나라도 true라면 메인쿼리 조건식을 true로 반환합니다.

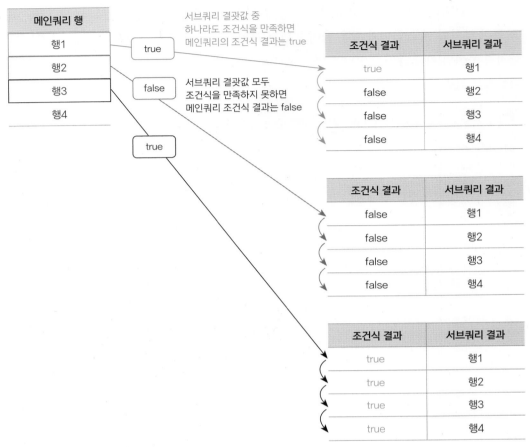

ANY 연산자를 사용했을 때의 결과

서브쿼리 결괏값 중 하나라도 조건식에 맞아떨어지면 메인쿼리의 조건식이 참이 되어 출력 대상이 된다는 점에서 앞에서 살펴본 IN 연산자를 떠올리는 독자도 있을 겁니다. 메인쿼리와 값을 비교할 때 ANY나 SOME 연산자를 등가 비교 연산자(=)와 함께 사용하면 IN 연산자와 같은 기능을 수행합니다.

❀ IN과 같은 효과를 내고자 = ANY를 사용하는 때는 거의 없습니다. 알아보기도 편하고 글자 수도 적어서 대부분 IN 연산자를 선호합니다.

📖 실습 9-9 │ **ANY 연산자 사용하기**

```
01: SELECT *
02:   FROM EMP
03:  WHERE SAL = ANY (SELECT MAX(SAL)
04:                     FROM EMP
05:                    GROUP BY DEPTNO);
```

```
01: SELECT *
02:   FROM EMP
03:  WHERE SAL = SOME (SELECT MAX(SAL)
04:                      FROM EMP
05:                     GROUP BY DEPTNO);
```

▼ 결과 화면(실습 9-9, 9-10의 실행 결과가 같음)

	EMPNO	ENAME	JOB	MGR	HIREDATE	SAL	COMM	DEPTNO
1	7698	BLAKE	MANAGER	7839	81/05/01	2850	(null)	30
2	7788	SCOTT	ANALYST	7566	87/04/19	3000	(null)	20
3	7839	KING	PRESIDENT	(null)	81/11/17	5000	(null)	10
4	7902	FORD	ANALYST	7566	81/12/03	3000	(null)	20

등가 비교 연산자(=)가 아닌 대소 비교 연산자를 ANY 연산자와 함께 사용할 때는 조금 복잡합니다. 다음 SELECT문을 실행하고 결과의 의미를 생각해 봅시다.

```
01: SELECT *
02:   FROM EMP
03:  WHERE SAL < ANY (SELECT SAL
04:                     FROM EMP
05:                    WHERE DEPTNO = 30)
06: ORDER BY SAL, EMPNO;
```

▼ 결과 화면

	EMPNO	ENAME	JOB	MGR	HIREDATE	SAL	COMM	DEPTNO
1	7369	SMITH	CLERK	7902	80/12/17	800	(null)	20
2	7900	JAMES	CLERK	7698	81/12/03	950	(null)	30
3	7876	ADAMS	CLERK	7788	87/05/23	1100	(null)	20
4	7521	WARD	SALESMAN	7698	81/02/22	1250	500	30
5	7654	MARTIN	SALESMAN	7698	81/09/28	1250	1400	30
6	7934	MILLER	CLERK	7782	82/01/23	1300	(null)	10
7	7844	TURNER	SALESMAN	7698	81/09/08	1500	0	30
8	7499	ALLEN	SALESMAN	7698	81/02/20	1600	300	30
9	7782	CLARK	MANAGER	7839	81/06/09	2450	(null)	10

30번 부서의 급여를 출력한 서브쿼리의 결과는 실습 9-12와 같습니다. 중복을 제거한다면 950, 1250, 1500, 1600, 2850이 됩니다. ANY 연산자는 서브쿼리 결괏값 중 최소한 하나라도 조건식을 만족하면 메인쿼리 조건식의 결과가 true가 된다는 사실을 떠올려 봅시다.

그러므로 서브쿼리에서 가장 큰 값인 2850보다 적은 메인쿼리 행은 모두 true가 됩니다.

950, 1250, 1500, 1600보다 큰 값이더라도 2850보다만 작으면 true이기 때문입니다.

📄 **실습 9-12 | 부서 번호가 30인 사원의 급여 출력하기**

```
01: SELECT SAL
02:   FROM EMP
03:  WHERE DEPTNO = 30;
```

▼ 결과 화면

	⬥ SAL
1	1600
2	1250
3	1250
4	2850
5	1500
6	950

즉 〈 ANY 연산자는 서브쿼리 결괏값 중 급여의 최댓값(SAL = 2850)보다 작은 값을 모두 출력합니다. 따라서 다음과 같이 〈 ANY 연산자는 서브쿼리에 MAX 함수를 적용한 값을 ANY 연산자 없이 비교 연산자(〈)만 사용한 결과와 같은 효과를 냅니다.

〈 ANY 연산자를 사용한 경우	서브쿼리에 MAX 함수를 사용한 경우
```SELECT * FROM EMP WHERE SAL < ANY (SELECT SAL FROM EMP WHERE DEPTNO = 30) ORDER BY SAL, EMPNO;```	```SELECT * FROM EMP WHERE SAL < (SELECT MAX(SAL) FROM EMP WHERE DEPTNO = 30) ORDER BY SAL, EMPNO;```

반대로 〉 ANY를 사용한 SELECT문도 살펴봅시다. 〉 ANY는 서브쿼리 결괏값 950, 1250, 1500, 1600, 2850 중 하나의 값보다 메인쿼리 데이터가 큰 값이면 true입니다. 따라서 서브쿼리 최솟값(SAL = 950)보다 큰 값이라면 조건식이 true가 되므로 결괏값을 출력합니다. 여기에서는 950보다 많이 받는 사원을 출력하므로 800인 SMITH와 950인 JAMES는 제외합니다.

📄 **실습 9-13 | 30번 부서 사원의 최소 급여보다 많은 급여를 받는 사원 정보 출력하기**

```
01: SELECT *
02:   FROM EMP
03:  WHERE SAL > ANY (SELECT SAL
04:                     FROM EMP
05:                    WHERE DEPTNO = 30);
```

▼ 결과 화면

	EMPNO	ENAME	JOB	MGR	HIREDATE	SAL	COMM	DEPTNO
1	7839	KING	PRESIDENT	(null)	81/11/17	5000	(null)	10
2	7902	FORD	ANALYST	7566	81/12/03	3000	(null)	20
3	7788	SCOTT	ANALYST	7566	87/04/19	3000	(null)	20
4	7566	JONES	MANAGER	7839	81/04/02	2975	(null)	20
5	7698	BLAKE	MANAGER	7839	81/05/01	2850	(null)	30
6	7782	CLARK	MANAGER	7839	81/06/09	2450	(null)	10
7	7499	ALLEN	SALESMAN	7698	81/02/20	1600	300	30
8	7844	TURNER	SALESMAN	7698	81/09/08	1500	0	30
9	7934	MILLER	CLERK	7782	82/01/23	1300	(null)	10
10	7521	WARD	SALESMAN	7698	81/02/22	1250	500	30
11	7654	MARTIN	SALESMAN	7698	81/09/28	1250	1400	30
12	7876	ADAMS	CLERK	7788	87/05/23	1100	(null)	20

먼저 사용한 〈ANY 연산자에서 실제 결괏값이 어떻게 나오는지 알아본 것처럼 이 경우도 각 단계를 확인하면 내용을 이해하는 데 도움이 됩니다.

ALL 연산자

ANY나 SOME과 달리 ALL 연산자는 서브쿼리의 모든 결과가 조건식에 맞아떨어져야만 메인쿼리의 조건식이 true가 됩니다.

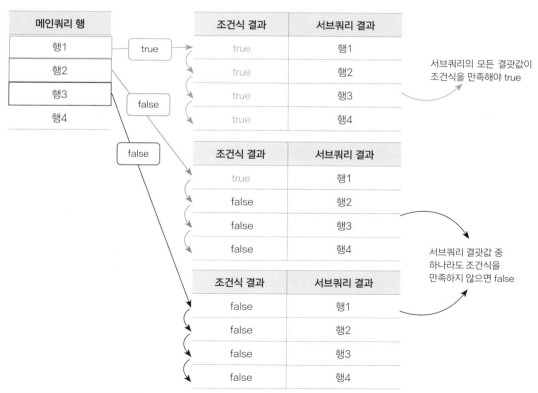

ALL 연산자를 사용했을 때의 결과

다음 ALL 연산자를 사용한 SELECT문을 실행하고 결과를 살펴봅시다.

📄 실습 9-14 | 부서 번호가 30번인 사원의 최소 급여보다 더 적은 급여를 받는 사원 출력하기

```
01: SELECT *
02:   FROM EMP
03:  WHERE SAL < ALL (SELECT SAL
04:                      FROM EMP
05:                     WHERE DEPTNO = 30);
```

▼ 결과 화면

	EMPNO	ENAME	JOB	MGR	HIREDATE	SAL	COMM	DEPTNO
1	7369	SMITH	CLERK	7902	80/12/17	800	(null)	20

ALL 연산자가 의미하는 것과 같이 서브쿼리의 모든 결괏값(950, 1250, 1500, 1600, 2850)보다 값이 작은 메인쿼리 행만 true입니다. 즉 메인쿼리 값 중 950(서브쿼리 결괏값 중 가장 작은 값)보다 작은 값인 데이터만 결과로 출력합니다. 따라서 950보다 적은 800을 받는 SMITH만 출력합니다.

반대로 〉ALL을 사용할 때도 ANY 연산자를 사용했을 때와 다른 결과가 나옵니다. 다음 SELECT문의 최종 결괏값은 서브쿼리 결괏값(950, 1250, 1500, 1600, 2850) 중 가장 큰 값인 2850과 비교하여 더 큰 값인 데이터만 출력합니다.

📄 실습 9-15 | 부서 번호가 30번인 사원의 최대 급여보다 더 많은 급여를 받는 사원 출력하기

```
01: SELECT *
02:   FROM EMP
03:  WHERE SAL > ALL (SELECT SAL
04:                      FROM EMP
05:                     WHERE DEPTNO = 30);
```

▼ 결과 화면

	EMPNO	ENAME	JOB	MGR	HIREDATE	SAL	COMM	DEPTNO
1	7566	JONES	MANAGER	7839	81/04/02	2975	(null)	20
2	7788	SCOTT	ANALYST	7566	87/04/19	3000	(null)	20
3	7902	FORD	ANALYST	7566	81/12/03	3000	(null)	20
4	7839	KING	PRESIDENT	(null)	81/11/17	5000	(null)	10

EXISTS 연산자

EXISTS 연산자는 조금 특이한데, 서브쿼리에 결괏값이 하나 이상 있으면 조건식이 모두 true, 없으면 모두 false가 됩니다. 먼저 true일 때를 살펴봅시다. 다음 실습 9-16의 SQL 구문에서 사용하는 서브쿼리를 살펴보면 결괏값이 있으므로 EMP의 모든 행을 출력합니다.

📄 실습 9-16 | **서브쿼리에 결괏값이 있을 때**

```
01: SELECT *
02:   FROM EMP
03:  WHERE EXISTS (SELECT DNAME
04:                  FROM DEPT
05:                 WHERE DEPTNO = 10);
```

▼ 결과 화면

	⬦ EMPNO	⬦ ENAME	⬦ JOB	⬦ MGR	⬦ HIREDATE	⬦ SAL	⬦ COMM	⬦ DEPTNO
1	7369	SMITH	CLERK	7902	80/12/17	800	(null)	20
2	7499	ALLEN	SALESMAN	7698	81/02/20	1600	300	30
3	7521	WARD	SALESMAN	7698	81/02/22	1250	500	30
4	7566	JONES	MANAGER	7839	81/04/02	2975	(null)	20
5	7654	MARTIN	SALESMAN	7698	81/09/28	1250	1400	30
6	7698	BLAKE	MANAGER	7839	81/05/01	2850	(null)	30
7	7782	CLARK	MANAGER	7839	81/06/09	2450	(null)	10
8	7788	SCOTT	ANALYST	7566	87/04/19	3000	(null)	20
9	7839	KING	PRESIDENT	(null)	81/11/17	5000	(null)	10
10	7844	TURNER	SALESMAN	7698	81/09/08	1500	0	30
11	7876	ADAMS	CLERK	7788	87/05/23	1100	(null)	20
12	7900	JAMES	CLERK	7698	81/12/03	950	(null)	30
13	7902	FORD	ANALYST	7566	81/12/03	3000	(null)	20
14	7934	MILLER	CLERK	7782	82/01/23	1300	(null)	10

따라서 DEPT 테이블에 없는 조건(DEPTNO = 50)의 서브쿼리를 실행하면 결과 데이터로 아무 행도 출력하지 않는다는 점을 눈여겨보세요.

📄 실습 9-17 | **서브쿼리 결괏값이 없을 때**

```
01: SELECT *
02:   FROM EMP
03:  WHERE EXISTS (SELECT DNAME
04:                  FROM DEPT
05:                 WHERE DEPTNO = 50);
```

▼ 결과 화면

EMPNO	ENAME	JOB	MGR	HIREDATE	SAL	COMM	DEPTNO

EXISTS 연산자는 다른 다중행 연산자에 비해 그리 자주 사용하는 편은 아니지만, 특정 서브 쿼리 결괏값 유무로 메인쿼리의 데이터 노출 여부를 결정해야 할 때 간혹 사용합니다. 하지만 일반적으로 널리 사용하는 방식은 아니므로 이런 연산자가 있다는 정도만 기억해도 큰 문제는 없습니다.

✏️ **1분 복습** | 서브쿼리를 이용하여 EMP 테이블의 사원 중에 10번 부서에 속한 모든 사원보다 일찍 입사한 사원 정보를 구하도록 코드를 채워 보세요.

```
SELECT *
  FROM EMP
 WHERE [        1        ] < ALL (SELECT [      1      ]
                                    FROM EMP
                                   WHERE [    2        ]);
```

정답: 1. HIREDATE 2. DEPTNO = 10

비교할 열이 여러 개인 다중열 서브쿼리

다중열 서브쿼리(multiple-column subquery)는 서브쿼리의 SELECT절에 비교할 데이터를 여러 개 지정하는 방식입니다. 다음처럼 메인쿼리에 비교할 열을 괄호로 묶어 지정하고 서브쿼리에는 괄호로 묶은 데이터와 같은 자료형 데이터를 SELECT절에 지정합니다.

✹ 다중열 서브쿼리는 복수열 서브쿼리라고도 부릅니다.

🖥 실습 9-18 | **다중열 서브쿼리 사용하기**

```
01: SELECT *
02:   FROM EMP
03:  WHERE (DEPTNO, SAL) IN (SELECT DEPTNO, MAX(SAL)
04:                            FROM EMP
05:                           GROUP BY DEPTNO);
```

▼ 결과 화면

	⊕ EMPNO	⊕ ENAME	⊕ JOB	⊕ MGR	⊕ HIREDATE	⊕ SAL	⊕ COMM	⊕ DEPTNO
1	7788	SCOTT	ANALYST	7566	87/04/19	3000	(null)	20
2	7902	FORD	ANALYST	7566	81/12/03	3000	(null)	20
3	7698	BLAKE	MANAGER	7839	81/05/01	2850	(null)	30
4	7839	KING	PRESIDENT	(null)	81/11/17	5000	(null)	10

실습 9-18의 SELECT문은 데이터 면에서 의미 있는 출력은 아니지만 실무에서 아주 유용하고 자주 사용하므로 다중열 서브쿼리 사용 방법으로 기억해 두세요.

FROM절에 사용하는 서브쿼리와 WITH절

앞에서 살펴본 서브쿼리는 WHERE절에서 조건식을 대상으로 사용했습니다. 하지만 FROM 절에도 서브쿼리를 사용할 수 있습니다. FROM절에 사용하는 서브쿼리는 인라인 뷰(inline view)라고도 합니다. 인라인 뷰는 다음처럼 특정 테이블 전체 데이터가 아닌 SELECT문으로 일부 데이터를 먼저 추출한 다음, 별칭을 지정하여 사용합니다.

📖 실습 9-19 | 인라인 뷰 사용하기

```
01: SELECT E10.EMPNO, E10.ENAME, E10.DEPTNO, D.DNAME, D.LOC
02:   FROM (SELECT * FROM EMP WHERE DEPTNO = 10) E10,
03:        (SELECT * FROM DEPT) D
04:  WHERE E10.DEPTNO = D.DEPTNO;
```

▼ 결과 화면

	⊕ EMPNO	⊕ ENAME	⊕ DEPTNO	⊕ DNAME	⊕ LOC
1	7782	CLARK	10	ACCOUNTING	NEW YORK
2	7839	KING	10	ACCOUNTING	NEW YORK
3	7934	MILLER	10	ACCOUNTING	NEW YORK

이 방식은 FROM절에 테이블을 직접 명시하여 사용하기에는 테이블 내 데이터 규모가 너무 크거나 현재 작업에 불필요한 열이 너무 많아 일부 행과 열만 사용할 때 유용합니다.

하지만 FROM절에 너무 많은 서브쿼리를 지정하면 가독성이나 성능이 떨어질 수 있으므로 때로는 WITH 절을 사용하기도 합니다. 오라클 9i부터 제공하는 WITH절은 메인쿼리 SELECT문에서 사용할 서브쿼리와 별칭을 먼저 지정한 후 메인쿼리에서 사용합니다. WITH절의 기본 형식은 오른쪽과 같습니다.

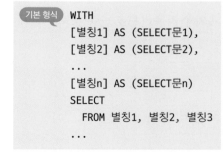

```
기본 형식   WITH
            [별칭1] AS (SELECT문1),
            [별칭2] AS (SELECT문2),
            ...
            [별칭n] AS (SELECT문n)
            SELECT
                FROM 별칭1, 별칭2, 별칭3
            ...
```

앞에서 E10과 D로 FROM절에 명시한 서브쿼리를 WITH절을 활용하여 다음과 같이 작성할 수 있습니다.

📖 실습 9-20 | **WITH절 사용하기**

```
01: WITH
02: E10 AS (SELECT * FROM EMP WHERE DEPTNO = 10),
03: D   AS (SELECT * FROM DEPT)
04: SELECT E10.EMPNO, E10.ENAME, E10.DEPTNO, D.DNAME, D.LOC
05:   FROM E10, D
06:  WHERE E10.DEPTNO = D.DEPTNO;
```

▼ 결과 화면

	EMPNO	ENAME	DEPTNO	DNAME	LOC
1	7782	CLARK	10	ACCOUNTING	NEW YORK
2	7839	KING	10	ACCOUNTING	NEW YORK
3	7934	MILLER	10	ACCOUNTING	NEW YORK

결과는 실습 9-19와 같습니다. WITH절은 서브쿼리를 FROM절에 직접 지정하는 방식보다 다소 번거로울 수도 있습니다. 하지만 여러 개의 서브쿼리 결과가 몇십, 몇백 줄 이상이라서 실제 수행해야 하는 메인쿼리와 서브쿼리를 구분해야 할 때 꽤 유용하게 사용할 수 있습니다.

📝 **알아 두면 좋아요!** 상호 연관 서브쿼리

지금까지 배운 서브쿼리 외에 메인쿼리에 사용한 데이터를 서브쿼리에서 사용하고 서브쿼리의 결괏값을 다시 메인쿼리로 돌려주는 방식인 상호 연관 서브쿼리(correlated subquery)도 있습니다. 다만 성능이 떨어지는 원인이 될 수 있고 사용 빈도도 높지 않으므로 다음 SELECT문을 참고하여 이런 식으로도 사용할 수 있다는 정도만 기억하세요.

```
SELECT *
  FROM EMP E1
 WHERE SAL > (SELECT MIN(SAL)
                FROM EMP E2
               WHERE E2.DEPTNO = E1.DEPTNO)
ORDER BY DEPTNO, SAL;
```

SELECT절에 사용하는 서브쿼리

서브쿼리는 SELECT절에도 사용할 수 있습니다. 흔히 스칼라 서브쿼리(scalar subquery)라고 부르는 이 서브쿼리는 하나의 열 영역으로 결과를 출력합니다. 다음 실습으로 서브쿼리를 SELECT절에 어떻게 사용하는지 살펴봅시다.

📗 실습 9-21 | SELECT절에 서브쿼리 사용하기

```
01: SELECT EMPNO, ENAME, JOB, SAL,
02:             (SELECT GRADE
03:                FROM SALGRADE
04:             WHERE E.SAL BETWEEN LOSAL AND HISAL) AS SALGRADE,
05:         DEPTNO,
06:             (SELECT DNAME
07:                FROM DEPT
08:             WHERE E.DEPTNO = DEPT.DEPTNO) AS DNAME
09:    FROM EMP E;
```

▼ 결과 화면

	EMPNO	ENAME	JOB	SAL	SALGRADE	DEPTNO	DNAME
1	7369	SMITH	CLERK	800	1	20	RESEARCH
2	7499	ALLEN	SALESMAN	1600	3	30	SALES
3	7521	WARD	SALESMAN	1250	2	30	SALES
4	7566	JONES	MANAGER	2975	4	20	RESEARCH
5	7654	MARTIN	SALESMAN	1250	2	30	SALES
6	7698	BLAKE	MANAGER	2850	4	30	SALES
7	7782	CLARK	MANAGER	2450	4	10	ACCOUNTING
8	7788	SCOTT	ANALYST	3000	4	20	RESEARCH
9	7839	KING	PRESIDENT	5000	5	10	ACCOUNTING
10	7844	TURNER	SALESMAN	1500	3	30	SALES
11	7876	ADAMS	CLERK	1100	1	20	RESEARCH
12	7900	JAMES	CLERK	950	1	30	SALES
13	7902	FORD	ANALYST	3000	4	20	RESEARCH
14	7934	MILLER	CLERK	1300	2	10	ACCOUNTING

SELECT절에 명시하는 서브쿼리는 성능에 문제가 생길 수 있어서 실무에서 자주 사용하는 방식은 아니므로 가볍게 보고 넘어가도 됩니다. 단 사용해야 할 상황이라면 SELECT절에 명시하는 서브쿼리는 반드시 하나의 결과만 반환하도록 작성해야 한다는 점을 꼭 기억하세요.

되새김 문제

이 장에서 배운 내용을 실습하며 정리하세요.

Q1. 전체 사원 중 ALLEN과 같은 직책(JOB)인 사원의 사원 정보, 부서 정보를 다음과 같이 출력하는 SQL 구문을 작성하세요.

▼ 결과 화면

	JOB	EMPNO	ENAME	SAL	DEPTNO	DNAME
1	SALESMAN	7499	ALLEN	1600	30	SALES
2	SALESMAN	7844	TURNER	1500	30	SALES
3	SALESMAN	7654	MARTIN	1250	30	SALES
4	SALESMAN	7521	WARD	1250	30	SALES

Q2. 전체 사원의 평균 급여(SAL)보다 많이 받는 사원의 사원 정보, 부서 정보, 급여 등급 정보를 출력하는 SQL 구문을 작성하세요(단 출력할 때 급여가 많은 순으로 정렬하되 같다면 사원 번호를 기준으로 오름차순으로 정렬하세요).

▼ 결과 화면

	EMPNO	ENAME	DNAME	HIREDATE	LOC	SAL	GRADE
1	7839	KING	ACCOUNTING	81/11/17	NEW YORK	5000	5
2	7788	SCOTT	RESEARCH	87/04/19	DALLAS	3000	4
3	7902	FORD	RESEARCH	81/12/03	DALLAS	3000	4
4	7566	JONES	RESEARCH	81/04/02	DALLAS	2975	4
5	7698	BLAKE	SALES	81/05/01	CHICAGO	2850	4
6	7782	CLARK	ACCOUNTING	81/06/09	NEW YORK	2450	4

Q3. 10번 부서에 근무하는 사원 중 30번 부서에 없는 직책인 사원의 사원 정보, 부서 정보를 다음과 같이 출력하는 SQL 구문을 작성하세요.

▼ 결과 화면

	EMPNO	ENAME	JOB	DEPTNO	DNAME	LOC
1	7839	KING	PRESIDENT	10	ACCOUNTING	NEW YORK

Q4. 직책이 SALESMAN인 사람의 최고 급여보다 많이 받는 사원의 사원 정보, 급여 등급 정보를 오른쪽과 같이 출력하는 SQL 구문을 작성하세요(단 서브쿼리를 활용할 때 다중행 함수를 사용하는 방법과 사용하지 않는 2가지 방법으로 사원 번호 기준 오름차순으로 정렬하세요).

▼ 결과 화면

	EMPNO	ENAME	SAL	GRADE
1	7566	JONES	2975	4
2	7698	BLAKE	2850	4
3	7782	CLARK	2450	4
4	7788	SCOTT	3000	4
5	7839	KING	5000	5
6	7902	FORD	3000	4

정답 이지스퍼블리싱 홈페이지에서 확인하세요.

셋째마당

데이터를 조작, 정의하는 SQL 배우기

셋째마당에서는 앞서 살펴본 SELECT문을 제외하고 여러 SQL 구문을 살펴봅니다. 테이블의 데이터를 조작하는 데이터 조작어, 테이블을 포함한 데이터베이스 내 여러 구성 요소를 정의하는 데이터 정의어와 더불어 트랜잭션과 세션도 알아봅니다. SELECT문과 비교했을 때 각 명령어의 사용법은 간단한 편이지만 다루는 종류가 많으므로 직접 코딩하고 그 결과를 꼼꼼하게 살펴보며 진행해야 합니다.

10장

데이터를 추가, 수정, 삭제하는 데이터 조작어

데이터 조작어라 부르는 DML(Data Manipulation Language) 명령어는 SELECT문으로 조회한 테이블에 데이터를 추가·수정·삭제할 때 사용하는 명령어로 이루어집니다. 데이터를 조회할 때 사용하는 SELECT문 다음으로 자주 사용하는 명령어이므로 반드시 알아 두세요.

10-1	테이블에 데이터를 추가하는 INSERT
10-2	테이블에서 데이터를 수정하는 UPDATE
10-3	테이블에서 데이터를 삭제하는 DELETE

이 장에서 꼭 익혀야 할 것

☑ INSERT문의 기본 사용 방법과 서브쿼리의 활용
☐ UPDATE문의 기본 방식과 서브쿼리의 활용 및 실행 전 검증
☐ DELETE문에서 WHERE의 활용

테이블에 데이터를 추가하는 INSERT

테이블 생성하기

회원 가입, 새 글 쓰기, 새로운 이체 내역 등 새로운 데이터가 발생하는 기능은 관련 테이블에 새 데이터를 추가하여 구현합니다. 이처럼 특정 테이블에 데이터를 새로 추가할 때 INSERT 문을 사용합니다. INSERT문을 알아보기 전에 실습에서 사용할 테이블을 하나 만들겠습니다. 기존 DEPT 테이블을 복사한 DEPT_TEMP 테이블입니다.

📋 **실습 10-1 | DEPT 테이블을 복사해서 DEPT_TEMP 테이블 만들기**

```
01: CREATE TABLE DEPT_TEMP
02:    AS SELECT * FROM DEPT;
```

▼ 결과 화면

```
Table DEPT_TEMP이(가) 생성되었습니다.
```

실습 10-1에서 사용한 SQL 구문은 처음 보는 형식일 것입니다. 이 내용은 DEPT 테이블과 같은 열 구성으로 DEPT 테이블의 모든 행을 복사하여 DEPT_TEMP 테이블을 생성하라는 명령어입니다. CREATE문은 오라클의 구성 요소, 즉 객체를 만드는 데 사용하는 DDL(Data Definition Language) 명령어로, 12장에서 자세히 알아봅니다.

다음처럼 DEPT_TEMP 테이블에는 DEPT 테이블과 같은 열 구성과 데이터가 있습니다.

📋 **실습 10-2 | DEPT_TEMP 테이블 전체 열 조회하기**

```
01: SELECT * FROM DEPT_TEMP;
```

▼ 결과 화면

	⊕ DEPTNO	⊕ DNAME	⊕ LOC
1	10	ACCOUNTING	NEW YORK
2	20	RESEARCH	DALLAS
3	30	SALES	CHICAGO
4	40	OPERATIONS	BOSTON

INSERT문 실습 전 조심할 점 2가지

INSERT문의 사용법을 알아보기 전에 앞으로 실습할 때 주의해야 할 내용을 알아봅니다.

테이블을 잘못 만들었을 때

테이블을 잘못 만들었거나 지워야 할 때는 다음 명령어를 사용합니다.

> **기본 형식** DROP TABLE 테이블 이름;

✱ 기존 실습에서 생성한 테이블을 삭제하고 싶을 때는 DROP 명령어를 사용하세요.

실습 중 프로그램을 종료했을 때

실습 중 프로그램을 종료하면 다음과 같은 경고 창이 나타날 것입니다. 이럴 때는 [변경 사항 커밋]을 선택하고 끝내면 됩니다.

✱ 커밋과 롤백은 11장에서 자세히 알아봅니다.

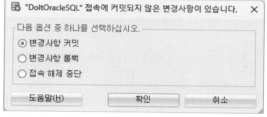

실행 중 프로그램을 종료할 때 경고 창

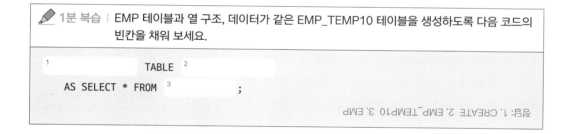

🖊 **1분 복습** | EMP 테이블과 열 구조, 데이터가 같은 EMP_TEMP10 테이블을 생성하도록 다음 코드의 빈칸을 채워 보세요.

```
1                        TABLE   2
   AS SELECT * FROM  3              ;
```

정답: 1. CREATE 2. EMP_TEMP10 3. EMP

이제 DEPT_TEMP 테이블에 데이터를 추가하는 INSERT문 사용법을 알아보고 실행해 봅시다.

테이블에 데이터를 추가하는 INSERT문

테이블에 데이터를 추가할 때 사용하는 INSERT문은 다음 형태로 작성합니다. INSERT INTO 절 뒤에 데이터를 추가할 테이블 이름을 쓰고 해당 테이블의 열을 소괄호로 묶어 지정한 후 VALUES절에는 지정한 열에 입력할 데이터를 작성합니다.

	기본 형식	INSERT INTO 테이블 이름 [(열1, 열2, ..., 열n)] ―①
		VALUES (열1에 들어갈 데이터, 열2에 들어갈 데이터, ..., 열n에 들어갈 데이터); ―②

번호	키워드	필수 요소	선택 요소	설명
①	INSERT INTO	테이블 이름	테이블의 열	새로운 데이터를 입력할 대상 테이블과 열을 지정합니다.
②	VALUES	입력할 데이터	-	INSERT INTO에서 지정한 테이블의 열 순서와 자료형에 맞는 데이터를 입력합니다.

예를 들어 DEPT_TEMP 테이블에 부서 번호는 50, 부서 이름은 DATABASE, 지역은 SEOUL 인 데이터를 추가하는 INSERT문은 다음과 같이 작성합니다. 숫자는 바로 입력하고 문자열 데이터는 작은따옴표(' ')로 묶습니다.

🖵 실습 10-3 | DEPT_TEMP 테이블에 데이터 추가하기

```
01: INSERT INTO DEPT_TEMP (DEPTNO, DNAME, LOC)
02:                VALUES (50, 'DATABASE', 'SEOUL');

03: SELECT * FROM DEPT_TEMP;
```

❋이 코드는 하나의 SQL 구문이 아니므로 INSERT문과 SELECT문을 차례대로 하나씩 실행해 주세요. 앞으로는 세미콜론(;)으로 끝나는 명령어 블록을 구분하고자 한 줄 띄어서 표기합니다.

INSERT문을 실행한 후 DEPT_TEMP 테이블을 조회해 보면 오른쪽과 같이 추가한 50번 부서 데이터를 확인할 수 있습니다. 실습 10-3과 같은 INSERT문은 한 번에 한 행씩 테이블에 데이터를 추가합니다.

▼ 결과 화면

	⊕ DEPTNO	⊕ DNAME	⊕ LOC
1	10	ACCOUNTING	NEW YORK
2	20	RESEARCH	DALLAS
3	30	SALES	CHICAGO
4	40	OPERATIONS	BOSTON
5	50	DATABASE	SEOUL

INSERT문 오류가 발생했을 때

INSERT문에 지정한 열 개수와 각 열에 입력할 데이터 개수가 일치하지 않거나 자료형이 맞지 않을 때 또는 열 길이를 초과하는 데이터를 지정했을 때 INSERT문 오류가 발생하여 실행되지 않으므로 주의하세요.

❋다음 실습은 INSERT문에서 추가할 데이터 형식과 개수가 DEPT_TEMP 테이블의 열과 일치하지 않는다는 점을 나타내고자 띄어쓰기를 일부러 조정했습니다. 독자 여러분은 똑같이 띄어 쓰거나 줄 바꿈을 하지 않아도 됩니다.

```
INSERT INTO DEPT_TEMP (DEPTNO, DNAME    , LOC)
              VALUES (60    , 'NETWORK'      );
```

```
오류 발생 명령행: 2 열: 16
오류 보고 -
SQL 오류: ORA-00947: 값의 수가 충분하지 않습니다
00947. 00000 - "not enough values"
*Cause:
*Action:
```

지정한 열보다 입력할 데이터의 개수가 적어서 생긴 오류

```
INSERT INTO DEPT_TEMP (DEPTNO, DNAME    , LOC            )
              VALUES (60    , 'NETWORK', 'BUSAN', 'WRONG');
```

```
오류 발생 명령행: 1 열: 13
오류 보고 -
SQL 오류: ORA-00913: 값의 수가 너무 많습니다
00913. 00000 - "too many values"
*Cause:
*Action:
```

지정한 열보다 입력하는 데이터의 개수가 많아서 생긴 오류

```
INSERT INTO DEPT_TEMP (DEPTNO , DNAME    , LOC    )
              VALUES ('WRONG', 'NETWORK', 'BUSAN');
```

```
오류 발생 명령행: 2 열: 24
오류 보고 -
SQL 오류: ORA-01722: 수치가 부적합합니다
01722. 00000 - "invalid number"
*Cause:     The specified number was invalid.
*Action:    Specify a valid number.
```

숫자 데이터가 들어가야 할 DEPTNO 열에 문자열 데이터를 지정하여 생긴 오류

```
INSERT INTO DEPT_TEMP (DEPTNO, DNAME    , LOC    )
              VALUES (600    , 'NETWORK', 'BUSAN');
```

```
오류 발생 명령행: 2 열: 24
오류 보고 -
SQL 오류: ORA-01438: 이 열에 대해 지정된 전체 자릿수보다 큰 값이 허용됩니다.
01438. 00000 - "value larger than specified precision allowed for this column"
*Cause:     When inserting or updating records, a numeric value was entered
            that exceeded the precision defined for the column.
*Action:    Enter a value that complies with the numeric column's precision,
            or use the MODIFY option with the ALTER TABLE command to expand
            the precision.
```

두 자리 숫자까지 허용되는 DEPTNO 열에 세 자리 숫자를 지정하여 생긴 오류

INSERT문에 열 지정을 생략할 때

INSERT문에 지정하는 열은 생략할 수도 있습니다. 열 지정을 생략하면 해당 테이블을 만들 때 설정한 열 순서대로 모두 나열되었다고 가정하고 데이터를 작성합니다. 당연히 이 방법을 사용할 때에도 테이블을 구성하는 열 개수나 자료형과 길이는 반드시 맞춰야 합니다.

DEPT_TEMP 테이블은 다음과 같이 DEPTNO, DNAME, LOC 순서로 구성되므로 해당 순서에 맞게 추가할 데이터를 입력합니다.

이름	널?	유형
DEPTNO		NUMBER(2)
DNAME		VARCHAR2(14)
LOC		VARCHAR2(13)

DESC 명령어를 사용하면 DEPT_TEMP 테이블의 열 순서를 알 수 있습니다.

실습 10-4 | INSERT문에 열을 지정하지 않고 데이터 추가하기

```
01: INSERT INTO DEPT_TEMP
02:     VALUES (60, 'NETWORK', 'BUSAN');

03: SELECT * FROM DEPT_TEMP;
```

▼ 결과 화면

	DEPTNO	DNAME	LOC
1	10	ACCOUNTING	NEW YORK
2	20	RESEARCH	DALLAS
3	30	SALES	CHICAGO
4	40	OPERATIONS	BOSTON
5	50	DATABASE	SEOUL
6	60	NETWORK	BUSAN

테이블에 NULL 데이터 입력하기

INSERT문으로 새로운 데이터를 추가할 때 특정 열에 들어갈 데이터가 확정되지 않았거나 굳이 넣을 필요가 없는 데이터일 때는 NULL을 사용합니다. NULL을 INSERT문에 지정하는 방법에는 명시적으로 입력하는 방식과 대상 열을 생략하여 암시적으로 NULL이 입력되도록 유도하는 방식이 있습니다.

NULL의 명시적 입력

오른쪽과 같이 데이터에 NULL을 직접 입력하여 명시적으로 지정할 수 있습니다.

□ 실습 10-5 │ NULL을 지정하여 입력하기

```
01: INSERT INTO DEPT_TEMP (DEPTNO, DNAME, LOC)
02:                 VALUES (70   , 'WEB', NULL);

03: SELECT * FROM DEPT_TEMP;
```

▼ 결과 화면

	DEPTNO	DNAME	LOC
1	10	ACCOUNTING	NEW YORK
2	20	RESEARCH	DALLAS
3	30	SALES	CHICAGO
4	40	OPERATIONS	BOSTON
5	50	DATABASE	SEOUL
6	60	NETWORK	BUSAN
7	70	WEB	(null)

해당 열의 자료형이 문자열 또는 날짜형일 때는 오른쪽과 같이 공백 문자열을 사용해도 NULL을 입력할 수 있습니다.

□ 실습 10-6 │ 빈 공백 문자열로 NULL 입력하기

```
01: INSERT INTO DEPT_TEMP (DEPTNO, DNAME   , LOC)
02:                 VALUES (80   , 'MOBILE', '');

03: SELECT * FROM DEPT_TEMP;
```

▼ 결과 화면

	DEPTNO	DNAME	LOC
1	10	ACCOUNTING	NEW YORK
2	20	RESEARCH	DALLAS
3	30	SALES	CHICAGO
4	40	OPERATIONS	BOSTON
5	50	DATABASE	SEOUL
6	60	NETWORK	BUSAN
7	70	WEB	(null)
8	80	MOBILE	(null)

 실무 꿀팁! 실무에서는 NULL을 어떻게 입력할까?

실무에서는 NULL을 직접 명시할 때 공백 문자열인 작은따옴표를 사용하는 방식보다 NULL이란 단어를 정확히 입력하는 방식을 대부분 선호합니다. 데이터베이스에 익숙하지 않은 개발자가 보았을 때 작은따옴표로 입력한 공백 문자열이 NULL로 들어가는 건지 헷갈릴 수 있기 때문이죠.

❀ 이와 비슷한 예로 INSERT문에 열을 지정할 때 열을 생략하는 방식보다 모든 열을 직접 명시하는 방법을 선호합니다. 조금 귀찮더라도 모든 열을 명시적으로 작성하면 다른 개발자는 INSERT문만 보더라도 테이블에 포함된 열을 한눈에 알아볼 수 있습니다.

NULL의 암시적 입력

이와 달리 NULL의 암시적 입력 방식은 INSERT문에 NULL이 들어갈 열 이름을 아예 입력하지 않는 것입니다. 예를 들어 부서 이름이 아직 확정되지 않은 90번 부서를 입력할 때 다음과 같이 DNAME 열을 INSERT문에서 제외하면 자동으로 DNAME 열은 NULL이 입력됩니다.

📺 실습 10-7 | 열 데이터를 넣지 않는 방식으로 NULL 데이터 입력하기

```
01: INSERT INTO DEPT_TEMP (DEPTNO, LOC)
02:                VALUES (90    , 'INCHEON');

03: SELECT * FROM DEPT_TEMP;
```

▼ 결과 화면

	⊕ DEPTNO	⊕ DNAME	⊕ LOC
1	10	ACCOUNTING	NEW YORK
2	20	RESEARCH	DALLAS
3	30	SALES	CHICAGO
4	40	OPERATIONS	BOSTON
5	50	DATABASE	SEOUL
6	60	NETWORK	BUSAN
7	70	WEB	(null)
8	80	MOBILE	(null)
9	90	(null)	INCHEON

테이블에 날짜 데이터 입력하기

이번에는 INSERT문으로 테이블에 날짜 자료형 데이터를 추가하는 방법을 알아봅니다. 실습에 앞서 EMP 테이블의 열 구조만 복사해서 EMP_TEMP 테이블을 만들겠습니다. 다음과 같이 CREATE 명령어를 사용하여 EMP_TEMP 테이블을 생성한 후 SELECT문으로 EMP_TEMP 테이블을 확인해 봅시다.

📺 실습 10-8 | EMP 테이블을 복사해서 EMP_TEMP 테이블 만들기

```
01: CREATE TABLE EMP_TEMP
02:     AS SELECT *
03:         FROM EMP
04:         WHERE 1 <> 1;

05: SELECT * FROM EMP_TEMP;
```

✴ 앞서 1분 복습 문제에서 EMP_TEMP 테이블을 이미 생성해 놓은 상태라면 'DROP TABLE EMP_TEMP' 명령어를 실행하여 테이블을 삭제한 후 실습 10-8의 EMP_TEMP 테이블을 생성해 주세요.

▼ 결과 화면

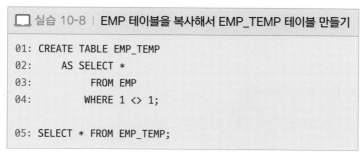

⊕ EMPNO	⊕ ENAME	⊕ JOB	⊕ MGR	⊕ HIREDATE	⊕ SAL	⊕ COMM	⊕ DEPTNO

실무 꿀팁! 급히 테이블을 복사해야 할 때

실습 10-8에서 사용한 CREATE 명령어는 EMP 테이블과 열 구조는 같지만 데이터는 복사하고 싶지 않을 때
종종 사용합니다. WHERE절의 조건이 1<>1이므로 각 행을 조건식에 대입한 결괏값은 항상 false가 되어 행을
입력하지 않습니다. 약간 억지스럽지만 열 구조만 같은 테이블을 재빨리 만들 때 유용하게 사용할 수 있습니다.

복사한 EMP_TEMP 테이블의 HIREDATE 열은 날짜 자료형이므로 날짜 데이터를 입력할
수 있습니다. 다음 INSERT문으로 날짜 데이터를 입력하는 방법을 살펴봅시다.

📄 실습 10-9 │ INSERT문으로 날짜 데이터 입력하기(날짜 사이에 / 입력)

```
01: INSERT INTO EMP_TEMP (EMPNO,  ENAME, JOB, MGR, HIREDATE, SAL, COMM, DEPTNO)
02:              VALUES (9999, '홍길동', 'PRESIDENT', NULL, '2001/01/01',
03:                      5000, 1000, 10);

04: SELECT * FROM EMP_TEMP;
```

▼ 결과 화면

	EMPNO	ENAME	JOB	MGR	HIREDATE	SAL	COMM	DEPTNO
1	9999	홍길동	PRESIDENT	(null)	01/01/01	5000	1000	10

실습 10-9의 INSERT문에서는 날짜 데이터를 YYYY/MM/DD 형식의 문자열 데이터로 입
력했습니다. 하지만 다음과 같이 YYYY-MM-DD 형식으로도 날짜 데이터를 입력할 수 있
습니다.

📄 실습 10-10 │ INSERT문으로 날짜 데이터 입력하기(날짜 사이에 - 입력)

```
01: INSERT INTO EMP_TEMP (EMPNO, ENAME, JOB, MGR, HIREDATE, SAL, COMM, DEPTNO)
02:              VALUES (1111, '성춘향', 'MANAGER', 9999, '2001-01-05', 4000, NULL, 20);

03: SELECT * FROM EMP_TEMP;
```

▼ 결과 화면

	EMPNO	ENAME	JOB	MGR	HIREDATE	SAL	COMM	DEPTNO
1	9999	홍길동	PRESIDENT	(null)	01/01/01	5000	1000	10
2	1111	성춘향	MANAGER	9999	01/01/05	4000	(null)	20

날짜 데이터를 입력할 때 유의점

연/월/일 순서와 반대로 일/월/연 순서로 데이터를 입력하면 다음과 같이 오류가 발생하고 데이터가 입력되지 않습니다.

□ 실습 10-11 │ 날짜 데이터 형식을 반대로 했을 때

```
01: INSERT INTO EMP_TEMP (EMPNO, ENAME, JOB, MGR , HIREDATE, SAL , COMM, DEPTNO)
02:                 VALUES (2111, '이순신', 'MANAGER', 9999, '07/01/2001', 4000, NULL, 20);
```

▼ 결과 화면

```
명령의 1 행에서 시작하는 중 오류 발생 -
INSERT INTO EMP_TEMP (EMPNO, ENAME, JOB, MGR , HIREDATE, SAL , COMM, DEPTNO)
VALUES (2111, '이순신', 'MANAGER', 9999, '07/01/2001', 4000, NULL, 20)
오류 발생 명령행: 2 열: 45
오류 보고 -
SQL 오류: ORA-01830: 날짜 형식의 지정에 불필요한 데이터가 포함되어 있습니다
01830. 00000 -  "date format picture ends before converting entire input string"
*Cause:
*Action:
```

실습 10-11과 같은 오류가 발생하는 이유는 오라클이 설치된 운영체제(OS)나 사용하는 기본 언어에 따라 날짜 표기 방식이 다르기 때문입니다. 따라서 날짜 데이터를 INSERT문으로 입력할 때는 실습 10-9, 10-10처럼 문자열보다 실습 10-12처럼 TO_DATE 함수를 사용하는 것이 좋습니다.

□ 실습 10-12 │ TO_DATE 함수를 사용하여 날짜 데이터 입력하기

```
01: INSERT INTO EMP_TEMP (EMPNO, ENAME, JOB, MGR,
02:                 HIREDATE,
03:                 SAL, COMM, DEPTNO)
04:             VALUES (2111, '이순신', 'MANAGER', 9999,
05:                 TO_DATE('07/01/2001', 'DD/MM/YYYY'),
06:                 4000, NULL, 20);
07: SELECT * FROM EMP_TEMP;
```

> TO_DATE 함수를 사용하여 07은 일(DD), 01은 월(MM), 2001은 연(YYYY)으로 인식하도록 날짜 데이터 자료형으로 변환했습니다.

▼ 결과 화면

	EMPNO	ENAME	JOB	MGR	HIREDATE	SAL	COMM	DEPTNO
1	9999	홍길동	PRESIDENT	(null)	01/01/01	5000	1000	10
2	1111	성춘향	MANAGER	9999	01/01/05	4000	(null)	20
3	2111	이순신	MANAGER	9999	01/01/07	4000	(null)	20

SYSDATE를 사용하여 날짜 데이터 입력하기

오늘 날짜를 입력할 때는 다음과 같이 SYSDATE를 지정하면 간단합니다. SYSDATE 방식은 데이터 입력 시점을 정확히 입력할 수 있어서 자주 사용하므로 꼭 기억하세요.

📟 **실습 10-13 | SYSDATE를 사용하여 날짜 데이터 입력하기**

```
01: INSERT INTO EMP_TEMP (EMPNO, ENAME, JOB, MGR, HIREDATE, SAL, COMM, DEPTNO)
02:              VALUES (3111, '심청이', 'MANAGER', 9999, SYSDATE, 4000, NULL, 30);

03: SELECT * FROM EMP_TEMP;
```

▼ 결과 화면

	EMPNO	ENAME	JOB	MGR	HIREDATE	SAL	COMM	DEPTNO
1	9999	홍길동	PRESIDENT	(null)	01/01/01	5000	1000	10
2	1111	성춘향	MANAGER	9999	01/01/05	4000	(null)	20
3	2111	이순신	MANAGER	9999	01/01/07	4000	(null)	20
4	3111	심청이	MANAGER	9999	24/09/01	4000	(null)	30

❈ 사용 환경 또는 설정에 따라 HIREDATE 열에 오전/오후 시간을 함께 출력할 수 있습니다.

서브쿼리를 사용하여 한 번에 여러 데이터 추가하기

지금까지 살펴본 INSERT문은 모두 데이터를 1행씩 추가합니다. 하지만 서브쿼리를 사용하면 SELECT문으로 한 번에 여러 행의 데이터를 추가할 수 있습니다. 예를 들어 EMP 테이블에서 SALGRADE 테이블을 참조하여 급여 등급(SALGRADE)이 1인 사원만을 EMP_TEMP 테이블에 넣고 싶다면 서브쿼리를 포함한 INSERT문을 다음처럼 사용합니다.

📟 **실습 10-14 | 서브쿼리로 여러 데이터 추가하기**

```
01: INSERT INTO EMP_TEMP (EMPNO, ENAME, JOB, MGR, HIREDATE, SAL, COMM, DEPTNO)
02:      SELECT E.EMPNO, E.ENAME, E.JOB, E.MGR, E.HIREDATE, E.SAL, E.COMM, E.DEPTNO
03:        FROM EMP E, SALGRADE S
04:       WHERE E.SAL BETWEEN S.LOSAL AND S.HISAL
05:         AND S.GRADE = 1;

06: SELECT * FROM EMP_TEMP;
```

▼ 결과 화면

	EMPNO	ENAME	JOB	MGR	HIREDATE	SAL	COMM	DEPTNO
1	9999	홍길동	PRESIDENT	(null)	01/01/01	5000	1000	10
2	1111	성춘향	MANAGER	9999	01/01/05	4000	(null)	20
3	2111	이순신	MANAGER	9999	01/01/07	4000	(null)	20
4	3111	심청이	MANAGER	9999	24/09/01	4000	(null)	30
5	7369	SMITH	CLERK	7902	80/12/17	800	(null)	20
6	7876	ADAMS	CLERK	7788	87/05/23	1100	(null)	20
7	7900	JAMES	CLERK	7698	81/12/03	950	(null)	30

INSERT문에서 서브쿼리를 사용할 때 조심할 점은 다음과 같습니다.

- VALUES절은 사용하지 않는다.
- 데이터를 추가할 테이블과 서브쿼리의 열 개수가 일치해야 한다.
- 데이터를 추가할 테이블과 서브쿼리의 자료형이 일치해야 한다.

❀ 반대로 생각해 보면 INSERT 대상이 되는 테이블의 열 개수와 자료형만 맞춰 준다면 INSERT문에서 사용하는 서브쿼리는 여러 개의 테이블을 조인한 결과일지라도 열 이름에 상관없이 데이터를 추가할 수 있다는 것도 기억해 주세요.

📝 **알아 두면 좋아요!** **다양한 방식의 INSERT문과 MERGE문**

지금까지 가장 자주 사용하는 INSERT문 방식을 살펴봤습니다. INSERT문은 기본적으로 한 행씩 데이터를 추가할 수 있으며 이러한 방식 외에도 ALL, FIRST와 같은 옵션을 사용하여 한 번에 여러 테이블을 대상으로 데이터를 추가하거나 특정 조건에 따라 다른 테이블에 데이터를 추가하는 등 다양한 방식을 사용할 수 있습니다.

이와 더불어 MERGE문을 사용하면 열 구조가 같은 여러 테이블 또는 서브쿼리의 결과 데이터를 한 테이블에 병합하여 추가할 수도 있습니다. 이 책에서 살펴본 방식을 충분히 연습하고 나서 그 밖에 필요한 내용은 오라클에서 제공하는 다음 공식 문서와 인터넷 등을 참고하여 익히길 바랍니다.

- INSERT문
https://docs.oracle.com/en/database/oracle/oracle-database/21/sqlrf/INSERT.html

- MERGE문
https://docs.oracle.com/database/121/SQLRF/statements_9017.htm
https://docs.oracle.com/en/database/oracle/oracle-database/21/sqlrf/MERGE.html

---

10-2

테이블에서 데이터를 수정하는 UPDATE

회원 정보 변경, 결제 계좌 변경, 내가 쓴 글 수정 등 기능을 수행하려면 데이터베이스 테이블에 저장된 데이터를 변경해야 합니다. 오라클에서는 특정 테이블에 저장한 데이터 내용을 수정할 때 UPDATE문을 사용합니다. UPDATE문을 소개하기에 앞서 DEPT 테이블을 복사한 DEPT_TEMP2 테이블부터 만듭니다.

🖥 실습 10-15 | DEPT 테이블을 복사해서 DEPT_TEMP2 테이블 만들기

```
01: CREATE TABLE DEPT_TEMP2
02:     AS SELECT * FROM DEPT;

03: SELECT * FROM DEPT_TEMP2;
```

▼ 결과 화면

	⊕ DEPTNO	⊕ DNAME	⊕ LOC
1	10	ACCOUNTING	SEOUL
2	20	RESEARCH	SEOUL
3	30	SALES	SEOUL
4	40	OPERATIONS	SEOUL

UPDATE문의 기본 사용법

UPDATE문은 기본적으로 다음과 같이 UPDATE 키워드 이후에 변경할 테이블 이름을 지정하고 SET절에 '변경할 열 이름 = 변경할 데이터'를 지정합니다. 그리고 여러 열의 데이터를 수정할 때는 쉼표(,)로 구분합니다. 데이터를 변경해야 할 행이 정해져 있다면 SELECT문에서 사용한 것과 마찬가지로 WHERE절과 조건식을 추가하여 변경 대상 행을 지정할 수 있습니다.

기본 형식
```
UPDATE [변경할 테이블] ─①
SET    [변경할 열1]=[데이터], [변경할 열2]=[데이터], ..., [변경할 열n]=[데이터] ─②
[WHERE 데이터를 변경할 대상 행을 선별하는 조건]; ─③
```

번호	키워드	필수 요소	선택 요소	설명
❶	UPDATE	테이블 이름	-	데이터를 수정할 테이블을 지정합니다.
❷	SET	변경할 열의 이름과 데이터	-	열을 선택하고 변경할 데이터를 입력합니다.
❸	WHERE	-	변경 데이터를 선별하는 조건식	변경할 데이터를 선별하는 조건식을 지정합니다. 생략 하면 테이블 내 지정한 모든 열의 데이터를 변경합니다.

데이터 전체 수정하기

우선 DEPT_TEMP2 테이블에 UPDATE문을 사용해 봅니다. 다음 UPDATE문을 실행한 후 결과를 살펴봅시다.

📖 실습 10-16 | DEPT_TEMP2 테이블 업데이트하기

```
01: UPDATE DEPT_TEMP2
02:    SET LOC = 'SEOUL';

03: SELECT * FROM DEPT_TEMP2;
```

실습 10-16의 UPDATE문은 DEPT_TEMP2 테이블의 LOC 열 데이터를 모두 SEOUL로 수정하라는 내용입니다. UPDATE문을 실행한 후 DEPT_TEMP2 테이블을 조회해 보면 다음과 같이 LOC 열이 모두 SEOUL로 변경되었음을 알 수 있습니다.

	DEPTNO	DNAME	LOC
1	10	ACCOUNTING	NEW YORK
2	20	RESEARCH	DALLAS
3	30	SALES	CHICAGO
4	40	OPERATIONS	BOSTON

UPDATE 전

	DEPTNO	DNAME	LOC
1	10	ACCOUNTING	SEOUL
2	20	RESEARCH	SEOUL
3	30	SALES	SEOUL
4	40	OPERATIONS	SEOUL

UPDATE 후

하지만 UPDATE문으로 테이블에 저장한 모든 특정 열 데이터를 실습 10-16과 같이 한꺼번에 변경하는 경우는 흔치 않습니다. 대부분 테이블에 저장한 몇몇 행만 선정하여 데이터를 수정하는 방식을 사용합니다.

수정한 내용을 되돌리고 싶을 때

실수로 UPDATE문을 실행했을 때 이를 취소하려면 ROLLBACK 명령어를 사용합니다. 실습 10-16을 실행한 상태에서 다음 ROLLBACK 실습을 실행하면 DEPT_TEMP2 테이블은 UPDATE 명령어 이전 상태로 돌아갑니다.

📟 **실습 10-17** | ROLLBACK으로 테이블 내용을 이전 상태로 되돌리기

```
01: ROLLBACK;
```

▼ 결과 화면

	DEPTNO	DNAME	LOC
1	10	ACCOUNTING	NEW YORK
2	20	RESEARCH	DALLAS
3	30	SALES	CHICAGO
4	40	OPERATIONS	BOSTON

ROLLBACK은 11장에서 살펴볼 TCL(Transaction Control Language) 명령어입니다. 정해진 시점 이후에 실행된 DML 명령어, 즉 INSERT, UPDATE 그리고 조금 뒤에 소개할 DELETE 의 실행을 취소하는 명령어입니다. 10-1절에서 INSERT를 다루기 전에 언급한 COMMIT 명령어와는 반대 의미입니다. ROLLBACK은 다음 장에서 더 자세히 살펴봅니다.

데이터 일부만 수정하기

UPDATE문에서 수정할 대상 행을 선별하려면 WHERE절과 조건식을 사용합니다. 사용 방법은 SELECT문에서 사용한 WHERE절과 같습니다. DEPT_TEMP2 테이블에서 40번 부서의 이름을 DATABASE로, 지역을 SEOUL로 수정해야 한다면 다음과 같이 UPDATE문에 WHERE절을 추가합니다.

📟 **실습 10-18** | 테이블 데이터 일부만 수정하기

```
01: UPDATE DEPT_TEMP2
02:    SET DNAME  = 'DATABASE',
03:        LOC    = 'SEOUL'
04:  WHERE DEPTNO = 40;

05: SELECT * FROM DEPT_TEMP2;
```

▼ 결과 화면

	DEPTNO	DNAME	LOC
1	10	ACCOUNTING	NEW YORK
2	20	RESEARCH	DALLAS
3	30	SALES	CHICAGO
4	40	DATABASE	SEOUL

실행 결과를 살펴보면 WHERE 조건식에 명시한 대로 번호가 40번인 행의 부서 이름과 지역 열의 데이터만 변경되었음을 알 수 있습니다.

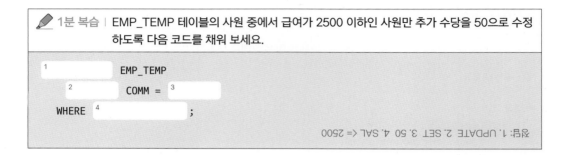

서브쿼리를 사용하여 데이터 수정하기

여러 열을 한 번에 수정하기

INSERT문과 마찬가지로 UPDATE문에서도 서브쿼리를 활용할 수 있습니다. 실습 10-18 에서 수정한 40번 부서의 이름과 지역을 서브쿼리를 사용하여 다시 수정해 보죠.

🖥️ 실습 10-19 | 서브쿼리로 데이터 한 번에 수정하기

```
01: UPDATE DEPT_TEMP2
02:     SET (DNAME, LOC) = (SELECT DNAME, LOC
03:                               FROM DEPT
04:                              WHERE DEPTNO = 40)
05:  WHERE DEPTNO = 40;

06: SELECT * FROM DEPT_TEMP2;
```

▼ 결과 화면

	⊕ DEPTNO	⊕ DNAME	⊕ LOC
1	10	ACCOUNTING	NEW YORK
2	20	RESEARCH	DALLAS
3	30	SALES	CHICAGO
4	40	OPERATIONS	BOSTON

✳️ UPDATE문으로 데이터를 수정하는 테이블은 DEPT_TEMP2이고, 데이터를 덮어쓰고자 가져올 데이터는 DEPT 테이블임을 눈여겨 보세요.

실습 10-19의 서브쿼리를 살펴보면 DEPT 테이블의 40번 부서를 조회하고 그 결과로 부서 이름 OPERATIONS, 지역 BOSTON을 출력합니다. 그리고 이 내용은 DEPT_TEMP2 테이블의 부서 이름과 지역에 그대로 반영됩니다. 실습 10-19의 UPDATE문은 서브쿼리인 열의 결과로 메인쿼리의 DNAME, LOC 2개 열을 한 번에 변경했습니다.

열 하나하나 수정하기

열 하나하나에 서브쿼리를 적용할 수도 있습니다. 다음 UPDATE문은 기능 면에서 실습 10-19와 마찬가지로 데이터를 수정합니다. 여기에서 주의해서 살펴봐야 할 점은 수정할 열의 개수에 따라 서브쿼리에 지정한 열 개수도 변한다는 것입니다. 당연히 서브쿼리에 나열한 열과 UPDATE문으로 변경할 열 개수나 자료형은 일치해야 합니다. 실습 10-20의 결과는 실습 10-19와 같으므로 생략합니다.

☐ 실습 10-20 | 서브쿼리로 데이터 일부 수정하기

```
01: UPDATE DEPT_TEMP2
02:    SET DNAME = (SELECT DNAME
03:                   FROM DEPT
04:                  WHERE DEPTNO = 40),
05:        LOC   = (SELECT LOC
06:                   FROM DEPT
07:                  WHERE DEPTNO = 40)
08:    WHERE DEPTNO = 40;
```

WHERE절에 서브쿼리를 사용하여 데이터 수정하기

UPDATE문의 WHERE절에도 서브쿼리를 사용할 수 있습니다. UPDATE문의 WHERE절의 조건식에 사용하는 서브쿼리는 SELECT문의 WHERE절에 서브쿼리를 사용하는 방식과 같습니다.

☐ 실습 10-21 | UPDATE문의 WHERE절에 서브쿼리 사용하기

```
01: UPDATE DEPT_TEMP2
02:    SET LOC = 'SEOUL'
03:  WHERE DEPTNO = (SELECT DEPTNO
04:                    FROM DEPT_TEMP2
05:                   WHERE DNAME='OPERATIONS');

06: SELECT * FROM DEPT_TEMP2;
```

▼ 결과 화면

	DEPTNO	DNAME	LOC
1	10	ACCOUNTING	NEW YORK
2	20	RESEARCH	DALLAS
3	30	SALES	CHICAGO
4	40	OPERATIONS	SEOUL

UPDATE문과 바로 다음에 소개할 DELETE문은 테이블에 있는 데이터를 수정하거나 삭제하는 기능을 수행하므로 SELECT문이나 INSERT문에 비해 위험성이 큰 명령어입니다. 예를 들어 사용자가 적립한 마일리지나 포인트 또는 계좌 잔액이나 개인 정보 같은 민감한 데이터가 있는 테이블에 잘못된 UPDATE문을 실행한다면 큰 문제가 발생하겠죠.

실무에서도 UPDATE의 WHERE 조건식이 정확한 데이터를 대상으로 하는지 꼼꼼히 따져 보지 않고 수행한 후 애를 먹는 상황이 종종 발생합니다. 예를 들어 수억 건의 데이터 중 수백 건만 수정해야 하는데 잘못된 UPDATE 문으로 수백만 건 모두를 수정하는 사고가 발생하는 것이죠. 따라서 실행하기 전에 WHERE절을 검증하는 과정을 반드시 거쳐야 합니다. 변경해야 하는 행만 정확하게 선정해서 수정하는지 확인하는 것이죠. 해당 WHERE절을 UPDATE문에 넣어 실행하기 전에 SELECT문에서 먼저 사용해 보는 것만으로도 간단하게 확인할 수 있습니다.

앞에서 다룬 UPDATE문을 오른쪽처럼 완성했다고 가정해 봅시다.

```
UPDATE DEPT_TEMP2
  SET DNAME  = 'DATABASE',
      LOC    = 'SEOUL'
WHERE DEPTNO = 40;
```

이 UPDATE문을 실행하기 전에 WHERE절의 조건식이 수정할 데이터를 정확히 가리키는지 알고 싶다면 오른쪽처럼 SELECT 문에 같은 WHERE문을 적용하여 결괏값을 확인하면 됩니다.

```
SELECT *
  FROM DEPT_TEMP2
WHERE DEPTNO = 40;
```

예제에서는 조건식 1개만 다루었지만 실무에서는 훨씬 복잡할 때가 흔합니다. 테이블 구조가 복잡해지고 WHERE 절에 지정해야 하는 조건이 여러 개라면 실수할 확률은 높아집니다. 조금 귀찮더라도 UPDATE문과 DELETE문을 실행하기 전에 SELECT문으로 WHERE절의 조건식이 정확한지 꼭 확인하는 습관을 기르세요.

UPDATE문의 활용 방식은 이 책에서 다루는 내용만 알면 대부분 실무에서 충분합니다.

✿ UPDATE문을 좀 더 자세히 살펴보고 싶다면 다음 오라클 공식 문서를 참고하세요.
• UPDATE문
https://docs.oracle.com/en/database/oracle/oracle-database/21/sqlrf/UPDATE.html

10-3

테이블에서 데이터를 삭제하는 DELETE

DELETE문은 테이블에 있는 데이터를 삭제할 때 사용합니다. 본격적으로 실습하기에 앞서 EMP 테이블을 복사하여 EMP_TEMP2 테이블부터 만듭니다.

☐ 실습 10-22 | EMP 테이블을 복사해서 EMP_TEMP2 테이블 만들기

```
01: CREATE TABLE EMP_TEMP2
02:     AS SELECT * FROM EMP;

03: SELECT * FROM EMP_TEMP2;
```

▼ 결과 화면

	⬦ EMPNO	⬦ ENAME	⬦ JOB	⬦ MGR	⬦ HIREDATE	⬦ SAL	⬦ COMM	⬦ DEPTNO
1	7369	SMITH	CLERK	7902	80/12/17	800	(null)	20
2	7499	ALLEN	SALESMAN	7698	81/02/20	1600	300	30
3	7521	WARD	SALESMAN	7698	81/02/22	1250	500	30
4	7566	JONES	MANAGER	7839	81/04/02	2975	(null)	20
5	7654	MARTIN	SALESMAN	7698	81/09/28	1250	1400	30
6	7698	BLAKE	MANAGER	7839	81/05/01	2850	(null)	30
7	7782	CLARK	MANAGER	7839	81/06/09	2450	(null)	10
8	7788	SCOTT	ANALYST	7566	87/04/19	3000	(null)	20
9	7839	KING	PRESIDENT	(null)	81/11/17	5000	(null)	10
10	7844	TURNER	SALESMAN	7698	81/09/08	1500	0	30
11	7876	ADAMS	CLERK	7788	87/05/23	1100	(null)	20
12	7900	JAMES	CLERK	7698	81/12/03	950	(null)	30
13	7902	FORD	ANALYST	7566	81/12/03	3000	(null)	20
14	7934	MILLER	CLERK	7782	82/01/23	1300	(null)	10

DELETE문의 기본 형식은 다음과 같습니다.

기본 형식
DELETE [FROM] [테이블 이름] —❶
[WHERE 삭제할 대상 행을 선별하는 조건식]; —❷

번호	키워드	필수 요소	선택 요소	설명
❶	DELETE	테이블 이름	FROM	데이터를 삭제할 테이블을 지정합니다.
❷	WHERE	-	삭제할 데이터를 선별하는 조건식	삭제할 데이터를 선별하는 조건식을 지정합니다. 생략하면 모든 데이터를 삭제합니다.

DELETE FROM 또는 DELETE 키워드 뒤에 데이터를 삭제할 대상 테이블 이름을 지정합니다. DELETE문 역시 UPDATE문과 마찬가지로 삭제 대상 데이터를 선정하려면 WHERE절과 조건식을 지정합니다. WHERE절을 사용하지 않으면 모든 데이터를 삭제합니다. 따라서 특정 행 데이터를 삭제하고 싶다면 WHERE절에 적절한 조건식을 지정해야 합니다.

데이터 일부만 삭제하기

DELETE문을 사용하여 EMP_TEMP2 테이블에서 직책이 MANAGER인 사원만 삭제해 봅시다. ※ 이번 데이터 삭제 예제는 그 대상이 EMP_TEMP2 테이블입니다. 사용할 테이블 이름에 주의하세요.

📖 실습 10-23 | WHERE절을 사용하여 데이터 일부만 삭제하기

```
01: DELETE FROM EMP_TEMP2
02:  WHERE JOB = 'MANAGER';

03: SELECT * FROM EMP_TEMP2;
```

▼ 결과 화면

	EMPNO	ENAME	JOB	MGR	HIREDATE	SAL	COMM	DEPTNO
1	7369	SMITH	CLERK	7902	80/12/17	800	(null)	20
2	7499	ALLEN	SALESMAN	7698	81/02/20	1600	300	30
3	7521	WARD	SALESMAN	7698	81/02/22	1250	500	30
4	7654	MARTIN	SALESMAN	7698	81/09/28	1250	1400	30
5	7788	SCOTT	ANALYST	7566	87/04/19	3000	(null)	20
6	7839	KING	PRESIDENT	(null)	81/11/17	5000	(null)	10
7	7844	TURNER	SALESMAN	7698	81/09/08	1500	0	30
8	7876	ADAMS	CLERK	7788	87/05/23	1100	(null)	20
9	7900	JAMES	CLERK	7698	81/12/03	950	(null)	30
10	7902	FORD	ANALYST	7566	81/12/03	3000	(null)	20
11	7934	MILLER	CLERK	7782	82/01/23	1300	(null)	10

이처럼 EMP_TEMP2 테이블을 조회해 보면 WHERE절에 지정한 대로 JOB 열 데이터가 MANAGER일 때만 삭제했음을 알 수 있습니다.

서브쿼리를 사용하여 데이터 삭제하기

DELETE문 역시 WHERE절에 서브쿼리를 사용할 수 있습니다. 3등급, 즉 급여가 1401~2000 사이인 30번 부서 사원만 삭제해야 한다면 SALGRADE 테이블을 조인한 서브쿼리의 결괏값을 활용하여 DELETE문의 WHERE절 조건식에 적용합니다. 다음 실습을 실행해 보며 서브쿼리의 결괏값이 여러 개이므로 IN 연산자를 사용한 것도 눈여겨봐 주세요.

```
01: DELETE FROM EMP_TEMP2
02:    WHERE EMPNO IN (SELECT E.EMPNO
03:                      FROM EMP_TEMP2 E, SALGRADE S
04:                     WHERE E.SAL BETWEEN S.LOSAL AND S.HISAL
05:                       AND S.GRADE = 3
06:                       AND DEPTNO = 30);

07: SELECT * FROM EMP_TEMP2;
```

▼ 결과 화면

	EMPNO	ENAME	JOB	MGR	HIREDATE	SAL	COMM	DEPTNO
1	7369	SMITH	CLERK	7902	80/12/17	800	(null)	20
2	7521	WARD	SALESMAN	7698	81/02/22	1250	500	30
3	7654	MARTIN	SALESMAN	7698	81/09/28	1250	1400	30
4	7788	SCOTT	ANALYST	7566	87/04/19	3000	(null)	20
5	7839	KING	PRESIDENT	(null)	81/11/17	5000	(null)	10
6	7876	ADAMS	CLERK	7788	87/05/23	1100	(null)	20
7	7900	JAMES	CLERK	7698	81/12/03	950	(null)	30
8	7902	FORD	ANALYST	7566	81/12/03	3000	(null)	20
9	7934	MILLER	CLERK	7782	82/01/23	1300	(null)	10

실습 10-24에서 서브쿼리의 조건에 맞는 ALLEN과 TURNER의 데이터가 삭제되었는지 확인해 보세요.

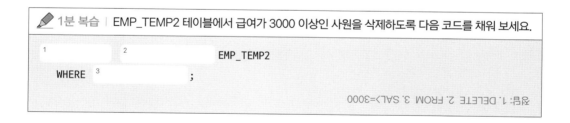

1분 복습 | EMP_TEMP2 테이블에서 급여가 3000 이상인 사원을 삭제하도록 다음 코드를 채워 보세요.

```
1            2              EMP_TEMP2
    WHERE 3              ;
```

정답: 1. DELETE 2. FROM 3. SAL>=3000

데이터 전체 삭제하기

마지막으로 WHERE절 조건식을 사용하지 않는 DELETE문을 실행해 봅시다. DELETE문에 WHERE절이 없다는 것은 삭제할 대상 데이터를 특정하지 않았다는 뜻이므로 모든 데이터를 삭제합니다. 하지만 특별한 경우를 제외하면 이렇게 모든 데이터를 지우는 경우는 흔치 않습니다.

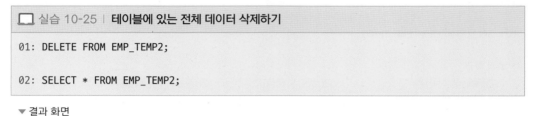

```
실습 10-25 │ 테이블에 있는 전체 데이터 삭제하기
01: DELETE FROM EMP_TEMP2;

02: SELECT * FROM EMP_TEMP2;
```

▼ 결과 화면

EMPNO	ENAME	JOB	MGR	HIREDATE	SAL	COMM	DEPTNO

DELETE문은 기존 데이터를 삭제하는 명령어이므로 앞에서 살펴본 UPDATE문처럼 사용할 때 특별히 주의해야 합니다. WHERE절의 조건식이 삭제할 대상을 정확히 선택했는지 SELECT문으로 꼭 검증한 다음 실행하는 습관을 기르세요.

✸ DELETE문의 문법과 사용 방법을 좀 더 알고 싶다면 다음 오라클 공식 문서를 참고하세요.
• DELETE문
https://docs.oracle.com/en/database/oracle/oracle-database/21/sqlrf/DELETE.html

되새김 문제

이 장에서 배운 내용을 실습하며 정리하세요.

다음 SQL 구문을 실행하여 EMP, DEPT, SALGRADE 테이블을 복사하고 나서 진행하세요. SQL 구문은 한 번에 한 문장씩 실행합니다.

```
CREATE TABLE CHAP10HW_EMP AS SELECT * FROM EMP;
CREATE TABLE CHAP10HW_DEPT AS SELECT * FROM DEPT;
CREATE TABLE CHAP10HW_SALGRADE AS SELECT * FROM SALGRADE;
```

Q1. 오른쪽과 같이 CHAP10HW_DEPT 테이블에 50, 60, 70, 80번 부서를 등록하는 SQL 구문을 작성하세요.

▼ 결과 화면

	DEPTNO	DNAME	LOC
1	10	ACCOUNTING	NEW YORK
2	20	RESEARCH	DALLAS
3	30	SALES	CHICAGO
4	40	OPERATIONS	BOSTON
5	50	ORACLE	BUSAN
6	60	SQL	ILSAN
7	70	SELECT	INCHEON
8	80	DML	BUNDANG

Q2. 다음과 같이 CHAP10HW_EMP 테이블에 8명의 사원 정보를 등록하는 SQL 구문을 작성하세요.

▼ 결과 화면

	EMPNO	ENAME	JOB	MGR	HIREDATE	SAL	COMM	DEPTNO
1	7369	SMITH	CLERK	7902	80/12/17	800	(null)	20
2	7499	ALLEN	SALESMAN	7698	81/02/20	1600	300	30
3	7521	WARD	SALESMAN	7698	81/02/22	1250	500	30
⋮								
13	7902	FORD	ANALYST	7566	81/12/03	3000	(null)	20
14	7934	MILLER	CLERK	7782	82/01/23	1300	(null)	10
15	7201	TEST_USER1	MANAGER	7788	16/01/02	4500	(null)	50
16	7202	TEST_USER2	CLERK	7201	16/02/21	1800	(null)	50
17	7203	TEST_USER3	ANALYST	7201	16/04/11	3400	(null)	60
18	7204	TEST_USER4	SALESMAN	7201	16/05/31	2700	300	60
19	7205	TEST_USER5	CLERK	7201	16/07/20	2600	(null)	70
20	7206	TEST_USER6	CLERK	7201	16/09/08	2600	(null)	70
21	7207	TEST_USER7	LECTURER	7201	16/10/28	2300	(null)	80
22	7208	TEST_USER8	STUDENT	7201	18/03/09	1200	(null)	80

Q3. CHAP10HW_EMP에 속한 사원 중 50번 부서에서 근무하는 사원의 평균 급여보다 많이 받는 사원을 70번 부서로 옮기는 SQL 구문을 작성하세요(다음 화면은 부서를 이동하고 나서 CHAP10HW_EMP 테이블을 조회한 것입니다).

▼ 결과 화면

	EMPNO	ENAME	JOB	MGR	HIREDATE	SAL	COMM	DEPTNO
1	7934	MILLER	CLERK	7782	82/01/23	1300	(null)	10

⋮

	EMPNO	ENAME	JOB	MGR	HIREDATE	SAL	COMM	DEPTNO
15	7204	TEST_USER4	SALESMAN	7201	16/05/31	2700	300	60
16	7203	TEST_USER3	ANALYST	7201	16/04/11	3400	(null)	70
17	7839	KING	PRESIDENT	(null)	81/11/17	5000	(null)	70
18	7205	TEST_USER5	CLERK	7201	16/07/20	2600	(null)	70
19	7206	TEST_USER6	CLERK	7201	16/09/08	2600	(null)	70
20	7201	TEST_USER1	MANAGER	7788	16/01/02	4500	(null)	70
21	7208	TEST_USER8	STUDENT	7201	18/03/09	1200	(null)	80
22	7207	TEST_USER7	LECTURER	7201	16/10/28	2300	(null)	80

Q4. CHAP10HW_EMP에 속한 사원 중 입사일이 가장 빠른 60번 부서 사원보다 늦게 입사한 사원의 급여를 10% 인상하고 80번 부서로 옮기는 SQL 구문을 작성하세요(다음 화면은 급여를 인상하고 부서를 이동하고 나서 CHAP10HW_EMP 테이블을 조회한 것입니다).

▼ 결과 화면

	EMPNO	ENAME	JOB	MGR	HIREDATE	SAL	COMM	DEPTNO
1	7934	MILLER	CLERK	7782	82/01/23	1300	(null)	10

⋮

	EMPNO	ENAME	JOB	MGR	HIREDATE	SAL	COMM	DEPTNO
18	7201	TEST_USER1	MANAGER	7788	16/01/02	4500	(null)	70
19	7208	TEST_USER8	STUDENT	7201	18/03/09	1320	(null)	80
20	7205	TEST_USER5	CLERK	7201	16/07/20	2860	(null)	80
21	7206	TEST_USER6	CLERK	7201	16/09/08	2860	(null)	80
22	7207	TEST_USER7	LECTURER	7201	16/10/28	2530	(null)	80

Q5. CHAP10HW_EMP에 속한 사원 중 급여 등급이 5인 사원을 삭제하는 SQL 구문을 작성하세요(다음 화면은 사원을 삭제하고 나서 CHAP10HW_EMP 테이블을 조회한 것입니다).

▼ 결과 화면

	EMPNO	ENAME	JOB	MGR	HIREDATE	SAL	COMM	DEPTNO
1	7369	SMITH	CLERK	7902	80/12/17	800	(null)	20
2	7499	ALLEN	SALESMAN	7698	81/02/20	1600	300	30
3	7521	WARD	SALESMAN	7698	81/02/22	1250	500	30
4	7566	JONES	MANAGER	7839	81/04/02	2975	(null)	20
5	7654	MARTIN	SALESMAN	7698	81/09/28	1250	1400	30
6	7698	BLAKE	MANAGER	7839	81/05/01	2850	(null)	30
7	7782	CLARK	MANAGER	7839	81/06/09	2450	(null)	10
8	7788	SCOTT	ANALYST	7566	87/04/19	3000	(null)	20
9	7844	TURNER	SALESMAN	7698	81/09/08	1500	0	30
10	7876	ADAMS	CLERK	7788	87/05/23	1100	(null)	20
11	7900	JAMES	CLERK	7698	81/12/03	950	(null)	30
12	7902	FORD	ANALYST	7566	81/12/03	3000	(null)	20
13	7934	MILLER	CLERK	7782	82/01/23	1300	(null)	10
14	7202	TEST_USER2	CLERK	7201	16/02/21	1800	(null)	50
15	7204	TEST_USER4	SALESMAN	7201	16/05/31	2700	300	60
16	7205	TEST_USER5	CLERK	7201	16/07/20	2860	(null)	80
17	7206	TEST_USER6	CLERK	7201	16/09/08	2860	(null)	80
18	7207	TEST_USER7	LECTURER	7201	16/10/28	2530	(null)	80
19	7208	TEST_USER8	STUDENT	7201	18/03/09	1320	(null)	80

정답 이지스퍼블리싱 홈페이지에서 확인하세요.

10 · 데이터를 추가, 수정, 삭제하는 데이터 조작어　275

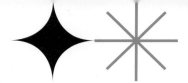

11장

트랜잭션 제어와 세션

10장에서 살펴본 데이터 조작어는 테이블에 있는 데이터에 영향을 주는 명령어였습니다. 그리고 데이터 조작어의 영향은 트랜잭션과 세션 개념 안에서 최종 실행 취소 또는 반영을 결정합니다. 이 장에서는 이러한 트랜잭션과 세션을 알아봅니다. 꼭 알아야 할 명령어는 그리 많지 않지만, 주요한 데이터 관리 개념을 포함하고 이해하기도 쉽지 않으므로 주의 깊게 읽어 보세요.

이 장에서 꼭 익혀야 할 것
- ☑ 트랜잭션 개념
- ☐ COMMIT, ROLLBACK 사용 결과
- ☐ 세션의 의미와 트랜잭션과의 관계
- ☐ LOCK 의미

하나의 단위로 데이터를 처리하는 트랜잭션

트랜잭션이란?

트랜잭션(transaction)의 정확한 뜻을 설명하기에 앞서 트랜잭션의 필요성을 알아보고자 계좌 이체 상황을 떠올려 봅시다. 100만 원이 든 A 계좌에서 잔액이 0원인 B 계좌로 100만 원을 이체한다고 가정해 보죠. 계좌 데이터를 저장한 테이블이 ACCOUNT이고 이 테이블에 계좌 번호(ACCNO)와 잔액(BALANCE) 데이터가 있을 때 이체가 이루어지려면 다음과 같이 두 번 의 UPDATE문을 실행해야 합니다.

① A 계좌의 잔액 변경
② B 계좌의 잔액 변경

그러면 다음 SQL 구문을 더 자세히 살펴봅니다.

```
① A 계좌 잔액을 0원으로 변경하는 UPDATE문 실행
   UPDATE ACCOUNT
     SET BALANCE = 0
   WHERE ACCNO = A계좌번호;

② B 계좌 잔액을 100만 원으로 변경하는 UPDATE문 실행
   UPDATE ACCOUNT
     SET BALANCE = 1000000
   WHERE ACCNO = B계좌번호;
```

✸ 계좌 이체처럼 돈과 직접 관련된 데이터는 사실 위와 같이 간단한 데이터 구조와 수행으로 진행하지는 않습니다. 전산상에서 돈이 움 직일 때 우리 눈에 보이지 않는 수많은 기관과 회사 그리고 그보다 훨씬 많은 프로그램이 상호작용 합니다. 이 과정을 단순화한 예일지라 도 UPDATE문의 특성상 WHERE절의 조건식이 잘못되면 큰 문제가 생길 수 있다는 점을 명심하세요.

그런데 ①의 UPDATE문을 실행한 후에 천재지변 또는 데이터베이스 서버의 갑 작스러운 문제 탓에 ②의 UPDATE문을 실행하지 못하는 상황이 발생했다고 가 정해 봅시다. B 계좌는 원래 잔액인 0원

이 유지된 상태이고 A 계좌는 UPDATE문 실행 후에 잔액이 100만 원에서 0원으로 수정된 상태입니다. 즉 A 계좌 100만 원이 데이터 처리 오류로 사라져 버린 것이죠.

이러한 데이터 유실이라는 무시무시한 상황을 막으려면 두 가지 방법을 생각해 볼 수 있습니다. 하나는 어떤 상황에서든 두 UPDATE문을 모두 완전히 실행하는 것입니다. 이것이 불가능하다면 두 UPDATE문을 실행하기 전 상태, 즉 아무런 UPDATE문도 실행하지 않는 상태를 유지할 수 있어야 합니다.

✳ 계좌 이체를 하려 했던 사용자 역시 이체가 되지 않는 상황이 불편하겠지만 돈이 없어지는 상황에 비할 수는 없겠죠. 그러므로 '금전 사고'는 반드시 미리 방지해야 합니다. 따라서 여러 IT 분야, 특히 돈과 관련한 작업은 굉장히 꼼꼼하고 세심하게 진행합니다.

따라서 두 UPDATE문은 하나의 실행 단위처럼 꼭 붙어 있어야 합니다. 트랜잭션이란 더 이상 분할할 수 없는 최소 수행 단위를 뜻하며 계좌 이체와 같이 하나의 작업 또는 밀접하게 연관된 작업을 수행하는 한 개 이상의 데이터 조작 명령어(DML)로 이루어집니다. 즉 어떤 기능 한 가지를 수행하는 'SQL 구문 덩어리'라고 볼 수 있습니다.

하나의 트랜잭션 내에 있는 여러 명령어를 한 번에 수행하여 작업을 완료하거나 아예 모두 수행하지 않는 상태, 즉 모든 작업을 취소합니다. 이러한 특성으로 트랜잭션 의미를 'ALL OR NOTHING' 문장으로 설명하기도 합니다. 그리고 트랜잭션을 제어할 때 사용하는 명령어를 TCL(Transaction Control Language)이라고 합니다.

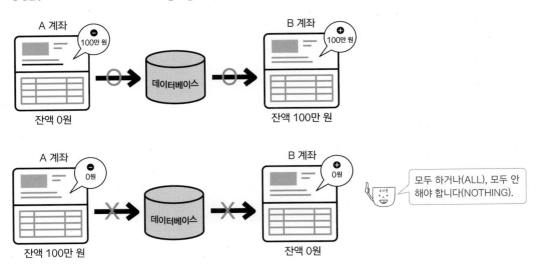

트랜잭션은 SCOTT 같은 데이터베이스 계정으로 접속하는 순간부터 시작됩니다. 트랜잭션이 종료되기 전까지 여러 SQL 구문을 실행하고 트랜잭션을 제어하는 명령(TCL)을 실행할 때 기존 트랜잭션이 끝납니다. 그리고 그 후에 새로운 트랜잭션을 다시 시작합니다.

✱ 정확하게는 TCL 명령어 외에 다음 장에서 소개할 DDL(Data Definition Language), DCL(Data Control Language) 명령어를 사용할 때 역시 현재 트랜잭션을 끝내고 새 트랜잭션을 시작하는 효과가 있습니다.

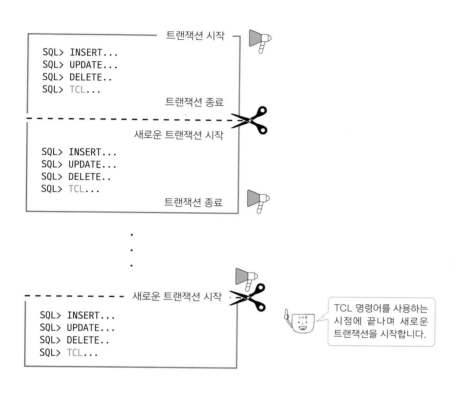

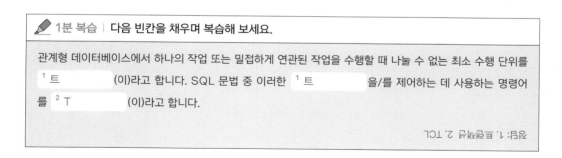

✏️ 1분 복습 | 다음 빈칸을 채우며 복습해 보세요.

관계형 데이터베이스에서 하나의 작업 또는 밀접하게 연관된 작업을 수행할 때 나눌 수 없는 최소 수행 단위를 ¹ 트   (이)라고 합니다. SQL 문법 중 이러한 ¹ 트   을/를 제어하는 데 사용하는 명령어를 ² T   (이)라고 합니다.

정답: 1. 트랜잭션 2. TCL

알아 두면 좋아요! 개발자가 더 예민하게 제어해야 할 트랜잭션

일반적으로 데이터 수집, 전처리, 정리가 먼저 이루어지고 나서 업무를 진행하는 데이터 분석이나 데이터 과학 영역 업무와 달리 실시간으로 데이터를 수집·보관·관리하는 서비스나 애플리케이션 프로그래밍 영역을 다루는 개발자라면 이번 장에서 배울 트랜잭션은 더욱 중요합니다.

서비스나 애플리케이션을 제작할 때 활용하는 아키텍처에는 크게 모놀리식 아키텍처(MA, Monolithic Architecture)와 마이크로서비스 아키텍처(MSA, Microservice Architecture)가 있습니다. 일반적으로 모놀리식 아키텍처는 단일 데이터베이스를 활용하므로 오라클과 같은 데이터베이스 내 트랜잭션 제어 장치만으로도 비교적 안전하게 데이터를 제어할 수 있습니다.

이와 달리 최근 자주 활용하는 마이크로서비스 아키텍처는 상대적으로 서비스 기능 추가·수정·폐기 등 유지보수의 유연성을 위해 각 서비스가 별개의 데이터베이스를 활용하는 때가 흔합니다. 여러 종류로 이루어진 여러 개의 데이터베이스를 각각 운영하므로 하나의 데이터베이스만으로 트랜잭션을 보장하기에는 한계가 있습니다.

마이크로서비스 아키텍처 내에서 언급하는 트랜잭션 역시 이번 장에서 다룰 데이터베이스 내 트랜잭션과 거의 같은 개념으로 사용하며, 이러한 트랜잭션 제어를 위해 게이트웨이(gateway)를 비롯한 프로그래밍 언어별로 다양한 방법론을 활용하게 됩니다. 이에 관한 내용은 이 책의 범위에 해당하지 않으므로 더는 다루지 않지만, 개발자라면 추후 이러한 특징을 별도로 학습하고 활용해야 한다는 점도 함께 기억하세요.

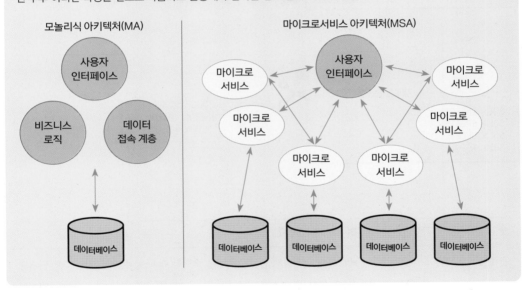

트랜잭션을 제어하는 명령어

트랜잭션 개념에서 알 수 있듯이 하나의 트랜잭션으로 묶은 데이터 조작어(DML)의 수행 상태
는 모든 명령어가 정상으로 수행 완료된 상태 또는 모든 명령어가 수행되지 않아 취소된 상
태, 이 두 가지 상태뿐입니다. 트랜잭션 제어 명령어는 데이터 조작 상태를 이 두 가지 상태 중
하나로 유도하는 명령어입니다. 즉 데이터 조작을 데이터베이스에 영구히 반영하거나 작업
전체를 취소합니다.

본격적으로 실습하기에 앞서 트랜잭션 제어 명령어를 사용하는 DEPT_TCL 테이블을 하나
만듭니다.

📖 실습 11-1 | DEPT 테이블을 복사해서 DEPT_TCL 테이블 만들기

```
01: CREATE TABLE DEPT_TCL
02:     AS SELECT *
03:         FROM DEPT;

04: SELECT * FROM DEPT_TCL;
```

▼ 결과 화면

	⊕ DEPTNO	⊕ DNAME	⊕ LOC
1	10	ACCOUNTING	NEW YORK
2	20	RESEARCH	DALLAS
3	30	SALES	CHICAGO
4	40	OPERATIONS	BOSTON

이제 생성된 DEPT_TCL 테이블에 다음과 같이 여러 명령어를 실행해서 제대로 실행되는지
확인해 봅시다. 다음 명령어(INSERT, UPDATE, DELETE)는 각각 한 번씩 따로 실행해 주세요.

```
01: INSERT INTO DEPT_TCL VALUES(50, 'DATABASE', 'SEOUL');

02: UPDATE DEPT_TCL SET LOC = 'BUSAN' WHERE DEPTNO = 40;

03: DELETE FROM DEPT_TCL WHERE DNAME = 'RESEARCH';

04: SELECT * FROM DEPT_TCL;
```

▼ 결과 화면

	DEPTNO	DNAME	LOC
1	10	ACCOUNTING	NEW YORK
2	30	SALES	CHICAGO
3	40	OPERATIONS	BUSAN
4	50	DATABASE	SEOUL

실습 결과를 살펴보면 50번 부서를 새로 추가했고 40번 부서의 LOC 열이 BUSAN으로 수정
된 것을 알 수 있습니다. 그리고 DELETE문으로 20번 부서는 삭제했습니다.

✸ 실습 11-2에서 데이터 조작어를 종류(INSERT, UPDATE, DELETE)별로 하나씩 순서대로 사용했지만 여러분이 직접 실습할 때는 더
많거나 적게 명령어를 사용해도 괜찮습니다.

트랜잭션을 취소하고 싶을 때는 ROLLBACK

실습 11-2에서 실행한 3개의 데이터
조작어는 중간에 별다른 작업이 없었
다면 하나의 트랜잭션에 속할 것입니
다. 이 모든 작업을 취소하고 싶다면
ROLLBACK(롤백) 명령어를 사용합니
다. ROLLBACK은 현재 트랜잭션에
포함된 데이터 조작 관련 명령어 수행
을 모두 취소합니다. ROLLBACK 명
령어를 사용한 후 DEPT_TCL 테이블
의 데이터를 확인해 보세요.

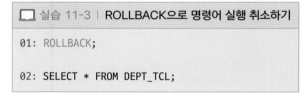

```
01: ROLLBACK;

02: SELECT * FROM DEPT_TCL;
```

▼ 결과 화면

	DEPTNO	DNAME	LOC
1	10	ACCOUNTING	NEW YORK
2	20	RESEARCH	DALLAS
3	30	SALES	CHICAGO
4	40	OPERATIONS	BOSTON

결과를 살펴보면 최초 DEPT_TCL 테이블을 생성한 직후의 데이터로 되돌아간 것을 확인할
수 있습니다. 즉 앞에서 실행한 데이터 조작 관련 명령어 실행을 모두 취소했습니다.

트랜잭션을 영구히 반영하고 싶을 때는 COMMIT

ROLLBACK과 달리 지금까지 수행한 트랜잭션 명령어를 데이터베이스에 영구히 반영할 때는 COMMIT 명령어를 사용합니다. 다음 명령어를 실행한 후 COMMIT을 실행해 봅시다. 실습 11-4의 SQL 구문은 하나씩 실행해야 합니다.

❋ 실무에서는 COMMIT을 '커밋'이라고 합니다.

💻 **실습 11-4** | DEPT_TCL 테이블에 데이터를 입력·수정·삭제하기

```
01: INSERT INTO DEPT_TCL VALUES(50, 'NETWORK', 'SEOUL');

02: UPDATE DEPT_TCL SET LOC = 'BUSAN' WHERE DEPTNO = 20;

03: DELETE FROM DEPT_TCL WHERE DEPTNO = 40;

04: SELECT * FROM DEPT_TCL;
```

▼ 결과 화면

	DEPTNO	DNAME	LOC
1	10	ACCOUNTING	NEW YORK
2	20	RESEARCH	BUSAN
3	30	SALES	CHICAGO
4	50	NETWORK	SEOUL

💻 **실습 11-5** | COMMIT으로 명령어 반영하기

```
01: COMMIT;

02: SELECT * FROM DEPT_TCL;

03: ROLLBACK;

04: SELECT * FROM DEPT_TCL;
```

▼ 결과 화면

	DEPTNO	DNAME	LOC
1	10	ACCOUNTING	NEW YORK
2	20	RESEARCH	BUSAN
3	30	SALES	CHICAGO
4	50	NETWORK	SEOUL

COMMIT 명령어는 지금까지 트랜잭션에서 데이터 조작 관련 명령어로 변경한 데이터를 모두 데이터베이스에 영구히 반영합니다. 즉 COMMIT 명령어 사용을 기점으로 50번 부서 추가, 20번 부서의 LOC 열 변경, 40번 부서 삭제는 취소할 수 없습니다. ROLLBACK 명령어 역시 이 시점부터는 소용없습니다. 그러므로 COMMIT은 트랜잭션 작업이 정상으로 수행되었다고 확신할 때 사용해야 합니다.

실무에서도 COMMIT을 잘못 실행하여 낭패를 보는 상황이 패 자주 발생합니다. UPDATE문이나 DELETE문을 잘못 작성하여 실수로 데이터를 몇만 건 이상 날려 버리는 상황도 생기죠. COMMIT으로 실행한 내용 반영은 되돌릴 수 없으므로 정말 신중하게 진행해야 합니다.

안 돼! 실수로 COMMIT 해 버렸어!

트랜잭션 제어 명령어를 소개한 시점에 수행한 DEPT_TCL 테이블 생성부터 COMMIT 실행까지 트랜잭션 시작과 종료 과정을 다음 그림으로 표현했습니다. COMMIT, ROLLBACK 명령어 모두 현재 트랜잭션을 끝내고 새 트랜잭션을 시작합니다. 종료할 트랜잭션에 작업을 반영할지 취소할지만 결정하는 것이죠.

```
┌─ 트랜잭션 진행 중 ──────────────┐
│  CREATE TABLE DEPF_TCL…        │
└─ 트랜잭션 종료(DDL 사용)        │
```

```
┌→ 새로운 트랜잭션 시작 ──────────┐
│  INSERT(50), UPDATE(40), DELETE(20)
│          작업 취소
│ ROLLBACK
└─ 트랜잭션 종료(ROLLBACK 사용)
```

ROLLBACK을 실행하면 현재 트랜잭션이 시작된 시점까지 작업을 취소합니다. 즉, ROLLBACK 직전에 실행한 INSERT, UPDATE, DELETE 실행은 취소됩니다.

```
┌─ 새로운 트랜잭션 시작 ──────────┐
│  INSERT(50), UPDATE(40), DELETE(40)
│         데이터베이스에 반영
│ COMMIT
└─ 트랜잭션 종료(COMMIT 사용)
```

COMMIT을 실행했으므로 현재 트랜잭션 시작 이후 실행한 INSERT, UPDATE, DELETE 실행 결과를 데이터베이스에 영구히 반영합니다.

```
┌─ 새로운 트랜잭션 시작 ──────────┐
│  ⋮
```

❋ ROLLBACK으로 작업 취소 지점을 지정할 때 SAVEPOINT 명령어를 사용할 수 있습니다.
SAVEPOINT 명령어는 COMMIT과 ROLLBACK보다 자주 사용하지 않으므로 이 책에서 따로 소개하지 않지만 다음 오라클 문서에서 관련 내용을 참고할 수 있습니다.

• SAVEPOINT 명령어
https://docs.oracle.com/en/database/oracle/oracle-database/21/sqlrf/SAVEPOINT.html

세션과 읽기 일관성의 의미

세션이란?

일반적으로 세션(session)은 특정 활동 시간이나 기간을 뜻합니다. 오라클 데이터베이스에서 세션은 데이터베이스 접속을 시작으로 여러 데이터베이스에서 관련 작업을 수행한 후 접속을 종료하기까지 전체 기간을 의미합니다. 좀 더 익숙한 예를 든다면 게임이나 웹 서비스에 로그인해서 로그아웃할 때까지의 기간 또는 모바일이나 온라인 게임 등을 켜고 끌 때까지의 기간 정도로 생각해도 됩니다.

그러므로 세션이 여러 개라는 말은 현재 오라클 데이터베이스에 접속하여 사용 중인 연결이 여러 개 있다는 뜻입니다. 예를 들어 현재 우리가 사용하는 오라클 데이터베이스에 SQL Developer를 사용하여 SCOTT 계정으로 접속하고 동시에 명령어 프롬프트를 켜서 SQL*Plus를 실행하여 SCOTT으로 접속했다면 세션은 두 개가 됩니다.

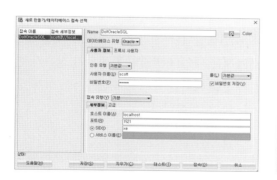

앞에서 살펴본 트랜잭션과 세션의 관계를 살펴봅시다. 트랜잭션은 데이터 조작 명령어가 모인 하나의 작업 단위를 뜻하며 세션 내부에는 하나 이상의 트랜잭션이 있습니다. 데이터베이스에 접속한 후 종료하기까지 전체 과정이 하나의 세션이고 이 세션이 유지되는 동안 여러 COMMIT, ROLLBACK 작업이 진행되기 때문입니다. 이처럼 세션이 트랜잭션보다 넓은 범위의 개념임을 잊지 마세요.

11 • 트랜잭션 제어와 세션   285

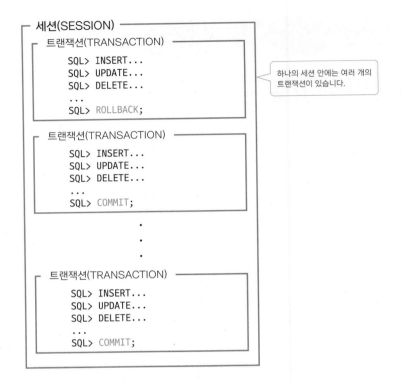

읽기 일관성의 중요성

데이터베이스는 여러 곳(여러 사용자, 여러 응용 프로그램)에서 동시에 접근하여 데이터를 관리·사용하는 것이 목적이므로 대부분 수많은 세션이 동시에 연결됩니다. 읽기 일관성이란 특정 세션에서 테이블의 데이터를 변경할 때 그 외 다른 세션에서는 데이터 변경이 확정되기 전까지 변경 사항을 알 필요가 없으므로 데이터를 변경 중인 세션을 제외한 나머지 세션에서는 현재 진행 중인 변경과 상관없이 원래 데이터를 보여 주는 특성을 의미합니다.

이 문제를 확인하고자 다른 실습과는 달리 두 세션으로 나누어 각각 실습을 수행합니다. 실습에 앞서 세션 2개를 띄워 봅시다. SQL Developer와 SQL*Plus를 실행하여 각각 SCOTT 계정으로 오라클 데이터베이스에 접속합니다. 이제부터 SQL Developer를 사용한 세션을 세션 A, SQL*Plus를 사용한 세션은 세션 B라고 하겠습니다.

우선 DEPT_TCL 테이블을 활용하여 세션 A, B에서 모두 DEPT_TCL 테이블을 조회해 보죠. 실습 코드에 있는 번호순(❶, ❷ 등)으로 실습을 진행하세요.

□ 실습 11-6 | SQL Developer와 SQL*Plus로 세션 알아보기

세션 A(SQL Developer)	세션 B(SQL*Plus)
SELECT * FROM DEPT_TCL; ―①	SELECT * FROM DEPT_TCL; ―②

▼ 결과 화면

	DEPTNO	DNAME	LOC
1	10	ACCOUNTING	NEW YORK
2	20	RESEARCH	BUSAN
3	30	SALES	CHICAGO
4	50	NETWORK	SEOUL

▼ 결과 화면

```
SQL> SELECT * FROM DEPT_TCL;

    DEPTNO DNAME                        LOC
---------- ---------------------------- --------------
        10 ACCOUNTING                   NEW YORK
        20 RESEARCH                     BUSAN
        30 SALES                        CHICAGO
        50 NETWORK                      SEOUL

SQL> |
```

✳ 세션 A, B 모두 SCOTT 계정으로 접속합니다.

당연한 이야기이지만 두 세션 모두 똑같은 DEPT_TCL 테이블을 조회했으므로 조회 결과는 같습니다. 이번에는 세션 A에서 DELETE문을 사용하여 50번 부서 데이터를 삭제한 후에 각 세션에서 DEPT_TCL 테이블을 조회합니다. 실습 11-7을 순서대로 SQL Developer와 SQL*Plus에서 실행해 보죠.

□ 실습 11-7 | SQL Developer와 SQL*Plus로 세션 알아보기

세션 A(SQL Developer)	세션 B(SQL*Plus)
DELETE FROM DEPT_TCL WHERE DEPTNO = 50; ―①	세션 A의 DELETE 명령이 끝날 때까지 기다려 주세요.
SELECT * FROM DEPT_TCL; ―②	SELECT * FROM DEPT_TCL; ―③

▼ 결과 화면

	DEPTNO	DNAME	LOC
1	10	ACCOUNTING	NEW YORK
2	20	RESEARCH	BUSAN
3	30	SALES	CHICAGO

▼ 결과 화면

```
SQL> SELECT * FROM DEPT_TCL;

    DEPTNO DNAME                        LOC
---------- ---------------------------- --------------
        10 ACCOUNTING                   NEW YORK
        20 RESEARCH                     BUSAN
        30 SALES                        CHICAGO
        50 NETWORK                      SEOUL

SQL>
```

실습 11-7의 결과를 보면 세션 A에서는 50번 부서가 삭제된 상태이지만 세션 B에서는 50번 부서가 아직 삭제되지 않은 상태, 즉 변경이 일어나기 전 상태입니다.

이는 세션 A에서 실행한 DELETE문의 수행 결과가 데이터베이스에 반영되지 않기 때문입니다. 즉 COMMIT되지 않았다는 이야기입니다. COMMIT 명령어로 세션 A에서 실행한 DELETE문의 실행 결과가 데이터베이스에 영구히 반영되기 전까지 DELETE를 실행한 세션 A를 제외한 다른 세션에서는 50번 부서 데이터 변화를 확인할 수 없습니다. 따라서 50번 부서 삭제를 확인할 수 있는 곳은 세션 A뿐입니다.

이처럼 어떤 데이터 조작이 포함된 트랜잭션이 완료(COMMIT, ROLLBACK)되기 전까지 데이터를 직접 조작하는 세션 외 다른 세션에서는 데이터 조작 전 상태의 내용이 일관되게 조회, 출력, 검색되는 특성을 '읽기 일관성(read consistency)'이라고 합니다. 중요한 내용이므로 꼭 기억해 두세요.

❈ 데이터베이스 쪽에서는 데이터를 변경하는 데이터 조작 명령어 실행 후 COMMIT으로 반영할지, ROLLBACK으로 실행을 취소할지 알 수 없습니다. 그러므로 ROLLBACK으로 명령어 수행을 취소할 때에 대비해 변경 전 데이터를 언두 세그먼트(undo segment)에 따로 저장합니다.

이제 세션 A에서 COMMIT을 실행한 후 각 세션에서 다시 DEPT_TCL 테이블을 조회해 볼까요?

🖵 실습 11-8 │ SQL Developer와 SQL*Plus로 세션 알아보기	
세션 A(SQL Developer)	세션 B(SQL*Plus)
COMMIT; ─①	세션 A의 COMMIT 명령이 끝날 때까지 기다려 주세요.
SELECT * FROM DEPT_TCL; ─②	SELECT * FROM DEPT_TCL; ─③

실습 11-8과 같이 세션 A에서 COMMIT 실행 후에는 실습 11-7에서 실행한 50번 부서를 삭제하는 DELETE문 수행 결과가 데이터베이스에 완전히 반영됩니다. 따라서 세션 B에서도 50번 부서가 삭제된 채 조회되는 것을 확인할 수 있습니다.

▼ 결과 화면

	DEPTNO	DNAME	LOC
1	10	ACCOUNTING	NEW YORK
2	20	RESEARCH	BUSAN
3	30	SALES	CHICAGO

▼ 결과 화면

```
SQL> SELECT * FROM DEPT_TCL;

    DEPTNO DNAME                LOC

        10 ACCOUNTING           NEW YORK
        20 RESEARCH             BUSAN
        30 SALES                CHICAGO

SQL> |
```

하나의 데이터베이스에는 수많은 세션이 연결되고 각 세션에서는 데이터 조작 명령어를 포함한 여러 트랜잭션이 끊임없이 시작되고 종료되면서 실시간으로 작업을 수행합니다. 데이터를 직접 변경 중인 해당 세션을 제외한 모든 세션은 다른 세션의 데이터 변경과 상관없이 이미 확정된 데이터만 검색하도록 하여 읽기 일관성을 보장합니다.

오라클 데이터베이스에서 [1] 세   은/는 데이터베이스 접속 시작부터 종료까지 전체 기간을 의미합니다.

하나의 [1] 세   은/는 여러 SQL 구문이 하나의 작업 단위로 다뤄지는 여러 개의 트랜잭션으로 구성됩니다. 트랜잭션 작업을 데이터베이스에 영구히 반영할 때 [2] C   명령어를 사용하고 지금까지 한 작업을 취소할 때 [3] R   명령어를 사용합니다.

현재 트랜잭션이 종료될 때까지 다른 [1] 세   에서는 데이터 조작 전 상태의 데이터만 조회할 수 있으며, 이러한 특성을 [4] 읽   (이)라고 합니다.

정답: 1. 세션 2. COMMIT 3. ROLLBACK 4. 읽기 일관성

수정 중인 데이터 접근을 막는 LOCK

LOCK이란?

트랜잭션과 세션을 이해했다면 LOCK 개념도 잘 알아야 합니다. 특정 세션에서 조작 중인 데이터는 트랜잭션이 완료(COMMIT, ROLLBACK)되기 전까지 다른 세션에서 조작할 수 없는 상태가 됩니다. 즉 데이터가 잠기는(LOCK) 것입니다. '잠금', '잠금 현상'으로도 표현하는 LOCK은 조작 중인 데이터를 다른 세션은 건드릴 수 없도록 접근을 보류하는 것을 뜻합니다.

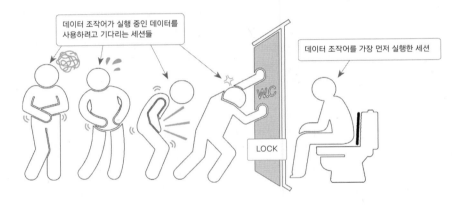

그림과 같이 LOCK은 화장실을 사용할 때와 비슷합니다. 화장실 칸(DATA)에 먼저 들어간 사람(SESSION)은 문을 잠글(LOCK) 것이고, 다음 사람은 아무리 급해도 안에 있는 사람이 나오기 전까지 화장실을 사용할 수 없습니다. 화장실을 사용하는 사람을 강제로 끌어내거나 문을 부수고 들어가거나 동시에 여러 명이 화장실 한 칸에 함께 들어가는 경우는 데이터베이스에서 일어나지 않습니다. 실생활에서도 일어나면 안 되는 일이지만 말이죠.

LOCK 개념 살펴보기

이번에도 DEPT_TCL 테이블을 활용해서 LOCK이 발생하는 상황을 확인해 보죠. LOCK 또한 세션을 소개할 때와 같이 세션 A와 세션 B로 나눠 각각 SQL Developer와 SQL*Plus를 사용하여 SCOTT으로 접속한 후 진행합니다.

세션 A(SQL Developer)	세션 B(SQL*Plus)
SELECT * FROM DEPT_TCL; ─①	SELECT * FROM DEPT_TCL; ─②

11-3절에서 사용한 DEPT_TCL 테이블에 다른 작업을 진행하지 않았다면 데이터는 다음과
같습니다.

▼ 결과 화면

	⊕ DEPTNO	⊕ DNAME	⊕ LOC
1	10	ACCOUNTING	NEW YORK
2	20	RESEARCH	BUSAN
3	30	SALES	CHICAGO

▼ 결과 화면

```
SQL> SELECT * FROM DEPT_TCL;

    DEPTNO DNAME                          LOC
    ---------- ----------------------     -------------
        10 ACCOUNTING                     NEW YORK
        20 RESEARCH                       BUSAN
        30 SALES                          CHICAGO

SQL> |
```

이제 세션 A에서 30번 부서에 UPDATE문을 사용하여 데이터를 변경합니다.

세션 A(SQL Developer)	세션 B(SQL*Plus)
UPDATE DEPT_TCL SET LOC='SEOUL' WHERE DEPTNO = 30; ─①	세션 A의 UPDATE 명령이 끝날 때까지 기다려 주세요.
SELECT * FROM DEPT_TCL; ─②	SELECT * FROM DEPT_TCL; ─③

앞의 세션 때와 마찬가지로 UPDATE문을 실행한 세션 A에서는 30번 부서의 LOC 열이
SEOUL로 변경되었지만 COMMIT은 하지 않은 상태이므로 세션 B에서는 30번 부서에 변화
가 없습니다.

▼ 결과 화면

	⊕ DEPTNO	⊕ DNAME	⊕ LOC
1	10	ACCOUNTING	NEW YORK
2	20	RESEARCH	BUSAN
3	30	SALES	SEOUL

▼ 결과 화면

```
SQL> SELECT * FROM DEPT_TCL;

    DEPTNO DNAME                          LOC
    ---------- ----------------------     -------------
        10 ACCOUNTING                     NEW YORK
        20 RESEARCH                       BUSAN
        30 SALES                          CHICAGO

SQL> |
```

이 상태에서 세션 B의 30번 부서(세션 A가 변경 중)에 UPDATE문을 실행해 볼까요? 데이터 변
화를 확인하고자 이번에는 DNAME 열을 바꿔 보죠.

세션 A(SQL Developer)	세션 B(SQL*Plus)
A는 아무런 작업을 하지 않습니다.	UPDATE DEPT_TCL SET DNAME='DATABASE' 　WHERE DEPTNO = 30; —①

세션 B에서 UPDATE문을 작성하고 실행하면 다음과 같이 아무런 동작이 일어나지 않습니다. SQL*Plus 화면을 보면 화면이 멈춘 듯 할 겁니다.

```
SQL> UPDATE DEPT_TCL SET DNAME='DATABASE'
  2  WHERE DEPTNO = 30;
|
```

실습 11-11 이후의 SQL*Plus 화면

이는 세션 A에서 DEPT_TCL 테이블의 30번 부서 데이터를 먼저 조작하고 있기 때문입니다. 세션 A에서 수행 중인 30번 부서 행 데이터의 조작이 완료되지 않았으므로 COMMIT 또는 ROLLBACK을 수행하기 전까지 30번 부서 행 데이터를 조작하려는 다른 세션은 이 화면처럼 작업을 대기합니다. 이렇게 특정 세션에서 데이터 조작이 완료될 때까지 다른 세션에서 해당 데이터 조작을 기다리는 현상을 HANG(행)이라고 합니다.

빨리 좀
나와!

사전 의미 그대로 HANG은 '매달린' 상태입니다. 잠긴 데이터가 풀려서 사용할 수 있을 때를 기다리는 것이죠. 먼저 화장실을 사용하는 사람이 나오기를 화장실 문 앞에서 간절히 기다리는 것과 비슷한 모습입니다.

세션 B의 UPDATE문은 세션 A의 현재 트랜잭션이 종료되기 전까지는 수행할 수 없습니다. 즉 세션 A에서 COMMIT으로 데이터 변경을 확정하여 반영하거나 ROLLBACK으로 세션 A의 UPDATE문 실행을 취소해야만 30번 부서 데이터의 LOCK이 풀립니다. 그리고 데이터의 LOCK이 풀린 즉시 세션 B는 UPDATE문을 실행합니다.

그러면 세션 A에서 COMMIT 명령어를 실행해 봅니다. 세션 A에서 COMMIT 명령어를 실행하는 순간 세션 B에서 어떤 일이 일어나는지 주의해서 보세요.

🖥 실습 11-12	SQL Developer와 SQL*Plus로 LOCK 알아보기	
세션 A(SQL Developer)	세션 B(SQL*Plus)
COMMIT; ─①	세션 A의 COMMIT 명령어가 실행되는 순간의 변화를 확인합니다.

세션 A에서 COMMIT 명령어를 실행하는 순간 세션 B의 UPDATE문이 실행된 것을 확인할 수 있습니다. 세션 A에 의해 LOCK 상태였던 30번 부서 데이터가 COMMIT 명령어로 트랜잭션이 완료되어 LOCK이 풀렸고, 이와 동시에 30번 부서 데이터 작업을 기다리고 있던 세션 B의 UPDATE문이 오른쪽과 같이 실행된 것입니다.

▼ 결과 화면(SQL*Plus)

```
SQL> UPDATE DEPT_TCL SET DNAME='DATABASE'
  2  WHERE DEPTNO = 30;

1 행이 업데이트되었습니다.

SQL>
```

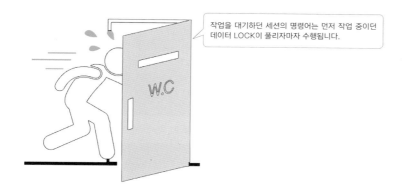

작업을 대기하던 세션의 명령어는 먼저 작업 중이던 데이터 LOCK이 풀리자마자 수행됩니다.

마지막으로 각 세션에서 다시 DEPT_TCL 테이블을 조회해 볼까요?

🖥 실습 11-13	SQL Developer와 SQL*Plus로 LOCK 알아보기	
세션 A(SQL Developer)	세션 B(SQL*Plus)
SELECT * FROM DEPT_TCL;	SELECT * FROM DEPT_TCL;

세션 A와 B의 결과가 달라서 조금 의아할 수도 있습니다. 하지만 자세히 살펴보면 세션 A의 LOCK이 풀린 후 세션 B의 UPDATE문이 실행되었지만 아직 COMMIT을 하지 않은 상태이므로 세션 B에서만 30번 부서의 DNAME 열이 DATABASE입니다.

	DEPTNO	DNAME	LOC
1	10	ACCOUNTING	NEW YORK
2	20	RESEARCH	BUSAN
3	30	SALES	SEOUL

▼ 결과 화면

```
SQL> SELECT * FROM DEPT_TCL;

   DEPTNO DNAME                         LOC
   ------ ----------------------------- -----------
       10 ACCOUNTING                    NEW YORK
       20 RESEARCH                      BUSAN
       30 DATABASE                      SEOUL

SQL> |
```

그러므로 세션 B에서 COMMIT을 실행해야 세션 A에서도 30번 부서의 DNAME이 변경된 것을 확인할 수 있습니다.

📖 실습 11-14 | SQL Developer와 SQL*Plus로 LOCK 알아보기 - 세션 B(SQL*Plus)

```
01: COMMIT;
```

▼ 결과 화면

```
SQL> COMMIT;
커밋이 완료되었습니다.
SQL>
```

📖 실습 11-15 | SQL Developer와 SQL*Plus로 LOCK 알아보기 - 세션 A(SQL Developer)

```
01: SELECT * FROM DEPT_TCL;
```

▼ 결과 화면

	DEPTNO	DNAME	LOC
1	10	ACCOUNTING	NEW YORK
2	20	RESEARCH	BUSAN
3	30	DATABASE	SEOUL

LOCK 종류

LOCK은 이렇듯 하나의 데이터를 여러 곳에서 동시에 조작할 때 발생할 수 있는 혼란을 최소화하는 중요한 요소입니다. 앞에서 진행한 예와 같이 SQL 구문으로 조작하는 대상 데이터가 테이블의 특정 행 데이터일 때 해당 행만 LOCK이 발생한다는 의미로 '행 레벨 록(row level lock)'이라고 정의합니다.

다음과 같이 WHERE절을 지정하지 않은 UPDATE, DELETE문은 테이블의 모든 행 데이터에 영향을 주는 명령어이므로 이때는 테이블 전체 행이 LOCK 상태가 됩니다. 즉 다른 세션에서는 해당 테이블 행에 UPDATE, DELETE 명령을 수행하려면 대기해야 합니다. 하지만 테이블 전체 행이 LOCK 상태여도 INSERT문은 수행할 수 있습니다.

```
UPDATE DEPT_TCL SET LOC = 'SEOUL';

DELETE FROM DEPT_TCL;
```

테이블에 변경되는 행의 수와 상관없이 데이터 조작 명령어를 사용하여 데이터를 변경 중인 테이블은 테이블 단위 잠금을 뜻하는 '테이블 레벨 록(table level lock)'이 걸립니다. 즉 데이터를 변경 중인 세션 외 다른 세션에서 12장에서 살펴볼 데이터 정의어(DDL)로 테이블 구조를 변경할 수는 없습니다.

데이터 조작 관련 SQL 구문을 어떤 방식으로 작성하느냐에 따라 테이블 일부 데이터만 LOCK이 될 수도 있고 테이블 전체 데이터가 LOCK이 될 수도 있다는 점을 기억하세요.

✽ 오라클 데이터베이스 LOCK 개념을 비롯한 데이터 동시성과 일관성을 자세히 알고 싶다면 다음 오라클 공식 문서를 참고하세요.
https://docs.oracle.com/en/database/oracle/oracle-database/21/cncpt/data-concurrency-and-consistency.html

---

📝 **알아 두면 좋아요! LOCK이 발생하는 SQL 구문을 사용할 때 유의점**

LOCK이 발생하는 데이터 조작 관련 SQL 구문은 조심해서 사용해야 합니다. 실무에서 데이터 관련 작업을 할 때 실제 서비스에 사용하는 데이터베이스(운영 DB)에 바로 작업을 수행하는 경우는 흔치 않습니다. 대부분 테스트 또는 개발 전용 데이터베이스(테스트 DB 또는 개발 DB)에서 시험 삼아 테스트한 다음 문제가 없으면 실제로 운영 중인 데이터베이스에 적용합니다.

✽ 테스트 또는 개발 전용 데이터베이스는 운영 중인 데이터베이스와 똑같은 구조로 모든 테이블을 생성해 놓은, 테스트와 개발만을 위한 데이터베이스입니다.

하지만 이런 테스트나 개발 전용 데이터베이스조차 단독으로 사용하는 경우는 흔치 않습니다. 여러 IT 기술자가 데이터베이스를 동시에 사용하고 테스트하면서 업무를 진행합니다. 누군가 LOCK을 일으킬 수 있는 SQL 구문을 실행하고 COMMIT 또는 ROLLBACK을 하지 않은 채 자리를 비운다면 행 레벨 록과 테이블 레벨 록이 걸리므로 다른 사용자는 해당 테이블의 데이터나 구조와 관련한 작업을 수행할 때 제한을 받습니다.

따라서 자신이 실행해야 하는 데이터 조작 관련 SQL 구문의 LOCK 적용 범위가 넓거나 오랜 시간 동안 작업해야 한다면 반드시 함께 일하는 개발자에게 미리 알리고 양해를 구하는 센스를 발휘해 주세요.

도대체 누가 XXX 테이블 작업 중인 거야? 나도 이거 빨리해 놓고 집에 가야 하는데 LOCK이 걸려서 일을 할 수가 없잖아!

COMMIT이나 ROLLBACK으로 트랜잭션을 종료하지 않고 퇴근해 버리면 누군가는 집에 가지 못할 수도 있습니다!

데이터 조작 명령어를 실행해 놓고 ROLLBACK 또는 COMMIT은 안 하고 퇴근한 나쁜 사람

되새김 문제

이 장에서 배운 내용을 실습하며 정리하세요.

Q1. 다음 두 세션에서 실행되는 순서별 SQL 명령어를 확인하여 번호에 맞는 데이터 상태를 적어 보세요(단 DEPT_HW 테이블은 DEPT 테이블을 그대로 복사한 테이블이라 가정합니다).

세션 A	세션 B
UPDATE DEPT_HW SET DNAME='DATABASE', LOC='SEOUL' WHERE DEPTNO = 30;	
SELECT * FROM DEPT_HW;	SELECT * FROM DEPT_HW;

① 현재 세션 A, B에서 조회한 DEPT_HW 테이블 30번 부서의 DNAME, LOC 열의 데이터 상태를 적어 보세요.

답: 세션 A의 DNAME 내용은 [1] _____ , LOC 내용은 [2] _____ /

세션 B의 DNAME 내용은 [3] _____ , LOC 내용은 [4] _____

세션 A	세션 B
	UPDATE DEPT_HW SET DNAME='DATABASE', LOC='SEOUL' WHERE DEPTNO = 30;

② 현재 세션 B에서 실행한 UPDATE문 실행 결과를 적어 보세요.

세션 A	세션 B
ROLLBACK;	

③ 현재 세션 A에서 ROLLBACK 명령어를 사용한 후 세션 B에서 일어나는 변화를 적어 보세요.

세션 A	세션 B
SELECT * FROM DEPT_HW;	SELECT * FROM DEPT_HW;

④ 현재 세션 A, B에서 조회한 DEPT_HW 테이블 30번 부서의 DNAME, LOC 열의 데이터 상태를 적어 보세요.

답: 세션 A의 DNAME 내용은 [1] _____ , LOC 내용은 [2] _____ /

세션 B의 DNAME 내용은 [3] _____ , LOC 내용은 [4] _____

세션 A	세션 B
	COMMIT;
SELECT * FROM DEPT_HW;	SELECT * FROM DEPT_HW;

⑤ 현재 세션 A, B에서 조회한 DEPT_HW 테이블 30번 부서의 DNAME, LOC 열의 데이터 상태를 적어 보세요.

답: 세션 A의 DNAME 내용은 [1] _____ , LOC 내용은 [2] _____ /

세션 B의 DNAME 내용은 [3] _____ , LOC 내용은 [4] _____

정답 이지스퍼블리싱 홈페이지에서 확인하세요.

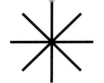

12장

데이터 정의어

데이터베이스는 데이터를 관리하고 보관하고자 다양한 객체를 제공합니다. 이러한 객체를 새로 만들거나 기존 객체를 변경, 삭제하는 등의 기능을 수행하는 명령어를 데이터 정의어라고 합니다. 이 장에서는 지금까지 사용한 데이터베이스 객체 중 가장 자주 사용하는 데이터 정의어를 살펴봅니다. 그 밖의 객체와 명령어는 13장에서 살펴봅니다.

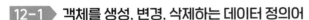

이 장에서 꼭 익혀야 할 것
- ☑ 데이터 정의어 사용 후 자동으로 발생하는 COMMIT
- ☐ CREATE문으로 테이블 생성
- ☐ DROP문으로 테이블 삭제

12-1

객체를 생성, 변경, 삭제하는 데이터 정의어

데이터 정의어(DDL: Data Definition Language)는 데이터를 보관하고 관리하고자 제공하는 여러 객체(object)의 생성, 변경, 삭제 관련 기능을 수행합니다.

데이터 정의어를 사용할 때 유의점

데이터 정의어는 앞에서 살펴본 데이터 조작어(DML)와 달리 명령어를 수행하자마자 수행한 내용이 데이터베이스에 바로 반영되는 특성이 있습니다. 즉 데이터 정의어를 실행하면 자동으로 COMMIT되므로 사용한 데이터 정의어는 데이터베이스에 영구히 반영됩니다. 이는 ROLLBACK으로도 취소할 수 없다는 것을 뜻하므로 사용할 때 주의해야 합니다.

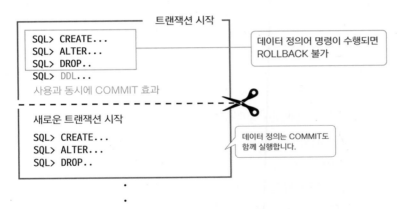

그러면 데이터 정의어에는 어떤 것이 있는지 살펴봅시다. 데이터 정의어는 객체를 생성하는 CREATE, 이미 생성된 객체를 변경하는 ALTER, 객체를 삭제하는 DROP 등의 명령어로 이루어집니다. 이 장에서는 데이터베이스 객체 중 가장 자주 사용하는 테이블과 관련한 데이터 정의어를 먼저 살펴봅니다.

   12-2

테이블을 생성하는 CREATE

CREATE문은 오라클 데이터베이스 객체를 생성할 때 사용하는 명령어입니다. 10장과 11장
에서 데이터 조작어(DML)와 트랜잭션 제어 명령어(TCL)를 사용하고자 SCOTT 계정에 이미
있는 테이블과 비슷한 테이블을 생성했습니다. 이때 사용했던 CREATE TABLE 명령어가 테
이블을 만들 때 사용하는 대표적인 데이터 정의어입니다.

❊ 테이블을 생성할 때 각 열에 저장할 데이터 특징을 더 구체적으로 지정할 수 있는데, 이를 제약 조건(constraint)이라고 합니다. 이 내
용은 14장에서 알아봅니다.

> **기본 형식** CREATE TABLE 소유 계정.테이블 이름(
>   열1 이름 열1 자료형,
>   열2 이름 열2 자료형,
>   ・・・
>   열n 이름 열n 자료형
>   );

이 형식에 따라 CREATE TABLE SCOTT.EMP_TEST ⋯ 명령어를 실행하면 SCOTT 계정
소유의 EMP_TEST 테이블을 생성하겠다는 뜻입니다. 이때 소유 계정 이름(SCOTT)은 생략
할 수 있습니다. 계정 이름을 생략하고 CREATE TABLE 명령어를 사용하면 현재 접속한 계
정 소유의 테이블을 만듭니다. 생성할 테이블 이름은 반드시 다음 규칙대로 지정해야 합니다.

❊ 기본적으로 테이블 이름을 지정할 때는 대소 문자를 구별하지 않지만 대소 문자를 구별하여 테이블 이름을 짓고 싶다면 큰따옴표(" ")
로 감쌉니다. 자주 사용하는 방법은 아니지만 알아 두면 좋습니다.

테이블 이름 생성 규칙

1. 테이블 이름은 문자로 시작해야 합니다.
   예 EMP90(O), 90EMP(X)
   참고: 오라클 최신 버전이나 식별자(identifiers)에 따라 모든 문자를 사용할 수도 있지만 이전 버전과 호환성
   을 유지하려면 문자로 시작해야 합니다.
2. 테이블 이름은 30바이트 이하여야 합니다.
   참고: 한글은 문자 집합에 따라 사용할 수 있는 글자 수가 다를 수 있습니다. 실무에서는 일반적으로 테이블 이
   름에 영문자를 사용합니다.

3. 사용자(또는 스키마)가 같은 테이블 이름은 중복할 수 없습니다.
   ⓔ SCOTT 계정에 2개의 EMP 테이블은 있을 수 없습니다.

4. 테이블 이름에는 영문자(한글 포함), 숫자(0~9), 특수 문자 _, $, #를 사용할 수 있습니다. 단 특수 문자 가운데 $, #은 일반 테이블 이름으로 권장하지 않습니다.
   참고: 오라클 최신 버전이나 식별자(identifiers)에 따라 모든 문자나 문장 부호를 사용할 수 있습니다. 이때도 이전 버전과의 호환성을 고려해야 합니다.

5. SQL 예약어는 테이블 이름으로 사용할 수 없습니다.
   ⓔ SELECT, FROM 등은 테이블 이름으로 사용할 수 없습니다.

테이블 이름과 마찬가지로 열 이름에도 규칙이 있습니다. 테이블 이름 지정 규칙과 크게 다르지 않으니 다음 내용을 참고하세요.

열 이름 생성 규칙

1. 열 이름은 문자로 시작해야 합니다.

2. 열 이름은 30바이트 이하여야 합니다.

3. 하나의 테이블 안에 열 이름은 중복할 수 없습니다.
   ⓔ EMP 테이블 안에 2개의 EMPNO열은 있을 수 없습니다.

4. 열 이름에는 영문자(한글 포함), 숫자(0~9), 특수 문자 _, $, #를 사용할 수 있습니다. 단 특수 문자 가운데 $, #은 일반 열 이름으로 권장하지 않습니다.

5. SQL 예약어는 열 이름으로 사용할 수 없습니다.

✹ 오라클 테이블을 포함한 객체의 명명 규칙은 버전에 따라 달라질 수 있으므로 이전 버전부터 정해진 규칙을 따르는 것이 안전합니다. 오라클 데이터베이스의 객체 명명 규칙과 SQL 예약어는 다음 오라클 공식 문서를 참고하세요.
• 명명 규칙과 식별자
https://docs.oracle.com/en/database/oracle/oracle-database/21/sqlrf/Database-Object-Names-and-Qualifiers.html
• 오라클 SQL 예약어
https://docs.oracle.com/en/database/oracle/oracle-database/21/sqlrf/Oracle-SQL-Reserved-Words.html

자료형을 각각 정의하여 새 테이블 생성하기

CREATE 명령어를 사용하여 EMP 테이블과 열 구조가 같은 EMP_DDL 테이블을 생성해 봅시다. NUMBER(4)와 같이 자료형 뒤 괄호에는 열에 저장할 데이터 길이를 지정할 수 있습니다. DESC 명령어를 사용하여 EMP_DDL 테이블과 EMP 테이블의 열 구조를 확인해 보세요.

📋 실습 12-1 | 모든 열의 자료형을 정의해서 테이블 생성하기

```
01: CREATE TABLE EMP_DDL(
03:    EMPNO        NUMBER(4),
03:    ENAME        VARCHAR2(10),
04:    JOB          VARCHAR2(9),
05:    MGR          NUMBER(4),
```

```
06:    HIREDATE  DATE,
07:    SAL       NUMBER(7,2),
08:    COMM      NUMBER(7,2),
09:    DEPTNO    NUMBER(2)
10: );

11: DESC EMP_DDL;
```

▼ 결과 화면

```
Table EMP_DDL이(가) 생성되었습니다.

이름         널? 유형
-------- -- ------------
EMPNO        NUMBER(4)
ENAME        VARCHAR2(10)
JOB          VARCHAR2(9)
MGR          NUMBER(4)
HIREDATE     DATE
SAL          NUMBER(7,2)
COMM         NUMBER(7,2)
DEPTNO       NUMBER(2)
```

이 코드에서 열과 자료형 사이는 읽기 쉽도록 띄어 썼는데, 실제 작성할 때는 이렇게 띄어 쓰지 않아도 됩니다.

✽ NUMBER(7, 2)는 소수 둘째 자리 숫자를 포함한 7자리 숫자를 저장할 수 있다는 뜻입니다. 즉 자연수는 5자리까지 표현할 수 있으므로 12345.67과 같이 저장하는 것이죠. DATE는 길이 지정이 필요 없는 자료형이므로 소괄호를 사용하지 않습니다. 자료형 종류는 02장을 참고하세요.

기존 테이블 열 구조와 데이터를 복사하여 새 테이블 생성하기

EMP_DDL 테이블은 EMP 테이블과 열 구조가 같습니다. 특정 테이블과 같은 열 구조로 테이블을 만들 때 실습 12-1 방법보다 CREATE문에 서브쿼리를 활용하는 방법을 자주 사용합니다. 서브쿼리를 사용할 때는 AS 키워드를 함께 씁니다. 다음 CREATE문은 DEPT 테이블과 열 구조가 같고 DEPT 테이블의 데이터까지 그대로 저장한 DEPT_DDL 테이블을 만듭니다.

📋 **실습 12-2 | 다른 테이블을 복사하여 테이블 생성하기**

```
01: CREATE TABLE DEPT_DDL
02:    AS SELECT * FROM DEPT;

03: DESC DEPT_DDL;
```

▼ 결과 화면

```
Table DEPT_DDL이(가) 생성되었습니다.

이름       널? 유형
------ -- ------------
DEPTNO     NUMBER(2)
DNAME      VARCHAR2(14)
LOC        VARCHAR2(13)
```

```
01: SELECT * FROM DEPT_DDL;
```

▼ 결과 화면

	⊕ DEPTNO	⊕ DNAME	⊕ LOC
1	10	ACCOUNTING	NEW YORK
2	20	RESEARCH	DALLAS
3	30	SALES	CHICAGO
4	40	OPERATIONS	BOSTON

기존 테이블 열 구조와 일부 데이터만 복사하여 새 테이블 생성하기

특정 테이블과 열 구조는 같되 테이블 전체 데이터가 아닌 일부 데이터만 복사하여 테이블을 만들어야 한다면 서브쿼리에 WHERE절을 사용하여 생성 테이블에 저장할 데이터만 조건식으로 지정할 수 있습니다. EMP 테이블에서 부서가 30인 사원 데이터만 저장한 테이블을 생성한다면 다음과 같이 CREATE문으로 작성할 수 있겠죠.

실습 12-4 | 다른 테이블 일부를 복사하여 테이블 생성하기

```
01: CREATE TABLE EMP_DDL_30
02:    AS SELECT *
03:        FROM EMP
04:        WHERE DEPTNO = 30;

05: SELECT * FROM EMP_DDL_30;
```

▼ 결과 화면

	⊕ EMPNO	⊕ ENAME	⊕ JOB	⊕ MGR	⊕ HIREDATE	⊕ SAL	⊕ COMM	⊕ DEPTNO
1	7499	ALLEN	SALESMAN	7698	81/02/20	1600	300	30
2	7521	WARD	SALESMAN	7698	81/02/22	1250	500	30
3	7654	MARTIN	SALESMAN	7698	81/09/28	1250	1400	30
4	7698	BLAKE	MANAGER	7839	81/05/01	2850	(null)	30
5	7844	TURNER	SALESMAN	7698	81/09/08	1500	0	30
6	7900	JAMES	CLERK	7698	81/12/03	950	(null)	30

기존 테이블의 열 구조만 복사하여 새 테이블 생성하기

특정 테이블과 열 구성이 같되 저장 데이터가 없는 빈 테이블을 생성하려면 WHERE절 조건식의 결괏값이 언제나 false가 되도록 합니다. CREATE문에 서브쿼리를 사용하는 방식은 자주 쓰이며 여러 테이블을 조인한 SELECT문도 활용할 수 있습니다. 다음은 EMP 테이블과 DEPT 테이블을 조인한 결과로 테이블을 생성하는 CREATE문입니다.

```
01: CREATE TABLE EMPDEPT_DDL
02:    AS SELECT E.EMPNO, E.ENAME, E.JOB, E.MGR, E.HIREDATE,
03:              E.SAL, E.COMM, D.DEPTNO, D.DNAME, D.LOC
04:       FROM EMP E, DEPT D
05:         WHERE 1 <> 1;

06: SELECT * FROM EMPDEPT_DDL;
```

▼ 결과 화면

EMPNO	ENAME	JOB	MGR	HIREDATE	SAL	COMM	DEPTNO	DNAME	LOC

서브쿼리에서 지정한 열 구조이나 데이터는 저장하지 않습니다.

✱ 숫자 1과 숫자 1이 다른 값인가(1 <> 1)의 결괏값은 항상 false이므로 EMP 테이블과 DEPT 테이블을 조인한 모든 결과 행이 출력 대상에서 제외되어 CREATE문으로 만드는 테이블에도 행을 저장하지 않습니다.

✏ 1분 복습 │ 다음은 테이블 이름의 생성 규칙입니다. 내용이 참인지 거짓인지 판단해 보세요.

1. 테이블 이름은 문자 또는 숫자로 시작해야 한다.
2. 테이블 이름은 30바이트 이하여야 한다.
3. 다른 사용자 소유 테이블이라도 이름은 중복할 수 없다.
4. 테이블 이름에는 영문자(한글 가능), 숫자(0-9)와 특수 문자 $, #, _ 를 사용할 수 있다.
5. SQL 예약어는 테이블 이름으로 사용할 수 없다.

정답: 1. 거짓 2. 참 3. 거짓 4. 참 5. 참

12-3

테이블을 변경하는 ALTER

ALTER 명령어는 이미 생성된 오라클 데이터베이스 객체를 변경할 때 사용합니다. 테이블에 새 열을 추가 또는 삭제하거나 열의 자료형 또는 길이를 변경하는 등 테이블 구조 변경과 관련된 기능을 수행합니다. ALTER 명령어를 실습하기에 앞서 실습용 테이블 EMP_ALTER를 생성합시다.

📖 **실습 12-6** | EMP 테이블을 복사하여 EMP_ALTER 테이블 생성하기

```
01: CREATE TABLE EMP_ALTER
02:     AS SELECT * FROM EMP;

03: SELECT * FROM EMP_ALTER;
```

▼ 결과 화면

	EMPNO	ENAME	JOB	MGR	HIREDATE	SAL	COMM	DEPTNO
1	7369	SMITH	CLERK	7902	80/12/17	800	(null)	20
2	7499	ALLEN	SALESMAN	7698	81/02/20	1600	300	30
3	7521	WARD	SALESMAN	7698	81/02/22	1250	500	30
4	7566	JONES	MANAGER	7839	81/04/02	2975	(null)	20
5	7654	MARTIN	SALESMAN	7698	81/09/28	1250	1400	30
6	7698	BLAKE	MANAGER	7839	81/05/01	2850	(null)	30
7	7782	CLARK	MANAGER	7839	81/06/09	2450	(null)	10
8	7788	SCOTT	ANALYST	7566	87/04/19	3000	(null)	20
9	7839	KING	PRESIDENT	(null)	81/11/17	5000	(null)	10
10	7844	TURNER	SALESMAN	7698	81/09/08	1500	0	30
11	7876	ADAMS	CLERK	7788	87/05/23	1100	(null)	20
12	7900	JAMES	CLERK	7698	81/12/03	950	(null)	30
13	7902	FORD	ANALYST	7566	81/12/03	3000	(null)	20
14	7934	MILLER	CLERK	7782	82/01/23	1300	(null)	10

테이블에 열을 추가하는 ADD

ALTER TABLE 명령어와 ADD 키워드, 추가할 열 이름과 자료형을 지정하면 테이블에 새 열을 추가할 수 있습니다. 그러면 생성한 EMP_ALTER 테이블에 휴대전화 번호를 저장할 HP 열을 추가해 봅시다.

□ 실습 12-7 | ALTER 명령어로 HP 열 추가하기

```
01: ALTER TABLE EMP_ALTER
02:   ADD HP VARCHAR2(20);

03: SELECT * FROM EMP_ALTER;
```

▼ 결과 화면(일부 데이터만 표시)

	EMPNO	ENAME	JOB	MGR	HIREDATE	SAL	COMM	DEPTNO	HP
1	7369	SMITH	CLERK	7902	80/12/17	800	(null)	20	(null)
2	7499	ALLEN	SALESMAN	7698	81/02/20	1600	300	30	(null)
3	7521	WARD	SALESMAN	7698	81/02/22	1250	500	30	(null)
4	7566	JONES	MANAGER	7839	81/04/02	2975	(null)	20	(null)

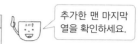

추가한 맨 마지막 열을 확인하세요.

열 이름을 변경하는 RENAME

ALTER 명령어에 RENAME 키워드를 사용하면 테이블의 열 이름을 변경할 수 있습니다. 새로 추가한 HP 열 이름을 TEL로 변경해 볼까요?

□ 실습 12-8 | ALTER 명령어로 HP 열 이름을 TEL로 변경하기

```
01: ALTER TABLE EMP_ALTER
02:   RENAME COLUMN HP TO TEL;

03: SELECT * FROM EMP_ALTER;
```

열 이름이 HP에서 TEL로 변경되었습니다.

▼ 결과 화면(일부 데이터만 표시)

	EMPNO	ENAME	JOB	MGR	HIREDATE	SAL	COMM	DEPTNO	TEL
1	7369	SMITH	CLERK	7902	80/12/17	800	(null)	20	(null)
2	7499	ALLEN	SALESMAN	7698	81/02/20	1600	300	30	(null)
3	7521	WARD	SALESMAN	7698	81/02/22	1250	500	30	(null)
4	7566	JONES	MANAGER	7839	81/04/02	2975	(null)	20	(null)

열의 자료형을 변경하는 MODIFY

EMPNO 열의 자료형은 NUMBER(4)입니다. 사원이 늘어나 4자리 이상의 사원 번호가 필요하다면 EMPNO 열의 자릿수를 늘려야 합니다. 특정 열의 자료형이나 길이를 변경할 때는 다음과 같이 MODIFY 키워드를 사용합니다.

✳ 4자리 숫자 데이터가 있는 EMPNO 열 길이를 3으로 줄일 수는 없습니다. ALTER 명령어로 열의 자료형과 길이를 변경할 때는 테이블에 저장한 데이터에 문제가 생기지 않아야 합니다. 즉 길이를 늘이는 것은 괜찮지만 길이를 줄이거나 기존 열의 자료형을 다른 자료형으로 변경하는 것은 저장된 데이터 상태에 따라 결정되는 것이죠.

□ 실습 12-9 | ALTER 명령어로 EMPNO 열 길이 변경하기

```
01: ALTER TABLE EMP_ALTER
02: MODIFY EMPNO NUMBER(5);

03: DESC EMP_ALTER;
```

▼ 결과 화면(변경 전)

```
Table EMP_ALTER이(가) 변경되었습니다.

이름         널? 유형
--------- -- ------------
EMPNO         NUMBER(4)
ENAME         VARCHAR2(10)
```

▼ 결과 화면(변경 후)

```
Table EMP_ALTER이(가) 변경되었습니다.

이름         널? 유형
--------- -- ------------
EMPNO         NUMBER(5)
ENAME         VARCHAR2(10)
```

특정 열을 삭제할 때 사용하는 DROP

테이블의 특정 열을 삭제할 때는 DROP 키워드를 사용합니다. 열을 삭제하면 해당 열의 데이터도 함께 삭제되므로 신중하게 사용해야 합니다. 그러면 생성하고 이름을 변경한 TEL 열을 삭제해 봅시다.

□ 실습 12-10 | ALTER 명령어로 TEL 열 삭제하기

```
01: ALTER TABLE EMP_ALTER
02: DROP COLUMN TEL;

03: SELECT * FROM EMP_ALTER;
```

맨 마지막 열이었던 TEL 열이 삭제되었습니다.

▼ 결과 화면(일부 데이터만 표시)

	EMPNO	ENAME	JOB	MGR	HIREDATE	SAL	COMM	DEPTNO
1	7369	SMITH	CLERK	7902	80/12/17	800	(null)	20
2	7499	ALLEN	SALESMAN	7698	81/02/20	1600	300	30
3	7521	WARD	SALESMAN	7698	81/02/22	1250	500	30
4	7566	JONES	MANAGER	7839	81/04/02	2975	(null)	20

1분 복습 | 다음 빈칸에 들어갈 키워드를 채워 보세요.

테이블을 생성할 때

1 ______ 테이블 이름(

  열1 이름 열1 자료형,

  열2 이름 열2 자료형,

  ...

  열n 이름 열n 자료형

);

테이블의 열 이름을 변경할 때

2 ______ 테이블 이름

  3 ______ 수정 전 열 이름 TO 수정 후 열 이름;

정답: 1. CREATE TABLE 2. ALTER TABLE 3. RENAME COLUMN

테이블 이름을 변경하는 RENAME

테이블 이름을 변경할 때는 RENAME 명령어를 사용합니다. 앞에서 생성한 EMP_ALTER 테이블 이름을 EMP_RENAME으로 변경해 봅니다.

📖 실습 12-11 | 테이블 이름 변경하기

```
01: RENAME EMP_ALTER TO EMP_RENAME;
```

▼ 결과 화면

```
테이블 이름이 변경되었습니다.
```

당연한 이야기이지만 이름을 변경한 후에는 기존 EMP_ALTER 이름은 사용할 수 없습니다.

📖 실습 12-12 | 바꾸기 전 이름으로 테이블 구성 살펴보기

```
01: DESC EMP_ALTER;
```

▼ 결과 화면

```
오류:
ORA-04043: EMP_ALTER 객체가 존재하지 않습니다.
```

📖 실습 12-13 | 변경된 테이블 이름(EMP_RENAME)으로 조회하기

```
01: SELECT *
01:   FROM EMP_RENAME;
```

▼ 결과 화면(일부 데이터만 표시)

	EMPNO	ENAME	JOB	MGR	HIREDATE	SAL	COMM	DEPTNO
1	7369	SMITH	CLERK	7902	80/12/17	800	(null)	20
2	7499	ALLEN	SALESMAN	7698	81/02/20	1600	300	30
3	7521	WARD	SALESMAN	7698	81/02/22	1250	500	30
4	7566	JONES	MANAGER	7839	81/04/02	2975	(null)	20

12-5

테이블의 데이터를 삭제하는 TRUNCATE

TRUNCATE 명령어는 특정 테이블의 모든 데이터를 삭제합니다. 데이터만 삭제하므로 테이블 구조에는 영향을 주지 않습니다. EMP_RENAME 테이블의 데이터를 TRUNCATE 명령어로 삭제해 봅시다.

🖥 **실습 12-14 | EMP_RENAME 테이블의 전체 데이터 삭제하기**

```
01: TRUNCATE TABLE EMP_RENAME;

02: SELECT * FROM EMP_RENAME;
```

▼ 결과 화면

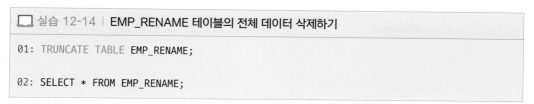

TRUNCATE 명령어를 사용할 때 유의점

테이블의 데이터 삭제는 데이터 조작어 중 WHERE절을 명시하지 않은 DELETE문의 수행으로도 가능합니다. 하지만 TRUNCATE는 데이터 정의어이므로 ROLLBACK이 되지 않는다는 점에서 DELETE문과 다릅니다. 즉 삭제했다면 더는 복구할 수 없습니다.

12-6

테이블을 삭제하는 DROP

DROP 명령어는 데이터베이스 객체를 삭제할 때 사용합니다. 테이블을 삭제하므로 저장된
데이터도 모두 삭제합니다. 그러면 다음 실습으로 EMP_RENAME 테이블을 삭제해 볼까요?

📖 실습 12-15 │ EMP_RENAME 테이블 삭제하기

```
01: DROP TABLE EMP_RENAME;
```

▼ 결과 화면

```
Table EMP_RENAME이(가) 삭제되었습니다.
```

테이블을 삭제했으므로 EMP_RENAME 테이블은 사용할 수 없습니다.

📖 실습 12-16 │ EMP_RENAME 테이블 구성 살펴보기

```
01: DESC EMP_RENAME;
```

▼ 결과 화면

```
오류:
ORA-04043: EMP_RENAME 객체가 존재하지 않습니다.
```

❈ DROP 명령어 역시 데이터 정의어이므로 ROLLBACK 명령어로 테이블 삭제 수행을 취소할 수 없습니다. 오라클 10g부터는 윈도우
의 휴지통 기능과 같은 FLASHBACK 기능을 사용하여 DROP 명령어로 삭제한 테이블을 복구할 수 있습니다. FLASHBACK은 매우 특
별한 상황에서만 사용하는 명령이므로 이 책에서는 다루지 않습니다. 하지만 상황에 따라 유용하게 사용할 수 있으므로 필요하다면 공식
문서 등을 참고하기 바랍니다.

• FLASHBACK 사용하기
https://docs.oracle.com/en/database/oracle/oracle-database/21/adfns/flashback.html

되새김 문제

이 장에서 배운 내용을 실습하며 정리하세요.

Q1. 열 구조가 다음과 같은 EMP_HW 테이블을 만들어 보세요.

열 이름	자료형	길이
EMPNO	정수형 숫자	4
ENAME	가변형 문자열	10
JOB	가변형 문자열	9
MGR	정수형 숫자	4
HIREDATE	날짜	-
SAL	소수 둘째 자리까지 표현되는 숫자	7
COMM	소수 둘째 자리까지 표현되는 숫자	7
DEPTNO	정수형 숫자	2

Q2. EMP_HW 테이블에 BIGO 열을 추가해 보세요. BIGO 열의 자료형은 가변형 문자열이고, 길이는 20입니다.

Q3. EMP_HW 테이블의 BIGO 열 크기를 30으로 변경해 보세요.

Q4. EMP_HW 테이블의 BIGO 열 이름을 REMARK로 변경해 보세요.

Q5. EMP_HW 테이블에 EMP 테이블의 데이터를 모두 저장해 보세요. 단 REMARK 열은 NULL 로 삽입합니다.

▼ 결과 화면

	EMPNO	ENAME	JOB	MGR	HIREDATE	SAL	COMM	DEPTNO	REMARK
1	7369	SMITH	CLERK	7902	80/12/17	800	(null)	20	(null)
2	7499	ALLEN	SALESMAN	7698	81/02/20	1600	300	30	(null)
3	7521	WARD	SALESMAN	7698	81/02/22	1250	500	30	(null)
4	7566	JONES	MANAGER	7839	81/04/02	2975	(null)	20	(null)
5	7654	MARTIN	SALESMAN	7698	81/09/28	1250	1400	30	(null)
6	7698	BLAKE	MANAGER	7839	81/05/01	2850	(null)	30	(null)
7	7782	CLARK	MANAGER	7839	81/06/09	2450	(null)	10	(null)
8	7788	SCOTT	ANALYST	7566	87/04/19	3000	(null)	20	(null)
9	7839	KING	PRESIDENT	(null)	81/11/17	5000	(null)	10	(null)
10	7844	TURNER	SALESMAN	7698	81/09/08	1500	0	30	(null)
11	7876	ADAMS	CLERK	7788	87/05/23	1100	(null)	20	(null)
12	7900	JAMES	CLERK	7698	81/12/03	950	(null)	30	(null)
13	7902	FORD	ANALYST	7566	81/12/03	3000	(null)	20	(null)
14	7934	MILLER	CLERK	7782	82/01/23	1300	(null)	10	(null)

Q6. 지금까지 사용한 EMP_HW 테이블을 삭제해 보세요.

정답 이지스퍼블리싱 홈페이지에서 확인하세요.

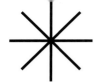

13장

객체 종류

오라클 데이터베이스는 데이터 보관과 관리에 필요한 다양한 기능과 저장 공간을 객체로 제
공합니다. 테이블은 SQL 구문과 더불어 오라클에서 가장 자주 사용하는 객체 중 하나입니
다. 이 장에서는 앞에서 다룬 테이블 외에 데이터 사전(data dictionary), 인덱스(index), 뷰
(view), 시퀀스(sequence), 동의어(synonym) 등 자주 사용하는 객체의 사용법을 간단히 소
개합니다.

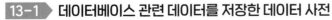

이 장에서 꼭 익혀야 할 것
- ☑ 접두어가 USER_, ALL_인 데이터 사전 뷰의 의미와 사용 방법
- ☐ 인덱스 의미와 생성 방법
- ☐ 뷰 생성 방법과 사용 이유
- ☐ 시퀀스 사용 방법

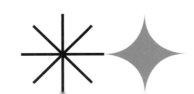

13-1

데이터베이스 관련 데이터를 저장한
데이터 사전

데이터 사전이란?

오라클 데이터베이스 테이블은 사용자 테이블(user table)과 데이터 사전(data dictionary)으로 나뉩니다. 사용자 테이블은 데이터베이스를 통해 관리할 데이터를 저장하는 테이블을 뜻합니다. 앞에서 여러 SQL 구문에서 활용한 EMP, DEPT, SALGRADE 테이블이 바로 사용자 테이블이죠. 데이터 사전은 데이터베이스를 구성하고 운영하는 데 필요한 모든 정보를 저장하는 특수한 테이블로, 데이터베이스가 생성되는 시점에 자동으로 만들어집니다.

❀ 사용자 테이블은 Normal Table, 데이터 사전은 Base Table이라고도 합니다.

데이터 사전에는 데이터베이스 메모리, 성능, 사용자, 권한, 객체 등 오라클 데이터베이스 운영에 중요한 데이터가 보관됩니다. 이 데이터에 문제가 발생한다면 오라클 데이터베이스를 사용하지 못할 수도 있습니다.

❀ 우리가 자주 사용하는 윈도우에 비유하자면 사용자 테이블은 윈도우에서 사용할 응용 프로그램, 즉 윈도우 동작 자체와는 무관한 프로그램이 저장된 Program Files 폴더에 해당하고 데이터 사전은 윈도우를 실행하는 파일로 이루어진 Windows 폴더인 것이죠.

따라서 오라클 데이터베이스는 사용자가 데이터 사전 정보에 직접 접근하거나 작업하는 것을 허용하지 않습니다. 그 대신 데이터 사전 뷰(data dictionary view)를 제공하여 SELECT문으로 정보를 열람할 수 있게 했습니다.

❀ 뷰(view)는 어떤 목적을 위해 테이블 일부 또는 전체 데이터 열람을 주목적으로 사용하는 객체를 뜻합니다.

데이터 사전 뷰는 용도에 따라 이름 앞에 다음과 같은 접두어를 지정하여 분류합니다.

접두어	설명
USER_XXXX	현재 데이터베이스에 접속한 사용자가 소유한 객체 정보입니다.
ALL_XXXX	현재 데이터베이스에 접속한 사용자가 소유한 객체 또는 다른 사용자가 소유한 객체 중 사용 허가를 받은 객체, 즉 사용할 수 있는 모든 객체 정보입니다.
DBA_XXXX	데이터베이스 관리를 위한 정보입니다(데이터베이스 관리 권한이 있는 SYSTEM, SYS 사용자만 열람 가능).
V$_XXXX	데이터베이스 성능 관련 정보입니다(X$_XXXX 테이블의 뷰).

사용할 수 있는 데이터 사전을 알고 싶다면 다음과 같이 DICTIONARY 또는 DICT를 조회합니다. 종류가 꽤 많으므로 자주 사용하는 몇 개 정도만 알아 두고 나머지는 필요할 때 찾아서 사용하면 됩니다.

📃 **실습 13-1** | SCOTT 계정에서 사용할 수 있는 데이터 사전 살펴보기(DICT 사용)

```
01: SELECT * FROM DICT;
```

📃 **실습 13-2** | SCOTT 계정에서 사용할 수 있는 데이터 사전 살펴보기(DICTIONARY 사용)

```
01: SELECT * FROM DICTIONARY;
```

▼ 결과 화면(데이터 사전 일부만 표시, 실습 13-1, 13-2의 실행 결과는 같음)

	TABLE_NAME	COMMENTS
1	USER_TABLES	Description of the user's own relational tables
2	USER_OBJECT_TABLES	Description of the user's own object tables
3	USER_ALL_TABLES	Description of all object and relational tables owned by ...
4	ALL_TABLES	Description of relational tables accessible to the user
5	ALL_OBJECT_TABLES	Description of all object tables accessible to the user
6	ALL_ALL_TABLES	Description of all object and relational tables accessibl...
7	USER_CATALOG	Tables, Views, Synonyms and Sequences owned by the user
8	ALL_CATALOG	All tables, views, synonyms, sequences accessible to the ...
9	USER_OBJECTS	Objects owned by the user
10	USER_OBJECTS_AE	Objects owned by the user
11	USER_EDITION_INHERITED_OBJECTS	Objects owned by the user
12	ALL_OBJECTS	Objects accessible to the user
13	ALL_OBJECTS_AE	Objects accessible to the user
14	ALL_EDITION_INHERITED_OBJECTS	Objects accessible to the user
15	USER_EDITIONING_VIEWS	Descriptions of the user's own Editioning Views

접두어가 USER_인 데이터 사전

접두어가 USER_인 데이터 사전에는 현재 오라클에 접속한 사용자가 소유한 객체 정보가 있습니다. 예를 들어 현재 오라클 데이터베이스에 접속한 SCOTT 계정이 가진 테이블 정보를 확인하려면 USER_TABLES를 조회합니다.

📃 **실습 13-3** | SCOTT 계정이 가진 객체 정보 살펴보기(USER_ 접두어 사용)

```
01: SELECT TABLE_NAME
02:    FROM USER_TABLES;
```

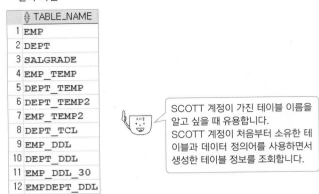

	TABLE_NAME
1	EMP
2	DEPT
3	SALGRADE
4	EMP_TEMP
5	DEPT_TEMP
6	DEPT_TEMP2
7	EMP_TEMP2
8	DEPT_TCL
9	EMP_DDL
10	DEPT_DDL
11	EMP_DDL_30
12	EMPDEPT_DDL

SCOTT 계정이 가진 테이블 이름을 알고 싶을 때 유용합니다.
SCOTT 계정이 처음부터 소유한 테이블과 데이터 정의어를 사용하면서 생성한 테이블 정보를 조회합니다.

접두어 뒤에 복수형 단어로 이름을 구성한다는 점을 눈여겨보세요. 앞으로 살펴볼 USER_, ALL_, DBA_ 접두어 다음에 객체가 오면 복수형을 사용합니다. 실습 13-3에서 확인할 수 있듯이 접두어 USER_ 다음은 TABLE이 아닌 TABLES입니다.

접두어가 ALL_인 데이터 사전

접두어가 ALL_인 데이터 사전은 오라클 데이터베이스에 접속한 사용자가 소유한 객체와 다른 사용자가 소유한 객체 중 사용을 허락받은 객체 정보를 저장합니다. 즉 SCOTT 계정으로 접속하여 ALL_TABLES를 조회하면 SCOTT 계정이 사용할 수 있는 테이블 정보를 모두 보여 줍니다. ALL_ 접두어의 데이터 사전 역시 뒤에 객체를 명시할 때 복수형을 사용합니다.

📖 실습 13-4 | SCOTT 계정이 가진 객체 정보 살펴보기(ALL_ 접두어 사용)

```
01: SELECT OWNER, TABLE_NAME
02:    FROM ALL_TABLES;
```

▼ 결과 화면(일부 데이터만 표시함)

	OWNER	TABLE_NAME
1	SYS	DUAL
2	SYS	SYSTEM_PRIVILEGE_MAP
3	SYS	TABLE_PRIVILEGE_MAP
4	SYS	USER_PRIVILEGE_MAP
5	SYS	STMT_AUDIT_OPTION_MAP
6	SYS	AV_DUAL
7	SYS	AUDIT_ACTIONS
8	SYS	ALL_UNIFIED_AUDIT_ACTIONS
9	SYS	WRR$_REPLAY_CALL_FILTER
10	SYS	SCHEDULER_FILEWATCHER_QT
11	XDB	XDB$IMPORT_TT_INFO
12	XDB	XDB$IMPORT_QN_INFO

ALL_ 접두어는 사용할 수 있는 모든 테이블을 출력합니다.

USER_TABLES와 달리 ALL_TABLES에는 OWNER 열이 하나 더 있습니다. 이 열은 테이블을 소유한 사용자를 나타냅니다. 앞 장에서 사용한 DUAL 테이블은 오라클 관리 계정 SYS 소유이고 SCOTT 계정은 이 테이블의 사용 허가를 받았습니다.

OWNER 열 이외의 열은 USER_TABLES, ALL_TABLES 모두 열 구조가 같습니다. 다음은 USER_TABLES와 ALL_TABLES의 열 일부입니다.

열 이름	자료형	NULL 여부	설명
OWNER	VARCHAR2(30)	NOT NULL	테이블을 소유한 사용자 (ALL_TABLES에만 있음)
TABLE_NAME	VARCHAR(30)	NOT NULL	테이블 이름
TABLESPACE_NAME	VARCHAR(30)		테이블 스페이스 이름
NUM_ROWS	NUMBER		테이블에 저장된 행 수

✷ 데이터 사전에 저장된 데이터베이스 관리와 관련된 정보 소개 또는 모든 열 정보가 필요하다면 오라클 공식 문서를 참고하세요.
• ALL_TABLES 데이터 사전
https://docs.oracle.com/en/database/oracle/oracle-database/21/refrn/ALL_TABLES.html

접두어가 DBA_인 데이터 사전

접두어가 DBA_인 데이터 사전은 데이터베이스 관리 권한을 가진 사용자만 조회할 수 있는 테이블로, SCOTT 계정으로는 조회할 수 없습니다.

> 🔲 실습 13-5 | SCOTT 계정으로 DBA_ 접두어 사용하기

```
01: SELECT * FROM DBA_TABLES;
```

▼ 결과 화면

```
ORA-00942: 테이블 또는 뷰가 존재하지 않습니다
00942, 00000 - "table or view does not exist"
*Cause:
*Action:
1행, 15열에서 오류 발생
```

알아 두면 좋아요! 데이터베이스에 있는데 왜 '존재하지 않습니다'라고 출력하나요?

실습 13-5의 결과 화면을 조금 더 자세히 살펴볼까요? DBA_TABLES는 분명 오라클 데이터베이스에 있지만 사용 권한이 없는 SCOTT 계정으로 조회하면 테이블이 없다는 오류 메시지가 나옵니다. 이는 권한이 없는 사용자는 해당 개체의 존재 여부조차 확인할 수 없다는 뜻입니다. '존재는 하지만 너에겐 권한이 없어'라는 식의 문구는 보안 문제를 일으킬 수 있습니다.

예를 들어 우리가 자주 사용하는 웹 서비스의 로그인을 생각해 봅시다. 어떤 사람이 악의적인 의도로 여러분이 사용하는 웹 서비스의 아이디를 알아냈다고 가정해 보죠. 그리고 그 웹 서비스에서 해당 아이디로 로그인을 시도했을 때 '비밀번호가 틀렸다'라는 메시지가 나오면 '해당 아이디의 존재'를 인정하는 것이 되므로 추가 위험을 초래할 수 있습니다. 따라서 아이디, 비밀번호 어느 쪽이 오류인지 알려 주지 않고 '아이디나 비밀번호가 틀렸다'라는 식으로 둘 중 하나가 틀린 것 같다고 오류 메시지를 제시할 때가 흔합니다. 즉 아이디가 있는지조차 알려 주지 않는 것이죠.

이와 마찬가지로 오라클 데이터베이스에서 어떤 사용자가 사용 권한이 없는 정보 열람을 시도한다면 오라클 데이터베이스는 해당 개체가 없다고 알려 줍니다.

데이터베이스 관리 권한이 있는 SYSTEM 계정(비밀번호 'oracle')으로 접속하면 DBA_TABLES를 조회할 수 있습니다.

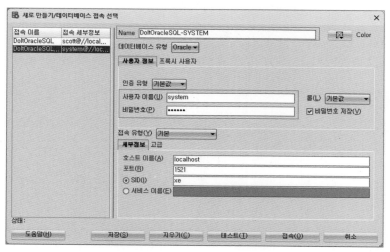

SYSTEM 계정 접속 추가하기

SQL Developer에서 SCOTT을 추가할 때와 마찬가지로 새로운 데이터베이스 접속을 생성해 SYSTEM 계정으로 접속한 후 다음 실습을 진행합니다.

□ 실습 13-6 | SYSTEM 계정으로 DBA_ 접두어 사용하기(SYSTEM 계정으로 접속했을 때)

```
01: SELECT * FROM DBA_TABLES;
```

▼ 결과 화면(일부 데이터와 열만 표시)

	OWNER	TABLE_NAME	TABLESPACE_NAME	CLUSTER_NAME	IOT_NAME	STATUS	PCT_FREE
1	SYS	ICOL$	SYSTEM	C_OBJ#	(null)	VALID	0
2	SYS	COL$	SYSTEM	C_OBJ#	(null)	VALID	0
3	SYS	IND$	SYSTEM	C_OBJ#	(null)	VALID	0
4	SYS	TAB$	SYSTEM	C_OBJ#	(null)	VALID	0
5	SYS	CLU$	SYSTEM	C_OBJ#	(null)	VALID	0
6	SYS	LOB$	SYSTEM	C_OBJ#	(null)	VALID	0
7	SYS	COLTYPE$	SYSTEM	C_OBJ#	(null)	VALID	0
8	SYS	SUBCOLTYPE$	SYSTEM	C_OBJ#	(null)	VALID	0
9	SYS	NTAB$	SYSTEM	C_OBJ#	(null)	VALID	0
10	SYS	REFCON$	SYSTEM	C_OBJ#	(null)	VALID	0
11	SYS	OPQTYPE$	SYSTEM	C_OBJ#	(null)	VALID	0
12	SYS	ICOLDEP$	SYSTEM	C_OBJ#	(null)	VALID	0
13	SYS	VIEWTRCOL$	SYSTEM	C_OBJ#	(null)	VALID	0
14	SYS	LIBRARY$	SYSTEM	C_OBJ#	(null)	VALID	0
15	SYS	ASSEMBLY$	SYSTEM	C_OBJ#	(null)	VALID	0

DBA_USERS로 사용자 정보 살펴보기

오라클 데이터베이스에 등록된 사용자 정보는 DBA_USERS에 있습니다. SCOTT 사용자 정보를 보려면 USERNAME 열을 WHERE 조건으로 지정하여 사용하면 됩니다.

□ 실습 13-7 | DBA_ USERS를 사용하여 사용자 정보 알아보기(SYSTEM 계정으로 접속했을 때)

```
01: SELECT *
02:   FROM DBA_USERS
03:  WHERE USERNAME = 'SCOTT';
```

▼ 결과 화면(일부 열만 표시)

	USERNAME	USER_ID	PASSWORD	ACCOUNT_STATUS	LOCK_DATE	EXPIRY_DATE	DEFAULT_TABLESPACE
1	SCOTT	112	(null)	OPEN	(null)	25/02/07	USERS

이처럼 접두어가 DBA_인 데이터 사전은 오라클 데이터베이스 운영과 관련한 여러 정보를 보관합니다. 데이터베이스 자체를 관리하는 목적 외에 오라클 데이터베이스를 사용하여 데이터를 보관하고 관리하는 업무를 진행할 때는 그리 자주 사용하지 않습니다.

❋ '데이터 사전 뷰'를 간단히 '데이터 사전'이라 부르기도 합니다.

✏️ **1분 복습** | 다음 빈칸을 채우며 복습해 보세요.

데이터 사전은 오라클 데이터베이스를 구성하고 운영하는 데이터를 저장하는 특수한 테이블로, 오라클 사용자가 직접 접근할 수 없습니다. 하지만 SELECT문으로 데이터를 열람할 수 있도록 ¹ 데　　　　　을/를 제공합니다.

대표적인 ¹ 데　　　　　중 현재 접속한 사용자가 소유하는 테이블 목록을 보려면 ² U　　　　　_ TABLES를 사용합니다. 또한 사용자가 소유한 테이블을 포함해 다른 사용자가 소유한 테이블 중 현재 사용자에게 사용을 허가한 테이블을 보려면 ³ A　　　　　_TABLES를 사용합니다.

정답: 1. 데이터 사전 (뷰) 2. USER 3. ALL

더 빠른 검색을 위한 인덱스

인덱스란?

책에서 특정 단어 또는 내용이 있는 페이지를 찾으려면 두 가지 방법을 생각할 수 있습니다. 처음부터 끝까지 읽어 보며 찾을 수도 있고, 차례나 색인으로 단어가 있는 페이지를 바로 찾을 수도 있습니다. 속도를 생각한다면 모든 페이지를 읽어서 찾는 것보다 차례나 색인을 활용하는 것이 빠릅니다. 그리고 책 내용이 많아질수록 속도 차이는 더욱 벌어집니다.

색인을 뜻하는 인덱스(index)는 책 내용을 찾는 것과 마찬가지로 오라클 데이터베이스에서 데이터 검색 성능 향상을 위해 테이블 열에 사용하는 객체를 뜻합니다. 테이블에 보관된 특정 행 데이터의 주소, 즉 위치 정보를 책 페이지처럼 목록으로 만든 것입니다. 테이블 열에는 여러 가지 분석 방법으로 인덱스를 설정할 수 있습니다.

데이터 검색 방식은 인덱스 사용 여부에 따라 테이블 풀 스캔(table full scan), 인덱스 스캔(index scan)으로 구분합니다. 테이블 데이터를 처음부터 끝까지 검색하여 데이터를 찾는 방식이 테이블 풀 스캔, 인덱스로 데이터를 찾는 방식이 인덱스 스캔입니다. 책에서 자신이 원하는 내용을 찾는 두 방법과 비슷합니다.

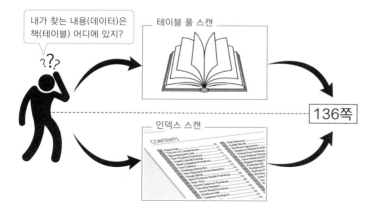

인덱스도 오라클 데이터베이스 객체이므로 소유자와 사용 권한이 있습니다. SCOTT 계정으로 접속하여 현재 SCOTT 소유의 인덱스 정보를 열람할 때 USER_INDEXES, USER_IND_COLUMNS와 같은 데이터 사전을 사용합니다. 실습 13-8과 실습 13-9의 결과를 살펴보니 EMP 테이블의 EMPNO 열, DEPT 테이블의 DEPTNO 열에 인덱스가 이미 생성되었습니다. TABLE_NAME 열에서 인덱스가 속한 테이블을 확인할 수 있고 COLUMN_NAME 열에서 인덱스를 지정한 열을 알 수 있습니다.

✷ 이번 예제부터는 다시 SCOTT 계정으로 실습을 진행합니다. 접속 세션과 계정을 확인하세요.

💻 실습 13-8 | SCOTT 계정이 소유한 인덱스 정보 알아보기(SCOTT 계정일 때)

```
01: SELECT *
02:   FROM USER_INDEXES;
```

▼ 결과 화면(일부 열만 표시)

	INDEX_NAME	INDEX_TYPE	TABLE_OWNER	TABLE_NAME	TABLE_TYPE	UNIQUENESS	COMPRESSION	PREFIX_LENGTH
1	PK_DEPT	NORMAL	SCOTT	DEPT	TABLE	UNIQUE	DISABLED	(null)
2	PK_EMP	NORMAL	SCOTT	EMP	TABLE	UNIQUE	DISABLED	(null)

💻 실습 13-9 | SCOTT 계정이 소유한 인덱스 칼럼 정보 알아보기(SCOTT 계정일 때)

```
01: SELECT *
02:   FROM USER_IND_COLUMNS;
```

▼ 결과 화면(일부 열만 표시)

	INDEX_NAME	TABLE_NAME	COLUMN_NAME	COLUMN_POSITION	COLUMN_LENGTH	CHAR_LENGTH	DESCEND
1	PK_DEPT	DEPT	DEPTNO	1	22	0	ASC
2	PK_EMP	EMP	EMPNO	1	22	0	ASC

인덱스는 사용자가 특정 테이블의 열에 직접 지정할 수도 있지만 열이 기본키(primary key) 또는 고유키(unique key)일 때는 자동으로 생성됩니다.

✷ 고유키는 열 데이터의 중복을 허용하지 않는 제약 조건(constraint)입니다. 이 내용은 14장에서 자세히 알아봅니다.

인덱스 생성

오라클 데이터베이스에서 자동으로 생성한 인덱스 외에 사용자가 직접 인덱스를 만들 때는 CREATE문을 사용합니다. CREATE문에는 인덱스를 생성할 테이블과 열을 지정하며 이때 하나 또는 여러 개의 열을 지정할 수 있습니다. 지정한 열별로 인덱스 정렬 순서(오름차순 또는 내림차순)를 정할 수도 있습니다.

CREATE INDEX 인덱스 이름
               ON 테이블 이름(열 이름1 ASC or DESC,
                          열 이름2 ASC or DESC,
                          ...   );

EMP 테이블의 SAL 열에 인덱스를 생성하려면 다음처럼 CREATE문을 실행합니다. 다음
CREATE문을 실행한 후 인덱스 생성을 확인하고자 USER_IND_COLUMNS 데이터 사전도
조회해 봅시다.

📋 실습 13-10 | EMP 테이블의 SAL 열에 인덱스 생성하기

```
01: CREATE INDEX IDX_EMP_SAL
02:     ON EMP(SAL);
```

▼ 결과 화면

```
Index IDX_EMP_SAL이(가) 생성되었습니다.
```

📋 실습 13-11 | 생성된 인덱스 살펴보기(USER_IND_COLUMNS 사용)

```
01: SELECT * FROM USER_IND_COLUMNS;
```

▼ 결과 화면

	INDEX_NAME	TABLE_NAME	COLUMN_NAME	COLUMN_POSITION	COLUMN_LENGTH	CHAR_LENGTH	DESCEND	COLL
1	IDX_EMP_SAL	EMP	SAL	1	22	0	ASC	
2	PK_DEPT	DEPT	DEPTNO	1	22	0	ASC	
3	PK_EMP	EMP	EMPNO	1	22	0	ASC	

실습 13-10의 결과로 IDX_EMP_SAL 인덱스가 생성되고 인덱스 정렬 옵션을 지정하지 않
았으므로 기본값은 오름차순(ASC)입니다. 인덱스가 걸린 SAL열을 WHERE절 검색 조건으
로 하여 EMP 테이블을 조회하면 출력 속도가 빨라질 것으로 예상할 수 있습니다. 하지만 인
덱스를 지정할 열을 선정할 때는 데이터 구조와 분포도 등 여러 조건을 고려해야 합니다. 인
덱스를 지정했다고 데이터 조회가 반드시 빨라진다고 보장하기는 어렵습니다.

다음은 이 책에서 다루지 않지만 목적에 따라 여러 방식으로 생성할 수 있는 인덱스의 종류입니다.

방식	설명
일반 인덱스(normal indexes)	오라클 데이터베이스의 기본 인덱스인 B-Tree 인덱스입니다.
비트맵 인덱스(bitmap indexes)	키(key)와 관련한 rowid를 비트맵으로 저장한 인덱스입니다.
분할 인덱스(partitioned indexes)	테이블 내 인덱스 처리된 열의 값 항목을 파티션으로 구성하는 인덱스입니다.
함수 기반 인덱스 (function-based indexes)	특정 표현식을 기반으로 반환된 값에 따라 구성하는 인덱스로, 오라클 기본 함수나 사용자 정의 함수를 사용할 수 있습니다.
도메인 인덱스(domain indexes)	인덱스 유형과 애플리케이션별로 구성되는 인덱스입니다.

✷ 오라클 인덱스의 사용법과 개념을 자세히 알고 싶다면 오라클 공식 문서와 인터넷 등을 참고하세요.
• 인덱스 생성
https://docs.oracle.com/en/database/oracle/oracle-database/21/sqlrf/CREATE-INDEX.html
• 오라클 인덱스의 개념
https://docs.oracle.com/en/database/oracle/oracle-database/21/cncpt/indexes-and-index-organized-tables.html

인덱스 삭제

인덱스 삭제는 DROP 명령어를 사용합니다.

> **기본 형식** DROP INDEX 인덱스 이름;

다음 실습은 EMP 테이블의 SAL 열에 생성한 IDX_EMP_SAL 인덱스를 삭제합니다.

📄 **실습 13-12 | 인덱스 삭제하기**

```
01: DROP INDEX IDX_EMP_SAL;
```

▼ 결과 화면

> Index IDX_EMP_SAL이(가) 삭제되었습니다.

📄 **실습 13-13 | 삭제한 인덱스 확인하기(USER_IND_COLUMNS 사용)**

```
01: SELECT * FROM USER_IND_COLUMNS;
```

▼ 결과 화면

	INDEX_NAME	TABLE_NAME	COLUMN_NAME	COLUMN_POSITION	COLUMN_LENGTH	CHAR_LENGTH	DESCEND
1	PK_DEPT	DEPT	DEPTNO	1	22	0	ASC
2	PK_EMP	EMP	EMPNO	1	22	0	ASC

지금까지 인덱스를 알아보았습니다. 인덱스는 데이터 접근과 검색 속도 향상을 위해 사용하는 객체이지만 인덱스 생성이 항상 좋은 결과로 이어지지는 않습니다. 정확한 데이터 분석에 기반을 두지 않은 무분별한 인덱스 생성은 오히려 성능을 떨어뜨리는 원인이 되기도 합니다. 인덱스는 데이터 종류, 분포도, 조회하는 SQL의 구성, 데이터 조작 관련 SQL 구문의 작업 빈도, 검색 결과가 전체 데이터에서 차지하는 비중 등 다양한 요소를 고려하여 생성합니다. 인덱스 사용이나 생성과 관련한 자세한 내용은 SQL 튜닝(tuning) 서적 또는 인터넷 문서를 참고하세요.

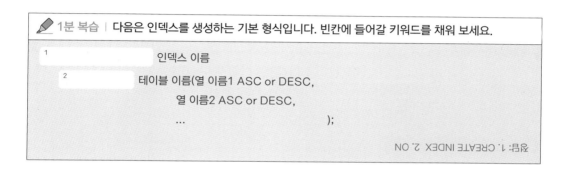

✏️ 1분 복습 | 다음은 인덱스를 생성하는 기본 형식입니다. 빈칸에 들어갈 키워드를 채워 보세요.

```
1 _____              인덱스 이름
    2 _____          테이블 이름(열 이름1 ASC or DESC,
                               열 이름2 ASC or DESC,
                               ...                           );
```

정답: 1. CREATE INDEX 2. ON

📝 알아 두면 좋아요! **오라클의 실행 계획**

앞서 살펴본 인덱스와 밀접한 관련이 있으며 데이터 관련 작업 효율에 큰 영향을 미치는 오라클의 실행 계획(execution plan)은 오라클 데이터베이스 안에서 SQL을 실행할 때 수행하는 작업 내용에 관한 일종의 계획서(plan)를 뜻합니다.

오라클의 실행 계획을 분석하면 SQL 성능 향상에 관한 실마리를 찾을 수 있으며, 비효율적인 SQL 구문을 찾을 수도 있습니다. 이처럼 같은 결과나 같은 작업 수행을 전제로 더 효율적인 SQL 구문으로 다시 작성하는 것을 'SQL 튜닝'이라고 하며, 이는 고급 SQL 기법에 해당합니다.

실행 계획을 분석하려면 실행 계획 자체를 이해하고 옵티마이저(optimizer), 추적(trace) 그리고 다양한 실행 계획 분석 방법을 알아야 합니다.

이 책에서는 실행 계획을 다루지 않지만, 데이터베이스를 활용하는 서비스나 애플리케이션의 규모가 커지면 SQL 구문의 효율성을 분석하고자 추가로 학습해야 할 수도 있습니다. 실행 계획과 인덱스 적용 여부는 데이터베이스와 SQL 구문 사용에 익숙해지고 실무에서 분석이 필요할 때 다음 내용과 인터넷 검색을 참고하여 결정하고 진행하세요.

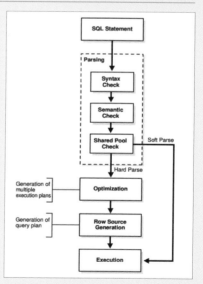

SQL 처리 과정
(그림 출처: 오라클 SQL 튜닝 가이드에서 발췌)

- 오라클 실행 계획 개념
https://docs.oracle.com/en/database/oracle/oracle-database/21/sqlrf/EXPLAIN-PLAN.html

- 오라클 실행 계획 활용
https://docs.oracle.com/en/database/oracle/oracle-database/21/tgsql/generating-and-displaying-execution-plans.html

- SQL 튜닝 공식 가이드
https://docs.oracle.com/en/database/oracle/oracle-database/21/tgsql/sql-tuning-guide.pdf

테이블처럼 사용하는 뷰

뷰란?

흔히 가상 테이블(virtual table)이라 부르는 뷰(view)는 하나 이상의 테이블을 조회하는 SELECT 문을 저장한 객체를 뜻합니다. SELECT문을 저장하므로 물리적 데이터를 따로 저장하지는 않습니다. 따라서 뷰를 SELECT문의 FROM절에 사용하면 특정 테이블을 조회하는 것과 같은 효과를 얻을 수 있습니다. 다음 SELECT문을 VW_EMP20이란 이름의 뷰로 생성한 예를 살펴봅시다.

```
SELECT EMPNO, ENAME, JOB, DEPTNO
  FROM EMP
 WHERE DEPTNO = 20;
```

이 SELECT문은 부서 번호가 20인 사원의 사원 번호, 사원 이름, 직책, 부서 번호를 출력합니다. 이 SELECT문을 저장한 VW_EMP20을 생성하면 다음과 같이 SELECT문으로 VW_EMP20 뷰를 테이블처럼 조회할 수 있습니다. 마치 서브쿼리를 사용한 것 같습니다.

뷰	서브쿼리

`SELECT *`
`  FROM VW_EMP20;`
	`SELECT *`
	`  FROM (SELECT EMPNO, ENAME, JOB, DEPTNO`
	`          FROM EMP`
	`         WHERE DEPTNO = 20);`

뷰의 사용 목적 — 편리성

뷰와 서브쿼리를 비교한 후 '그러면 뷰를 굳이 쓸 필요가 없지 않나?'라는 생각이 들 수도 있습니다. 하지만 뷰는 크게 다음 두 가지 목적으로 주로 사용합니다.

1. 편리성: SELECT문의 복잡도를 완화하고 싶을 때
2. 보안성: 테이블의 특정 열을 노출하고 싶지 않을 때

실무에서 사용하는 SELECT문은 이 책의 예제와 같이 짧게 몇 줄로 이루어진 것도 있지만 길게는 A4 용지 몇 장을 꽉 채울 정도의 분량으로 이루어진 경우도 어렵지 않게 찾아볼 수 있습니다. 이렇듯 많은 양의 SELECT문 결괏값을 다시 조인하고 서브쿼리로 WHERE 조건 식에도 사용한다면 전체 SELECT문은 훨씬 더 커질 것입니다.

또한 이후 수정이 필요하거나 다른 개발자가 코드를 처음부터 파악해야 할 때 적잖은 시간과 노력이 든다는 점도 생각해야 합니다. 이럴 때 여러 SQL 구문에서 자주 활용하는 SELECT문을 뷰로 저장하고 다른 SQL 구문에서 활용하면 전체 SQL 구문의 복잡도를 완화하고 본래 목적의 메인쿼리에 집중할 수 있으므로 편리합니다.

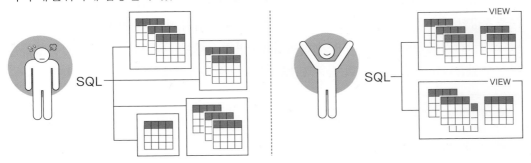

뷰의 사용 목적 — 보안성

뷰를 사용하는 또 다른 중요한 이유는 데이터 보안과 관련이 있습니다. VW_EMP20 뷰가 저장한 SELECT문은 20번 부서 사원의 사원 번호, 이름, 직책, 부서 번호를 출력합니다. SCOTT 계정이 소유한 EMP 테이블의 데이터를 다른 사용자가 조회하는 일이 생겼을 때를 생각해 보죠.

이 다른 사용자는 EMP 테이블의 사원 번호, 이름, 직책, 부서 번호 데이터만 열람할 수 있으면 원하는 작업을 할 수 있다고 가정합니다. EMP 테이블에는 급여(SAL)나 추가 수당 (COMM)과 같이 노출해서는 안 되는 데이터가 있습니다. 때로는 주민등록번호처럼 담당자 이외에 알아서는 안 되는 중요한 개인 정보 데이터가 있기도 합니다. 이럴 때 해당 사용자에게 특정 테이블의 전체 조회 권한을 부여하면 데이터 보안을 해칠 수 있으므로 주의해야 합니다. 테이블의 일부 데이터 또는 조인이나 여러 함수 등으로 가공한 데이터만 SELECT하는 뷰 열람 권한을 제공하는 것이 불필요한 데이터 노출을 막는 더 안전한 방법입니다.

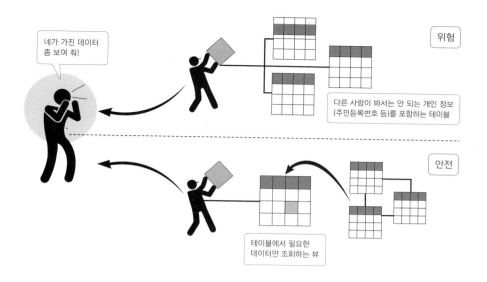

뷰 생성

뷰는 CREATE문으로 생성합니다. 현재 SCOTT 계정에는 뷰 생성 권한이 없으므로 SYSTEM 계정으로 접속하고 나서 다음 명령어로 SCOTT 계정에 권한을 부여해야 합니다.

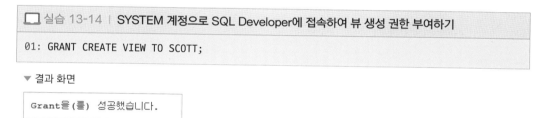

> 📖 실습 13-14 │ SYSTEM 계정으로 SQL Developer에 접속하여 뷰 생성 권한 부여하기

```
01: GRANT CREATE VIEW TO SCOTT;
```

▼ 결과 화면

> Grant을(를) 성공했습니다.

권한을 부여했다면 SQL Developer에서 SCOTT 계정으로 돌아와 뷰를 생성해 봅니다. 다음은 CREATE문의 기본 형식입니다.

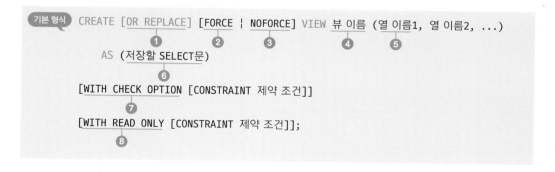

요소	설명
❶ OR REPLACE	이름이 같은 뷰가 이미 있다면 현재 생성할 뷰로 대체하여 생성합니다(선택).
❷ FORCE	뷰가 저장할 SELECT문 기반 테이블이 없어도 강제로 생성합니다(선택).
❸ NOFORCE	뷰가 저장할 SELECT문 기반 테이블이 있을 때만 생성합니다(기본값)(선택).
❹ 뷰 이름	생성할 뷰 이름을 지정합니다(필수).
❺ 열 이름	SELECT문에 지정한 이름 대신 사용할 열 이름을 지정합니다(선택).
❻ 저장할 SELECT문	생성할 뷰에 저장할 SELECT문을 지정합니다(필수).
❼ WITH CHECK OPTION	지정한 제약 조건을 만족하는 데이터에 한해 DML 작업을 할 수 있는 뷰를 생성합니다(선택).
❽ WITH READ ONLY	뷰의 열람, 즉 SELECT만 할 수 있는 뷰를 생성합니다(선택).

앞에서 뷰를 설명하면서 예로 든 VW_EMP20 뷰를 다음과 같이 만들어 보죠.

💻 실습 13-15 | 뷰 생성하기

```
01: CREATE VIEW VW_EMP20
02:     AS (SELECT EMPNO, ENAME, JOB, DEPTNO
03:          FROM EMP
04:          WHERE DEPTNO = 20);
```

▼ 결과 화면

```
View VW_EMP20이(가) 생성되었습니다.
```

VW_EMP20 뷰가 잘 생성되었는지 알아보려면 USER_VIEWS 데이터 사전을 조회하면 됩니다.

💻 실습 13-16 | 생성한 뷰 확인하기

```
01: SELECT *
02:   FROM USER_VIEWS;
```

▼ 결과 화면

	⊕ VIEW_NAME	⊕ TEXT_LENGTH	TEXT
1	VW_EMP20	80	(SELECT EMPNO, ENAME, JOB, DEPTNO

이렇게 생성한 뷰는 앞에서 언급한 대로 SELECT문의 FROM절에서 테이블처럼 지정하여 사용할 수 있습니다. VW_EMP20 뷰는 EMP 테이블 하나만 조회하는 SELECT문을 저장하지만 여러 테이블을 조인하거나 서브쿼리를 사용한 복잡한 SELECT문도 뷰에 저장할 수 있다는 점을 기억하세요.

📋 실습 13-17 | 생성한 뷰 조회하기

```
01: SELECT *
02:   FROM VW_EMP20;
```

▼ 결과 화면

	EMPNO	ENAME	JOB	DEPTNO
1	7369	SMITH	CLERK	20
2	7566	JONES	MANAGER	20
3	7788	SCOTT	ANALYST	20
4	7876	ADAMS	CLERK	20
5	7902	FORD	ANALYST	20

✏️ 1분 복습 | 부서 번호가 30인 사원 정보의 모든 열을 출력하는 VM_EMP30ALL 뷰를 작성하는 다음 SQL 구문의 빈칸을 채워 보세요.

```
1 _____    VW_EMP30ALL
  AS (SELECT *
        FROM EMP
       WHERE 2 _____   );
```

정답: 1. CREATE VIEW 2. DEPTNO = 30

뷰 삭제

뷰를 삭제할 때는 DROP문을 사용합니다. 앞서 생성한 VW_EMP20 뷰를 삭제해 볼까요?

📋 실습 13-18 | 뷰 삭제하기

```
01: DROP VIEW VW_EMP20;
```

▼ 결과 화면

```
View VW_EMP20이(가)  삭제되었습니다.
```

VW_EMP20 뷰를 삭제한 후 USER_VIEWS 데이터 사전을 조회해 보면 뷰가 삭제되었음을 알 수 있습니다. 뷰는 실제 데이터가 아닌 SELECT문만 저장하므로 뷰를 삭제해도 테이블이나 데이터를 삭제하지는 않습니다.

💻 **실습 13-19 | USER_VIEWS 데이터 사전 조회하기**

```
01: SELECT *
02:   FROM USER_VIEWS;
```

▼ 결과 화면

⇕ VIEW_N...	⇕ TEXT_L...	TEXT	⇕ TEXT_VC	⇕ TYPE_T...	⇕ TYPE_T...	⇕ OID_TE...	⇕ OID_TEXT	⇕ VIEW_T...	⇕ VIEW_T...

📝 **알아 두면 좋아요! 뷰와 데이터 조작어**

뷰는 SELECT문만 저장하는 객체이므로 데이터 삽입·수정·삭제 등 데이터 조작어를 사용할 수 없을 것으로 생각할 수 있지만, 의외로 뷰에도 데이터 조작어를 직접 사용할 수 있습니다. 하지만 뷰로 테이블 데이터를 조작하려면 여러 가지 조건을 만족해야 하고 테이블을 설계할 때 빠진 내용이 있으면 뷰를 통한 데이터 조작으로 적합하지 않은 데이터가 생길 수도 있어 자주 사용하는 편은 아닙니다.
이는 뷰의 주목적이 물리적 데이터를 저장하지 않고 SELECT문만 저장하여 테이블 데이터를 열람하는 것이기 때문입니다. 이 책에서 다루지는 않지만 데이터를 따로 저장하는 것을 허용하는 구체화 뷰(materialized view)도 있습니다.

인라인 뷰를 사용한 TOP-N SQL 구문

CREATE문으로 객체로 만든 뷰 외에 SQL 구문에서 일회성으로 만들어서 사용하는 뷰를 인라인 뷰(inline view)라고 합니다. SELECT문에서 사용하는 서브쿼리, WITH절에서 미리 이름을 정의해 두고 사용하는 SELECT문 등이 이에 해당합니다.

❋ 인라인 뷰를 사용한 서브쿼리와 WITH절은 09장에서 다루었습니다.

이 인라인 뷰와 ROWNUM을 사용하면 ORDER BY절로 정렬한 결과 중 최상위 몇 개 데이터만 출력할 수 있습니다. ROWNUM을 알아보고자 다음 SELECT문을 실행하여 결과를 확인해 보세요.

💻 **실습 13-20 | ROWNUM을 추가로 조회하기**

```
01: SELECT ROWNUM, E.*
02:   FROM EMP E;
```

결과 화면을 살펴보면 EMP 테이블에 없지만 ROWNUM 열 데이터를 숫자로 출력함을 확인할 수 있습니다.

▼ 결과 화면

	ROWNUM	EMPNO	ENAME	JOB	MGR	HIREDATE	SAL	COMM	DEPTNO
1	1	7369	SMITH	CLERK	7902	80/12/17	800	(null)	20
2	2	7499	ALLEN	SALESMAN	7698	81/02/20	1600	300	30
3	3	7521	WARD	SALESMAN	7698	81/02/22	1250	500	30
4	4	7566	JONES	MANAGER	7839	81/04/02	2975	(null)	20
5	5	7654	MARTIN	SALESMAN	7698	81/09/28	1250	1400	30
6	6	7698	BLAKE	MANAGER	7839	81/05/01	2850	(null)	30
7	7	7782	CLARK	MANAGER	7839	81/06/09	2450	(null)	10
8	8	7788	SCOTT	ANALYST	7566	87/04/19	3000	(null)	20
9	9	7839	KING	PRESIDENT	(null)	81/11/17	5000	(null)	10
10	10	7844	TURNER	SALESMAN	7698	81/09/08	1500	0	30
11	11	7876	ADAMS	CLERK	7788	87/05/23	1100	(null)	20
12	12	7900	JAMES	CLERK	7698	81/12/03	950	(null)	30
13	13	7902	FORD	ANALYST	7566	81/12/03	3000	(null)	20
14	14	7934	MILLER	CLERK	7782	82/01/23	1300	(null)	10

ROWNUM은 의사 열(pseudo column)이라고 하는 특수 열입니다. 의사 열은 실제 테이블에는 없지만 특정 목적을 위해 테이블에 저장한 열처럼 사용할 수 있는 열을 뜻합니다.

❀ ROWNUM 외에 인덱스와 밀접하게 관련된 ROWID도 대표적인 의사 열입니다. ROWNUM과 ROWID를 자세히 알고 싶다면 다음 오라클 공식 문서를 참고하세요.
• ROWNUM
https://docs.oracle.com/en/database/oracle/oracle-database/21/sqlrf/ROWNUM-Pseudocolumn.html
• ROWID
https://docs.oracle.com/en/database/oracle/oracle-database/21/sqlrf/ROWID-Pseudocolumn.html

ROWNUM 열 데이터 번호는 테이블에 저장된 행을 조회한 순서대로 매긴 일련번호입니다. ORDER BY절을 사용하여 급여 내림차순으로 EMP 테이블을 다시 조회해봅니다.

🖥 실습 13-21 | EMP 테이블을 SAL 열 기준으로 정렬하기

```
01: SELECT ROWNUM, E.*
02:   FROM EMP E
03: ORDER BY SAL DESC;
```

실습 13-21의 결과 화면에서 데이터를 급여 기준으로 정렬(내림차순)했지만 ROWNUM은 앞에서 사용한 SELECT문의 행 번호와 같은 번호로 매겨진다는 점을 눈여겨봅시다. ROWNUM은 데이터를 추가할 때마다 매기는 번호이므로 ORDER BY절로 정렬해도 유지되는 특성이 있습니다.

▼ 결과 화면

	ROWNUM	EMPNO	ENAME	JOB	MGR	HIREDATE	SAL	COMM	DEPTNO
1	9	7839	KING	PRESIDENT	(null)	81/11/17	5000	(null)	10
2	13	7902	FORD	ANALYST	7566	81/12/03	3000	(null)	20
3	8	7788	SCOTT	ANALYST	7566	87/04/19	3000	(null)	20
4	4	7566	JONES	MANAGER	7839	81/04/02	2975	(null)	20
5	6	7698	BLAKE	MANAGER	7839	81/05/01	2850	(null)	30
6	7	7782	CLARK	MANAGER	7839	81/06/09	2450	(null)	10
7	2	7499	ALLEN	SALESMAN	7698	81/02/20	1600	300	30
8	10	7844	TURNER	SALESMAN	7698	81/09/08	1500	0	30
9	14	7934	MILLER	CLERK	7782	82/01/23	1300	(null)	10
10	3	7521	WARD	SALESMAN	7698	81/02/22	1250	500	30
11	5	7654	MARTIN	SALESMAN	7698	81/09/28	1250	1400	30
12	11	7876	ADAMS	CLERK	7788	87/05/23	1100	(null)	20
13	12	7900	JAMES	CLERK	7698	81/12/03	950	(null)	30
14	1	7369	SMITH	CLERK	7902	80/12/17	800	(null)	20

이 특성을 인라인 뷰에서 적용하면 정렬된 SELECT문의 결과에 순번을 매겨서 출력할 수 있습니다. 서브쿼리를 인라인 뷰로 사용한 SELECT문과 WITH절 인라인 뷰를 사용한 SELECT문 결과는 같습니다.

🖵 **실습 13-22 | 인라인 뷰(서브쿼리 사용)**

```
01: SELECT ROWNUM, E.*
02:   FROM (SELECT *
03:           FROM EMP E
04:         ORDER BY SAL DESC) E;
```

🖵 **실습 13-23 | 인라인 뷰(WITH절 사용)**

```
01: WITH E AS (SELECT * FROM EMP ORDER BY SAL DESC)
02: SELECT ROWNUM, E.*
03:   FROM E;
```

다음 결과에서 ORDER BY절로 정렬(SAL 열 내림차순)한 SELECT문 데이터가 메인쿼리의 SELECT문에서 정렬한 순서대로 한 행씩 ROWNUM을 매긴 것을 확인할 수 있습니다.

▼ 결과 화면(실습 13-22, 13-23의 실행 결과가 같음)

	ROWNUM	EMPNO	ENAME	JOB	MGR	HIREDATE	SAL	COMM	DEPTNO
1	1	7369	SMITH	CLERK	7902	80/12/17	800	(null)	20
2	2	7499	ALLEN	SALESMAN	7698	81/02/20	1600	300	30
3	3	7521	WARD	SALESMAN	7698	81/02/22	1250	500	30
4	4	7566	JONES	MANAGER	7839	81/04/02	2975	(null)	20
5	5	7654	MARTIN	SALESMAN	7698	81/09/28	1250	1400	30
6	6	7698	BLAKE	MANAGER	7839	81/05/01	2850	(null)	30
7	7	7782	CLARK	MANAGER	7839	81/06/09	2450	(null)	10
8	8	7788	SCOTT	ANALYST	7566	87/04/19	3000	(null)	20
9	9	7839	KING	PRESIDENT	(null)	81/11/17	5000	(null)	10
10	10	7844	TURNER	SALESMAN	7698	81/09/08	1500	0	30
11	11	7876	ADAMS	CLERK	7788	87/05/23	1100	(null)	20
12	12	7900	JAMES	CLERK	7698	81/12/03	950	(null)	30
13	13	7902	FORD	ANALYST	7566	81/12/03	3000	(null)	20
14	14	7934	MILLER	CLERK	7782	82/01/23	1300	(null)	10

마지막으로 급여가 많은 순으로 3명의 데이터만 출력하려면 ROWNUM을 WHERE절 조건으로 지정하면 됩니다. 인라인 뷰를 사용한 TOP-N 추출은 자주 사용하니 꼭 기억해 두세요.

💻 실습 13-24 | 인라인 뷰로 TOP-N 추출하기(서브쿼리 사용)

```
01: SELECT ROWNUM, E.*
02:   FROM (SELECT *
03:           FROM EMP E
04:         ORDER BY SAL DESC) E
05:  WHERE ROWNUM <= 3;
```

💻 실습 13-25 | 인라인 뷰로 TOP-N 추출하기(WITH절 사용)

```
01: WITH E AS (SELECT * FROM EMP ORDER BY SAL DESC)
02: SELECT ROWNUM, E.*
03:   FROM E
04:  WHERE ROWNUM <= 3;
```

▼ 결과 화면(실습 13-24, 13-25의 실행 결과가 같음)

	ROWNUM	EMPNO	ENAME	JOB	MGR	HIREDATE	SAL	COMM	DEPTNO
1	1	7839	KING	PRESIDENT	(null)	81/11/17	5000	(null)	10
2	2	7788	SCOTT	ANALYST	7566	87/04/19	3000	(null)	20
3	3	7902	FORD	ANALYST	7566	81/12/03	3000	(null)	20

TOP-N SQL 구문은 오라클 버전에 따라 사용하는 방식이 다릅니다. 앞서 인라인 뷰로 살펴본 TOP-N 방식은 이전과 최신 버전 모두에서 사용할 수 있지만, 버전에 따라서는 OFFSET절과 FETCH절을 활용할 수도 있습니다.

```
SELECT *
  FROM EMP
ORDER BY SAL DESC
FETCH NEXT 3 ROWS ONLY;
```

오라클 버전별로 사용하는 기능이 다를 수 있으므로 사용하는 버전과 공식 문서를 참고해 올바르게 사용합시다.

• OFFSET절, FETCH절
https://docs.oracle.com/en/cloud/saas/taleo-enterprise/24b/otbou/c-limitingandoffsettingrowsreturned.html
❄ Oracle 23ai부터는 MySQL과 비슷한 LIMIT절도 사용할 수 있습니다.

13-4
규칙에 따라 순번을 생성하는 시퀀스

시퀀스란?

시퀀스(sequence)는 오라클 데이터베이스에서 특정 규칙에 따른 연
속 숫자를 생성하는 객체입니다. 은행이나 병원의 대기 순번표와 마
찬가지로 사용자에게 계속 다음 번호를 만들어 주는 역할을 합니다.

단지 연속하는 새로운 번호를 만드는 일이라면 다음과 같이 MAX
함수에 1을 더한 값을 사용해도 상관없을 것입니다. 이 방식은 실제
로 연속하는 숫자로 이루어진 웹 서비스의 새로운 게시판 번호나 상
품 주문 번호 등을 생성할 때 종종 사용합니다.

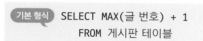

```
기본 형식   SELECT MAX(글 번호) + 1
           FROM 게시판 테이블
```

하지만 이 방식은 테이블 데이터가 많아질수록 가장 큰 데이터를 찾고 새로운 번호를 계산하
는 시간이 함께 늘어나므로 아쉬운 부분이 있습니다. 또한 동시에 여러 곳에서 새로운 번호를
요구한다면 SELECT문의 결괏값이 같게 나와 번호가 중복될 수도 있습니다.
이와 달리 시퀀스는 단순히 번호 생성을 위한 객체이지만 지속적이고 효율적으로 번호를 생
성할 수 있으므로 여러모로 자주 사용하는 객체입니다.

뷰와 마찬가지로 현재 SCOTT 계정은 시퀀스 생성 권한이 없으므로 SYSTEM 계정으로 접
속하고 나서 다음 명령어로 SCOTT 계정에 권한을 부여합니다.

📋 실습 13-26 | SYSTEM 계정으로 SOCTT 계정에 시퀀스 생성 권한 부여하기

```
01: GRANT CREATE SEQUENCE TO SCOTT;
```

▼ 결과 화면

```
Grant을(를) 성공했습니다.
```

시퀀스 생성

SYSTEM 계정으로 SCOTT 계정에 시퀀스 생성 권한을 부여했다면 시퀀스를 생성해 봅시다. 시퀀스 역시 CREATE문으로 생성하며 다음처럼 다양한 옵션을 지정할 수 있습니다.

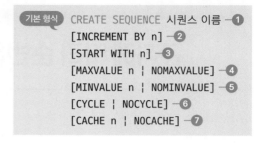

기본 형식
```
CREATE SEQUENCE 시퀀스 이름 —①
    [INCREMENT BY n] —②
    [START WITH n] —③
    [MAXVALUE n ¦ NOMAXVALUE] —④
    [MINVALUE n ¦ NOMINVALUE] —⑤
    [CYCLE ¦ NOCYCLE] —⑥
    [CACHE n ¦ NOCACHE] —⑦
```

번호	설명
①	생성할 시퀀스 이름을 지정합니다. 아래 절(② ~ ⑦)을 지정하지 않으면 1부터 시작하여 1만큼 계속 증가하는 시퀀스를 생성합니다(필수).
②	시퀀스에서 생성할 번호의 증갓값입니다(기본값은 1)(선택).
③	시퀀스에서 생성할 번호의 시작값입니다(기본값은 1)(선택).
④	시퀀스에서 생성할 번호의 최댓값 지정, 최댓값은 시작값(START WITH) 이상, 최솟값(MINVALUE) 초깃값으로 지정합니다. NOMAXVALUE로 지정했을 때 오름차순이면 10^{27}, 내림차순이면 -1로 설정합니다(선택).
⑤	시퀀스에서 생성할 번호의 최솟값 지정, 최솟값은 시작값(START WITH) 이하, 최댓값(MAXVALUE) 미만 값으로 지정합니다. NOMINVALUE로 지정했을 때 오름차순이면 1, 내림차순이면 -10^{26}으로 설정합니다(선택).
⑥	시퀀스에서 생성한 번호가 최댓값(MAXVALUE)에 도달했을 때 CYCLE이면 시작값(START WITH)에서 다시 시작, NOCYCLE이면 번호 생성을 중단하고 추가 번호 생성을 요청하면 오류가 발생합니다(선택).
⑦	시퀀스가 생성할 번호를 메모리에 미리 할당해 놓을 개수를 지정, NOCACHE는 미리 생성하지 않도록 설정합니다. 옵션을 모두 생략하면 기본값은 20입니다(선택).

시퀀스를 사용해 보고자 DEPT 테이블과 열 구성은 같고 데이터는 없는 DEPT_SEQUENCE 테이블을 생성합니다.

🖵 실습 13-27 │ DEPT 테이블을 사용하여 DEPT_SEQUENCE 테이블 생성하기

```
01: CREATE TABLE DEPT_SEQUENCE
02:    AS SELECT *
03:        FROM DEPT
04:        WHERE 1 <> 1;

05: SELECT * FROM DEPT_SEQUENCE;
```

▼ 결과 화면

⊕ DEPTNO	⊕ DNAME	⊕ LOC

기존 DEPT 테이블에서 부서 번호(DEPTNO)는 10부터 시작해서 10씩 증가했습니다. 이처럼 번호가 매겨질 수 있도록 오른쪽과 같이 시퀀스를 생성해 봅시다. 시퀀스 생성을 확인하려면 다음과 같이 USER_SEQUENCES 데이터 사전을 조회합니다.

📖 실습 13-28 | 시퀀스 생성하기

```
01: CREATE SEQUENCE SEQ_DEPT_SEQUENCE
02:   INCREMENT BY 10
03:   START WITH 10
04:   MAXVALUE 90
05:   MINVALUE 0
06:   NOCYCLE
07:   CACHE 2;
```

▼ 결과 화면

Sequence SEQ_DEPT_SEQUENCE이(가) 변경되었습니다.

📖 실습 13-29 | 생성한 시퀀스 확인하기

```
01: SELECT *
02:   FROM USER_SEQUENCES;
```

▼ 결과 화면

	SEQUENCE_NAME	MIN_VALUE	MAX_VALUE	INCREMENT_BY	CYCLE_FLAG	ORDER_FLAG	CACHE_SIZE
1	SEQ_DEPT_SEQUENCE	0	90	10	N	N	2

시퀀스 사용

생성된 시퀀스를 사용할 때는 [시퀀스 이름.CURRVAL]과 [시퀀스 이름.NEXTVAL]을 사용합니다. CURRVAL은 시퀀스에서 마지막으로 생성한 번호를 반환하며 NEXTVAL은 다음 번호를 생성합니다. 그리고 CURRVAL은 시퀀스를 생성하고 바로 사용하면 번호가 만들어진 적이 없으므로 오류가 납니다.

먼저 SEQ_DEPT_SEQUENCE 시퀀스를 사용하여 DEPT_SEQUENCE 테이블에 새로운 부서를 추가하려면 다음과 같이 INSERT문에 NEXTVAL을 사용합니다. 시작값(START WITH)이 10이므로 부서 번호가 10으로 삽입되었음을 알 수 있습니다.

📖 실습 13-30 | 시퀀스에서 생성한 순번을 사용한 INSERT문 실행하기

```
01: INSERT INTO DEPT_SEQUENCE (DEPTNO, DNAME, LOC)
02: VALUES (SEQ_DEPT_SEQUENCE.NEXTVAL, 'DATABASE', 'SEOUL');

03: SELECT * FROM DEPT_SEQUENCE ORDER BY DEPTNO;
```

▼ 결과 화면

	DEPTNO	DNAME	LOC
1	10	DATABASE	SEOUL

CURRVAL을 사용하면 가장 마지막으로 생성된 순번, 즉 10이 반환되는 것도 확인해 보세요.

🖥 실습 13-31 | 가장 마지막으로 생성된 시퀀스 확인하기

```
01: SELECT SEQ_DEPT_SEQUENCE.CURRVAL
02:   FROM DUAL;
```

▼ 결과 화면

	⬧ CURRVAL
1	10

실습 13-30의 INSERT문을 시퀀스의 NEXTVAL을 사용하여 부서 번호가 90번에 이를 때까지 실행해 보죠(실습 13-30의 INSERT문을 9번 실행하기). 그 후 다시 실행하면 최댓값(MAXVALUE)에 이르렀고 NOCYCLE 옵션으로 순환되지 않도록 설정하였으므로 오류가 납니다.

🖥 실습 13-32 | 시퀀스에서 생성한 순번을 반복 사용하여 INSERT문 실행하기

```
01: INSERT INTO DEPT_SEQUENCE (DEPTNO, DNAME, LOC)
02: VALUES (SEQ_DEPT_SEQUENCE.NEXTVAL, 'DATABASE', 'SEOUL');

03: SELECT * FROM DEPT_SEQUENCE ORDER BY DEPTNO;
```

▼ 결과 화면

	⬧ DEPTNO	⬧ DNAME	⬧ LOC
1	10	DATABASE	SEOUL
2	20	DATABASE	SEOUL
3	30	DATABASE	SEOUL
4	40	DATABASE	SEOUL
5	50	DATABASE	SEOUL
6	60	DATABASE	SEOUL
7	70	DATABASE	SEOUL
8	80	DATABASE	SEOUL
9	90	DATABASE	SEOUL

> INSERT문을 9번 반복하여 실행하면 DEPT_SEQUENCE 테이블에 9개의 열이 생성됩니다.

시퀀스 최댓값 90에 도달한 후 다시 INSERT문을 실행하면 시퀀스는 번호를 더 생성하지 못합니다.

```
명령의 1 행에서 시작하는 중 오류 발생 -
INSERT INTO DEPT_SEQUENCE (DEPTNO, DNAME, LOC)
VALUES (SEQ_DEPT_SEQUENCE.NEXTVAL, 'DATABASE', 'SEOUL')
오류 보고 -
ORA-08004: 시퀀스 SEQ_DEPT_SEQUENCE.NEXTVAL exceeds MAXVALUE은 사례로 될 수 없습니다
```

시퀀스 수정

ALTER 명령어로 시퀀스를 수정하고 DROP 명령어로 시퀀스를 삭제합니다. 시퀀스 수정은 오른쪽과 같이 옵션을 재설정하는 데 사용합니다. START WITH는 변경할 수 없습니다.

> 기본 형식
> ```
> ALTER SEQUENCE 시퀀스 이름
>   [INCREMENT BY n]
>   [MAXVALUE n ¦ NOMAXVALUE]
>   [MINVALUE n ¦ NOMINVALUE]
>   [CYCLE ¦ NOCYCLE]
>   [CACHE n ¦ NOCACHE]
> ```

앞에서 생성한 시퀀스인 SEQ_DEPT_SEQUENCE의 최댓값(MAXVALUE)을 99, 증갓값(INCREMENT BY)을 3, 그리고 NOCYCLE 대신 CYCLE 옵션을 주어 오른쪽과 같이 수정해 볼까요?

실습 13-33 | 시퀀스 옵션 수정하기

```
01: ALTER SEQUENCE SEQ_DEPT_SEQUENCE
02:   INCREMENT BY 3
03:   MAXVALUE 99
04:   CYCLE;
```

▼ 결과 화면

```
Sequence SEQ_DEPT_SEQUENCE이(가) 변경되었습니다.
```

실습 13-34 | 옵션을 수정한 시퀀스 조회하기

```
01: SELECT *
02:   FROM USER_SEQUENCES;
```

▼ 결과 화면

SEQUENCE_NAME	MIN_VALUE	MAX_VALUE	INCREMENT_BY	CYCLE_FLAG	ORDER_FLAG	CACHE_SIZE	LAST_NU
1 SEQ DEPT SEQUENCE	0	99	3	Y	N	2	

시퀀스를 수정한 후 실습 13-35와 같이 다시 INSERT문을 실행해 결과를 확인해 보세요.

실습 13-35 | 수정한 시퀀스를 사용하여 INSERT문 실행하기

```
01: INSERT INTO DEPT_SEQUENCE (DEPTNO, DNAME, LOC)
02: VALUES (SEQ_DEPT_SEQUENCE.NEXTVAL, 'DATABASE', 'SEOUL');

03: SELECT * FROM DEPT_SEQUENCE ORDER BY DEPTNO;
```

▼ 결과 화면

	⬥ DEPTNO	⬥ DNAME	⬥ LOC
1	10	DATABASE	SEOUL
2	20	DATABASE	SEOUL
3	30	DATABASE	SEOUL
4	40	DATABASE	SEOUL
5	50	DATABASE	SEOUL
6	60	DATABASE	SEOUL
7	70	DATABASE	SEOUL
8	80	DATABASE	SEOUL
9	90	DATABASE	SEOUL
10	93	DATABASE	SEOUL

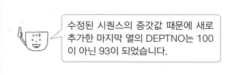

수정된 시퀀스의 증갓값 때문에 새로 추가한 마지막 열의 DEPTNO는 100이 아닌 93이 되었습니다.

실습 13-36의 INSERT문을 몇 번 더 반복 실행하면 96, 99(MAXVALUE) 번호가 생성된 후 CYCLE 옵션을 지정했으므로 최솟값(MINVALUE) 0부터 다시 3씩 증가합니다.

📄 실습 13-36 | CYCLE 옵션을 사용한 시퀀스의 최댓값 도달 후 수행 결과 확인하기

```
01: INSERT INTO DEPT_SEQUENCE (DEPTNO, DNAME, LOC)
02: VALUES (SEQ_DEPT_SEQUENCE.NEXTVAL, 'DATABASE', 'SEOUL');

03: SELECT * FROM DEPT_SEQUENCE ORDER BY DEPTNO;
```

▼ 결과 화면

	⬥ DEPTNO	⬥ DNAME	⬥ LOC
1	0	DATABASE	SEOUL
2	3	DATABASE	SEOUL
3	10	DATABASE	SEOUL
4	20	DATABASE	SEOUL
5	30	DATABASE	SEOUL
6	40	DATABASE	SEOUL
7	50	DATABASE	SEOUL
8	60	DATABASE	SEOUL
9	70	DATABASE	SEOUL
10	80	DATABASE	SEOUL
11	90	DATABASE	SEOUL
12	93	DATABASE	SEOUL
13	96	DATABASE	SEOUL
14	99	DATABASE	SEOUL

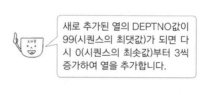

새로 추가된 열의 DEPTNO값이 99(시퀀스의 최댓값)가 되면 다시 0(시퀀스의 최솟값)부터 3씩 증가하여 열을 추가합니다.

시퀀스 삭제

DROP SEQUENCE로 시퀀스를 삭제합니다. 생성한 SEQ_DEPT_SEQUENCE 시퀀스를 삭제해 보죠. 시퀀스를 삭제해도 시퀀스를 사용(SEQ_DEPT_SEQUENCE.NEXTVAL)하여 추가한 데이터는 삭제되지 않는다는 점도 눈여겨보세요.

실습 13-37 | 시퀀스 삭제 후 확인하기

```
01: DROP SEQUENCE SEQ_DEPT_SEQUENCE;

02: SELECT * FROM USER_SEQUENCES;
```

▼ 결과 화면

⬦ SEQUE...	⬦ MIN_VA...	⬦ MAX_VA...	⬦ INCREM...	⬦ CYCLE_...	⬦ ORDER_...	⬦ CACHE_...	⬦ LAST_N...	⬦ SCALE_...

✪ 이 책에서 알아본 옵션 외에도 다양한 방법으로 SEQUENCE를 생성하고 제어할 수 있습니다. 다음 오라클 공식 문서에서 더 자세한 내용을 살펴볼 수 있습니다.

• 오라클 시퀀스
https://docs.oracle.com/en/database/oracle/oracle-database/21/sqlrf/CREATE-SEQUENCE.html

공식 별칭을 지정하는 동의어

동의어란?

동의어(synonym)는 테이블, 뷰, 시퀀스 등 객체 이름 대신 사용할 수 있는 다른 이름을 부여하는 객체입니다. 주로 테이블 이름이 너무 길어 불편할 때 좀 더 간단하고 짧은 이름을 하나 더 만들고자 사용합니다. 동의어를 만들 때는 CREATE문을 사용하여 다음과 같이 작성합니다.

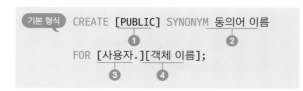

요소	설명
❶ PUBLIC	동의어를 데이터베이스 내 모든 사용자가 사용할 수 있도록 설정. 생략하면 동의어를 생성한 사용자만 사용할 수 있습니다(PUBLIC으로 생성되어도 본래 객체의 사용 권한이 있어야 사용 가능)(선택).
❷ 동의어 이름	생성할 동의어 이름입니다(필수).
❸ 사용자.	생성할 동의어의 본래 객체 소유 사용자를 지정. 생략하면 현재 접속한 사용자로 지정합니다(선택).
❹ 객체 이름	동의어를 생성할 대상 객체 이름입니다(필수).

생성한 동의어는 SELECT, INSERT, UPDATE, DELETE 등 다양한 SQL 구문에서 사용할 수 있습니다.

동의어는 SELECT문의 SELECT절, FROM절에서 사용한 열 또는 테이블 별칭과 비슷하지만, 오라클 데이터베이스에 저장되는 객체이므로 일회성이 아니라는 점에서 차이가 납니다. 동의어 생성 역시 권한을 따로 부여해야 하므로 다음과 같이 SQL Developer에서 SYSTEM에 접속하여 SCOTT 계정에 동의어 생성 권한을 부여해 보세요. PUBLIC SYNONYM 권한도 따로 부여해야 합니다.

❋ 동의어는 여러 종류의 객체와 SQL 구문에서 사용할 수 있지만 본문에서는 이 책에서 소개한 객체와 SQL 구문만 명시했습니다. 더 자세한 내용은 오라클 공식 문서를 참고하세요.

• 동의어
https://docs.oracle.com/en/database/oracle/oracle-database/21/sqlrf/CREATE-SYNONYM.html

□ 실습 13-38 | SYSTEM 계정으로 SCOTT 계정에 동의어 생성 권한 부여하기

```
01: GRANT CREATE SYNONYM TO SCOTT;

02: GRANT CREATE PUBLIC SYNONYM TO SCOTT;
```

▼ 결과 화면

```
Grant을(를) 성공했습니다.
```

동의어 생성

동의어 생성 권한을 부여했다면 SCOTT 계정으로 접속하여 다음과 같이 EMP 테이블에 동의어 E를 만들어 보죠.

□ 실습 13-39 | EMP 테이블의 동의어 생성하기

```
01: CREATE SYNONYM E
02:    FOR EMP;
```

▼ 결과 화면

```
Synonym E이(가) 생성되었습니다.
```

E 동의어로 SELECT문을 실행하면 EMP 테이블의 데이터가 조회됩니다.

□ 실습 13-40 | 테이블 전체 내용 조회하기

```
01: SELECT * FROM E;
```

▼ 결과 화면

	EMPNO	ENAME	JOB	MGR	HIREDATE	SAL	COMM	DEPTNO
1	7369	SMITH	CLERK	7902	80/12/17	800	(null)	20
2	7499	ALLEN	SALESMAN	7698	81/02/20	1600	300	30
3	7521	WARD	SALESMAN	7698	81/02/22	1250	500	30
4	7566	JONES	MANAGER	7839	81/04/02	2975	(null)	20
5	7654	MARTIN	SALESMAN	7698	81/09/28	1250	1400	30
6	7698	BLAKE	MANAGER	7839	81/05/01	2850	(null)	30
7	7782	CLARK	MANAGER	7839	81/06/09	2450	(null)	10
8	7788	SCOTT	ANALYST	7566	87/04/19	3000	(null)	20
9	7839	KING	PRESIDENT	(null)	81/11/17	5000	(null)	10
10	7844	TURNER	SALESMAN	7698	81/09/08	1500	0	30
11	7876	ADAMS	CLERK	7788	87/05/23	1100	(null)	20
12	7900	JAMES	CLERK	7698	81/12/03	950	(null)	30
13	7902	FORD	ANALYST	7566	81/12/03	3000	(null)	20
14	7934	MILLER	CLERK	7782	82/01/23	1300	(null)	10

동의어 삭제

DROP SYNONYM을 사용하여 동의어를 삭제합니다. 생성한 E 동의어를 삭제해 볼까요?

📱 실습 13-41 | **동의어 삭제하기**

```
01: DROP SYNONYM E;
```

▼ 결과 화면

Synonym E이(가) 삭제되었습니다.

동의어를 삭제하면 E 동의어로 SELECT를 할 수 없지만 EMP 테이블 이름과 데이터에는 아무 영향을 주지 않습니다.

지금까지 오라클 데이터베이스 객체를 알아보았습니다. 이 책에서는 오라클 데이터베이스에서 제공하는 많은 객체 중에서 사용 빈도가 높은 객체와 필요한 사용법을 소개했습니다. 여기에서 소개한 내용만으로도 기본 업무를 수행하기에 충분하지만, 이후 주어진 업무에 따라 객체를 더 깊이 이해하거나 여기서 살펴보지 않은 객체를 사용해야 할 때도 있으므로 이 장의 내용을 꼭 익히고 넘어가세요.

되새김 문제

이 장에서 배운 내용을 실습하며 정리하세요.

Q1. 다음 SQL 구문을 작성해 보세요.

① EMP 테이블과 같은 구조의 데이터를 저장하는 EMPIDX 테이블을 만들어 보세요.

② 생성한 EMPIDX 테이블의 EMPNO 열에 IDX_EMPIDX_EMPNO 인덱스를 만들어 보세요.

③ 마지막으로 인덱스가 잘 생성되었는지 적절한 데이터 사전 뷰로 확인해 보세요.

Q2. 문제 1번에서 생성한 EMPIDX 테이블의 데이터 중 급여(SAL)가 1500 초과인 사원만 출력하는 EMPIDX_OVER15K 뷰를 생성해 보세요. 이름이 같은 뷰가 이미 있다면 새로운 내용으로 바꿀 수 있어야 합니다. EMPIDX_OVER15K 뷰는 사원 번호, 사원 이름, 직책, 부서 번호, 급여, 추가 수당 열로 구성합니다. 추가 수당 열은 추가 수당이 있으면 O, 없으면 X로 출력합니다.

▼ 결과 화면

	EMPNO	ENAME	JOB	DEPTNO	SAL	COMM
1	7499	ALLEN	SALESMAN	30	1600	O
2	7566	JONES	MANAGER	20	2975	X
3	7698	BLAKE	MANAGER	30	2850	X
4	7782	CLARK	MANAGER	10	2450	X
5	7788	SCOTT	ANALYST	20	3000	X
6	7839	KING	PRESIDENT	10	5000	X
7	7902	FORD	ANALYST	20	3000	X

Q3. 다음 3가지 SQL 구문을 작성해 보세요.

① DEPT 테이블과 같은 열과 행 구성인 DEPTSEQ 테이블을 작성해 보세요.

② 생성한 DEPTSEQ 테이블의 DEPTNO 열에 사용할 시퀀스를 오른쪽 특성에 맞게 생성해 보세요.

- 부서 번호의 시작값: 1
- 부서 번호의 증가: 1
- 부서 번호의 최댓값: 99
- 부서 번호의 최솟값: 1
- 부서 번호의 최댓값에서 생성 중단
- 캐시 없음

③ 마지막으로 생성한 DEPTSEQ를 사용하여 오른쪽과 같이 부서 3개를 차례대로 추가해 보세요.

부서 이름(DNAME)	부서 위치(LOC)
DATABASE	SEOUL
WEB	BUSAN
MOBILE	ILSAN

▼ 결과 화면

	DEPTNO	DNAME	LOC
1	10	ACCOUNTING	NEW YORK
2	20	RESEARCH	DALLAS
3	30	SALES	CHICAGO
4	40	OPERATIONS	BOSTON
5	1	DATABASE	SEOUL
6	2	WEB	BUSAN
7	3	MOBILE	ILSAN

정답 이지스퍼블리싱 홈페이지에서 확인하세요.

14장

제약 조건

제약 조건(constraint)은 테이블에 저장할 데이터를 제약하는 특수한 규칙을 뜻합니다. 제약 조건을 설정한 열에는 조건에 맞지 않는 데이터를 저장할 수 없습니다. 이 제약 조건은 데이터베이스 데이터의 정확성을 유지할 목적으로 사용하며 12장에서 살펴본 데이터 정의어(DDL)로 설정할 수 있습니다. 이 장에서는 여러 제약 조건의 종류와 그 특성을 살펴보고 사용 방법을 알아봅니다.

이 장에서 꼭 익혀야 할 것

☑ 제약 조건의 종류와 의미

☐ 테이블을 생성할 때 제약 조건을 지정하는 방법

14-1

제약 조건 종류

제약 조건이란?

오라클에서 사용하는 제약 조건은 테이블의 특정 열에 지정합니다. 제약 조건을 지정한 열에는 조건에 맞는 데이터만 저장할 수 있습니다. 제약 조건 지정 방식에 따라 기존 데이터를 수정하거나 삭제할 때 영향을 받습니다.

예를 들어 로그인에 사용할 아이디나 이메일 주소를 중복되지 않도록 설정할 수 있습니다. 또는 회원 가입을 할 때 이름, 생년월일 등의 데이터는 필수 입력 항목으로 두어 빈 값(NULL)을 허용하지 않도록 지정할 수 있습니다.

오라클 데이터베이스에서 사용하는 제약 조건은 다음과 같습니다.

종류	설명
NOT NULL	지정한 열에 NULL을 허용하지 않습니다. NULL을 제외한 데이터의 중복은 허용합니다.
UNIQUE	지정한 열이 유일한 값을 가져야 합니다. 즉 중복될 수 없습니다. 단 NULL은 값의 중복에서 제외됩니다.
PRIMARY KEY	지정한 열이 유일한 값이면서 NULL을 허용하지 않습니다. 이 키는 테이블에 하나만 지정할 수 있습니다.
FOREIGN KEY	다른 테이블의 열을 참조하여 있는 값만 입력할 수 있습니다.
CHECK	설정한 조건식을 만족하는 데이터만 입력할 수 있습니다.

✎ 알아 두면 좋아요! 데이터 무결성이란?

데이터 무결성(data integrity)이란 데이터베이스에 저장되는 데이터의 정확성과 일관성을 보장한다는 의미이며, 이를 위해 항상 지켜야 하는 기본 규칙이 있습니다. 제약 조건은 이러한 데이터 무결성을 지키는 안전장치로서 중요한 역할을 합니다. 그리고 테이블 데이터의 삽입(insert), 수정(update), 삭제(delete) 등 모든 과정에서 지켜야 합니다. 다음 표로 데이터 무결성의 종류를 정리했습니다.

종류	설명
영역 무결성 (domain integrity)	열에 저장되는 값의 적정 여부를 확인합니다. 자료형, 적절한 형식의 데이터, NULL 여부처럼 정한 범위를 만족하는 데이터임을 규정합니다.
개체 무결성 (entity integrity)	테이블 데이터를 유일하게 식별할 수 있는 기본키는 반드시 값이 있어야 하며 NULL이 될 수 없고 중복될 수도 없음을 규정합니다.
참조 무결성 (referential integrity)	기준 테이블의 외래키는 참조 테이블의 기본키여야 하며 NULL이 가능합니다.

✹ 데이터 무결성의 자세한 내용을 알고 싶다면 관계형 데이터 모델 관련 서적이나 자료를 참고하세요.

이러한 데이터 무결성을 보장하고자 오라클은 앞에서 살펴본 5가지 제약 조건을 제공합니다. 제약 조건은 데이터베이스 설계 시점, 즉 테이블을 생성할 때 주로 지정합니다. 하지만 테이블을 생성한 후에도 추가, 변경, 삭제할 수 있습니다. 따라서 제약 조건은 데이터 정의어(DDL)에서 활용합니다.

빈 값을 허락하지 않는 NOT NULL

테이블을 생성하며 제약 조건 지정

NOT NULL은 특정 열에 데이터의 중복 여부와 상관없이 NULL을 허용하지 않는 제약 조건입니다. 반드시 열에 값이 있어야 할 때 지정합니다. 우선 다음과 같이 NOT NULL 제약 조건을 지정할 열을 포함한 테이블을 생성합니다. NOT NULL 제약 조건은 열 이름과 자료형 뒤에 NOT NULL 키워드로 지정합니다.

📱 **실습 14-1** | 테이블을 생성할 때 NOT NULL 설정하기

```
01: CREATE TABLE TABLE_NOTNULL(
02:     LOGIN_ID  VARCHAR2(20) NOT NULL,
03:     LOGIN_PWD VARCHAR2(20) NOT NULL,
04:     TEL       VARCHAR2(20)
05: );

06: DESC TABLE_NOTNULL;
```

▼ 결과 화면

이름	널?	유형
LOGIN_ID	NOT NULL	VARCHAR2(20)
LOGIN_PWD	NOT NULL	VARCHAR2(20)
TEL		VARCHAR2(20)

LOGIN_ID, LOGIN_PWD 열을 NOT NULL로 지정했습니다. 이 두 열에 INSERT문으로 새로운 데이터를 삽입할 때 NULL을 입력하면 다음과 같이 오류가 발생합니다.

📱 **실습 14-2** | 제약 조건이 NOT NULL인 열에 NULL 넣어 보기

```
01: INSERT INTO TABLE_NOTNULL (LOGIN_ID, LOGIN_PWD, TEL)
02: VALUES ('TEST_ID_01', NULL, '010-1234-5678');
```

▼ 결과 화면

```
명령의 1 행에서 시작하는 중 오류 발생 -
INSERT INTO TABLE_NOTNULL (LOGIN_ID, LOGIN_PWD, TEL)
VALUES ('TEST_ID_01', NULL, '010-1234-5678')
오류 발생 명령행: 2 열: 23
오류 보고 -
SQL 오류: ORA-01400: NULL을 ("SCOTT"."TABLE_NOTNULL"."LOGIN_PWD") 안에 삽입할 수 없습니다
01400. 00000 -  "cannot insert NULL into (%s)"
*Cause:     An attempt was made to insert NULL into previously listed objects.
*Action:    These objects cannot accept NULL values.
```

즉 LOGIN_ID, LOGIN_PWD 열은 반드시 NULL이 아닌 값을 지정하도록 강제합니다. 반면에 TEL 열은 별다른 제약 조건을 지정하지 않았으므로 값을 지정하지 않아도 오류가 발생하지 않습니다.

□ 실습 14-3 │ 제약 조건이 없는 TEL 열에 NULL 입력하기

```
01: INSERT INTO TABLE_NOTNULL (LOGIN_ID, LOGIN_PWD)
02: VALUES ('TEST_ID_01', '1234');

03: SELECT * FROM TABLE_NOTNULL;
```

▼ 결과 화면

	⬦ LOGIN_ID	⬦ LOGIN_PWD	⬦ TEL
1	TEST_ID_01	1234	(null)

❋ TEL 열을 비워 NULL을 암시적으로 삽입합니다.

열 제약 조건으로 NOT NULL을 지정하면 UPDATE문을 사용하여 LOGIN_ID 또는 LOGIN_PWD 열을 NULL로 수정하는 것도 불가능합니다. 제약 조건을 지정한 열은 항상 해당 제약 조건을 만족해야 하므로 신규 데이터의 삽입뿐만 아니라 기존 데이터의 수정이나 삭제에도 영향을 끼칩니다.

□ 실습 14-4 │ NOT NULL 제약 조건이 지정된 열 데이터를 NULL로 업데이트하기

```
01: UPDATE TABLE_NOTNULL
02:     SET LOGIN_PWD = NULL
03:     WHERE LOGIN_ID = 'TEST_ID_01';
```

▼ 결과 화면

```
명령의 1 행에서 시작하는 중 오류 발생 -
UPDATE TABLE_NOTNULL
   SET LOGIN_PWD = NULL
 WHERE LOGIN_ID = 'TEST_ID_01'
오류 발생 명령행: 2 열: 8
오류 보고 -
SQL 오류: ORA-01407: NULL로 ("SCOTT"."TABLE_NOTNULL"."LOGIN_PWD")을 업데이트할 수 없습니다
01407. 00000 - "cannot update (%s) to NULL"
*Cause:
*Action:
```

제약 조건 확인

지정한 제약 조건 정보를 확인하려면 다음과 같은 USER_CONSTRAINTS 데이터 사전을 활용합니다.

열 이름	설명
OWNER	제약 조건 소유 계정입니다.
CONSTRAINT_NAME	제약 조건 이름입니다(직접 지정하지 않으면 오라클이 자동으로 지정).
CONSTRAINT_TYPE	제약 조건은 4가지입니다. C: CHECK, NOT NULL U: UNIQUE P: PRIMARY KEY R: FOREIGN KEY
TABLE_NAME	제약 조건을 지정한 테이블 이름입니다.

다음 SELECT문을 사용하면 SCOTT 계정 소유의 제약 조건을 확인할 수 있습니다. 실습 14-1에서 제약 조건을 포함한 CREATE문으로 생성한 제약 조건을 살펴보면 실습 14-5의 결과 화면(상자로 표시한 부분)과 같습니다. CONSTRAINT_NAME 열에 각 제약 조건 이름이 출력되는데 실습 14-1에서는 제약 조건의 이름을 따로 지정하지 않았으므로 오라클이 붙인 이름이 지정된 것을 확인할 수 있습니다.

📖 실습 14-5 | 제약 조건 살펴보기(SCOTT 계정)

```
01: SELECT OWNER, CONSTRAINT_NAME, CONSTRAINT_TYPE, TABLE_NAME
02:   FROM USER_CONSTRAINTS;
```

▼ 결과 화면

	OWNER	CONSTRAINT_NAME	CONSTRAINT_TYPE	TABLE_NAME
1	SCOTT	FK_DEPTNO	R	EMP
2	SCOTT	PK_EMP	P	EMP
3	SCOTT	PK_DEPT	P	DEPT
4	SCOTT	SYS_C008335	C	TABLE_NOTNULL
5	SCOTT	SYS_C008336	C	TABLE_NOTNULL

✱ 여러분이 실행한 실습의 결과 화면에서는 CONSTRAINT_NAME 열 이름이 이 책의 결과와 다를 수 있습니다. EMP 테이블과 DEPT 테이블에 이미 제약 조건이 지정되었기 때문입니다.

제약 조건 이름 직접 지정

TABLE_NOTNULL 테이블에 지정한 제약 조건은 이름을 따로 지정해 주지 않아 오라클에서 자동으로 이름을 지정했습니다. 제약 조건에 이름을 직접 지정하려면 다음과 같이 CONSTRAINT 키워드를 사용합니다.

📖 실습 14-6 | 테이블을 생성할 때 제약 조건에 이름 지정하기

```
01: CREATE TABLE TABLE_NOTNULL2(
02:     LOGIN_ID  VARCHAR2(20) CONSTRAINT TBLNN2_LGNID_NN NOT NULL,
03:     LOGIN_PWD VARCHAR2(20) CONSTRAINT TBLNN2_LGNPW_NN NOT NULL,
04:     TEL       VARCHAR2(20)
05: );

06: SELECT OWNER, CONSTRAINT_NAME, CONSTRAINT_TYPE, TABLE_NAME
07:   FROM USER_CONSTRAINTS;
```

▼ 결과 화면

	OWNER	CONSTRAINT_NAME	CONSTRAINT_TYPE	TABLE_NAME
1	SCOTT	FK_DEPTNO	R	EMP
2	SCOTT	PK_EMP	P	EMP
3	SCOTT	PK_DEPT	P	DEPT
4	SCOTT	SYS_C008335	C	TABLE_NOTNULL
5	SCOTT	SYS_C008336	C	TABLE_NOTNULL
6	SCOTT	TBLNN2_LGNID_NN	C	TABLE_NOTNULL2
7	SCOTT	TBLNN2_LGNPW_NN	C	TABLE_NOTNULL2

USER_CONSTRAINTS 데이터 사전을 조회하면 제약 조건 이름(CONSTRAINT_NAME)이 실습 14-6에서 지정한 대로 저장된 것을 확인할 수 있습니다.

이미 생성한 테이블에 제약 조건 지정

앞에서 보았듯이 제약 조건은 저장할 데이터에 제한을 두는 규칙입니다. 이러한 특성 때문에 제약 조건은 데이터와 테이블을 설계하는 시점, 즉 데이터베이스 사용 주기에서 비교적 초기에 지정하는 것이 일반적입니다. 하지만 이미 생성한 테이블에 제약 조건을 추가하거나 변경 또는 삭제해야 하는 경우도 종종 생깁니다.

생성한 테이블에 제약 조건 추가하기

NOT NULL 제약 조건을 추가하려면 ALTER 명령어와 MODIFY 키워드를 사용합니다. 먼저 실습 14-1에서 생성한 TABLE_NOTNULL 테이블의 TEL 열에 NOT NULL 제약 조건을 추가해 봅니다. 제약 조건을 추가하기에 앞서 실습 14-3에서 TEL 열에 NULL을 저장했다는 점을 기억하세요.

⬦ LOGIN_ID	⬦ LOGIN_PWD	⬦ TEL
1 TEST_ID_01	1234	(null)

다음은 TABLE_NOTNULL 테이블의 TEL 열에 NOT NULL 제약 조건을 추가하는 명령어입니다.

📖 **실습 14-7 | TEL 열에 NOT NULL 제약 조건 추가하기**

```
01: ALTER TABLE TABLE_NOTNULL
02: MODIFY(TEL NOT NULL);
```

실행하면 다음과 같이 오류가 발생하고 제약 조건 추가는 실패합니다. 이는 제약 조건 대상이 되는 열의 데이터 중 추가하려는 제약 조건에 맞지 않는 데이터가 있기 때문입니다. 여기에서는 열 데이터에 NULL을 허용하지 않는 NOT NULL 제약 조건을 추가하려고 했는데 이미 TEL 열의 데이터 중 NULL이 있으므로 제약 조건이 추가되지 않은 것입니다. 제약 조건 추가 명령어를 올바르게 작성하더라도 제약 조건과 맞지 않는 데이터가 이미 있다면 제약 조건 지정에 실패한다는 사실을 잊지 마세요.

```
명령의 1 행에서 시작하는 중 오류 발생 -
ALTER TABLE TABLE_NOTNULL
MODIFY(TEL NOT NULL)
오류 보고 -
ORA-02296: (SCOTT.) 사용으로 설정 불가 - 널 값이 발견되었습니다.
02296. 00000 - "cannot enable (%s.%s) - null values found"
*Cause:     an alter table enable constraint failed because the table
            contains values that do not satisfy the constraint.
*Action:    Obvious
```

그러면 다음 UPDATE문으로 기존 TEL 열을 NULL이 아닌 데이터로 수정해 봅시다.

☐ 실습 14-8 | TEL 열 데이터 수정하기

```
01: UPDATE TABLE_NOTNULL
02:    SET TEL = '010-1234-5678'
03:  WHERE LOGIN_ID = 'TEST_ID_01';

04: SELECT * FROM TABLE_NOTNULL;
```

▼ 결과 화면

	⇕ LOGIN_ID	⇕ LOGIN_PWD	⇕ TEL
1	TEST_ID_01	1234	010-1234-5678

그리고 실습 14-7에서 실패했던 TEL 열에 NOT NULL 제약 조건을 다시 지정합니다.

☐ 실습 14-9 | NOT NULL 제약 조건 추가하기

```
01: ALTER TABLE TABLE_NOTNULL
02: MODIFY(TEL NOT NULL);

03: SELECT OWNER, CONSTRAINT_NAME, CONSTRAINT_TYPE, TABLE_NAME
04:   FROM USER_CONSTRAINTS;
```

TABLE_NOTNULL 테이블의 TEL 열에 NULL인 데이터가 없으므로 NOT NULL 제약 조건이 별다른 오류 없이 지정되는 것을 확인할 수 있습니다. USER_CONSTRAINTS 데이터 사전으로 생성된 제약 조건을 확인하세요.

▼ 결과 화면

	OWNER	CONSTRAINT_NAME	CONSTRAINT_TYPE	TABLE_NAME
1	SCOTT	FK_DEPTNO	R	EMP
2	SCOTT	PK_EMP	P	EMP
3	SCOTT	PK_DEPT	P	DEPT
4	SCOTT	SYS_C008335	C	TABLE_NOTNULL
5	SCOTT	SYS_C008336	C	TABLE_NOTNULL
6	SCOTT	TBLNN2_LGNID_NN	C	TABLE_NOTNULL2
7	SCOTT	TBLNN2_LGNPW_NN	C	TABLE_NOTNULL2
8	SCOTT	SYS_C008339	C	TABLE_NOTNULL

CONSTRAINT_TYPE이 C면 NOT NULL 또는 CHECK라는 뜻입니다.

생성한 테이블에 제약 조건 이름을 직접 지정해서 추가하기

제약 조건 이름을 직접 지정하려면 CREATE와 마찬가지로 CONSTRAINT 키워드를 사용하면 됩니다. 실습 14-6에서 생성한 TABLE_NOTNULL2 테이블의 TEL 열에 이름을 직접 지정하여 제약 조건(NOT NULL)을 추가해 봅니다.

🖥 실습 14-10 | 제약 조건에 이름 지정해서 추가하기

```
01: ALTER TABLE TABLE_NOTNULL2
02: MODIFY(TEL CONSTRAINT TBLNN_TEL_NN NOT NULL);


03: SELECT OWNER, CONSTRAINT_NAME, CONSTRAINT_TYPE, TABLE_NAME
04:   FROM USER_CONSTRAINTS;
```

▼ 결과 화면

	OWNER	CONSTRAINT_NAME	CONSTRAINT_TYPE	TABLE_NAME
1	SCOTT	FK_DEPTNO	R	EMP
2	SCOTT	PK_EMP	P	EMP
3	SCOTT	PK_DEPT	P	DEPT
4	SCOTT	SYS_C008335	C	TABLE_NOTNULL
5	SCOTT	SYS_C008336	C	TABLE_NOTNULL
6	SCOTT	TBLNN2_LGNID_NN	C	TABLE_NOTNULL2
7	SCOTT	TBLNN2_LGNPW_NN	C	TABLE_NOTNULL2
8	SCOTT	SYS_C008339	C	TABLE_NOTNULL
9	SCOTT	TBLNN_TEL_NN	C	TABLE_NOTNULL2

🖥 실습 14-11 | TABLE_NOTNULL2 테이블 열 구조 확인하기

```
01: DESC TABLE_NOTNULL2;
```

▼ 결과 화면

```
Table TABLE_NOTNULL2이(가) 변경되었습니다.

이름         널?        유형
---------  --------  ------------
LOGIN_ID   NOT NULL  VARCHAR2(20)
LOGIN_PWD  NOT NULL  VARCHAR2(20)
TEL        NOT NULL  VARCHAR2(20)
```

생성한 제약 조건의 이름 변경하기

이미 생성한 제약 조건 이름을 변경하려면 ALTER 명령어에 RENAME CONSTRAINT 키워드를 사용합니다.

📖 **실습 14-12 | 이미 생성한 제약 조건 이름 변경하기**

```
01: ALTER TABLE TABLE_NOTNULL2
02: RENAME CONSTRAINT TBLNN_TEL_NN TO TBLNN2_TEL_NN;

03: SELECT OWNER, CONSTRAINT_NAME, CONSTRAINT_TYPE, TABLE_NAME
04:   FROM USER_CONSTRAINTS;
```

▼ 결과 화면

	OWNER	CONSTRAINT_NAME	CONSTRAINT_TYPE	TABLE_NAME
1	SCOTT	FK_DEPTNO	R	EMP
2	SCOTT	PK_EMP	P	EMP
3	SCOTT	PK_DEPT	P	DEPT
4	SCOTT	SYS_C008335	C	TABLE_NOTNULL
5	SCOTT	SYS_C008336	C	TABLE_NOTNULL
6	SCOTT	TBLNN2_LGNID_NN	C	TABLE_NOTNULL2
7	SCOTT	TBLNN2_LGNPW_NN	C	TABLE_NOTNULL2
8	SCOTT	SYS_C008339	C	TABLE_NOTNULL
9	SCOTT	TBLNN2_TEL_NN	C	TABLE_NOTNULL2

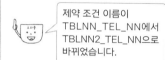
제약 조건 이름이 TBLNN_TEL_NN에서 TBLNN2_TEL_NN으로 바뀌었습니다.

제약 조건 삭제

ALTER 명령어에 DROP CONSTRAINT 키워드를 사용하면 지정한 제약 조건을 삭제할 수 있습니다.

📖 **실습 14-13 | 제약 조건 삭제하기**

```
01: ALTER TABLE TABLE_NOTNULL2
02: DROP CONSTRAINT TBLNN2_TEL_NN;

03: DESC TABLE_NOTNULL2;
```

제약 조건을 삭제하면 다음과 같이 TEL 열은 NULL을 저장할 수 있는 열이 됩니다.

▼ 결과 화면

```
Table TABLE_NOTNULL2이(가) 변경되었습니다.

이름         널?       유형
---------  --------  ------------
LOGIN_ID   NOT NULL  VARCHAR2(20)
LOGIN_PWD  NOT NULL  VARCHAR2(20)
TEL                  VARCHAR2(20)
```

🖊 **1분 복습** │ 이미 있는 테이블의 특정 열에 NOT NULL 제약 조건을 추가하려고 합니다. 다음 코드의
빈칸을 채워 보세요.

```
¹ [              ]  테이블 이름
² [          ]  (열 이름  ³ [          ]  );
```

정답: 1. ALTER TABLE 2. MODIFY 3. NOT NULL

중복하지 않는 값 UNIQUE

UNIQUE 제약 조건은 열에 저장할 데이터의 중복을 허용하지 않을 때 사용합니다. NULL은 값이 없음을 의미하므로 중복 대상에서는 제외됩니다. 즉 UNIQUE 제약 조건을 지정한 열에 NULL은 여러 개 있을 수 있습니다. UNIQUE 지정 방법은 NOT NULL 제약 조건과 같습니다.

테이블을 생성하며 제약 조건 지정

UNIQUE 제약 조건 역시 CREATE문으로 테이블을 생성할 때 지정할 수 있습니다.

📖 **실습 14-14 | 제약 조건 지정하기(테이블을 생성할 때)**

```
01: CREATE TABLE TABLE_UNIQUE(
02:     LOGIN_ID  VARCHAR2(20) UNIQUE,
03:     LOGIN_PWD VARCHAR2(20) NOT NULL,
04:     TEL       VARCHAR2(20)
05: );

06: DESC TABLE_UNIQUE;
```

▼ 결과 화면

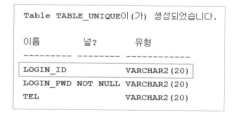

제약 조건 확인

USER_CONSTRAINTS 데이터 사전에서 CONSTRAINT_TYPE 열이 U라면 UNIQUE 제약 조건을 뜻합니다.

실습 14-15 | USER_CONSTRAINTS 데이터 사전 뷰로 제약 조건 확인하기

```
01: SELECT OWNER, CONSTRAINT_NAME, CONSTRAINT_TYPE, TABLE_NAME
02:   FROM USER_CONSTRAINTS
03:  WHERE TABLE_NAME = 'TABLE_UNIQUE';
```

▼ 결과 화면

	⊕ OWNER	⊕ CONSTRAINT_NAME	⊕ CONSTRAINT_TYPE	⊕ TABLE_NAME
1	SCOTT	SYS_C008341	C	TABLE_UNIQUE
2	SCOTT	SYS_C008342	U	TABLE_UNIQUE

WHERE절로 TABLE_UNIQUE 테이블의 제약 조건만 조회합니다.

중복을 허락하지 않는 UNIQUE

UNIQUE 제약 조건을 지정한 LOGIN_ID 열에는 중복값을 저장할 수 없습니다. 그러면 이
내용을 확인하고자 먼저 INSERT문으로 데이터를 넣어 보죠.

실습 14-16 | TABLE_UNIQUE 테이블에 데이터 입력하기

```
01: INSERT INTO TABLE_UNIQUE(LOGIN_ID, LOGIN_PWD, TEL)
02: VALUES('TEST_ID_01', 'PWD01', '010-1234-5678');

03: SELECT * FROM TABLE_UNIQUE;
```

▼ 결과 화면

	⊕ LOGIN_ID	⊕ LOGIN_PWD	⊕ TEL
1	TEST_ID_01	PWD01	010-1234-5678

그리고 LOGIN_ID가 같은 값인 다음 INSERT문을 실행해 보죠.

실습 14-17 | LOGIN_ID 열에 중복되는 데이터 넣기

```
01: INSERT INTO TABLE_UNIQUE (LOGIN_ID, LOGIN_PWD, TEL)
02: VALUES ('TEST_ID_01', 'PWD01', '010-1234-5678');
```

▼ 결과 화면

```
명령의 1 행에서 시작하는 중 오류 발생 -
INSERT INTO TABLE_UNIQUE (LOGIN_ID, LOGIN_PWD, TEL)
VALUES ('TEST_ID_01', 'PWD01', '010-1234-5678')
오류 보고 -
ORA-00001: 무결성 제약 조건(SCOTT.SYS_C008342)에 위배됩니다
```

실습 14-17에서는 실습 14-16과 같은 내용의 데이터를 넣습니다. 하지만 UNIQUE 제약 조건을 지정한 LOGIN_ID 열 때문에 오류가 발생합니다.

📋 **실습 14-18 | TABLE_UNIQUE 테이블에 데이터 입력하기**

```
01: INSERT INTO TABLE_UNIQUE(LOGIN_ID, LOGIN_PWD, TEL)
02: VALUES('TEST_ID_02', 'PWD01', '010-1234-5678');

03: SELECT * FROM TABLE_UNIQUE;
```

> LOGIN_PWD 열은 NOT NULL 조건만 지정되어 있어서 중복은 허용됩니다.

▼ 결과 화면

LOGIN_ID	LOGIN_PWD	TEL
1 TEST_ID_01	PWD01	010-1234-5678
2 TEST_ID_02	PWD01	010-1234-5678

실습 14-17과 달리 LOGIN_ID에 다른 값을 지정하면 문제없이 잘 실행됩니다. 여기에서 유심히 살펴봐야 하는 내용은 LOGIN_PWD 열입니다. 이 열은 NOT NULL 제약 조건을 지정하여 중복값이 있어도 문제가 발생하지 않습니다. NOT NULL은 열이 NULL만 아니면 되니까요.

UNIQUE 제약 조건과 NULL

UNIQUE 제약 조건은 값의 중복은 허용하지 않지만 NULL은 저장할 수 있습니다. NULL은 없는 값 또는 해당 사항이 없다는 의미로 사용하는 특수한 값이므로 NULL과 NULL을 비교했을 때 값이 같은지를 확인할 수 없습니다. 즉 NULL은 데이터 중복의 의미를 부여할 수 없습니다. 따라서 UNIQUE 제약 조건을 지정한 열이라도 NULL은 여러 개 있을 수 있습니다.

📋 **실습 14-19 | UNIQUE 제약 조건을 지정한 열에 NULL 입력하기**

```
01: INSERT INTO TABLE_UNIQUE(LOGIN_ID, LOGIN_PWD, TEL)
02: VALUES(NULL, 'PWD01', '010-2345-6789');

03: SELECT * FROM TABLE_UNIQUE;
```

▼ 결과 화면

LOGIN_ID	LOGIN_PWD	TEL
1 TEST_ID_01	PWD01	010-1234-5678
2 TEST_ID_02	PWD01	010-1234-5678
3 (null)	PWD01	010-2345-6789

UPDATE문을 사용하여 LOGIN_ID 열에 이미 있는 값(TEST_ID_01)을 지정하면 실행한 후 중복 데이터가 발생하므로 다음처럼 실행되지 않습니다.

📖 실습 14-20 | TABLE_UNIQUE 테이블 데이터 수정하기

```
01: UPDATE TABLE_UNIQUE
02:    SET LOGIN_ID = 'TEST_ID_01'
03:  WHERE LOGIN_ID IS NULL;
```

▼ 결과 화면

```
명령의 1 행에서 시작하는 중 오류 발생 -
UPDATE TABLE_UNIQUE
   SET LOGIN_ID='TEST_ID_01'
 WHERE LOGIN_ID IS NULL
오류 보고 -
ORA-00001: 무결성 제약 조건(SCOTT.SYS_C008342)에 위배됩니다
```

테이블을 생성하며 제약 조건 이름 직접 지정

UNIQUE 제약 조건 역시 제약 조건 이름을 지정할 수 있으며 지정하지 않으면 오라클이 자동으로 제약 조건 이름을 정합니다.

📖 실습 14-21 | 테이블을 생성할 때 UNIQUE 제약 조건 설정하기

```
01: CREATE TABLE TABLE_UNIQUE2(
02:    LOGIN_ID  VARCHAR2(20) CONSTRAINT TBLUNQ2_LGNID_UNQ UNIQUE,
03:    LOGIN_PWD VARCHAR2(20) CONSTRAINT TBLUNQ2_LGNPW_NN NOT NULL,
04:    TEL       VARCHAR2(20)
05: );
```

▼ 결과 화면

```
Table TABLE_UNIQUE2이(가) 생성되었습니다.
```

USER_CONSTRAINTS 데이터 사전을 조회하면 앞에서 지정한 대로 제약 조건 이름을 저장한 것을 확인할 수 있습니다.

📖 실습 14-22 | 생성한 UNIQUE 제약 조건 확인하기(USER_CONSTRAINTS 사용)

```
01: SELECT OWNER, CONSTRAINT_NAME, CONSTRAINT_TYPE, TABLE_NAME
02:    FROM USER_CONSTRAINTS
03:  WHERE TABLE_NAME LIKE 'TABLE_UNIQUE%';
```

	OWNER	CONSTRAINT_NAME	CONSTRAINT_TYPE	TABLE_NAME
1	SCOTT	SYS_C008341	C	TABLE_UNIQUE
2	SCOTT	TBLUNQ2_LGNPW_NN	C	TABLE_UNIQUE2
3	SCOTT	SYS_C008342	U	TABLE_UNIQUE
4	SCOTT	TBLUNQ2_LGNID_UNQ	U	TABLE_UNIQUE2

이미 생성한 테이블에 제약 조건 지정

ALTER 명령어로 이미 생성한 테이블에도 UNIQUE 제약 조건을 추가할 수 있습니다.

생성한 테이블에 제약 조건 추가하기

다음은 TABLE_UNIQUE 테이블의 TEL 열에 UNIQUE 제약 조건을 추가합니다.

> 🖥 실습 14-23 | 이미 생성한 테이블 열에 UNIQUE 제약 조건 추가하기

```
01: ALTER TABLE TABLE_UNIQUE
02: MODIFY(TEL UNIQUE);
```

▼ 결과 화면

```
명령의 1 행에서 시작하는 중 오류 발생 -
ALTER TABLE TABLE_UNIQUE
MODIFY(TEL UNIQUE)
오류 보고 -
ORA-02299: 제약 (SCOTT.SYS_C008345)을 사용 가능하게 할 수 없음 - 중복 키가 있습니다
02299. 00000 - "cannot validate (%s.%s) - duplicate keys found"
*Cause:     an alter table validating constraint failed because the table has
            duplicate key values.
*Action:    Obvious
```

실습 14-23을 실행하면 오류가 발생하여 제약 조건 추가가 실패합니다. TEL 열에 이미 중복된 값이 있기 때문입니다. NOT NULL과 마찬가지로 제약 조건을 추가할 때 해당 열에 추가하려는 제약 조건에 맞지 않는 데이터가 있다면 제약 조건을 추가할 수 없습니다. 하지만 UPDATE문으로 TEL 열의 모든 값을 NULL로 수정한 후에 다시 ALTER문을 실행하면 문제없이 실행됩니다. UNIQUE는 NULL 중복 여부를 따지지 않기 때문입니다. 그리고 NULL이 아닌 중복값만 바꾸어도 결과는 같습니다.

□ 실습 14-24 | TEL 열을 모두 NULL로 변경하기

```
01: UPDATE TABLE_UNIQUE
02:   SET TEL = NULL;

03: SELECT * FROM TABLE_UNIQUE;
```

▼ 결과 화면

	LOGIN_ID	LOGIN_PWD	TEL
1	TEST_ID_01	PWD01	(null)
2	TEST_ID_02	PWD01	(null)
3	(null)	PWD01	(null)

□ 실습 14-25 | TEL 값에 UNIQUE 제약 조건 설정하기

```
01: ALTER TABLE TABLE_UNIQUE
02: MODIFY(TEL UNIQUE);

03: SELECT OWNER, CONSTRAINT_NAME, CONSTRAINT_TYPE, TABLE_NAME
04:   FROM USER_CONSTRAINTS
05:  WHERE TABLE_NAME LIKE 'TABLE_UNIQUE%';
```

▼ 결과 화면

	OWNER	CONSTRAINT_NAME	CONSTRAINT_TYPE	TABLE_NAME
1	SCOTT	SYS_C008341	C	TABLE_UNIQUE
2	SCOTT	TBLUNQ2_LGNPW_NN	C	TABLE_UNIQUE2
3	SCOTT	SYS_C008342	U	TABLE_UNIQUE
4	SCOTT	SYS_C008346	U	TABLE_UNIQUE
5	SCOTT	TBLUNQ2_LGNID_UNQ	U	TABLE_UNIQUE2

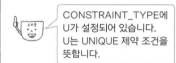

CONSTRAINT_TYPE에 U가 설정되어 있습니다. U는 UNIQUE 제약 조건을 뜻합니다.

생성한 테이블에 제약 조건 이름을 직접 지정하거나 바꾸기

UNIQUE 제약 조건 역시 이름을 직접 지정할 수 있으며 이후에 이름을 바꿀 수도 있습니다.

□ 실습 14-26 | UNIQUE 제약 조건 이름 직접 지정하기

```
01: ALTER TABLE TABLE_UNIQUE2
02: MODIFY(TEL CONSTRAINT TBLUNQ_TEL_UNQ UNIQUE);

03: SELECT OWNER, CONSTRAINT_NAME, CONSTRAINT_TYPE, TABLE_NAME
04:   FROM USER_CONSTRAINTS
05:  WHERE TABLE_NAME LIKE 'TABLE_UNIQUE%';
```

▼ 결과 화면

	OWNER	CONSTRAINT_NAME	CONSTRAINT_TYPE	TABLE_NAME
1	SCOTT	SYS_C008341	C	TABLE_UNIQUE
2	SCOTT	TBLUNQ2_LGNPW_NN	C	TABLE_UNIQUE2
3	SCOTT	SYS_C008342	U	TABLE_UNIQUE
4	SCOTT	SYS_C008346	U	TABLE_UNIQUE
5	SCOTT	TBLUNQ2_LGNID_UNQ	U	TABLE_UNIQUE2
6	SCOTT	TBLUNQ_TEL_UNQ	U	TABLE_UNIQUE2

🖥 실습 14-27 | 이미 있는 UNIQUE 제약 조건 이름 수정하기

```
01: ALTER TABLE TABLE_UNIQUE2
02: RENAME CONSTRAINT TBLUNQ_TEL_UNQ TO TBLUNQ2_TEL_UNQ;

03: SELECT OWNER, CONSTRAINT_NAME, CONSTRAINT_TYPE, TABLE_NAME
04:   FROM USER_CONSTRAINTS
05:  WHERE TABLE_NAME LIKE 'TABLE_UNIQUE%';
```

▼ 결과 화면

	OWNER	CONSTRAINT_NAME	CONSTRAINT_TYPE	TABLE_NAME
1	SCOTT	SYS_C008341	C	TABLE_UNIQUE
2	SCOTT	TBLUNQ2_LGNPW_NN	C	TABLE_UNIQUE2
3	SCOTT	SYS_C008342	U	TABLE_UNIQUE
4	SCOTT	SYS_C008346	U	TABLE_UNIQUE
5	SCOTT	TBLUNQ2_LGNID_UNQ	U	TABLE_UNIQUE2
6	SCOTT	TBLUNQ2_TEL_UNQ	U	TABLE_UNIQUE2

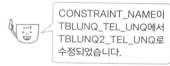

CONSTRAINT_NAME이 TBLUNQ_TEL_UNQ에서 TBLUNQ2_TEL_UNQ로 수정되었습니다.

제약 조건 삭제

UNIQUE 제약 조건 삭제 역시 ALTER 명령어에 DROP CONSTRAINT 키워드를 사용합니다.

🖥 실습 14-28 | 제약 조건 삭제하기

```
01: ALTER TABLE TABLE_UNIQUE2
02: DROP CONSTRAINT TBLUNQ2_TEL_UNQ;

03: SELECT OWNER, CONSTRAINT_NAME, CONSTRAINT_TYPE, TABLE_NAME
04:   FROM USER_CONSTRAINTS
05:  WHERE TABLE_NAME LIKE 'TABLE_UNIQUE%';
```

TBLUNQ2_TEL_UNQ 제약 조건이 삭제되었음을 알 수 있습니다.

▼ 결과 화면

	OWNER	CONSTRAINT_NAME	CONSTRAINT_TYPE	TABLE_NAME
1	SCOTT	SYS_C008341	C	TABLE_UNIQUE
2	SCOTT	TBLUNQ2_LGNPW_NN	C	TABLE_UNIQUE2
3	SCOTT	SYS_C008342	U	TABLE_UNIQUE
4	SCOTT	SYS_C008346	U	TABLE_UNIQUE
5	SCOTT	TBLUNQ2_LGNID_UNQ	U	TABLE_UNIQUE2

🖍 **1분 복습** | 이미 있는 테이블의 특정 열에 UNIQUE 제약 조건을 추가하려고 합니다. 다음 코드의 빈칸을 채워 보세요.

> [1]_____ 테이블 이름
>
> [2]_____ (열 이름 [3]_____);

정답: 1. ALTER TABLE 2. MODIFY 3. UNIQUE

유일하게 하나만 있는 값 PRIMARY KEY

PRIMARY KEY 제약 조건에는 UNIQUE와 NOT NULL 제약 조건 특성이 모두 있습니다.
즉 데이터 중복을 허용하지 않고 NULL도 허용하지 않습니다. NULL이 아닌 유일한 값을 가
지므로 주민등록번호나 EMP 테이블의 사원 번호처럼 테이블의 각 행을 식별하는 데 활용합
니다. PRIMARY KEY 제약 조건은 테이블에 하나밖에 지정할 수 없습니다. 그리고 특정 열
을 PRIMARY KEY로 지정하면 해당 열에는 자동으로 인덱스가 만들어집니다.

❀ 적합한 특성이라 할지라도 주민등록번호와 같은 민감한 개인 정보 데이터는 PRIMARY KEY로 지정하지 않습니다.

테이블을 생성하며 제약 조건 지정

테이블 PRIMARY KEY(기본키) 제약 조건은 앞에서 살펴본 제약 조건처럼 CREATE문으로
테이블을 생성하면서 지정할 수 있습니다.

🖥 실습 14-29 │ 테이블을 생성할 때 특정 열에 PRIMARY KEY 설정하기

```
01: CREATE TABLE TABLE_PK(
02:     LOGIN_ID  VARCHAR2(20) PRIMARY KEY,
03:     LOGIN_PWD VARCHAR2(20) NOT NULL,
04:     TEL       VARCHAR2(20)
05: );

06: DESC TABLE_PK;
```

▼ 결과 화면

```
Table TABLE_PK이(가) 생성되었습니다.

이름         널?        유형
---------  --------  ------------
LOGIN_ID   NOT NULL VARCHAR2(20)
LOGIN_PWD  NOT NULL VARCHAR2(20)
TEL                 VARCHAR2(20)
```

❀ SQL Developer에서는 PRIMARY KEY 제약 조건도 NOT NULL만을 표기하지만, 사용하는 도구에 따라 명시적으로 P, PK 또는
PRIMARY KEY라고 출력하기도 합니다.

테이블을 만들었으니 USER_CONSTRAINTS 데이터 사전도 확인해 볼까요?

□ 실습 14-30 | 생성한 PRIMARY KEY 확인하기

```
01: SELECT OWNER, CONSTRAINT_NAME, CONSTRAINT_TYPE, TABLE_NAME
02:   FROM USER_CONSTRAINTS
03:   WHERE TABLE_NAME LIKE 'TABLE_PK%';
```

▼ 결과 화면

	⬦ OWNER	⬦ CONSTRAINT_NAME	⬦ CONSTRAINT_TYPE	⬦ TABLE_NAME
1	SCOTT	SYS_C008348	C	TABLE_PK
2	SCOTT	SYS_C008349	P	TABLE_PK

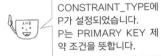

CONSTRAINT_TYPE에 P가 설정되었습니다. P는 PRIMARY KEY 제약 조건을 뜻합니다.

PRIMARY KEY 제약 조건은 특정 테이블의 데이터를 식별하는 유일한 값이라는 뜻입니다. SELECT문을 이용한 검색에 자주 활용하므로 PRIMARY KEY 제약 조건을 지정한 열에는 자동으로 인덱스가 만들어집니다. 다음은 USER_INDEXES 데이터 사전을 조회한 결과입니다.

□ 실습 14-31 | 생성한 PRIMARY KEY로 자동 생성된 INDEX 확인하기

```
01: SELECT INDEX_NAME, TABLE_OWNER, TABLE_NAME
02:    FROM USER_INDEXES
03:  WHERE TABLE_NAME LIKE 'TABLE_PK%';
```

▼ 결과 화면

	⬦ INDEX_NAME	⬦ TABLE_OWNER	⬦ TABLE_NAME
1	SYS_C008349	SCOTT	TABLE_PK

USER_INDEXES를 조회하면 TABLE_PK 테이블에 인덱스가 생성되었음을 알 수 있습니다.

테이블을 생성하며 제약 조건 이름 직접 지정

다른 제약 조건과 마찬가지로 PRIMARY KEY 역시 제약 조건 이름을 직접 지정할 수 있습니다.

□ 실습 14-32 | 제약 조건의 이름을 직접 지정하여 테이블 생성하기

```
01: CREATE TABLE TABLE_PK2(
02:    LOGIN_ID  VARCHAR2(20) CONSTRAINT TBLPK2_LGNID_PK PRIMARY KEY,
03:    LOGIN_PWD VARCHAR2(20) CONSTRAINT TBLPK2_LGNPW_NN NOT NULL,
04:    TEL       VARCHAR2(20)
05: );

06: DESC TABLE_PK2;
```

▼ 결과 화면

```
Table TABLE_PK2이(가) 생성되었습니다.
```

오른쪽 화면은 실습 14-32에서 지정한 제약
조건을 확인하고자 실습 14-30을 다시 실행
한 결과입니다.

	OWNER	CONSTRAINT_NAME	CONSTRAINT_TYPE	TABLE_NAME
1	SCOTT	SYS_C008348	C	TABLE_PK
2	SCOTT	TBLPK2_LGNPW_NN	C	TABLE_PK2
3	SCOTT	SYS_C008349	P	TABLE_PK
4	SCOTT	TBLPK2_LGNID_PK	P	TABLE_PK2

오른쪽 아래 화면에서 PRIMARY KEY 제약 조건 지정으로 자동 생성된 인덱스를 확인해 보
세요(실습 14-31을 다시 실행한 결과). 그리고 제약 조건과 이름이 같다는 것도 눈여겨보세요. 이
와 함께 실습 14-29에서 제약 조건의 이름을 지정하지 않았을 때도 오라클이 자동으로 생성
한 이름을 인덱스(INDEX_NAME)로 사용한다
는 것도 알 수 있습니다.

	INDEX_NAME	TABLE_OWNER	TABLE_NAME
1	SYS_C008349	SCOTT	TABLE_PK
2	TBLPK2_LGNID_PK	SCOTT	TABLE_PK2

PRIMARY KEY 제약 조건을 지정한 열 확인(중복값을 입력했을 때)

PRIMARY KEY 제약 조건을 지정한 열에는 중복값과 NULL을 허용하지 않습니다. 그러면
다음 데이터를 입력한 후 똑같은 값을 입력했을 때 중복값 허용 여부를 살펴봅니다.

📋 실습 14-33 | TABLE_PK 테이블에 데이터 입력하기

```
01: INSERT INTO TABLE_PK(LOGIN_ID, LOGIN_PWD, TEL)
02: VALUES('TEST_ID_01', 'PWD01', '010-1234-5678');

03: SELECT * FROM TABLE_PK;
```

▼ 결과 화면

	LOGIN_ID	LOGIN_PWD	TEL
1	TEST_ID_01	PWD01	010-1234-5678

📋 실습 14-34 | TABLE_PK 테이블에 중복 데이터 입력하기

```
01: INSERT INTO TABLE_PK(LOGIN_ID, LOGIN_PWD, TEL)
02: VALUES('TEST_ID_01', 'PWD02', '010-2345-6789');
```

▼ 결과 화면

```
명령의 1 행에서 시작하는 중 오류 발생 -
INSERT INTO TABLE_PK(LOGIN_ID, LOGIN_PWD, TEL)
VALUES('TEST_ID_01', 'PWD02', '010-2345-6789')
오류 보고 -
ORA-00001: 무결성 제약 조건(SCOTT.SYS_C008349)에 위배됩니다
```

PRIMARY KEY 제약 조건이 지정된
열은 중복을 허용하지 않습니다.

PRIMARY KEY 제약 조건을 지정한 열 확인(NULL을 입력했을 때)

📖 **실습 14-35 | NULL을 명시적으로 입력하기**

```
01: INSERT INTO TABLE_PK(LOGIN_ID, LOGIN_PWD, TEL)
02: VALUES(NULL, 'PWD02', '010-2345-6789');
```

▼ 결과 화면

```
명령의 1 행에서 시작하는 중 오류 발생 -
INSERT INTO TABLE_PK(LOGIN_ID, LOGIN_PWD, TEL)
VALUES(NULL, 'PWD02', '010-2345-6789')
오류 발생 명령행: 2 열: 8
오류 보고 -
SQL 오류: ORA-01400: NULL을 ("SCOTT"."TABLE_PK"."LOGIN_ID") 안에 삽입할 수 없습니다
01400. 00000 -  "cannot insert NULL into (%s)"
*Cause:     An attempt was made to insert NULL into previously listed objects.
*Action:    These objects cannot accept NULL values.
```

📖 **실습 14-36 | NULL을 암시적으로 입력하기**

```
01: INSERT INTO TABLE_PK(LOGIN_PWD, TEL)
02: VALUES('PWD02', '010-2345-6789');
```

▼ 결과 화면

```
명령의 1 행에서 시작하는 중 오류 발생 -
INSERT INTO TABLE_PK(LOGIN_PWD, TEL)
VALUES('PWD02', '010-2345-6789')
오류 보고 -
ORA-01400: NULL을 ("SCOTT"."TABLE_PK"."LOGIN_ID") 안에 삽입할 수 없습니다
```

> PRIMARY KEY 제약 조건이 지정된 열은 NULL 값을 허용하지 않습니다.

여기에서는 사용 방법을 살펴보지 않지만 PRIMARY KEY 역시 ALTER문의 MODIFY, RENAME, DROP으로 추가, 수정, 이름 변경, 삭제 등을 수행할 수 있습니다. 그러나 PRIMARY KEY 제약 조건은 테이블 데이터를 식별하는 유일한 값을 뜻하므로 일반적으로 테이블 생성 시점에 확정할 때가 대부분입니다. 즉 ALTER문을 사용하는 경우가 드물죠. 그리고 테이블에 이미 PRIMARY KEY 제약 조건이 지정되었다면 다른 열에는 추가할 수 없습니다. 또 PRIMARY KEY 제약 조건을 지정하려는 열에 중복값이나 NULL이 있을 때도 동작하지 않는다는 점을 기억하세요.

알아 두면 좋아요! CREATE문에서 제약 조건을 지정하는 다른 방식

CREATE문으로 제약 조건을 지정할 때 다음처럼 열 바로 옆에 제약 조건을 지정하는 형식을 사용했는데, 이를 인라인(inline) 또는 열 레벨(column-level) 제약 조건 정의라고 합니다. 이 책에서 소개한 모든 제약 조건을 이 방식으로 지정할 수 있습니다.

```
CREATE TABLE TABLE_NAME(
    COL1  VARCHAR2(20) CONSTRAINT CONSTRAINT_NAME PRIMARY KEY,   -- 이름 지정함
    COL2  VARCHAR2(20) NOT NULL,                                 -- 이름 지정하지 않음
    COL3  VARCHAR2(20)
);
```

이와 달리 열을 정의하고 나서 별도로 제약 조건을 정의할 수도 있습니다. 다음과 같이 열을 지정한 후 테이블 단위로 제약 조건을 지정하는 방식을 아웃오브라인(out-of-line) 또는 테이블 레벨(table-level) 제약 조건 정의라고 합니다. 이 방식은 NOT NULL을 제외한 제약 조건을 지정할 수 있습니다.

```
CREATE TABLE TABLE_NAME(
    COL1 VARCHAR2(20),
    COL2 VARCHAR2(20),
    COL3 VARCHAR2(20),
    PRIMARY KEY (COL1),                            -- 이름 지정하지 않음(COL1 열에 PRIMARY KEY 지정)
    CONSTRAINT CONSTRAINT_NAME UNIQUE (COL2)    -- 이름 지정함(COL2 열에 UNIQUE 지정)
);
```

14-5

다른 테이블과 관계를 맺는 FOREIGN KEY

외래키, 외부키라고도 하는 FOREIGN KEY는 서로 다른 테이블 간 관계를 정의할 때 사용하는 제약 조건입니다. 특정 테이블에서 PRIMARY KEY 제약 조건을 지정한 열을 다른 테이블의 특정 열에서 참조하겠다는 뜻으로 설정합니다. EMP 테이블의 DEPTNO 열이 DEPT 테이블의 DEPTNO 열을 참조하는 것이 그 예입니다. 그러면 FOREIGN KEY를 알아보기 전에 USER_CONSTRAINTS 데이터 사전에서 EMP 테이블과 DEPT 테이블의 제약 조건부터 조회해 볼까요?

📋 **실습 14-37** | EMP 테이블과 DEPT 테이블의 제약 조건 살펴보기

```
01: SELECT OWNER, CONSTRAINT_NAME, CONSTRAINT_TYPE, TABLE_NAME, R_OWNER, R_CONSTRAINT_NAME
02:   FROM USER_CONSTRAINTS
03:  WHERE TABLE_NAME IN ('EMP', 'DEPT');
```

CONSTRAINT_TYPE 열이 R이라면 외래키를 뜻하며 R_CONSTARINT_NAME의 PK_DEPT는 DEPT 테이블의 PRIMARY KEY, 즉 DEPT 테이블의 DEPTNO 열을 참조한다는 뜻입니다.

▼ 결과 화면

	OWNER	CONSTRAINT_NAME	CONSTRAINT_TYPE	TABLE_NAME	R_OWNER	R_CONSTRAINT_NAME
1	SCOTT	PK_EMP	P	EMP	(null)	(null)
2	SCOTT	FK_DEPTNO	R	EMP	SCOTT	PK_DEPT
3	SCOTT	PK_DEPT	P	DEPT	(null)	(null)

EMP 테이블의 DEPTNO 열은 다음과 같이 DEPT 테이블의 DEPTNO 열을 참조하여 저장할 값의 범위를 정합니다. 이렇게 참조 관계를 정의하면 EMP 테이블의 DEPTNO 열에는 DEPT 테이블의 DEPTNO 열에 있는 값과 NULL만 저장할 수 있습니다. 즉 DEPT 테이블의 DEPTNO 열에 저장된 값을 생각해 본다면 10, 20, 30, 40 그리고 NULL 외의 값은 저장할 수 없습니다.

따라서 다음과 같이 EMP 테이블에 DEPTNO 열을 50으로 지정한 INSERT문을 사용하면 오류가 납니다. 50은 DEPT 테이블의 DEPTNO 열에 저장되어 있지 않은 값이니까요.

☐ 실습 14-38 | FOREIGN KEY가 참조하는 열에 없는 데이터 입력하기

```
01: INSERT INTO EMP(EMPNO, ENAME, JOB, MGR, HIREDATE, SAL, COMM, DEPTNO)
02: VALUES(9999, '홍길동', 'CLERK', '7788', TO_DATE('2017/04/30', 'YYYY/MM/DD'), 1200, NULL, 50);
```

오류 메시지에 언급한 '부모 키가 없습니다'라는 말은 DEPT 테이블의 DEPTNO 열에 50이 없다는 뜻입니다. 참조 대상 테이블을 부모, 이를 참조하는 테이블을 자식으로 표현한다는 것도 기억해 주세요.

▼ 결과 화면

명령의 1 행에서 시작하는 중 오류 발생 - INSERT INTO EMP(EMPNO, ENAME, JOB, MGR, HIREDATE, SAL, COMM, DEPTNO) VALUES(9999, '홍길동', 'CLERK', '7788', TO_DATE('2017/04/30', 'YYYY/MM/DD'), 1200, NULL, 50) 오류 보고 - ORA-02291: 무결성 제약조건(SCOTT.FK_DEPTNO)이 위배되었습니다- 부모 키가 없습니다	

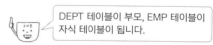

DEPT 테이블이 부모, EMP 테이블이 자식 테이블이 됩니다.

FOREIGN KEY 지정

FOREIGN KEY 지정은 지금까지 살펴본 제약 조건을 지정하는 방법과 비슷합니다. 참조 대상을 지정하는 문법을 추가하여 다음과 같이 작성합니다.

> **기본 형식** CREATE TABLE 테이블 이름(
> ...(다른 열 정의),
> 열 자료형 CONSTRAINT [제약 조건 이름] REFERENCES 참조 테이블(참조할 열)
>);

다음처럼 제약 조건 이름을 지정하지 않고 FOREIGN KEY를 정의할 수도 있습니다.

> **기본 형식** CREATE TABLE 테이블 이름(
> ...(다른 열 정의),
> 열 자료형 REFERENCES 참조 테이블(참조할 열)
>);

열을 모두 정의한 후 제약 조건을 지정하려면 다음처럼 마지막에 CONSTRAINT 키워드를 사용합니다.

> **기본 형식** CREATE TABLE 테이블 이름(
> ...(다른 열 정의),
> CONSTRAINT [제약 조건 이름] FOREIGN KEY(열)
> REFERENCES 참조 테이블(참조할 열)
>);

그러면 EMP, DEPT 테이블과 열 구성이 같은 테이블을 만들어 볼까요? 먼저 참조 대상이 될 DEPT_FK 테이블을 다음과 같이 생성합니다.

📋 **실습 14-39 | DEPT_FK 테이블 생성하기**

```
01: CREATE TABLE DEPT_FK(
02:   DEPTNO NUMBER(2) CONSTRAINT DEPTFK_DEPTNO_PK PRIMARY KEY,
03:   DNAME  VARCHAR2(14),
04:   LOC    VARCHAR2(13)
05: );

06: DESC DEPT_FK;
```

```
Table DEPT_FK이(가) 생성되었습니다.

이름      널?        유형
------  --------  ------------
DEPTNO  NOT NULL  NUMBER(2)
DNAME             VARCHAR2(14)
LOC               VARCHAR2(13)
```

이제 DEPT_FK 테이블의 DEPTNO 열을 참조하는 FOREIGN KEY 제약 조건을 정의한 EMP_FK 테이블을 만들어 봅시다.

□ 실습 14-40 | EMP_FK 테이블 생성하기

```
01: CREATE TABLE EMP_FK(
02:    EMPNO       NUMBER(4) CONSTRAINT EMPFK_EMPNO_PK PRIMARY KEY,
03:    ENAME       VARCHAR2(10),
04:    JOB         VARCHAR2(9),
05:    MGR         NUMBER(4),
06:    HIREDATE    DATE,
07:    SAL         NUMBER(7,2),
08:    COMM        NUMBER(7,2),
09:    DEPTNO      NUMBER(2) CONSTRAINT EMPFK_DEPTNO_FK REFERENCES DEPT_FK (DEPTNO)
10: );

11: DESC EMP_FK;
```

▼ 결과 화면

```
Table EMP_FK이(가) 생성되었습니다.

이름       널?        유형
--------  --------  ------------
EMPNO     NOT NULL  NUMBER(4)
ENAME               VARCHAR2(10)
JOB                 VARCHAR2(9)
MGR                 NUMBER(4)
HIREDATE            DATE
SAL                 NUMBER(7,2)
COMM                NUMBER(7,2)
DEPTNO              NUMBER(2)
```

EMP_FK 테이블의 DEPTNO 열에는 DEPT_FK 테이블의 DEPTNO 열을 참조하는 FOREIGN KEY 제약 조건을 지정했습니다.

FOREIGN KEY를 지정할 때 유의점

DEPT_FK 테이블에는 아직 데이터가 없는 상태입니다. 그러므로 EMP_FK 테이블에 데이터를 추가할 때 부서 번호(DEPTNO)를 지정하면 오류가 납니다. 앞에서 살펴본 대로 EMP_FK 테이블의 DEPTNO 열은 DEPT_FK 테이블의 DEPTNO를 참조하므로 DEPT_FK 테이블의 DEPTNO 열에 없는 값은 사용할 수 없기 때문입니다.

📺 실습 14-41 | EMP_FK 테이블에 데이터 삽입하기(DEPTNO 데이터가 아직 DEPT_FK 테이블에 없을 때)

```
01: INSERT INTO EMP_FK
02: VALUES(9999, 'TEST_NMAME', 'TEST_JOB', NULL, TO_DATE('2001/01/01', 'YYYY/MM/DD'),
03:        3000, NULL, 10);
```

▼ 결과 화면

```
명령의 1 행에서 시작하는 중 오류 발생 -
INSERT INTO EMP_FK
VALUES(9999, 'TEST_NMAME', 'TEST_JOB', NULL, TO_DATE('2001/01/01', 'YYYY/MM/DD'),
       3000, NULL, 10)
오류 보고 -
ORA-02291: 무결성 제약조건(SCOTT.EMPFK_DEPTNO_FK)이 위배되었습니다- 부모 키가 없습니다
```

DEPT_FK 테이블에 다음과 같이 데이터를 삽입한 후 다시 EMP_FK에 데이터를 삽입해 볼까요? 먼저 DEPT_FK에 10번 부서 데이터를 삽입합니다.

📺 실습 14-42 | DEPT_FK에 데이터 삽입하기

```
01: INSERT INTO DEPT_FK
02: VALUES(10, 'TEST_DNAME', 'TEST_LOC');

03: SELECT * FROM DEPT_FK;
```

▼ 결과 화면

	⬦ DEPTNO	⬦ DNAME	⬦ LOC
1	10	TEST_DNAME	TEST_LOC

그리고 실습 14-41에서 실행에 실패한 EMP_FK 테이블의 INSERT문을 다시 실행해 보면 정상으로 실행되는 것을 알 수 있습니다.

□ 실습 14-43 | EMP_FK 테이블에 데이터 삽입하기

```
01: INSERT INTO EMP_FK
02: VALUES(9999, 'TEST_NMAME', 'TEST_JOB', NULL, TO_DATE('2001/01/01', 'YYYY/MM/DD'),
        3000, NULL, 10);

03: SELECT * FROM EMP_FK;
```

▼ 결과 화면

	EMPNO	ENAME	JOB	MGR	HIREDATE	SAL	COMM	DEPTNO
1	9999	TEST_NMAME	TEST_JOB	(null)	01/01/01	3000	(null)	10

FOREIGN KEY로 참조 행 데이터 삭제

현재 DEPT_FK 테이블에는 10번 부서 데이터가 저장되어 있고 EMP_FK 테이블에는 이 10번 부서를 참조하는 데이터가 있습니다. 이럴 때는 DEPT_FK 테이블의 DEPTNO 열에 저장한 10번 부서 데이터는 삭제할 수 없습니다.

□ 실습 14-44 | DEPT_FK 테이블의 10번 부서 데이터 삭제하기

```
01: DELETE FROM DEPT_FK
02: WHERE DEPTNO = 10;
```

▼ 결과 화면

```
명령의 1 행에서 시작하는 중 오류 발생 -
DELETE FROM DEPT_FK
 WHERE DEPTNO = 10
오류 보고 -
ORA-02292: 무결성 제약조건(SCOTT.EMPFK_DEPTNO_FK)이 위배되었습니다- 자식 레코드가 발견되었습니다
```

오류가 발생하는 이유는 자식 레코드, 즉 삭제하려는 DEPTNO값을 참조하는 데이터가 있기 때문입니다. DEPT_FK 테이블의 데이터를 삭제하려면 다음 3가지 방법 중 한 가지를 사용해야 합니다.

---

1. 현재 삭제하려는 열을 참조하는 데이터를 먼저 삭제한다.
   ⑩ EMP_FK 테이블의 DEPTNO가 10번인 데이터를 삭제한 후 DEPT_FK 테이블의 10번 부서 삭제

2. 현재 삭제하려는 열을 참조하는 데이터를 수정한다.
   ⑩ EMP_FK 테이블의 DEPTNO가 10번인 데이터를 다른 부서 번호 또는 NULL로 변경한 후 DEPT_FK 테이블의 10번 부서 삭제

3. 현재 삭제하려는 열을 참조하는 자식 테이블의 FOREIGN KEY 제약 조건을 해제한다.

하지만 이 방법은 삭제할 데이터를 참조하는 데이터의 수정 또는 삭제 작업을 먼저 해야 하므로 다소 귀찮습니다. 그리고 FOREIGN KEY 제약 조건을 해제할 수 없을 때도 종종 있으므로 이미 제약 조건으로 연결된 데이터 삭제는 꽤나 까다로운 일입니다.

따라서 제약 조건을 처음 지정할 때 다음과 같이 추가 옵션을 지정하는 방법을 사용하기도 합니다. 이 방법은 데이터 삭제와 더불어 삭제할 데이터를 참조하는 데이터 처리 방법을 정할 수 있습니다.

다음은 열 데이터를 삭제할 때 이 데이터를 참조하는 데이터도 함께 삭제하는 옵션입니다.

기본 형식 CONSTRAINT [제약 조건 이름] REFERENCES 참조 테이블(참조할 열) ON DELETE CASCADE

DEPT_FK 테이블의 DEPTNO 열이 10인 데이터를 삭제하면 이를 참조하는 EMP_FK 테이블의 DEPTNO 열이 10인 데이터도 함께 삭제합니다.

DEPT_FK 테이블

	DEPTNO	DNAME	LOC
1	10	ACCOUNTING	NEW YORK
2	20	RESEARCH	DALLAS
3	30	SALES	CHICAGO
4	40	OPERATIONS	BOSTON

10번 부서를 삭제할 때

10번 부서에 속한 사원 데이터도 함께 삭제

EMP_FK 테이블

	EMPNO	ENAME	JOB	MGR	HIREDATE	SAL	COMM	DEPTNO
1	7369	SMITH	CLERK	7902	80/12/17	800	(null)	20
2	7499	ALLEN	SALESMAN	7698	81/02/20	1600	300	30
3	7521	WARD	SALESMAN	7698	81/02/22	1250	500	30
4	7566	JONES	MANAGER	7839	81/04/02	2975	(null)	20
5	7654	MARTIN	SALESMAN	7698	81/09/28	1250	1400	30
6	7698	BLAKE	MANAGER	7839	81/05/01	2850	(null)	30
7	7782	CLARK	MANAGER	7839	81/06/09	2450	(null)	10
8	7788	SCOTT	ANALYST	7566	87/04/19	3000	(null)	20
9	7839	KING	PRESIDENT	(null)	81/11/17	5000	(null)	10
10	7844	TURNER	SALESMAN	7698	81/09/08	1500	0	30
11	7876	ADAMS	CLERK	7788	87/05/23	1100	(null)	20
12	7900	JAMES	CLERK	7698	81/12/03	950	(null)	30
13	7902	FORD	ANALYST	7566	81/12/03	3000	(null)	20
14	7934	MILLER	CLERK	7782	82/01/23	1300	(null)	10

다음은 열 데이터를 삭제할 때 이 데이터를 참조하는 데이터를 NULL로 수정하는 옵션입니다.

기본 형식 CONSTRAINT [제약 조건 이름] REFERENCES 참조 테이블(참조할 열) ON DELETE SET NULL

DEPT_FK 테이블의 DEPTNO 열이 10인 데이터를 삭제하면 이를 참조하는 EMP_FK 테이블의 DEPTNO 열이 10인 데이터를 NULL로 수정합니다.

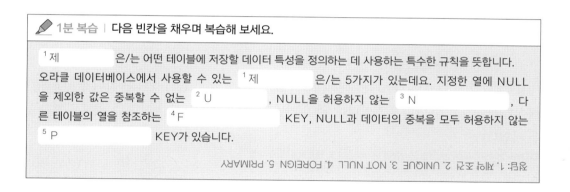

DEPT_FK 테이블

	DEPTNO	DNAME	LOC
1	10	ACCOUNTING	NEW YORK
2	20	RESEARCH	DALLAS
3	30	SALES	CHICAGO
4	40	OPERATIONS	BOSTON

10번 부서를 삭제할 때

10번 부서에 속한 사원의 DEPTNO 열을 NULL로 수정

EMP_FK 테이블

	EMPNO	ENAME	JOB	MGR	HIREDATE	SAL	COMM	DEPTNO
1	7369	SMITH	CLERK	7902	80/12/17	800	(null)	20
2	7499	ALLEN	SALESMAN	7698	81/02/20	1600	300	30
3	7521	WARD	SALESMAN	7698	81/02/22	1250	500	30
4	7566	JONES	MANAGER	7839	81/04/02	2975	(null)	20
5	7654	MARTIN	SALESMAN	7698	81/09/28	1250	1400	30
6	7698	BLAKE	MANAGER	7839	81/05/01	2850	(null)	30
7	7782	CLARK	MANAGER	7839	81/06/09	2450	(null)	10
8	7788	SCOTT	ANALYST	7566	87/04/19	3000	(null)	20
9	7839	KING	PRESIDENT	(null)	81/11/17	5000	(null)	10
10	7844	TURNER	SALESMAN	7698	81/09/08	1500	0	30
11	7876	ADAMS	CLERK	7788	87/05/23	1100	(null)	20
12	7900	JAMES	CLERK	7698	81/12/03	950	(null)	30
13	7902	FORD	ANALYST	7566	81/12/03	3000	(null)	20
14	7934	MILLER	CLERK	7782	82/01/23	1300	(null)	10

NULL
NULL
NULL

참조 데이터를 지정하는 FOREIGN KEY 제약 조건도 PRIMARY KEY 제약 조건과 마찬가지로 테이블을 설계하는 시점에 결정할 때가 흔합니다. 따라서 ALTER문으로 제약 조건의 추가, 변경, 삭제 등 여러 기능을 수행할 수는 있지만 이 책에서는 자주 쓰는 CREATE문 사용법만 소개합니다. 자세한 사용 방법은 오라클 공식 문서를 참고하세요.

✳ • 제약 조건
https://docs.oracle.com/en/database/oracle/oracle-database/21/sqlrf/constraint.html

---

✏️ **1분 복습** | 다음 빈칸을 채우며 복습해 보세요.

[1] 제 _____ 은/는 어떤 테이블에 저장할 데이터 특성을 정의하는 데 사용하는 특수한 규칙을 뜻합니다. 오라클 데이터베이스에서 사용할 수 있는 [1] 제 _____ 은/는 5가지가 있는데요. 지정한 열에 NULL을 제외한 값은 중복할 수 없는 [2] U _____ , NULL을 허용하지 않는 [3] N _____ , 다른 테이블의 열을 참조하는 [4] F _____ KEY, NULL과 데이터의 중복을 모두 허용하지 않는 [5] P _____ KEY가 있습니다.

정답: 1. 제약 조건 2. UNIQUE 3. NOT NULL 4. FOREIGN 5. PRIMARY

데이터 형태와 범위를 정하는 CHECK

CHECK 제약 조건은 열에 저장할 수 있는 값의 범위 또는 패턴을 정의할 때 사용합니다. 예를 들어 시간을 저장할 열 데이터는 0에서 23까지의 숫자만 허용합니다. CHECK 제약 조건 역시 다른 제약 조건과 마찬가지로 지정할 수 있습니다. 다음 CREATE문으로 LOGIN_PWD 열에 이름을 직접 입력하여 CHECK 제약 조건을 지정해 봅니다.

> 📺 **실습 14-45 | 테이블을 생성할 때 CHECK 제약 조건 설정하기**
>
> ```
> 01: CREATE TABLE TABLE_CHECK(
> 02:     LOGIN_ID  VARCHAR2(20) CONSTRAINT TBLCK_LOGINID_PK PRIMARY KEY,
> 03:     LOGIN_PWD VARCHAR2(20) CONSTRAINT TBLCK_LOGINPW_CK CHECK (LENGTH(LOGIN_PWD) > 3),
> 04:     TEL       VARCHAR2(20)
> 05: );
>
> 06: DESC TABLE_CHECK;
> ```

CHECK 키워드 다음의 LENGTH(LOGIN_PWD) 〉 3은 LOGIN_PWD 열 길이가 3 초과인 데이터만 저장할 수 있다는 뜻입니다. 즉 비밀번호는 4글자 이상만 저장할 수 있도록 제한을 둔 것입니다.

❀ CHECK 제약 조건에는 단순 연산뿐만 아니라 함수도 활용할 수 있습니다.

▼ 결과 화면

```
Table TABLE_CHECK이(가) 생성되었습니다.

이름         널?       유형
---------  --------  -----------
LOGIN_ID   NOT NULL  VARCHAR2(20)
LOGIN_PWD            VARCHAR2(20)
TEL                  VARCHAR2(20)
```

지정한 CHECK 제약 조건 때문에 다음 INSERT문은 실행되지 않습니다. 왜냐하면 비밀번호가 CHECK 제약 조건에서 지정한 3자리를 넘지 않기 때문입니다.

실습 14-46 | CHECK 제약 조건에 맞지 않는 예

```
01: INSERT INTO TABLE_CHECK
02: VALUES ('TEST_ID', '123', '010-1234-5678');
```

▼ 결과 화면

```
명령의 1 행에서 시작하는 중 오류 발생 -
INSERT INTO TABLE_CHECK
VALUES ('TEST_ID', '123', '010-1234-5678')
오류 보고 -
ORA-02290: 체크 제약조건(SCOTT.TBLCK_LOGINPW_CK)이 위배되었습니다
```

하지만 비밀번호를 4자리로 지정하면 오류 없이 실행됩니다.

실습 14-47 | CHECK 제약 조건에 맞는 예

```
01: INSERT INTO TABLE_CHECK
02: VALUES ('TEST_ID', '1234', '010-1234-5678');

03: SELECT * FROM TABLE_CHECK;
```

▼ 결과 화면

	LOGIN_ID	LOGIN_PWD	TEL
1	TEST_ID	1234	010-1234-5678

CHECK 제약 조건은 USER_CONSTRAINTS 데이터 사전에서 확인할 수 있습니다. CONSTRAINT_TYPE 열은 C인데, NOT NULL, CHECK 제약 조건은 모두 C로 출력합니다.

실습 14-48 | CHECK 제약 조건 확인하기

```
01: SELECT OWNER, CONSTRAINT_NAME, CONSTRAINT_TYPE, TABLE_NAME
02:   FROM USER_CONSTRAINTS
03:  WHERE TABLE_NAME LIKE 'TABLE_CHECK';
```

▼ 결과 화면

	OWNER	CONSTRAINT_NAME	CONSTRAINT_TYPE	TABLE_NAME
1	SCOTT	TBLCK_LOGINPW_CK	C	TABLE_CHECK
2	SCOTT	TBLCK_LOGINID_PK	P	TABLE_CHECK

기본값을 정하는 DEFAULT

제약 조건과는 별개로 값을 지정하지 않은 특정 열에 기본값(default)을 지정할 수 있는데, 이 때 사용하는 키워드가 DEFAULT입니다.

💻 **실습 14-49** | 테이블을 생성할 때 DEFAULT 제약 조건 설정하기

```
01: CREATE TABLE TABLE_DEFAULT(
02:    LOGIN_ID  VARCHAR2(20) CONSTRAINT TBLCK2_LOGINID_PK PRIMARY KEY,
03:    LOGIN_PWD VARCHAR2(20) DEFAULT '1234',
04:    TEL       VARCHAR2(20)
05: );

06: DESC TABLE_DEFAULT;
```

▼ 결과 화면

```
이름        널?      유형
--------- -------- ------------
LOGIN_ID  NOT NULL VARCHAR2(20)
LOGIN_PWD          VARCHAR2(20)
TEL                VARCHAR2(20)
```

이제 다음 두 INSERT문을 실행하여 지정한 기본값이 잘 들어가는지 확인해 보죠.

💻 **실습 14-50** | DEFAULT로 지정한 기본값을 입력하는 INSERT문 확인하기

```
01: INSERT INTO TABLE_DEFAULT VALUES ('TEST_ID', NULL, '010-1234-5678');

02: INSERT INTO TABLE_DEFAULT (LOGIN_ID, TEL) VALUES ('TEST_ID2', '010-1234-5678');

03: SELECT * FROM TABLE_DEFAULT;
```

▼ 결과 화면

	⊕ LOGIN_ID	⊕ LOGIN_PWD	⊕ TEL
1	TEST_ID	(null)	010-1234-5678
2	TEST_ID2	1234	010-1234-5678

❋ INSERT문도 SELECT문도 각각 실행합니다.

명시적으로 NULL을 지정한 첫 번째 INSERT문을 실행했을 때는 LOGIN_PWD 열이 비었습니다. 이와 달리 두 번째 INSERT문처럼 LOGIN_PWD 열에 값을 지정하지 않으면 기본값인 1234가 들어갑니다.

📝 **알아 두면 좋아요!** 제약 조건 비활성화, 활성화

제약 조건은 데이터 무결성을 보장하는 데 중요한 역할을 합니다. 하지만 신규 기능 개발 또는 테스트 같은 특정 업무를 수행해야 할 때 종종 제약 조건이 걸림돌이 되곤 합니다. 이럴 때는 필요에 따라 제약 조건을 비활성화하거나 비활성화한 제약 조건을 다시 활성화할 수 있습니다. 비활성화할 때는 DISABLE절을, 활성화할 때는 ENABLE절을 사용합니다.

```
ALTER TABLE 테이블 이름
DISABLE [NOVALIDATE / VALIDATE(선택)] CONSTRAINT 제약 조건 이름;
```

```
ALTER TABLE 테이블 이름
ENABLE [NOVALIDATE / VALIDATE(선택)] CONSTRAINT 제약 조건 이름;
```

제약 조건의 비활성화와 활성화는 이 책에서 따로 다루지 않지만 제약 조건의 제한을 잠깐 푸는 방법이 있다는 점을 기억해 두면 도움이 됩니다. 좀 더 자세한 내용은 오라클 공식 문서를 참고하세요.

• DISABLE절
https://docs.oracle.com/en/database/oracle/oracle-database/21/sqlrf/constraint.html

---

되새김 문제

이 장에서 배운 내용을 실습하며 정리하세요.

Q1. DEPT_CONST 테이블과 EMP_CONST 테이블을 다음과 같은 특성과 제약 조건을 지정하여 만들어 보세요.

① DEPT_CONST 테이블

열 이름	자료형	길이	제약 조건	제약 조건 이름
DEPTNO	정수형 숫자	2	PRIMARY KEY	DEPTCONST_DEPTNO_PK
DNAME	가변형 문자열	14	UNIQUE	DEPTCONST_DNAME_UNQ
LOC	가변형 문자열	13	NOT NULL	DEPTCONST_LOC_NN

② EMP_CONST 테이블

열 이름	자료형	길이	제약 조건	제약 조건 이름
EMPNO	정수형 숫자	4	PRIMARY KEY	EMPCONST_EMPNO_PK
ENAME	가변형 문자열	10	NOT NULL	EMPCONST_ENAME_NN
JOB	가변형 문자열	9	-	-
TEL	가변형 문자열	20	UNIQUE	EMPCONST_TEL_UNQ
HIREDATE	날짜	-	-	-
SAL	소수 둘째 자리 숫자	7	CHECK: 급여는 1000~9999만 입력 가능	EMPCONST_SAL_CHK
COMM	소수 둘째 자리 숫자	7	-	-
DEPTNO	정수형 숫자	2	FOREIGN KEY	EMPCONST_DEPTNO_FK

③ 테이블을 생성한 후 데이터 사전 뷰를 사용하여 다음과 같이 두 테이블의 제약 조건을 확인해 보세요.

▼ 결과 화면

	TABLE_NAME	CONSTRAINT_NAME	CONSTRAINT_TYPE
1	DEPT_CONST	DEPTCONST_DEPTNO_PK	P
2	DEPT_CONST	DEPTCONST_DNAME_UNQ	U
3	DEPT_CONST	DEPTCONST_LOC_NN	C
4	EMP_CONST	EMPCONST_DEPTNO_FK	R
5	EMP_CONST	EMPCONST_EMPNO_PK	P
6	EMP_CONST	EMPCONST_ENAME_NN	C
7	EMP_CONST	EMPCONST_SAL_CHK	C
8	EMP_CONST	EMPCONST_TEL_UNQ	U

정답 이지스퍼블리싱 홈페이지에서 확인하세요.

사용자, 권한, 롤 관리

앞서 SCOTT 계정의 여러 객체를 활용하여 다양한 SQL 구문을 사용했습니다. 여기서는 SCOTT 계정과 같은 오라클 사용자와 각 사용자의 권한을 관리하는 기본 명령어를 간략히 살펴봅니다. 사용자, 권한, 롤 관리 명령어는 시스템 엔지니어(SE)나 데이터베이스 관리자 (DBA)가 자주 사용하는 기능으로, 오라클 버전에 따라 사용법이 달라질 수 있으므로 오라클 데이터베이스의 일반적인 SQL 구문을 주로 다룬다면 기본 명령에 관한 내용만 참고해도 괜찮습니다.

 A-1 사용자 관리

A-2 권한 관리

A-3 롤 관리

A-1

사용자 관리

사용자란 오라클 데이터베이스로 데이터를 관리하고 제어하는 주체를 뜻합니다. 사용자 생성과 관리 방식은 오라클 버전에 따라 차이가 있습니다. 따라서 이 책에서 다루는 기본 명령어 방식을 살펴보고 나서 실제 업무에 해당 내용을 적용할 때는 버전별 오라클 공식 가이드를 확인하며 진행하는 것이 안전합니다.

사용자란?

오라클 데이터베이스를 활용하여 새로운 서비스를 구축한다면 테이블을 비롯한 여러 객체가 필요할 것입니다. 지금까지 다양한 SQL 구문을 사용했던 SCOTT 계정으로 다시 접속하여 필요한 테이블과 객체를 생성하여 활용할 수도 있습니다. 하지만 SCOTT 계정은 오라클 데이터베이스를 공부해 본 사람이라면 대부분 비밀번호까지 아는 계정이기에 주요 데이터를 보관하고 관리하기에는 보안 위험이 있습니다. 따라서 SCOTT 계정 외에 오라클 데이터베이스에 접속할 수 있는 새로운 계정이 필요합니다. 이렇게 데이터베이스에 접속하여 데이터를 관리하는 계정을 오라클 데이터베이스에서는 사용자(USER)라고 표현합니다.

사용자 관리가 필요한 이유

데이터를 활용한 서비스 규모가 크거나 규모가 작은 여러 서비스를 통합한 방식 등 실무에서 사용하는 여러 종류의 서비스는 한 명이 관리하기에는 데이터 분량이 너무 방대하거나 구조가 복잡할 때가 대부분입니다. 따라서 업무 분할과 효율, 보안을 고려하여 업무에 따라 여러 사용자로 나눕니다.

오라클 데이터베이스는 테이블, 인덱스, 뷰 등 사용자별로 여러 객체를 생성하므로 업무별 사용자를 생성한 후에 각 사용자 업무에 맞는 데이터 구조를 만들어 관리하는 방식을 사용합니다. 이와 달리 대표 사용자로 업무에 맞는 데이터 구조를 먼저 정의한 뒤에 사용할 데이터 영역을 사용자에게 각각 지정할 수도 있습니다.

데이터베이스 스키마란?

데이터베이스에서 데이터 간 관계, 데이터 구조, 제약 조건 등 데이터를 저장하고 관리하고자 정의한 데이터베이스 구조 범위를 스키마(schema)를 이용해 그룹 단위로 분류합니다.

오라클 데이터베이스에서는 스키마와 사용자를 구별하지 않고 사용하기도 합니다. 사용자는 데이터를 사용하고 관리하려고 오라클 데이터베이스에 접속하는 개체를 뜻하고, 스키마는 오라클 데이터베이스에 접속한 사용자와 연결된 객체를 의미합니다. 지금까지 사용한 SCOTT 계정을 예로 들면 SCOTT은 사용자이고 SCOTT이 생성한 테이블, 뷰, 제약 조건, 인덱스, 시퀀스, 동의어 등 모든 객체는 SCOTT의 스키마가 됩니다.

오라클의 멀티테넌트

오라클 데이터베이스는 12c부터 멀티테넌트(multitenant) 기능을 도입했습니다. 이에 따라 CDB(Container Database)와 PDB(Pluggable Database)로 데이터베이스를 구분하며 이 때문에 CDB와 PDB의 사용자 생성 방식이 각각 달라졌습니다.

❀ 오라클 데이터베이스 21c부터는 멀티테넌트 컨테이너 데이터베이스만 지원합니다.

아마존 웹 서비스, 마이크로소프트 애저, 구글 클라우드 플랫폼 등 클라우드 시스템의 테넌트 개념과 오라클 데이터베이스의 테넌트 개념은 비슷한 점이 있습니다. 간단하게 설명하자면 오라클 데이터베이스의 멀티테넌트 기능을 활용하면 데이터베이스 안에 '입주'한 여러 개의 데이터베이스를 관리할 수 있습니다.

❀ 테넌트(tenant)는 '입주자', '거주자', '세입자' 등을 뜻합니다.

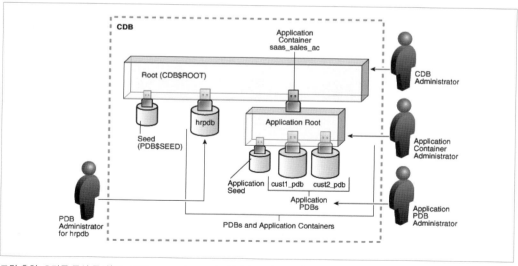

그림 출처: 오라클 공식 문서(https://docs.oracle.com/en/database/oracle/oracle-database/21/cncpt/CDBs-and-PDBs.html)

그러므로 입주한 데이터베이스 사용자와 입주한 데이터베이스가 속한 데이터베이스 사용자를 구분해야 합니다. CDB 사용자는 기본적으로 c## 접두어가 붙은 상태로만 이름을 지을 수 있습니다.

❀ 오라클 데이터베이스 11g까지는 이런 명명 규칙이 없습니다.

이러한 명명 규칙을 사용하지 않고 사용자 생성 명령어를 사용하려면 다음 명령어를 먼저 수행합니다.

```
ALTER SESSION SET "_oracle_script"=true;
```

❀ 눈치챈 분도 있겠지만, 이 명령어는 03장에서 오라클 데이터베이스를 설치한 후 SCOTT 계정을 처음 생성할 때 사용했습니다. 오라클 11g 이하 버전에서는 사용할 필요가 없었죠.

사용자 생성

오라클 사용자를 생성할 때는 CREATE USER문을 사용합니다. 다음처럼 CREATE USER 명령어에는 사용할 수 있는 옵션이 여러 가지 있습니다. 기본적으로 사용자 이름과 비밀번호만 지정하면 사용자를 생성할 수 있습니다.

> **기본 형식**
> CREATE USER 사용자 이름(필수)
> IDENTIFIED BY 비밀번호(필수)
> DEFAULT TABLESPACE 테이블 스페이스 이름(선택)
> TEMPORARY TABLESPACE 테이블 스페이스(그룹) 이름(선택)
> QUOTA 테이블 스페이스 크기 ON 테이블 스페이스 이름(선택)
> PROFILE 프로파일 이름(선택)
> PASSWORD EXPIRE(선택)
> ACCOUNT [LOCK/UNLOCK](선택);

❀ 이 책에서는 사용자를 생성할 때 필요한 기본 옵션만 사용합니다. 좀 더 자세한 내용을 알고 싶다면 오라클 공식 문서를 참고하세요.
• 사용자 생성
https://docs.oracle.com/en/database/oracle/oracle-database/21/sqlrf/CREATE-USER.html

하지만 이 명령어는 SCOTT 계정으로 접속한 상태에서는 실행할 수 없습니다. 사용자를 생성할 권한이 없기 때문이죠.

> 🖥 실습 A-1 | SCOTT 계정으로 사용자 생성하기

```
01: CREATE USER C##ORCLSTUDY
02: IDENTIFIED BY ORACLE;
```

▼ 결과 화면

```
명령의 1 행에서 시작하는 중 오류 발생 -
CREATE USER C##ORCLSTUDY
IDENTIFIED BY ORACLE
오류 보고 -
ORA-01031: 권한이 불충분합니다
01031. 00000 -  "insufficient privileges"
*Cause:    An attempt was made to perform a database operation without
           the necessary privileges.
*Action:   Ask your database administrator or designated security
           administrator to grant you the necessary privileges
```

✳ 이번 예제에서는 c## 접두어를 붙인 명명 규칙을 사용했습니다. 다음 예제부터는 이 옵션을 제외한 상태, 즉 c## 접두어 없이 사용자 이름을 지정합니다.

사용자 생성은 일반적으로 데이터베이스 관리 권한이 있는 사용자가 수행합니다. 오라클 데이터베이스를 설치할 때 자동으로 생성된 SYS, SYSTEM이 데이터베이스 관리 권한이 있는 사용자입니다.

이번에는 SQL Developer에서 SYSTEM 사용자로 접속합니다. 오라클 데이터베이스를 설치할 때 SYSTEM 사용자의 비밀번호를 oracle로 지정했습니다. SYSTEM 사용자로 접속한 후 다음 CREATE USER문을 다시 실행해 볼까요?

📖 실습 A-2 | SYSTEM 사용자로 접속한 후 사용자 생성하기

```
01: ALTER SESSION SET "_oracle_script"=true;

02: CREATE USER ORCLSTUDY
03: IDENTIFIED BY ORACLE;
```

▼ 결과 화면

```
Session이(가) 변경되었습니다.


User ORCLSTUDY이(가) 생성되었습니다.
```

✳ 11g 이전 버전이라면 ALTER SESSION SET "_oracle_script"=true; 명령은 필요 없습니다.

하지만 CONN 명령어를 사용해 새로 생성한 ORCLSTUDY 사용자로 접속을 시도하면 실패합니다. 이는 사용자를 생성하긴 했지만 데이터베이스 연결을 위한 권한, 즉 CREATE SESSION 권한을 부여받지 못했기 때문입니다.

```
SQL> CONN ORCLSTUDY/ORACLE
ERROR:
ORA-01045: 사용자 ORCLSTUDY는 CREATE SESSION 권한을 가지고있지 않음; 로그온이
거절되었습니다

경고: 이제는 ORACLE에 연결되어 있지 않습니다.
SQL>
```

생성한 ORCLSTUDY 사용자에게 데이터베이스 연결 권한을 주려면 먼저 CREATE
SESSION 권한을 부여해야 합니다. SYSTEM 사용자로 접속해 실습 A-3의 명령어를 실행
합니다.

GRANT문은 권한을 부여할 때 사용하는 명령어로, 잠시 후에 살펴봅니다. 여기서 사용한
GRANT문은 CREATE SESSION 권한을 ORCLSTUDY 사용자에게 부여하는데, 이는 데이
터베이스 접속 권한을 주겠다는 뜻입니다.

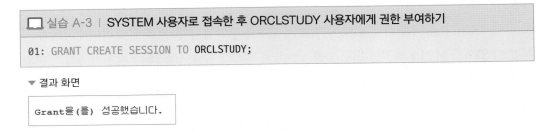

□ 실습 A-3 | SYSTEM 사용자로 접속한 후 ORCLSTUDY 사용자에게 권한 부여하기

```
01: GRANT CREATE SESSION TO ORCLSTUDY;
```

▼ 결과 화면

```
Grant을(를) 성공했습니다.
```

이제 ORCLSTUDY 사용자로 데이터베이스에 접속할 수 있습니다. ORCLSTUDY 사용자가
SCOTT 계정처럼 테이블을 만들고 데이터를 사용하려면 몇몇 권한이 더 필요합니다. 먼저
사용자 관련 명령어부터 살펴봅니다.

사용자 정보 조회

사용자 또는 사용자 소유 객체 정보를 얻으려면 다음처럼 데이터 사전을 사용합니다.

```
SELECT * FROM ALL_USERS
  WHERE USERNAME = 'ORCLSTUDY';
```

```
SELECT * FROM DBA_USERS
  WHERE USERNAME = 'ORCLSTUDY';
```

오라클 사용자의 변경과 삭제

오라클 사용자 변경

앞에서 사용자를 생성할 때는 CREATE USER문을 사용했는데, 사용자 정보를 변경할 때는 ALTER USER문을 사용합니다. 앞에서 생성한 ORCLSTUDY 사용자의 비밀번호를 ORCL 로 변경해 볼까요?

☐ 실습 A-4 | **사용자 정보(비밀번호) 변경하기(SYSTEM 계정으로 실행)**

```
01: ALTER USER ORCLSTUDY
02: IDENTIFIED BY ORCL;
```

▼ 결과 화면

```
User ORCLSTUDY이(가)  변경되었습니다.
```

당연한 이야기이지만 ALTER USER문으로 비밀번호를 변경하면 기존 비밀번호로는 접속할 수 없고 새 비밀번호를 써야만 합니다. 그리고 사용자 생성과 마찬가지로 사용자 정보 변경도 SYSTEM 사용자로 수행하고 있다는 점 잊지 마세요.

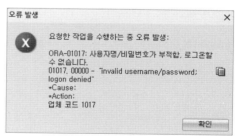

※ ALTER USER문의 자세한 내용을 알고 싶다면 오라클 공식 문서와 다른 자료나 서적을 참고하세요.
• 사용자 정보 변경
https://docs.oracle.com/en/database/oracle/oracle-database/21/sqlrf/ALTER-USER.html

오라클 사용자 삭제

DROP USER문을 사용하여 사용자를 삭제합니다. 삭제하려는 사용자가 다른 곳에서 접속했다면 삭제할 수 없다는 점에도 주의하세요.

> 📄 **실습 A-5 | 사용자 삭제하기**

```
01: DROP USER ORCLSTUDY;
```

▼ 결과 화면

```
User ORCLSTUDY이 (가)  삭제되었습니다.
```

✪ DROP USER문으로 데이터베이스 관리 권한을 가진 SYS, SYSTEM 등의 사용자를 삭제하지 않도록 주의하세요.

오라클 사용자와 객체 모두 삭제

사용자 스키마에 객체가 있을 때는 CASCADE 옵션을 사용하여 사용자와 객체를 모두 삭제할 수 있습니다.

> 📄 **실습 A-6 | 사용자와 객체 모두 삭제하기**

```
01: DROP USER ORCLSTUDY CASCADE;
```

✪ DROP USER문은 오라클 공식 문서에서 자세한 정보를 확인할 수 있습니다.

• 사용자 삭제
https://docs.oracle.com/en/database/oracle/oracle-database/21/sqlrf/DROP-USER.html

---

✏️ **1분 복습 | 다음은 ORCLSTUDY 사용자의 비밀번호를 ORASTDY로 변경하는 SQL 구문입니다. 빈칸을 채워 보세요.**

```
[1]                        ORCLSTUDY
IDENTIFIED BY [2]                    ;
```

정답: 1. ALTER USER 2. ORASTDY

권한 관리

데이터베이스에 보관하고 관리하는 데이터는 대부분 이를 소유한 특정 단체 또는 기업에 금전 이상의 가치가 있습니다. 따라서 데이터를 안전하게 보관하고 특정 데이터는 관련 사용자만 사용하거나 관리할 수 있는 보안 장치가 필요합니다. 사용자 이름과 비밀번호로 데이터 베이스 접속을 허가하는 것이 그 첫 번째입니다.

하지만 특정 사용자 정보로 데이터베이스에 접속하는 것만으로 모든 데이터를 사용할 수 있다면 여전히 데이터 안전을 보장하기는 어려울 것입니다. 이에 접속 사용자에 따라 접근할 수 있는 데이터 영역과 권한을 지정하는데, 오라클에서는 시스템 권한(system privilege)과 객체 권한(object privilege)으로 분류합니다. 이제 이 두 가지 권한의 특성과 더불어 권한을 부여하고 회수하는 방법을 알아봅니다.

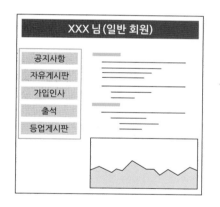
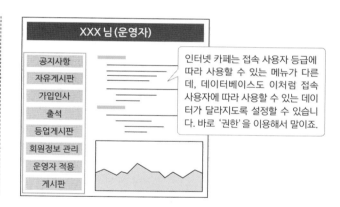

인터넷 카페는 접속 사용자 등급에 따라 사용할 수 있는 메뉴가 다른데, 데이터베이스도 이처럼 접속 사용자에 따라 사용할 수 있는 데이터가 달라지도록 설정할 수 있습니다. 바로 '권한'을 이용해서 말이죠.

시스템 권한이란?

오라클 데이터베이스의 시스템 권한(system privilege)은 사용자 생성과 정보 수정, 삭제, 데이터베이스 접근, 여러 자원과 객체 생성, 관리 등의 권한을 포함합니다. 이러한 내용은 데이터베이스 관리 권한이 있는 사용자가 부여할 수 있는 권한입니다.

다음은 시스템 권한의 일부이며 ANY 키워드가 든 권한은 소유자에 상관없이 사용할 수 있습니다.

시스템 권한 분류	시스템 권한	설명
USER(사용자)	CREATE USER	사용자 생성 권한
	ALTER USER	생성된 사용자의 정보 수정 권한
	DROP USER	생성된 사용자의 삭제 권한
SESSION(접속)	CREATE SESSION	데이터베이스 접속 권한
	ALTER SESSION	데이터베이스 접속 상태에서 환경값 변경 권한
TABLE(테이블)	CREATE TABLE	자신의 테이블 생성 권한
	CREATE ANY TABLE	임의의 스키마 소유 테이블 생성 권한
	ALTER ANY TABLE	임의의 스키마 소유 테이블 수정 권한
	DROP ANY TABLE	임의의 스키마 소유 테이블 삭제 권한
	INSERT ANY TABLE	임의의 스키마 소유 테이블 데이터 삽입 권한
	UPDATE ANY TABLE	임의의 스키마 소유 테이블 데이터 수정 권한
	DELETE ANY TABLE	임의의 스키마 소유 테이블 데이터 삭제 권한
	SELECT ANY TABLE	임의의 스키마 소유 테이블 데이터 조회 권한
INDEX(인덱스)	CREATE ANY INDEX	임의의 스키마 소유 테이블 인덱스 생성 권한
	ALTER ANY INDEX	임의의 스키마 소유 테이블 인덱스 수정 권한
	DROP ANY INDEX	임의의 스키마 소유 테이블 인덱스 삭제 권한
VIEW(뷰)	(생략)	뷰와 관련된 여러 권한
SEQUENCE(시퀀스)	(생략)	시퀀스와 관련된 여러 권한
SYNONYM(동의어)	(생략)	동의어와 관련된 여러 권한
PROFILE(프로파일)	(생략)	사용자 접속 조건 지정과 관련된 여러 권한
ROLE(롤)	(생략)	권한을 묶은 그룹과 관련된 여러 권한
이하 생략		

✱ 오라클 데이터베이스에서 정의하는 권한의 자세한 정보는 오라클 공식 문서를 참고하세요.

• 권한 관리
https://docs.oracle.com/en/database/oracle/oracle-database/21/sqlrf/GRANT.html

시스템 권한 부여

앞에서 CREATE USER문으로 사용자를 처음 생성한 후 데이터베이스 접속을 허가하고자 다음 명령어를 실행했습니다. 이 명령어는 ORCLSTUDY 사용자에게 CREATE SESSION 권한을 부여하겠다는 뜻입니다.

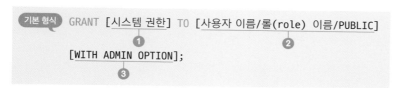

```
GRANT CREATE SESSION TO ORCLSTUDY;
```

이처럼 시스템 권한을 부여할 때 다음과 같이 GRANT문을 사용합니다.

기본 형식 GRANT [시스템 권한] TO [사용자 이름/롤(role) 이름/PUBLIC]
①   ②

[WITH ADMIN OPTION];
③

번호	설명
❶	오라클 데이터베이스에서 제공하는 시스템 권한을 지정합니다. 한 번에 여러 권한을 부여하려면 쉼표(,)로 구분하여 권한 이름을 여러 개 나열하면 됩니다(필수).
❷	권한을 부여할 대상을 지정합니다. 사용자 이름을 지정할 수도 있고, 이후 소개할 롤(role)을 지정할 수도 있습니다. 여러 사용자 또는 롤을 적용할 때는 쉼표(,)로 구분합니다. PUBLIC은 현재 오라클 데이터베이스의 모든 사용자에게 권한을 부여한다는 뜻입니다(필수).
❸	WITH ADMIN OPTION은 GRANT문으로 부여받은 권한을 다른 사용자에게 줄 수 있는 권한도 함께 부여합니다. 현재 사용자의 권한이 사라져도 다른 사용자에게 준 권한은 유지됩니다(선택).

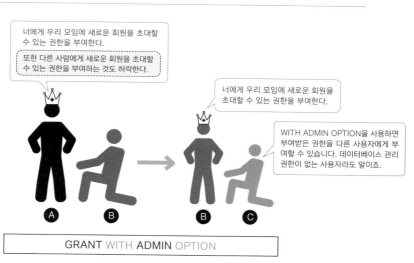

DROP 명령어로 ORCLSTUDY를 지우고 다시 CREATE USER 명령어로 생성해 볼까요? 그리고 GRANT문으로 권한을 부여합니다. SYSTEM으로 접속하여 ORCLSTUDY 사용자를 생성합니다.

실습 A-7 │ SYSTEM 계정으로 접속하여 사용자(ORCLSTUDY) 생성하기

```
01: CREATE USER ORCLSTUDY
02: IDENTIFIED BY ORACLE
03: DEFAULT TABLESPACE USERS QUOTA UNLIMITED ON USERS;
```

▼ 결과 화면

```
User ORCLSTUDY이(가) 생성되었습니다.
```

❀ SQL Developer를 재실행하거나 SYSTEM 계정으로 다시 접속했을 때는 ALTER SESSION SET "_oracle_script"=true; 명령을 먼저 실행하고 나서 이 명령을 실행합니다.

다음과 같이 GRANT문으로 ORCLSTUDY 사용자에게 데이터베이스 접속 권한과 테이블 생성 권한을 부여합니다.

실습 A-8 │ 사용자 권한 부여하기(SQL*Plus)

```
01: GRANT RESOURCE, CREATE SESSION, CREATE TABLE TO ORCLSTUDY;
```

▼ 결과 화면

```
Grant을(를) 성공했습니다.
```

이제 ORCLSTUDY 사용자는 데이터베이스에 접속하여 테이블을 생성할 수 있습니다. ORCLSTUDY 소유 테이블을 생성했으므로 INSERT문과 SELECT문을 사용할 수 있다는 점도 눈여겨보세요.

실습 A-9 │ ORCLSTUDY 사용자로 데이터베이스 접속하고 테이블 생성하기

```
01: CREATE TABLE TEMP1 (
02:   COL1 VARCHAR2(20),
03:   COL2 VARCHAR2(20)
04: );

05: INSERT INTO TEMP1 VALUES ('USER', 'GRANT_TEST');

06: SELECT * FROM TEMP1;
```

▼ 결과 화면

```
Table TEMP1이(가) 생성되었습니다.


1 행 이(가) 삽입되었습니다.
```

	COL1	COL2
1	USER	GRANT_TEST

RESOURCE는 오라클 데이터베이스에서 제공하는 롤(role)입니다. 롤은 여러 권한을 하나의 이름으로 묶어 권한 부여 작업을 간편하게 하려고 사용합니다. 예제에서 생성한 ORCLSTUDY 사용자는 CREATE USER 문에 비밀번호만을 지정하여 생성했습니다.

그러므로 GRANT문에 RESOURCE를 지정하지 않는다면 ORCLSTUDY 사용자에게 테이블 생성 권한을 부여해도 CREATE문으로 테이블을 생성할 수 없거나 테이블이 생성되더라도 INSERT문에서 다음과 같은 오류 메시지를 출력하며 동작하지 않을 때가 있습니다.

```
ORA-01950: 테이블 스페이스 USERS 권한이 없습니다.
```

오류 메시지에서 테이블 스페이스는 테이블이 저장되는 공간을 의미하며 따로 지정하지 않으면 기본 테이블 스페이스 USERS를 할당합니다. 위 오류는 이 테이블 스페이스의 사용 영역을 정하지 않아 발생한 것입니다. RESOURCE 롤에는 사용자를 생성할 때 테이블 스페이스 영역을 무제한 사용할 수 있는 권한이 포함되므로 RESOURCE 롤을 GRANT문에 추가하면 별문제 없이 테이블을 생성하고 신규 데이터를 저장할 수 있습니다. 하지만 테이블 스페이스 영역 사용에 한계를 두지 않는 UNLIMITED TABLESPACE 권한은 엄격하게 관리해야 할 때는 적절하지 않으므로 사용자를 생성하거나 수정할 때 QUOTA절로 사용 영역에 제한을 두기도 합니다.

```
ALTER USER ORCLSTUDY
QUOTA 2M ON USERS;
```

이러한 문제 때문에 오라클 데이터베이스 12c 버전부터 RESOURCE 롤에 UNLIMITED TABLESPACE 권한을 부여하지 않습니다. 앞서 본 예제에서 ORCLSTUDY 사용자를 생성할 때 USERS 테이블 스페이스 권한을 직접 부여한 부분을 참고하세요.

```
CREATE USER ORCLSTUDY
IDENTIFIED BY ORACLE
DEFAULT TABLESPACE USERS QUOTA UNLIMITED ON USERS;
```

✸ [실습 A-7]에서 실행한 명령어입니다.

시스템 권한 취소

GRANT 명령어로 부여한 권한을 취소하려면 REVOKE 명령어를 사용합니다.

REVOKE [시스템 권한] FROM [사용자 이름/롤(role) 이름/PUBLIC];

REVOKE문을 사용하여 ORCLSTUDY 사용자의 RESOURCE, CREATE TABLE 권한을 취소해 볼까요?

□ 실습 A-10 | SYSTEM 계정으로 ORCLSTUDY 권한 취소하기

```
01: REVOKE RESOURCE, CREATE TABLE FROM ORCLSTUDY;
```

▼ 결과 화면

> Revoke을(를) 성공했습니다.

ORCLSTUDY 사용자가 SQL Developer에 접속한 상태라면 접속을 해제하고 나서 다시 접속하여 다음처럼 테이블 생성 명령어를 실행해 봅니다. 그러나 ORCLSTUDY의 테이블 생성 권한을 취소했으므로 해당 명령어는 수행할 수 없습니다.

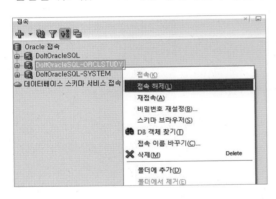

□ 실습 A-11 | ORCLSTUDY 사용자로 테이블 생성하기

```
01: CREATE TABLE TEMP2 (
02:   COL1 VARCHAR2(20),
03:   COL2 VARCHAR2(20)
04: );
```

▼ 결과 화면

```
명령의 1 행에서 시작하는 중 오류 발생 -
CREATE TABLE TEMP2 (
  COL1 VARCHAR2(20),
  COL2 VARCHAR2(20)
)
오류 보고 -
ORA-01031: 권한이 불충분합니다
01031. 00000 -  "insufficient privileges"
*Cause:    An attempt was made to perform a database operation without
           the necessary privileges.
*Action:   Ask your database administrator or designated security
           administrator to grant you the necessary privileges
```

객체 권한이란?

객체 권한(object privilege)은 특정 사용자가 생성한 테이블, 인덱스, 뷰, 시퀀스 등과 관련한 권한입니다. 예를 들어 SCOTT 소유 테이블에 ORCLSTUDY 사용자가 SELECT나 INSERT 등의 작업을 할 수 있도록 허용합니다. 다음은 주로 사용하는 객체 권한입니다.

객체 권한 분류	객체 권한	설명
TABLE(테이블)	ALTER	테이블 변경 권한
	DELETE	테이블 데이터 삭제 권한
	INDEX	테이블 인덱스 생성 권한
	INSERT	테이블 데이터 삽입 권한
	REFERENCES	참조 데이터 생성 권한
	SELECT	테이블 조회 권한
	UPDATE	테이블 데이터 수정 권한
VIEW(뷰)	DELETE	뷰 데이터 삭제 권한
	INSERT	뷰 데이터 삽입 권한
	REFERENCES	참조 데이터 생성 권한
	SELECT	뷰 조회 권한
	UPDATE	뷰 데이터 수정 권한
SEQUENCE(시퀀스)	ALTER	시퀀스 수정 권한
	SELECT	시퀀스의 CURRVAL과 NEXTVAL 사용 권한
PROCEDURE(프로시저)	(생략)	프로시저 관련 권한
FUNCTION(함수)	(생략)	함수 관련 권한

PACKAGE(패키지)	(생략)	패키지 관련 권한
이하 생략		

❋ 오라클 데이터베이스에서 정의한 객체 권한의 정보를 자세히 알고 싶다면 다음 오라클 공식 문서를 참고하세요.

• GRANT문
https://docs.oracle.com/en/database/oracle/oracle-database/21/sqlrf/GRANT.html
• 객체 권한
https://docs.oracle.com/en/database/oracle/oracle-database/21/adobj/privileges-on-object-types-and-their-methods.html

객체 권한 부여

객체 권한 부여 역시 GRANT문을 사용합니다.

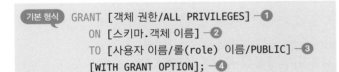

기본 형식
```
GRANT [객체 권한/ALL PRIVILEGES] ─①
    ON [스키마.객체 이름] ─②
    TO [사용자 이름/롤(role) 이름/PUBLIC] ─③
    [WITH GRANT OPTION]; ─④
```

번호	설명
①	오라클 데이터베이스에서 제공하는 객체 권한을 지정합니다. 한 번에 여러 권한을 부여하려면 쉼표(,)로 구분하여 나열하면 됩니다. ALL PRIVILEGES는 객체의 모든 권한을 부여한다는 뜻입니다(필수).
②	권한을 부여할 대상 객체를 지정합니다(필수).
③	권한을 부여할 대상을 지정합니다. 사용자 이름을 지정할 수도 있고, 이후 소개할 롤(role)을 지정할 수도 있습니다. 여러 사용자 또는 롤에 적용할 때는 쉼표(,)로 구분합니다. PUBLIC은 현재 오라클 데이터베이스의 모든 사용자에게 권한을 부여한다는 뜻입니다(필수).
④	WITH GRANT OPTION은 현재 GRANT문으로 부여받은 권한을 다른 사용자에게 줄 수 있는 권한도 함께 부여합니다. 현재 권한을 부여받은 사용자의 권한이 사라지면 다른 사용자에게 준 권한도 함께 사라집니다(선택).

그러면 SCOTT 계정으로 접속하여 새로운 테이블을 하나 만든 후 ORCLSTUDY 사용자에게 해당 테이블의 SELECT, INSERT 권한을 부여해 볼까요?

🖥 실습 A-12 │ SCOTT 계정 ORCLSTUDY 사용자에게 TEMP 테이블 권한 부여하기

```
01: CREATE TABLE TEMP(              SCOTT 소유의 TEMP 테이블 생성
02:   COL1 VARCHAR2(20),
03:   COL2 VARCHAR2(20)
04: );

05: GRANT SELECT ON TEMP TO ORCLSTUDY;    ORCLSTUDY 사용자에게 TEMP 테이블 SELECT 권한 부여

06: GRANT INSERT ON TEMP TO ORCLSTUDY;    ORCLSTUDY사용자에게 TEMP 테이블 INSERT 권한 부여
```

▼ 결과 화면

```
Table TEMP이(가) 생성되었습니다.


Grant을(를) 성공했습니다.


Grant을(를) 성공했습니다.
```

결과 화면에서는 SELECT와 INSERT 권한을 2개의 GRANT문으로 나누어 객체 권한을 부여했지만 다음과 같이 쉼표(,)로 구분하여 한 번에 지정할 수도 있습니다.

🖵 실습 A-13 | SCOTT 계정으로 ORCLSTUDY 사용자에게 TEMP 테이블의 여러 권한을 한 번에 부여하기

```
01: GRANT SELECT, INSERT ON TEMP
02:   TO ORCLSTUDY;
```

이제 SCOTT 계정의 TEMP 테이블 사용을 허가받은 ORCLSTUDY 사용자로 접속해 SELECT문과 INSERT문을 실행해 봅니다.

🖵 실습 A-14 | ORCLSTUDY 사용자에게 부여한 TEMP 테이블 권한 사용하기

```
01: INSERT INTO SCOTT.TEMP VALUES('TEXT', 'FROM ORCLSTUDY');

02: SELECT * FROM SCOTT.TEMP;
```

▼ 결과 화면

COL1	COL2
1 TEXT	FROM ORCLSTUDY

ORCLSTUDY 사용자 소유는 아니지만 SCOTT 계정의 TEMP 테이블을 조회하고 INSERT도 가능해졌습니다.

✸ ORCLSTUDY 사용자로 접속한 상태에서 COMMIT을 한 후 SCOTT 계정으로 접속하여 TEMP 테이블을 조회하면 INSERT된 데이터를 확인할 수 있습니다.

객체 권한 취소

객체 권한의 취소도 시스템 권한과 마찬가지로 REVOKE문을 사용합니다.

> 기본 형식 REVOKE [객체 권한/ALL PRIVILEGES](필수)
> ON [스키마.객체 이름](필수)
> FROM [사용자 이름/롤(role) 이름/PUBLIC](필수)
> [CASCADE CONSTRAINTS/FORCE](선택);

✱ REVOKE문의 CASCADE CONSTRAINTS와 FORCE 옵션의 자세한 내용은 오라클 공식 문서를 참고하세요.

• REVOKE문
https://docs.oracle.com/en/database/oracle/oracle-database/21/sqlrf/REVOKE.html

그러면 다시 SCOTT 계정으로 접속하여 ORCLSTUDY 사용자에게 부여한 TEMP 테이블 사용 권한을 취소해 볼까요?

🖥 **실습 A-15** | SCOTT 계정으로 ORCLSTUDY 사용자에게 부여한 TEMP 테이블 권한 취소하기

```
01: REVOKE SELECT, INSERT ON TEMP FROM ORCLSTUDY;
```

▼ 결과 화면

```
Revoke을(를) 성공했습니다.
```

REVOKE로 권한을 취소하면 ORCLSTUDY 사용자는 더는 SCOTT 계정의 TEMP 테이블을 사용할 수 없습니다.

🖥 **실습 A-16** | ORCLSTUDY로 권한 취소된 TEMP 테이블 조회하기(실패)

```
01: SELECT * FROM SCOTT.TEMP;
```

▼ 결과 화면

```
ORA-00942: 테이블 또는 뷰가 존재하지 않습니다
00942. 00000 - "table or view does not exist"
*Cause:
*Action:
1행, 21열에서 오류 발생
```

✏️ **1분 복습** | 다음 빈칸을 채우며 복습해 보세요.

오라클에서는 새로운 사용자를 생성할 때 [1]_____ 문을 사용합니다. 생성된 계정에는 여러 가지 권한을 부여할 수 있습니다. 권한을 부여하는 명령어는 [2]_____ 이며 부여한 권한을 취소하려면 [3]_____ 명령어를 사용합니다.

정답: 1. CREATE USER 2. GRANT 3. REVOKE

롤 관리

롤이란?

앞에서 ORCLSTUDY 사용자를 생성하고 여러 권한을 부여하고 취소해 보았습니다. 사용자가 데이터베이스에서 어떤 작업을 진행하려면 해당 작업과 관련한 권한을 반드시 부여받아야 합니다.

하지만 신규 생성 사용자는 아무런 권한이 없으므로 오라클 데이터베이스에서 제공하는 다양한 권한을 일일이 부여해야 합니다. 이러한 불편함을 해소하려면 롤(role)을 사용합니다. 롤은 여러 종류의 권한을 묶은 그룹을 뜻합니다. 롤을 사용하면 여러 권한을 한 번에 부여하고 해제할 수 있으므로 권한 관리 효율을 높일 수 있습니다.

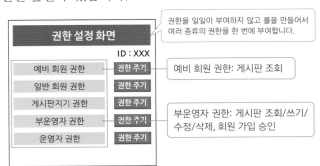

롤은 오라클 데이터베이스를 설치할 때 기본으로 제공하는 사전 정의된 롤(predefined roles)과 사용자 정의 롤(user roles)로 나뉩니다.

사전 정의된 롤

CONNECT 롤

사용자가 데이터베이스에 접속하는 데 필요한 CREATE SESSION 권한이 있습니다. 오라클 9i 버전까지는 다음 8가지 권한이 있었지만 10g 버전부터 CREATE SESSION 권한만 있습니다.

```
ALTER SESSION, CREATE CLUSTER, CREATE DATABASE LINK, CREATE SEQUENCE, CREATE SESSION,
CREATE SYNONYM, CREATE TABLE, CREATE VIEW
```

RESOURCE 롤

사용자가 테이블, 시퀀스를 비롯한 여러 객체를 생성할 수 있도록 기본 시스템 권한을 묶은
롤입니다.

```
CREATE TRIGGER, CREATE SEQUENCE, CREATE TYPE, CREATE PROCEDURE, CREATE CLUSTER,
CREATE OPERATOR, CREATE INDEXTYPE, CREATE TABLE
```

보통은 새로운 사용자를 생성하면 CONNECT 롤과 RESOURCE 롤을 부여합니다. 그러나
CONNECT 롤에서 뷰를 생성하는 CREATE VIEW 권한과 동의어를 생성하는 CREATE
SYNONYM 권한이 없어졌으므로 뷰와 동의어 생성 권한은 사용자에게 따로 부여해야 합니다.
❋ 12장에서 뷰와 동의어를 생성하고자 위해 SCOTT 계정에 GRANT 명령어를 사용한 것을 떠올려 보세요.

DBA 롤

데이터베이스를 관리하는 시스템 권한 대부분이 있습니다. 오라클 11g 버전 기준 202개 권
한이 있는 매우 강력한 롤입니다. 그 밖에도 사전 정의된 롤에는 여러 종류가 있습니다.
❋ 자세한 내용을 알고 싶다면 오라클 공식 문서를 참고하세요.
• 권한과 롤 설정
https://docs.oracle.com/en/database/oracle/oracle-database/21/dbseg/configuring-privilege-and-role-authorization.html

> ✏️ **알아 두면 좋아요!** 사전 정의된 롤 자동 생성 변경
>
> 앞서 살펴본 CONNECT, RESOURCE, DBA 롤은 보안을 이유로 이후 오라클 데이터베이스 릴리즈 버전에서
> 자동 생성되지 않을 수 있다고 공식 문서에서 밝혔습니다. 이뿐만 아니라 오라클 데이터베이스에서는 여러 가지 이
> 유로 버전 또는 릴리즈에 따라 롤 사용 범위나 자동 생성 여부가 달라질 수 있습니다.
> 그러므로 롤과 관련한 업무를 실무에 적용할 때는 현재 사용하는 오라클 버전에 따른 공식 가이드와 문서로 롤 사
> 용 가능 여부를 확인하고 나서 진행해야 안전합니다.

Predefined Role	Description
	• • •
CONNECT	Provides the CREATE SESSION system privilege. This role is provided for compatibility with previous releases of Oracle Database. You can determine the privileges encompassed by this role by querying the DBA_SYS_PRIVS data dictionary view. **Note:** Oracle recommends that you design your own roles for database security rather than relying on this role. This role may not be created automatically by future releases of Oracle Database.
DBA	Provides a large number of system privileges, including the ANY privileges (such as the DELETE ANY TABLE and GRANT ANY PRIVILEGE privileges). This role is provided for compatibility with previous releases of Oracle Database. You can find the privileges that are encompassed by this role by querying the DBA_SYS_PRIVS data dictionary view. **Note:** Oracle recommends that you design your own roles for database security rather than relying on this role. This role may not be created automatically by future releases of Oracle Database.
RESOURCE	Provides the following system privileges: CREATE CLUSTER, CREATE INDEXTYPE, CREATE OPERATOR, CREATE PROCEDURE, CREATE SEQUENCE, CREATE TABLE, CREATE TRIGGER, CREATE TYPE. Be aware that RESOURCE no longer provides the UNLIMITED TABLESPACE system privilege. This role is provided for compatibility with previous releases of Oracle Database. You can determine the privileges encompassed by this role by querying the DBA_SYS_PRIVS data dictionary view. **Note:** Oracle recommends that you design your own roles for database security rather than relying on this role. This role may not be created automatically by future releases of Oracle Database.

사전 정의된 롤(그림 출처: 오라클 공식 문서)

사용자 정의 롤

사용자 정의 롤은 필요한 권한을 직접 포함한 롤입니다. 다음 절차로 롤을 생성해서 사용할 수 있습니다.

① CREATE ROLE문으로 롤을 생성합니다.
② GRANT 명령어로 생성한 롤에 권한을 포함합니다.
③ GRANT 명령어로 권한을 포함한 롤을 특정 사용자에게 부여합니다.
④ REVOKE 명령어로 롤을 취소합니다.

롤 생성과 권한 포함

롤을 생성하려면 데이터 관리 권한이 있는 사용자여야 하므로 SYSTEM 계정으로 접속하여 ROLESTUDY 롤을 생성합니다. 롤을 생성한 후 GRANT 명령어로 권한을 포함할 수 있습니다.

❈ 이미 있는 롤도 포함할 수 있습니다.

ROLESTUDY 롤은 CONNECT 롤, RESOURCE 롤 그리고 뷰와 동의어를 생성할 수 있는 CREATE VIEW, CREATE SYNONYM 권한을 포함합니다.

📖 실습 A-17 | SYSTEM 계정으로 ROLESTUDY 롤 생성하고 권한 부여하기

```
01: CREATE ROLE ROLESTUDY;

02: GRANT CONNECT, RESOURCE, CREATE VIEW, CREATE SYNONYM
03:    TO ROLESTUDY;
```

▼ 결과 화면

```
Role ROLESTUDY이(가) 생성되었습니다.


Grant을(를) 성공했습니다.
```

이렇게 완성된 롤을 GRANT 명령어로 사용자에게 부여합니다. 다음과 같이 앞에서 생성한 ORCLSTUDY 사용자에게 ROLESTUDY 롤을 적용할 수 있습니다.

📖 실습 A-18 | ORCLSTUDY 사용자에게 롤(ROLESTUDY) 부여하기

```
01: GRANT ROLESTUDY TO ORCLSTUDY;
```

▼ 결과 화면

```
Grant을(를) 성공했습니다.
```

부여된 롤과 권한 확인

ORCLSTUDY 사용자에게 부여한 권한과 롤을 확인하려면 USER_SYS_PRIVS, USER_ROLE_PRIVS 데이터 사전을 사용합니다. 데이터 관리 권한을 가진 계정이라면 DBA_SYS_PRIVS, DBA_ROLE_PRIVS를 사용해도 됩니다.

```
01: SELECT * FROM USER_SYS_PRIVS;
02: SELECT * FROM USER_ROLE_PRIVS;
```

▼ 결과 화면

USERNAME	PRIVILEGE	ADMIN_OPTION	COMMON	INHERITED
1 ORCLSTUDY	CREATE SESSION NO		YES	NO

USERNAME	GRANTED_ROLE	ADMIN_OPTION	DELEGATE_OPTION	DEFAULT_ROLE	OS_GRANTED	COMMON
1 ORCLSTUDY	ROLESTUDY	NO	NO	YES	NO	YES

❂ DBA_ROLE_PRIVS와 DBA_SYS_PRIVS 데이터 사전을 조회하려면 [WHERE GRANTEE = 'ORCLSTUDY'] 조건을 사용하세요.

부여한 롤 취소와 삭제

GRANT 명령어로 부여한 롤을 취소할 때는 REVOKE문을 사용합니다.

```
REVOKE ROLESTUDY FROM ORCLSTUDY;
```

그리고 롤 삭제는 DROP 명령어를 사용합니다. 해당 롤을 부여받은 모든 사용자의 롤도 함께 취소(REVOKE)합니다.

```
DROP ROLE ROLESTUDY;
```

부록에서는 오라클 사용자, 권한, 롤의 생성을 비롯한 기본 관리 방법을 알아보았습니다. 앞에서 살펴본 SQL 구문과 달리 내용이 생소해 어렵다는 느낌을 받았을 텐데, 데이터베이스 관리 업무를 담당하지 않는 이상 이 내용을 업무에서 활용할 기회는 그리 흔치 않을 겁니다. 이 책에서 소개하는 권한 관리의 기본 내용을 숙지하고 나중에 좀 더 깊이 알아야 한다면 공식 문서 등의 자료를 참고하세요.

찾아보기

웹 프로그래밍 코스

Web Programming Course

웹 기술의 기본은 HTML, CSS, 자바스크립트!
기초 단계를 독파한 후 응용 단계로 넘어가세요!

기초
단계

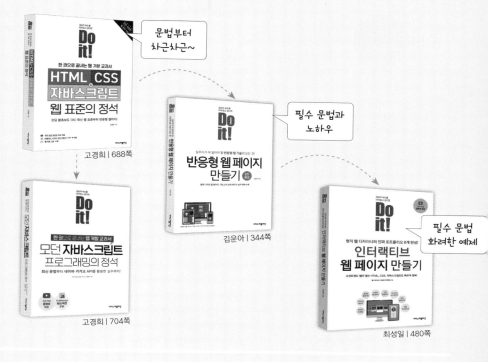

문법부터
차근차근~

Do it!
한 권으로 끝내는 웹 기본 교과서
HTML + CSS + 자바스크립트 웹 표준의 정석
코딩 발효보도 OK! 최신 웹 표준부터 반응형 웹까지!

고경희 | 688쪽

Do it!
한 권으로 끝내는 웹 개발 교과서
모던 자바스크립트 프로그래밍의 정석
최신 문법부터 네이버·카카오 API를 활용한 실무까지!

고경희 | 704쪽

필수 문법과
노하우

Do it!
실무자가 꼭 알아야 할 반응형 웹 기술이 모든 것
반응형 웹 페이지 만들기

김운아 | 344쪽

필수 문법
화려한 예제

Do it!
현직 웹 디자이너의 진짜 포트폴리오 8개 완성!
인터랙티브 웹 페이지 만들기
스마트폰과 웹의 필수가 된 HTML, CSS, 자바스크립트의 빠르게 정복!

최성일 | 480쪽

응용
단계

Do it!
Node.js 프로그래밍 입문

고경희 | 560쪽

Do it!
키보드 컴고 15일이면 백엔드 기초 완성!
점프 투 스프링 부트 3
게시판 미니 만들며 개발부터 배포, 운영까지!
악동 없이 배워 보자!

박응용 | 408쪽

Do it!
만들면서 배우는 웹 개발 A to Z
장고 + 부트스트랩 파이썬 웹 개발의 정석
웹 기초부터 빌드고 개발·배포·운영까지!

이성용, 김태곤 | 640쪽

나는 어떤
코스가
적합할까?

A 프런트엔드 개발자가 되고 싶은 사람

- Do it! HTML + CSS + 자바스크립트
  웹 표준의 정석
- Do it! 모던 자바스크립트 프로그래밍의 정석
- Do it! 반응형 웹 페이지 만들기
- Do it! 인터랙티브 웹 페이지 만들기
- Do it! 자바스크립트 + 제이쿼리 입문
- Do it! Vue.js 입문

B 백엔드 개발자가 되고 싶은 사람

- Do it! HTML + CSS + 자바스크립트
  웹 표준의 정석
- Do it! 모던 자바스크립트 프로그래밍의 정석
- Do it! Node.js 프로그래밍 입문
- Do it! 점프 투 스프링 부트 3
- Do it! 장고 + 부트스트랩 파이썬 웹 개발의 정석

Basic Programming Course
기초 프로그래밍 코스 | 파이썬, C 언어, 자바로 시작하는 프로그래밍! 기초 단계를 독파한 후 응용 단계로 넘어가세요!

기초 단계

박응용 | 432쪽

김성엽 | 576쪽

박은종 | 632쪽

시바타 보요 저, 강민 역 | 408쪽

시바타 보요 저, 강민 역 | 452쪽

시바타 보요 저, 강민 역 | 424쪽

응용 단계

김창현 | 384쪽

강성윤 | 740쪽

김종관 | 564쪽

나는 어떤 코스가 적합할까?

A 파이썬 개발자가 되고 싶은 사람
- Do it! 점프 투 파이썬
- Do it! 점프 투 파이썬 — 라이브러리 예제 편
- Do it! 파이썬 생활 프로그래밍 with 챗GPT
- Do it! 장고 + 부트스트랩 파이썬 웹 개발의 정석
- Do it! 챗GPT + 파이썬으로 AI 직원 만들기

B 자바·코틀린 개발자가 되고 싶은 사람
- Do it! 점프 투 자바
- Do it! 자바 완전 정복
- Do it! 자바 프로그래밍 입문
- Do it! 점프 투 스프링 부트 3

AI & Data Analysis Course
인공지능 & 데이터 분석 코스

인공지능, 데이터 분석도 Do it! 시리즈와 함께!
주어진 순서대로 차근차근 독파해 보세요!

인공지능

박해선 | 328쪽

이론을
더 깊게~

윤성진 | 432쪽

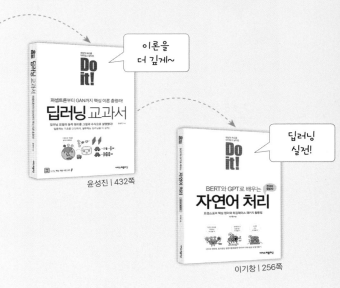

딥러닝
실전!

이기창 | 256쪽

데이터 분석

김영우 | 376쪽

김영우 | 344쪽

김영우 | 472쪽

다니엘 첸 | 시진 | 400쪽

나는 어떤
코스가
적합할까?

A 인공지능 개발자가 되고 싶은 사람

- Do it! 점프 투 파이썬
- Do it! 정직하게 코딩하며 배우는
  딥러닝 입문
- Do it! 딥러닝 교과서
- Do it! BERT와 GPT로 배우는
  자연어 처리
- Do it! 챗GPT + 파이썬으로 AI 직원 만들기

B 데이터 분석가가 되고 싶은 사람

- Do it! 쉽게 배우는 파이썬 데이터 분석
- Do it! 쉽게 배우는 R 데이터 분석
- Do it! 쉽게 배우는 R 텍스트 마이닝
- Do it! 데이터 분석을 위한 판다스 입문
- Do it! R 데이터 분석 with 샤이니
- Do it! 첫 통계 with 베이즈

Application Programming Course
앱 프로그래밍 코스

자바, 코틀린, 스위프트로 시작하는 앱 프로그래밍!
나만의 앱을 만들어 보세요!

기초
단계

Do it! 자바 완전 정복
김동형 | 856쪽

Do it! 안드로이드 앱 프로그래밍
정재곤 | 800쪽

Do it! 깡샘의 안드로이드 앱 프로그래밍 with 코틀린
강성윤 | 740쪽

Do it! 깡샘의 플러터&다트 프로그래밍
강성윤 | 712쪽

Do it! 스위프트로 아이폰 앱 만들기 입문
송호정, 이범근 | 696쪽

응용
단계

Do it! 플러터 앱 개발&출시하기
조준수 | 488쪽

Do it! 리액트로 웹앱 만들기 with 타입스크립트
전예홍 | 680쪽

Do it! 프로그레시브 웹앱 만들기
김응석 | 576쪽

나는 어떤
코스가
적합할까?

A 빠르게 앱을 만들고 싶은 사람

- Do it! 안드로이드 앱 프로그래밍
- Do it! 깡샘의 안드로이드 앱
  프로그래밍 with 코틀린
- Do it! 스위프트로 아이폰 앱 만들기 입문
- Do it! 플러터 앱 개발&출시하기

B 앱 개발 실력을 더 키우고 싶은 사람

- Do it! 자바 완전 정복
- Do it! 리액트로 웹앱 만들기
  with 타입스크립트
- Do it! 프로그레시브 웹앱 만들기
- Do it! 깡샘의 플러터&다트 프로그래밍